一觸即發的區域衝突、劃疆為界的地緣戰爭，
剖析地理與全球布局終極關鍵

地理的復仇

THE REVENGE OF GEOGRAPHY

ROBERT D. KAPLAN

羅柏·卡普蘭——著　林添貴——譯

WHAT THE MAP TELLS US
ABOUT COMING CONFLICTS AND THE BATTLE AGAINST FATE

推薦語

想要了解國際關係，就必須從地理與歷史角度觀之。但地理和歷史，又各自是個完整而龐大的學門，如何能適切地幫助理解國際關係？卡普蘭是知名記者，更是國際關係觀察與分析專家。從《南中國海》的內容，就能看出他如何將自己的實地走訪經驗，轉化成輕鬆又精準的時勢分析。《地理的復仇》範圍更大，觸及的面向更多，卻不失他原本的筆觸。在他筆下的地理和歷史觀，可以讓我們更輕易地了解，什麼叫做「好的」地緣政治論述。

國防大學通識教育中心副教授　任天豪

每次閱讀卡普蘭著作，我心裡都不由自主浮出對他的讚賞：足行萬里，書讀萬卷，心有睿見。和搭著頭等艙、周遊列國暢談世局的頂尖學者相比，卡普蘭像是個苦行僧，帶著當代、古代地圖，和早已退流行的歷史書籍，在世界各地勘查。從三萬英尺高空往下看，地球表面一片平坦，崇山峻嶺，大河險流，幾乎已無足輕重；但在路面行走卻是出門有礙，舉步艱難。與其說是「地理的復仇」，不如說是人類對無處不有的地理歷史糾結過於無知，以致一再犯下無可逆轉的戰略錯誤。人類許多災難其實是自食無知的惡果，「地理的復仇」就是對無知的懲罰。卡普蘭也指出，台灣與中國間超過半世紀的情感道德爭論是虛妄的，問題的核心，只是擴張中的中國必須拿下台灣這艘直指其心臟要害的不沉航空母艦……卡普蘭全書引經據典，但他不賣弄，觀念與現實交錯穿插對比，每每發人之未發，令人驚豔，引人入勝。

獨立研究者　杜念中

導讀　地理：命運的鎖鍊，自由的航標

張登及
國立臺灣大學政治學系教授、臺大人文社會高等研究院副院長、
中華民國國際關係學會副會長

地理的致命吸引力

讀書與思考要靠緣分，偶有所得也多少碰點運氣。近幾年來，這樣的感受特別深。國際關係與地緣政治史名家卡普蘭（Robert D. Kaplan）的著作《地理的復仇》在二〇一二年問世時，筆者曾匆匆地翻閱，卻未能仔細拜讀。五年之後，得知麥田出版社邀得我國文史譯著名家林添貴先生出手翻譯，並請筆者略述心得。非常巧合，這兩年筆者考慮國際議題，越發感覺歷史與地理的因素不僅重要，而且從宏觀的大歷史到微觀的小事件，彷彿繫著數十年甚至上百年綿延多彩的錦緞，靜靜地散發著致命的吸引力。

舉例來說，筆者認為中國推動的「一帶一路」，雖然細節未定，但這個新亞歐戰略的前世密碼，正藏在內陸亞洲的地緣政治史中，也就是拉鐵摩爾（Owen Lattimore）所謂「中國的亞洲內陸邊疆」，特徵上溯至西元六世紀，甚至更早。拉鐵摩爾早在二戰前便遊歷長城內外，從滿州、蒙古、新疆到西藏與俄屬中亞。他當時就指出歷史與地理特徵造成的「連續意識」，對界線浮動的草原與農業文明人群的世界觀都具有關鍵性；即使有了電話線與南滿鐵路，亦是如此。筆者附庸風雅，除了乘會議之便，造訪過內外蒙古與雲南、青海、西藏，也趕上蘭新高鐵開通後，造訪了北疆。原本盼望看到電視劇作描述古代的客商「走一片無邊荒旱」，或許也神似卡普蘭從東歐到安納托利亞（Anatolia）再進入高加索轉土庫曼。想不到不僅沒看見三千里的「左公柳」，令人嘆息的是千百個煞風景的超大風車，「贏得風電度玉關」。

但是如同雅好行萬里路的卡普蘭與拉鐵摩爾共同強調的，噴射機與網路不能使我們喪失地理與歷史的敏感度。地理雖然不決定命運，卻是歷史邏輯的起點。筆者尤其覺得冷戰結束後的二十五年，因為國內外各種原因的匯聚，台灣社會特別排斥地緣政治史的嚴厲與陰沈，特別沉浸在現時主義（presentism）與「終結論」的歡呼中，訕笑落伍保守的「大外交」（《大外交》，前美國國務卿季辛吉著）與「大棋盤」（《大棋盤》，前美國國家安全顧問布里辛斯基著），甚至認為「大國政治的悲劇」（《大國政治的悲劇》，芝加哥大學教授米爾斯海默著）也將寬恕我們的小確幸。然而《地理的復仇》警告讀者「柏林圍牆並不可靠」，「地圖的位置恆久」；世界各大區域的政治力量在陸地與海洋縱橫捭闔千百年，蘊含著歷史模式的智慧。與「棋盤」、「悲劇」也有所不同，卡普蘭不僅從歷史描繪了暗沈的鎖鍊，更用故事指出了樂觀的航標。我們一直聽到台灣社會的國際觀是一片荒旱的喟嘆，那麼卡普蘭此書正是時節好雨，擲地有聲。

四條交錯軸線，一個中心主題

縱貫卡普蘭《地理的復仇》，有四條相互交錯的軸線，分別是地理、歷史、陸權、海權。四條軸線上密布著理論的透視、史家的智慧，和旅人的見聞。從歐亞大陸的心臟地帶到西緣的歐洲、地中海，再到歐亞東緣的中國、南海（卡普蘭稱為亞洲的地中海），同時沒有遺忘強大的離岸制衡者美國，與可能的「終極樞紐」印度，卡普蘭做到綱舉目張，同時又能平衡地照顧到所有重要的強權與事件細節，這些不勞筆者贅言，應由讀者自己品味。

四條軸線中間有一個中心的主題，同時也是一個哲學與歷史上永恆的難題：決定論 vs. 自由意志。乍看之下，地理的「復仇」正顯示國家在地圖上的恆久位置，代表冷戰後一波對「終結論」、「民主和平論」的反撲。在這個貫穿所有章節的主題上，卡普蘭處處部署重兵。在代表人物方面，決定論一邊是麥金德（Halford John Mackinder）領軍，史派克曼（Nicholas J. Spykman）、杭廷頓（Samuel Huntington）、米爾斯海默（John J. Mearsheimer）據守各個關隘據點。而力主用自由意志克服地理的一邊，則是以撒・柏林（Isaiah Berlin）領軍，後面有威爾遜（Woodrow Wilson）、康德（Immanuel Kant）的聲援。克勞塞維茨（Carl von Clausewitz）、馬漢（Alfred T. Mahan）、柯白（Julian Corbett）等人，則從戰場的舞台出發，在地理的條件下，竭力展現自由意志的極限。

越南 vs. 慕尼黑

決定論 vs. 自由意志的張力不僅透過思想家、政治家與戰略家來較量，卡普蘭還布置了兩齣歷史大戲，用案例展示雙方不分高下的雄辯。越南案例處處顯示樂觀的自由主義強權無視地理與歷史的誡命，迷信象徵普世價值必勝的空軍優勢，盲目干涉招致慘重的失敗。這樣的教訓，在冷戰後諷刺地變成自由派對新保守派（Neoconservatism）迷信單極優勢，無視地理現實，肆行干預中東的批判論據。歐巴馬總統從混亂的伊斯蘭世界抽身，展示著自由派的智慧。

相對地，張伯倫（Arthur N. Chamberlain）謹小慎微的現實主義，使慕尼黑變成姑息主義的恥辱，造成更嚴重的悲劇。慕尼黑教訓，在冷戰後卻變成保守派批判自由制度主義姑息中、俄崛起與「邪惡軸心」（Axis of Evil）橫行的標語。圍堵俄、中，改造中東政權，成為保守派比自由派更奉行普世價值的證明。

地圖：明智的自由主義指南

卡普蘭不打算做哲學家，也不羨慕理論的宏大與偉岸。他用阿拉伯之春先盛後衰為案例，警告我們人造的柏林圍牆，不能終止地緣政治與戰爭。他呼應拿破崙的名言，「了解地理，才能了解外交政策。」所以如果美、英不是大島國，也很可能變成俄、德一樣的陸權獨夫。但卡普蘭一如傅柯（Michel Foucault），知道「地圖」是權力的產物，也是建構的結果。特別是在歐亞大陸這片農業、游牧、種族、宗教與強弱國家擁擠之地，地圖的顏色和邊界往往既是戰爭與人性的刻痕，又是交流與互動的軌跡，充滿著流動的能量。然而，總是要認識地圖，才能克服孤立；理解地圖，才能爭取自由，獲得明智的自由主義之青睞。

《地理的復仇》編入眾多的地圖，也有豐富的引證與註腳。不過似乎欠缺一幅圖來闡明整個國際體系的地緣關係。去年筆者與台大學友陳冠安先生從杭廷頓與米爾斯海默的論點出發，提出了世界地理孕育潛在強權國（極數國）的九個大區（圖一），呼應了卡普蘭對當今俄國仍據有地緣關鍵位置的論斷。十六世紀至十九世紀，只有歐亞大陸五大區存在著全球極數國。十九世紀迄今加入了北美洲，同時南亞與伊斯蘭世界的鄂圖曼帝國退出。最後美國控制了西歐與東亞兩條海線，在蘇聯解體後更躍為體系單極。但是除了虎視東歐，俯瞰中東的普丁（Vladimir Putin）俄國外，統一的德國仍保有神聖羅馬帝國的印記。現在英國脫歐與歐洲難民危機持續進行，如若歐盟的法德軸心崩塌，德國像梅克爾（Angela Merkel）總理所說轉向自助，卡普蘭擔心的東歐「芬蘭化」並非毫無可能。

中國與東亞

台灣讀者必定關心卡普蘭如何論斷中國與東亞，這也是筆者認同「恢復地理意識」的重要理由。與米爾斯海默和眾多觀察家相同，卡普蘭知道中國將是新世紀美國最重要的競爭者。但從地理條件與歷史稟賦來看，他並不認為美、中兩強是針鋒相對地準備戰爭。只是美國雖然開始發揮戰略彈性，卻絕不能坐視中國恢復東半球的霸主地位。中國則將如麥金德一百年前預言的，成為「既非東方，也非西方的新文明」。

卡普蘭認為，當代中國將比他的前輩唐帝

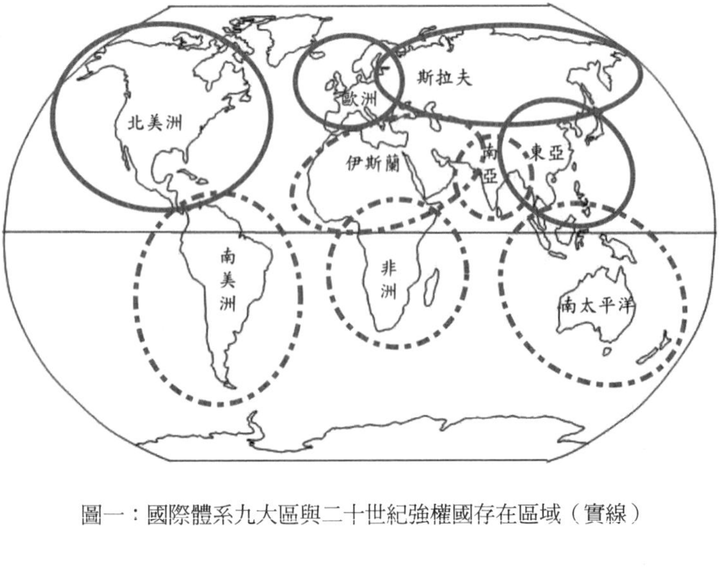

圖一：國際體系九大區與二十世紀強權國存在區域（實線）

國、清帝國更有企圖心。缺乏傳教熱情，中國仍將一如前代，不在意他國的意識形態與政體，這可能就是「東方傳統」。但需要以百分之七的耕地供養百分之二十三全球人口，承諾讓全球最龐大的中產階級過上與西方中產階級同等豐裕生活的現代中國政府，必定只能更擁戴全球化，維持自由貿易與資源交易的暢通，這更是中國的「西方特色」。那麼中共執政的中國如何促進自由貿易呢？卡普蘭必不求教於革命導師馬列史毛（馬克思、列寧、史達林、毛澤東，前三人都來自「西方」），他必求助於麥金德：如果二十世紀強權以艦隊填滿大洋，是否有一天，歐亞陸塊會為鐵路所覆蓋呢？《地理的復仇》成書時，還沒有「亞洲基礎建設投資銀行」（AIIB）與「一帶一路」。但麥金德與卡普蘭若能穿越時空討論此事，必將會心一笑。

卡普蘭談論台灣，透露著明智自由主義的友善與溫情。他注意到美國對各地盟友的承諾、共軍對西太平洋的專注，以及兩岸貿易互賴的現實。所以美、台目標不是尋求軍事勝利，而是要發展高品質、不對稱的制衡方式，使北京發動戰爭代價高昂，同時促進中國的自由化。他也注意到台海與朝鮮半島共處在同一條命運的絞鍊上。一個統一的韓國，可能是略向中傾的中大型國家；兩岸統一，則象徵多極體系正式來臨。美國必須結合東亞盟友，守好「反向長城」，延遲這個情境的實現。

美國：優雅的退場？

天下無不散的筵席。展望美利堅和平（Pax Americana）的前景，有識者總是追憶羅馬和平（Pax Romana）。卡普蘭引述陸瓦克（Edward N. Lutwak）對羅馬帝國的分析，認為美國可能正進入備多力分、疲於奔命的羅馬最後一個戰略時期－戴克里先（Diocletian）時期。美國應該全力拉升自己，至少回到各處布署羅馬軍團、但蠻夷願意羅馬化的安東尼（Antonine）時期，同時規畫優雅退下霸主地位的機制，才是帝國延壽的最佳戰略。卡普蘭疾呼，與其師老兵疲無止境投入中東泥淖，避免墨西哥成為失敗國家才是美國戰略的優先關切——我們依此知道，卡普蘭必定譴責川普（Donald Trump）總統美墨圍牆的消極政策。如果能回頭鞏固好墨西哥與拉美，美國坐穩美洲區唯一強權國與世界秩序樞紐的前景，自然仍可樂觀。

明智自由主義在此否定了盲目的自由意志論和空洞的大同主義（Metropolitanism）激情，但它也拒絕了令人絕望的地理決定論。卡普蘭提醒我們，全球的城市化、網路化帶來的「自由」，可能只是在空前的疏離中創造出更激烈的歸屬感，伴隨著戰爭技術的進步與普及，反而使極端主義的思想影響力更加強大。「二十世紀的戰國時期」如何找到解決之道，答案恐怕還很遙遠。但恢復人們的地理意識，尊重地理因素的歷史特徵，恐怕才是在國際政治無政府狀態之下，維持和平的唯一鑰匙、確保自由的最佳方案。

本書獻給

哈維・希爾曼（Harvey Sicherman, 1945-2010）

費城外交政策研究所前所長

確切的原因是，我對人類的處境幾乎不抱任何期待：幸福時期，部分進步，重新再造與延續傳承的努力，在我看來宛如奇蹟，差可彌補由缺點、失敗、疏忽與錯誤形成的龐然紊亂。災厄與廢墟將臨，混亂將勝，但秩序偶爾也會贏。

——瑪格麗特．尤瑟娜（Marguerite Yourcenar）
《哈德良回憶錄》（*Mémoires d'Hadrien*）

說明：本引文翻譯出自《哈德良回憶錄》中譯本（陳太乙譯，衛城出版，二〇一四）

目錄

序言 邊界

了解現在，並就未來提問，最好的地方就是在當地盡可能慢慢旅行。

第一排的圓頂山陵出現在地平線上，從伊拉克北部的沙漠緩緩向天空攀升，最後成了一萬英尺高的峻嶺，覆滿著橡樹。我的庫德族司機回頭望望那片廣袤的餡餅皮般的平原，鄙夷地罵了一聲：「阿拉伯斯坦。」然後，他向前望著群山，喃喃而言：「庫德斯坦。」臉色也隨即開朗起來。這是一九八六年，薩達姆・海珊（Saddam Hussein）令人窒息的統治如日中天之時，可是我們一深入到監獄似的河谷和險惡的坑穴時，無所不在的海珊告示牌肖像突然消失了。伊拉克士兵也不見蹤影。取代他們的是戴著頭巾、穿著鬆垮長褲和腹帶、披著子彈帶的庫德族軍事部隊（peshmergas）。[1]根據政治地圖，我們根本沒有離開伊拉克。但是群山已宣告海珊的統治到此止

1 譯注：伊拉克庫德斯坦自治區軍隊，照字義翻譯，即「面對死神的人」。

步——要以最極端的措施才能克服此一限制。

到了一九八〇年代末期，海珊痛恨這些山巒數十年、數百年來賦予庫德人的自由，他發動對伊拉克庫德斯坦全面攻擊——這就是惡名昭彰的「安法戰役」（Al-Anfal campaign）[2]——殺害約十萬名平民。群山明顯擋不了海珊的大軍，但它們卻是這齣悲劇大戲的背景。由於庫德斯坦有高山屏蔽，它現在才能在相當程度上脫離伊拉克國家管控。

高山乃是一股保守勢力，經常保護在它內部的本土文化，對抗困擾平地的強勁現代化意識形態，即使它們提供馬克思主義游擊隊和毒梟集團當避難所。[3]耶魯大學人類學家詹姆斯·史考特（James C. Scott）寫道：「山地人經常被認為是落跑者、逃犯、孤獨的社群，在過去兩千年逃躲國家在流域地區推動的項目之壓迫。」[4]尼古萊·西奧塞古（Nicolae Ceausescu）[5]的史達林主義政府其實就在平地凌虐老百姓。我在一九八〇年代幾度訪問喀爾巴阡山地區（Carpathians），很少看到集體化的跡象。號稱中歐後門的這些山區，舉目所及大多是木屋和天然石屋，少見水泥和廢鐵等羅馬尼亞共產主義愛用的物材。

環繞羅馬尼亞的喀爾巴阡山脈，其實同庫德斯坦的大山一樣都是邊界。從西邊、暨無趣又宏偉的空曠匈牙利草原生物聚落——其特色是煤黑色的土壤和檸檬綠的草原——進入喀爾巴阡山脈，我開始離開前奧匈帝國的歐洲世界，逐漸進入經濟上較貧困的前鄂圖曼土耳其帝國領地。西奧塞古的東方專制主義，遠比匈牙利隨興拼湊的大雜燴共產主義更加高壓，就是因為得助於喀爾巴阡山脈的屏障。

不過，喀爾巴阡山脈並不是無法穿透。數百年來，貿易商穿梭往來、生意鼎盛，他們帶來的商品和高度文化，使得極度類似中歐的風味能夠在布加勒斯特（Bucharest）和魯士（Ruse）等城市生根。但是大山的確構成無法否認的漸變，它一路往東迤邐而去，最後止於阿拉伯沙漠和卡拉庫姆沙漠（Kara Kum）。[6]

一九九九年，我從裏海西岸的亞塞拜然（Azerbaijan）首都巴庫（Baku）坐上夜間航船，前往東岸的土庫曼柯拉斯諾佛狄斯克（Krasnovodsk），西元三世紀薩珊王朝波斯人（Sassanid

2 譯注：海珊在一九八六年至一九八九年對伊拉克境內庫德族及其他少數民族發動的種族屠殺。名稱代號「安法」出自《可蘭經》第八章章名。

3 Jeremy Black, *Maps and History: Constructing Images of the Past* (New Haven: Yale University Press, 1997), p. 85.

4 James C. Scott, *The Art of Not Being Governed: An Anarchist History of Upland Southeast Asia* (New Haven: Yale University Press, 2009), p. ix.

5 譯注：西奧塞古自一九六五年起即為羅馬尼亞共產黨黨魁及國家元首，獨裁統治至一九八九年底遭革命推翻，夫婦皆被人民處死。

6 譯注：中亞一沙漠，面積三十五萬平方公里，覆蓋今日土庫曼共和國約百分之七十面積，意即「黑沙」。它東臨裏海、北濱鹹海、東南方為興都庫什山脈。

Persians）[7]稱之為突厥斯坦（Turkestan）的起點。一覺醒來，迎面而來的是貧瘠、陰暗的海岸線：泛白的小屋依傍著崖岸，呈現著死亡的顏色。所有的旅客奉令在華氏一百多度的高溫下，於一座破舊大門前排成一行，只有一名警察負責檢查護照。稍後我們進入一間空空蕩蕩、熱得令人發昏的破棚屋，另一名警察發現我的Pepto-Bismol胃藥，就栽贓我走私毒品。他拿走我的閃光燈，把一點五伏特的電池倒在泥土地上。他的表情和外頭的景色一樣枯燥、肅殺。破棚屋再過去的城鎮不見樹蔭、也毫無物質文明的跡象。我突然間懷念起巴庫，它那十二世紀的波斯城牆和夢幻宮殿是由第一代石油大亨興建，有飾帶和筧嘴等裝飾，儘管有喀爾巴阡山脈、黑海和高加索高地的風味，西方的風格並未完全褪去。愈往東走，歐洲在我眼前逐漸蒸發，裏海的天然疆界顯示出最後一階段，迎來了卡拉庫姆沙漠。

當然，地理沒有顯現出土庫曼的前景黯淡。而是透露出尋找歷史模式的智慧：一個遭到安息人（Parthians）、蒙古人、波斯人、沙皇俄羅斯人、蘇聯人以及一大堆突厥人部落不斷侵襲的蒼茫大地。文明在此幾乎不見蹤跡，因為沒有哪個文明有機會在這裡深耕，這也有助於說明我對本地的第一印象。

大地向上隆起，前一刻看來像是一整塊大砂石，一下子就裂解為灰色、卡其色的河床和岩縫迷宮。陽光從不同角度照射下來，在山頂上留下一道紅色或赭色影線。一陣涼爽的空氣穿進巴士

——這是我在巴基斯坦「西北邊境省」白夏瓦（Peshawar）的熱浪後第一道清新的山之味道。[8]開伯爾隘口（Khyber Pass）本身並不壯觀。最高峰還不到七千英尺，而且它也不陡峭。縱使如此，一九八七年某一天，我以不到一個小時的時間，穿過一個峭壁四立、峽谷蜿蜒的封閉火山低地，從印度次大陸青綠蔥鬱的熱帶平地，進到中亞清冷、光禿禿的荒野；從黑色土壤、鮮明衣飾和油膩、辛辣食物的世界，進到沙土飛揚、粗糙羊毛和羊肉的國度。

但是就像喀爾巴阡山脈，它的隘口已經被貿易商穿透，阿富汗和巴基斯坦邊境的地理給我們不同的啟示：根據哈佛教授蘇嘉塔．波士（Sugata Bose）的說法，英國人原先稱為「西北邊疆」的地區「在歷史上根本不是邊疆」，而是「印度—波斯」和「印度—伊斯蘭」連結體的「核心」，是阿富汗人和巴基斯坦人為何形成有機整體、而地理上又分為兩個國家的原因。[9]

還有一些邊界則是人工造成：

我曾經在一九七三年和一九八一年兩度跨過柏林圍牆，進入東柏林。十二英尺高的水泥屏

7 譯注：西元二二四年至六五一年波斯王朝。
8 這個省後來改名開伯爾—普什圖省（Khyber Pakhtunkhwa）。
9 Sugata Bose, *A Hundred Horizons: The Indian Ocean in the Age of Global Empire* (Cambridge: Harvard University Press, 2006), p. 56.

幕，穿越西德這邊貧窮的土耳其人和南斯拉夫人移民的街坊，以及東德那邊空曠無人、仍留著第二次世界大戰傷痕的地區。你幾乎在西邊任何地方都可以上前撫摸圍牆，遊客也在牆上胡亂塗鴉；東邊則布滿地雷區和守衛塔台。

當時城市裡出現這樣一塊監獄地帶，雖然相當超現實，但是除了道德上質疑之外，一般人似乎也見怪不怪，因為那個時代最大的假設就是冷戰永無休日。尤其是像我這樣的人，成長於冷戰時期，卻對第二次世界大戰毫無記憶，柏林圍牆再怎樣殘忍和專制，看起來就像一座山脈那樣亙久屹立。一直要到一九八九年初那幾個月，我替某家雜誌到波昂（Bonn）採訪，全然湊巧，參考了一些有關德國的書籍和地圖，真相才開始浮現。這些書籍和地圖述說著下列故事：

按照歷史學者戈洛・曼恩（Golo Mann）的說法，居於北海、波羅的海和阿爾卑斯山之中心的德國人，一直是股被關在「大監獄」裡的活潑力量，渴望突圍而出。但是，北邊與南邊已被海洋與高山阻隔，向外拓展只能向東或向西，因為兩者都沒有地理障礙。曼恩點評一八六〇年代至一九六〇年代動盪時期，寫道：「德國百年來的特色就是它欠缺形式、不可靠。」這段時期的大事就是俾斯麥（Otto von Bismarck）的擴張和兩次世界大戰。[10]但是不論德國歷史上的領土規模和地圖上的形狀如何，同樣的故事一直都可以套用。

查理曼大帝（Charlemagne）於西元八〇〇年創立的第一帝國（First Reich）的確是面積遼闊，其版圖一度涵蓋奧地利及一部分瑞士、法國、比利時、尼德蘭、波蘭、義大利和南斯拉夫。

歐洲似乎注定要由現今與德國相彷彿的國家統治。後來出現馬丁・路德（Martin Luther），他推動宗教革命（Reformation），使西方基督教分裂，因而引爆「三十年戰爭」（譯按：一六一八年至一六四八年），其主要戰場即今日的德國。中歐因此一片焦土。我愈是研讀——十八世紀的普魯士和哈布斯堡奧地利的雙元主義、十九世紀初日耳曼各邦之間的關稅同盟，以及俾斯麥於十九世紀末以普魯士為基礎的統一——我就愈發覺得柏林圍牆只是此一領土持續改變過程之某一階段。

柏林圍牆拆除後旋即崩潰的政權——捷克斯洛伐克、匈牙利、羅馬尼亞、保加利亞等——都是我因為工作和旅行而十分熟悉的國家。乍看之下，他們似乎都牢不可破、令人望而生畏。他們突然崩解給了我很大的一堂教訓，不僅發覺所有的專制獨裁政府其實十分不穩定，也發覺當下即使看起來十分恆久、強大，其實也是一瞬即逝。唯一持久的是人在地圖上的位置。因此，在動亂時期，地圖的重要性上升。我們腳底下的政治地基快速移動著，地圖雖不是決定性的因素，卻是辨識未來可能將會如何的歷史邏輯起點。

---

10 Golo Mann, *The History of Germany Since 1789*, translated by Marian Jackson (London: Chatto & Windus, 1968), pp. 525, 880, 1987 Peregrine edition.

南、北韓之間的非軍事區最大的特徵就是武力。二〇〇六年，我目睹南韓士兵凝神以跆拳道之姿、握緊拳頭，雙目瞪視北韓對手。每一邊都挑選最高大、勇猛的武士擔任對決任務。但是在鐵絲網和地雷陣之中所展現的仇恨，有朝一日或許都將還諸歷史。當你看看二十世紀其他分裂國家——德國、越南、葉門——的狀況時，顯然不論分裂多久，統一的力量終究會以事先未規畫、有時很暴戾的方式快速勝出。非軍事區就和柏林圍牆一樣，是沒有地理邏輯的人為邊界，它就在兩支敵對大軍湊巧駐足休息的地方，把一個同種族的國家一分為二。德國已經再度統一，我們或許預期，或至少應準備好，會出現統一的大韓國。再一次，文化和地理的力量可能會勝利。不符合天然疆界區的人為邊界特別脆弱。

我也曾經從約旦到以色列、從墨西哥到美國，穿越陸地邊界，後來更是多次進出各國邊界。我現在希望踏上另一個旅程——非常不同的旅程——走過歷史和政治學的不同篇章，它們經歷數十年、甚至數百年的考驗存活下來，藉由它們強調地理，使我們讀懂地圖，進而有助於我們一窺未來政治的輪廓，不論它是多麼含糊不清。穿越過這麼多邊境，使我特別好奇我曾經出入的這些地方之命運。

三十年來的採訪經驗使我相信，我們全都需要恢復已在噴射機及資訊時代喪失的、對時間和空間的敏感度，當製造輿論的精英在數小時之內穿梭海洋與大陸時，他們可以伶牙俐齒大談《紐約時報》著名專欄作家湯瑪斯．佛里曼（Thomas L. Friedman）所謂的「世界是平的」。我卻要介紹讀者認識一群肯定不流行的思想家，他們極力反對「地理不再重要」的觀念。我會在這趟旅程的前半部深度陳述他們的思想，以便將他們的睿智運用在後半部，解釋清楚在歐亞大陸——從歐洲到中國，包括大中東和印度次大陸——已經發生、和可能發生的事件。找出我們在看待實體現況時已經失落的東西，去發覺我們怎麼失去它們，然後放慢我們旅行、觀察的步伐，藉由已逝學者先賢的豐富睿智去恢復它們——這是這趟旅程的目標。

地理，源自一個希臘字，基本上表示「對大地的描述」，它經常與宿命論（fatalism）有關，因此受到非難：據說，從地理角度思考，會限制人類的選擇。

但是，我只想藉著接觸地形圖和人口研究等工具，對傳統的外交政策分析再添加一層複雜性，從而找出看待世界更深刻、更有力的方式。你不必是個地理決定論者，就能理解地理極為重要。我們愈是關注時事，個人及其選擇就更重要；我們愈是觀察數百年的歷史演進，就愈感到地理的重要。

中東就是很好的事例。

我執筆的這一刻，從摩洛哥到阿富汗這片區域，正陷入中央權威的危機中。專制政體的舊秩序已經不可行，甚至前往穩定民主化的道路也顛簸難行。這場大動亂的第一階段，其特色就是地理敗給了新通訊科技的力量。衛星電視和網路社群網站，已在整個阿拉伯世界創造出一個抗議者社群：因此在埃及、葉門和巴林等互不相干地方的民主人士，會被發生在突尼西亞的事件所啟發。所有這些國家的政治情勢，存在著某種共通性。但是革命起動之後，情勢就顯示，各國發展出它自身的論述，而且論述深受它自身深刻的歷史和地理所影響。因此，愈是了解中東任何特定國家的歷史和地理，對於發生在當地的事件就愈不會驚訝。

動亂始於突尼西亞，可能只有一部分是意外。一張經典的古代地圖顯示，有許多屯墾區集中在今天突尼西亞所在地，毗鄰著相當空曠的、今天的阿爾及利亞和利比亞。突尼西亞向地中海凸出、靠近西西里，不僅在迦太基人（Carthaginians）和羅馬人時期是北非的人口中心，在汪達爾人（Vandals）、拜占庭人（Byzantines）、中古阿拉伯人和土耳其人時期一直都是。至於西鄰阿爾及利亞、東接利比亞，都只是含糊的地理描述，突尼西亞是歷史悠久的文明中心。（至於利比亞，它西部的的黎波里塔尼亞〔Tripolitania〕地區，自古以來一直傾向突尼西亞，它東部的席蘭尼加〔Cyrenaica〕地區——即今天的班加西〔Benghazi〕——一向傾向埃及。）

兩千年來，愈靠近迦太基（大約相當於今天的突尼斯）的地方，開發程度愈高。由於突尼西亞的城鎮化始於兩千年前，以游牧主義為基礎的部落認同——中古歷史學者伊本·赫勒敦（Ibn Khaldun）說它擾亂了政治穩定——相對而言較薄弱。羅馬大將西庇阿（Scipio）西元前二〇二年在突尼斯城外擊敗漢尼拔（Hannibal）之後，挖了一條界溝（fossa regia），界定文明地區的範圍。這條界溝迄今仍與中東危機有關。它仍然很明顯，從突尼西亞西北海岸的塔巴卡（Tabarka）向南走，然後直接向東轉往另一個地中海港口斯法克思（Sfax）。[11]超過這條線之外的城鎮，很少有羅馬人留駐，而今日仍然較窮、較欠開發，向來失業率也高。二〇一〇年十二月，一個販賣水果、蔬菜的小販於西迪布濟德城（Sidi Bouzid）自焚抗議，這座小鎮就在西庇阿線外圍。[12]

這不是宿命論。我只是對當前的事件提供地理和歷史的脈絡：阿拉伯民主革命始於歷史上阿拉伯世界最先進的社會——實質位置最靠近埃及——可是又明白地發生在那個國家自古以來即被漠視、低度開發的地區。

認識這一點，有助於我們更深入了解在其他地方發生的事件：不論是埃及，另一個和突尼西亞一樣歷史悠久的文明古國；或是葉門，阿拉伯半島的民主核心，它力圖統一、卻一直受到山脈地形之困，中央政府威權弱化，凸顯部落組織的重要性，分裂團體猖獗；或是敘利亞，它在地圖上那截頭去尾的地形，潛匿著境內種族、宗派不同而分裂的種種族群。地理證明了突尼西亞和埃及天生比較團結；利比亞、葉門和敘利亞則不然。隨之，據而突尼西亞和埃及需要比較溫和

---

11 譯注：突尼西亞僅次於首都突尼斯的第二大城。

12 譯注：小販包濟茲（Mohamed Bouazizi）因拒絕行賄，警察要沒收他的推車，他在二〇一〇年十二月十七日公開自焚抗議身亡。民眾利用智慧型手機把慘劇透過社群網路傳播出去，立刻引爆動亂。總統班・阿里（Ben Ali）鎮壓不住民憤，於二〇一一年一月十四日出亡國外。不旋踵，北非各國紛紛爆發以社群網路串連而起事的革命。

的專制形式把社會凝固在一起，而利比亞和敘利亞則需要比較極端的體制。同時，地理一向使得葉門很難管治。葉門是二十世紀歐洲學者厄尼斯特・蓋爾納（Ernest Gellner）和羅伯・蒙塔聶（Robert Montagne）所謂的「斷裂」社會（segmentary society），是從中東高山與沙漠地形扯斷出來的結果。搖擺於中央化和無政府之間，這樣的社會用蒙塔聶的話來說，其政府「榨乾了一個區域的生命」，即使「由於它本身脆弱」，它也不能建立持久的體制。在此地，部落強盛、中央政府比較軟弱。[13]要在這樣的地方建構自由秩序，不能忘卻這些現實。

政治動盪積累，世界變得更難管理，問題不斷叢生，美國及其盟國要如何應付，地理至少可以提供思考線索。鑽研舊地圖，請出早年的地理學者和地緣政治思想家，我希望能藉此探究二十一世紀的世界，猶如我在二十世紀末期進出各國邊界那樣加以了解。即使我們能把人造衛星送達外太陽系——甚至財經市場和網路空間可以無垠無際——興都庫什（Hindu Kush）山脈還是極難跨越的障礙。

---

13 Ernest Gellner, *Muslim Society* (New York: Cambridge University Press, 1981), pp. 38, 41, 180, 187.

第一部分

先驅視野

第一章 從波士尼亞到巴格達

要恢復我們的地理意識，我們必須先整理好近來歷史上我們最深刻喪失它的那一刻，解釋為什麼喪失地理意識，並且說明它如何影響我們對世界的假設。當然，喪失是逐步的。但是我選定的那一刻，是柏林圍牆塌垮的當下，喪失似乎最尖銳。雖然是人為的邊界，其崩垮應該加強我們對地理及地圖的尊敬——以及這幅地圖可能如何預見鄰近的巴爾幹以及中東的命運——柏林圍牆的消失，使我們對依然分裂我們、等候我們的真正地理障礙視而不見。

因為我們突然間進入一個世界，在這個世界裡，德國的人為疆界被拆卸，導致人們假設所有的人為分隔都可以克服；民主將征服非洲和中東，與在東歐一樣容易；全球化——很快就成為流行語——被認為是歷史的道德方向和國際安全體系，遠超過其實僅是一種經濟和文化的發展階段。極權主義的意識形態才剛被擊垮，即使美國和西歐的國內安全也被視為理所當然。和平的外觀深入人心。美國國務院前任政策計畫處副處長法蘭西斯．福山（Francis Fukuyama）預先掌握到時代精神，於柏林圍牆拆除前幾個月發表一篇文章〈歷史的終結〉，宣稱雖然戰爭和叛亂仍會繼續，黑格爾式的歷史現在已經終結，因為資本主義的自由民主勝利，已經替哪一種政府制度對人類最好的論辯畫下句點。[1]因此，只是要如何根據我們的藍圖去塑造世界，有時候要透過部署美軍部隊為之；一九九〇年代的部隊部署不會產生太大的懲罰作用。這是後冷戰的第一個主流思想，它也是幻想的時代。當時「現實主義派」（realist）和「務實主義派」（pragmatist）這些名詞被當作貶抑之詞，意指不願在難以獲得國家利益的地區進行人道干預，無論國家利益是傳統意義或狹義界定。當時最好是當個新保守主義者或自由派國際主義者，他們被當作只是想要在巴爾幹制止種族屠殺的好人、聰明人。

理想主義在美國如此冒出來，並非史無前例。第一次世界大戰的勝利高擎起「威爾遜主義」的大旗。美國總統伍德羅．威爾遜（Woodrow Wilson）的這套理想，後來經證明，很少考量到美國的歐洲盟邦之真正目標，甚至更不考量巴爾幹和近東的現實；一九二〇年代這個區域的事件告訴我們，從鄂圖曼土耳其帝國出現的民主和自由，只在這個舊帝國的個別地區提升了狹隘的種族意識覺醒。西方從冷戰得勝後也出現相同的現象，許多人相信它會在「民主」和「自由市場」的大旗下帶來自由和繁榮。許多人以為，即使是最貧窮、最不穩定的非洲大陸，它還受制於世界最人為、不合邏輯的邊界，或許也已站到民主革命的邊緣；彷彿位於歐洲中心的蘇聯帝國之覆亡對於全世界最欠開發的國家——他們被大海和沙漠阻隔在數千英里之外，只透過電視彼此產生關聯

——意義極大。[2]可是，就和第一次世界大戰以及第二次世界大戰之後一樣，我們贏了冷戰，沒帶來太多民主和全球和平，只有為下一個生存而奮鬥，而且邪惡只不過換上了新的面具。

民主和良政事實上在非洲各地都開始冒出來。但它將是一段長久、艱苦的奮鬥，在奮鬥過程中有相當長的一段無政府現象（發生在西非若干國家）、叛亂和徹底的屠殺（發生在盧安達〔**Rwanda**〕）。非洲有一段漫長之路要走，才能界定一九八九年十一月九日至二〇〇一年九月十一日這十多年——也就是從柏林圍牆崩塌到凱達組織（**al Qaeda**）攻擊五角大廈和世界貿易中心這段時期：這十二年間的大規模屠殺和人道干預遲遲而來，令理想主義的知識分子倍感氣餒，而且這些干預行動的成功，雖然使理想主義者揚眉吐氣，但其實在九一一事件之後的十年卻證明它們是災劫。

九一一事件之後的新年代，地理（在一九九〇年代於巴爾幹和非洲肯定是個重要因素）卻對美國在近東的好意展開劇烈破壞。從波士尼亞到巴格達之旅，從西部的巴爾幹半島，也是前土耳其帝國最繁榮的地區，發動有限度的空戰和陸戰，到大規模步兵入侵東部，發展程度最低的美索不達米亞（**Mesopotamia**），自由普世主義處處受限，不得不逐漸承認地理的重要性。

---

1 Francis Fukuyama, "The End of History," *The National Interest*, Washington, Summer 1989. Book version: *The End of History and the Last Man* (New York: The Free Press, 1992).

2 Jonathan C. Randal, "In Africa, Unrest in One-Party States," *International Herald Tribune*, Paris, March 27, 1990.

後冷戰其實始於一九八〇年代，比柏林圍牆崩塌還早，當時「中歐」一詞重新復活；後來牛津大學學者提摩太．賈頓．艾許（Timothy Garton Ash）把它定義為「有別於蘇聯的『東方』（East）的一種政治及文化區分」。[3] 中歐（*Mitteleuropa*, Central Europe）理念的成分大過地理的事實。它構成記憶的宣示：它是濃郁、愉悅地散置而又浪漫的歐洲文明，代表著圓石街道和人字形屋頂、醇酒、維也納咖啡館和古典音樂，以及溫和、人文主義的傳統，而且灌輸了銳利、令人憂心的現代主義藝術與思想。它令人追憶起奧匈帝國（Austro-Hungarian Empire）以及古斯塔夫．馬勒（Gustav Mahler）、古斯塔夫．克林姆（Gustav Klimt）和西格蒙德．佛洛伊德（Sigmund Freud）等名氏，而且深受伊曼紐爾．康德（Immanuel Kant）和荷蘭猶太裔哲學家巴魯赫．史賓諾莎（Baruch Spinoza）的影響。的確，「中歐」代表納粹主義和共產主義大破壞之前已陷入危機的猶太人知識界；它代表第二次世界大戰之前的經濟發展，強壯的波希米亞工業化水平其實高過比利時。它代表雖有種種衰頹和道德瑕疵，雖在愈來愈失能、但仍親善的哈布斯堡帝國大傘之下，仍有個相當多元種族寬容的區域。在冷戰的最後階段，普林斯頓大學教授卡爾．休斯克（Carl E. Schorske）在他觀察銳利的經典大作《世紀末的維也納》（*Fin-de-Siècle Vienna: Politics and Culture*），還有義大利作家克勞迪歐．馬格里斯（Claudio Magris）在他豐富的遊記《多瑙河》（*Danube*）中，都精簡地掌握到中歐的新意義。馬格里斯認為，中歐是一種情感，「代表針對任何極權主義方案的一種防衛」。至於匈牙利作家喬治．孔拉德（Gyorgy Konrad）和捷克作家米蘭・昆德拉（Milan Kundera）則認為中歐很「高尚」，是解放政治渴望的「總鑰匙」。[4]

在一九八〇年代和一九九〇年代談到「中歐」，指的是一種文化，它所形成的地理，與山脈或蘇聯坦克所形成的地理無殊。中歐的概念是對冷戰地理的責難，因為冷戰拋出「東歐」這個字詞，指的是由莫斯科控制的半個共產世界的歐洲。由於東德、捷克斯洛伐克、波蘭和匈牙利都曾經是中歐的一部分，因此可以理直氣壯的主張，它們不應被納入共產主義和華沙公約這批被囚禁的國家之列。幾年之後，挺諷刺的是，當南斯拉夫爆發族裔戰爭時，「中歐」不再是統一的代名詞，而變成了分裂的代表；人們從腦海裡把「巴爾幹」從中歐分割出去，使它實質上成為新／舊近東的一部分。

巴爾幹是舊時土耳其及拜占庭帝國的同義詞，它的險峻山脈阻礙發展，它普遍較低的生活水平可回溯到數十年前或數百年前，落後位於歐洲中心的前哈布斯堡帝國及普魯士帝國。共產黨宰制的灰澀的數十年當中，事實上，羅馬尼亞和保加利亞等巴爾幹國家，所遭受的貧困和壓制程度，是蘇聯帝國北半部「中歐」所不知道的慘烈。當然，情勢相當複雜。東德是這些衛星國家中最被實際占領的國家，因此它的共產主義制度最僵固。連南斯拉夫——不是華沙公約正式會員國

3 Timothy Garton Ash, "Bosnia in Our Future," *New York Review of Books*, December 21, 1995.

4 Carl E. Schorske, *Fin-de-Siècle Vienna: Politics and Culture* (New York: Knopf, 1980); Claudio Magris, *Danube* (New York: Farrar, Straus and Giroux, 1986, 1989), p. 268.

——尤其是它的城市，都享有捷克斯洛伐克未能擁有的某種程度之自由。可是，整體來講，前土耳其及拜占庭帝國的東南部歐洲國家，在共產主義政權下遭遇的苦難，並不低於東方專制主義的版本，彷彿第二次蒙古人入侵，當時這些信奉天主教的昔日哈布斯堡歐洲國家，吃的苦頭比較不惡毒：攙和著灰澀而程度不一的基進社會民粹主義。從雖是共產主義、卻比較自由派的匈牙利卡達（Janos Kadar）政府治下，進入西奧塞古的羅馬尼亞極權主義，就是典型的實例。我在一九八〇年代經常如此旅行：當我坐的火車從匈牙利進入羅馬尼亞時，建築材料的品質突然惡化；官員亂搜我的行李，針對我的打字機作文章，向我索賄；公用廁所裡沒有衛生紙、燈光也昏暗。沒錯，巴爾幹深受中歐影響，但它們也深受同樣相近的中東之影響。塵土飛揚的草原、陰鬱的公共空間——兩者都從安納托利亞（Anatolia）引進——是科索沃和馬其頓生活中的特色，這在文明活潑的布拉格和布達佩斯是很難看到的。因此，暴力發生在種族混雜的南斯拉夫，而單一種族的中歐國家（如匈牙利和波蘭）相對平靜，絕不是意外或完全可推諉在某名個別壞蛋頭上的事。歷史和地理也脫不了關係。

可是，高舉中歐做為道德和政治指南、而非地理方位，像賈頓．艾許——本年代最雄辯滔滔的聲音之一——這樣的自由派知識分子，提出一個並非歐洲的觀點，而是全世界的觀點，它兼容並蓄、不搞差異化。依據這個觀點，不僅巴爾幹不應被編派為低度開發和野蠻，其他任何地方——如非洲——也不應該。柏林圍牆的傾塌不只影響德國，也應該釋放出中歐的美夢。這種人文主義的作法，是自由派國際主義者和新保守派在一九九〇年代都信服的四海一家精神本質。保羅・伍佛維茨（**Paul Wolfowitz**）在因強烈支持伊拉克戰爭而大為出名之前，就力主在波士尼亞和科索沃進行軍事干預。事實上，他與賈頓・艾許這個大自由派聯名在左傾的《紐約書評》（*New York Review of Books*）雜誌上撰文。前往巴格達之路其根源是一九九〇年代的巴爾幹干預，它遭到現實主義者和務實派的反對，即使不容否認這些在前斯拉夫的軍事部署是成功的。

渴望解救波士尼亞和科索沃的穆斯林，不能與渴望恢復中歐分開來，兩者既是真實、又是深刻想像的地方，證明最終道德與人道主義，是如何透過神聖化以達到美化。（雖然提摩太・賈頓・艾許本人懷疑理想化中歐的作法，卻看到這種理想化可能出現的積極道德用處。）

以撒・柏林（**Isaiah Berlin**）的人道主義作品掌握一九九〇年代知識分子精神。提摩太・賈頓・艾許在回憶錄中寫到他在東德的生活：「我常說：『我是柏林人。』指的是我是以撒・柏林信徒。」[5]現在共產主義已經潰敗，馬克思主義的烏托邦已被揭露是假的，以撒・柏林就是對過去四十年風靡學術界的一元論理論最完美的解毒劑。以撒・柏林曾在牛津大學任教，他的一生恰好貫穿二十世紀，一向替資產階級務實主義及政治實驗「暫時妥協」做辯護。[6]他厭惡地理、文

5 Timothy Garton Ash, *The File: A Personal History* (New York: Random House, 1997), p. 51.
6 Michael Ignatieff, *Isaiah Berlin: A Life* (New York: Holt, 1998), p. 24.

化和種種其他形式的決定論，拒絕將任何人歸附於命運。他的觀點透過一生的文章和演講表述清楚，經常是曠野中孤獨的學術之聲，構成對謹慎的理想主義的完美綜合，用來反對共產主義、也用來反對「自由和安全只適合某些人、不適合另一些人」的理念。他的哲學和中歐的理想完全吻合。

但是，經過這些聰明、言詞便給的知識分子解說，雖然中歐的概念的確很高尚，應該在我將以例子說明的所有西方國家外交政策上常年不斷扮演角色，但它也面臨一些障礙，我稍後將會討論它。

這個崇高的觀點仍然有問題，一個醜陋的事實在整段歷史上，經常把中歐的概念變得相當悲悽。中歐在地圖上根本不具真實性。（提摩太．賈頓．艾許直覺到這一點，把自己的文章題目訂為：〈中歐存在嗎？〉）[7]於是乎，地理決定論者出現了，相較於以撒．柏林的溫柔言詞，他們是那麼的嚴厲、陰沉：尤其是愛德華時代代表人物哈福德．麥金德爵士（Sir Halford J. Mackinder）和他的信徒詹姆斯．費爾格瑞佛（James Fairgrieve），在他們看來，中歐的概念有「致命的地理瑕疵」。麥金德和費爾格瑞佛告訴我們，中歐屬於「擠壓地區」（crush zone），橫跨在注重「海洋利益」的海洋歐洲和「著眼大陸觀點的歐亞心臟地帶」兩者之間。總之，從戰略上來說，在麥金德和費爾格瑞佛的眼裡，中歐根本「沒有空間」。[8]這兩人的著作表示，歌頌中歐（這是自由派知識分子合理的耽溺）代表地緣政治的暫停休息——或至少是希望暫停。可是，柏林圍牆拆除並沒有——也不能——終止地緣政治，只是把它帶進新階段。你不能光抱著希望就使地球上不再發生國家和帝國的鬥爭。

我稍後將以相當大的篇幅來討論麥金德的作品，尤其是他的「心臟地帶」（Heartland）論述。現在先說，一百多年前的解釋就相當堅實，經證明其和第一次世界大戰、第二次世界大戰及冷戰的動態相當有關。簡單地說，兩次世界大戰無非就是德國是否將主宰在它東方的歐亞心臟地帶的戰爭，而冷戰專注在蘇聯獨霸東歐——即麥金德所謂心臟地帶的西端。蘇聯掌控的東歐底下有東德，歷來多是普魯士傾向，傳統上有往東拓展領土的心態，換句話說，偏向心臟地帶；而北約組織的海洋同盟下含西德，歷來信奉天主教，側重工商業，傾向於北海和大西洋。冷戰時期著名的美國地理學家索爾・柯恩（Saul B. Cohen）主張，「分隔東、西德的邊區……是歷史上最古老的邊區」，從中古時期就是法蘭克人和斯拉夫人部落的邊區。換句話說，東、西德之間的邊界大多不是人工造成。根據柯恩的說法，西德「充分反映海洋歐洲」，而東德屬於「大陸型陸權範

7 Timothy Garton Ash, "Does Central Europe Exist?" *New York Review of Books*, October 9, 1986.

8 W. H. Parker, *Mackinder: Geography as an Aid to Statecraft* (Oxford: Clarendon Press, 1982), p. 201; K. A. Sinnhuber, "Central Europe-Mitteleuropa-Europe Centrale: An Analysis of a Geographical Term," *Transactions of the Institute of British Geographers*, vol. 20, 1954; Arthur Butler Dugan, "Mackinder and His Critics Reconsidered," *The Journal of Politics*, May 1962, p. 250.

圍」。柯恩支持德國分治，是「地緣政治穩定、戰略上有必要」的安排，它可以穩定海洋歐洲和心臟地帶歐洲之間經年不斷的戰爭。[9]麥金德也在一九一九年有先見之明地寫道：「穿越德國這條線……就是我們在其他地方拿來把心臟地帶和海岸地帶從戰略上加以區隔的那一條線。」[10]因此，劃分柏林是人為的，可是劃分德國就未必是了。

柯恩認為中歐「只是地理上的表達，沒有地緣政治的內涵」。[11]根據這個邏輯，德國的再統一不會導致中歐的復活，反而會重啟爭奪歐洲之戰，推論起來，就是爭奪歐亞的心臟地帶：換句話說，在什麼情況下德國會轉向東方、轉向俄羅斯，對波蘭、匈牙利及其他前衛星國家產生重大影響？或是轉向西方、轉向英國和美國，在海洋範圍勝利呢？由於後冷戰仍處於初期階段，我們還不知道答案。柯恩等人無法精確地預見到今天德國統一後的「去軍事化」性質，在深沉的文化層面存在著「對軍事解決的嫌惡」，這在未來會有助於穩定或不穩定，要視狀況而定。[12]正因為他們是位居歐洲中央的陸權國家，德國人一向表示深刻了解地理和戰略是生存的重要機制。這是德國人仍有待恢復的東西，才好超越目前的準和平主義。重新統一的自由德國是否能在大西洋和歐亞心臟地帶之間成為平衡力量，讓對中歐文化大膽的新詮釋能夠生根，因而讓中歐概念成為地緣政治的穩定石呢？這就可以讓賈頓．艾許這些人講話的分量勝過麥金德和柯恩了。

總之，做為寬容和高度文明理想的中歐，是否禁得住新大國鬥爭的衝擊呢？因為在歐洲中心肯定會出現這樣的鬥爭。從二十世紀末的角度去看，十九世紀末中歐如此活潑的文化相當有吸引力，它就是一個特定的帝國及地緣政治現實——也就是哈布斯堡奧地利——這個結果。自由主義最終要依附在權力上；或許是仁義的權力，但畢竟總是權力。

一九九〇年代的人道主義干預派，並沒有盲目到看不見權力鬥爭；在他們眼裡，中歐也沒構成烏托邦的遠景。反而，透過停止在巴爾幹的群體殺戮來重建中歐，是對適當運用西方軍事力量、以便確保冷戰勝利意義的一種沉默的振臂高呼。除了讓世界更安全，人人得享自由之外，冷戰還有什麼終極意義？寫出以撒．柏林傳記的知識分子、歷史學者麥可．伊格納蒂夫（Michael Ignatieff）（**譯按：他也是加拿大自由黨前任黨魁，加拿大華文報紙稱他為葉禮庭**）提到像他這樣的知識分子看待巴爾幹問題的熱情時，他說：「對自由派的國際主義者來說，波士尼亞已成為我們這一代的西班牙內戰。」[13]

在他們心目中很迫切的是要喚醒人性——以及擊敗決定論。有人記得喬依斯（James Joyce）

9 Saul B. Cohen, *Geography and Politics in a World Divided* (New York: Random House, 1963), pp. 79-83.

10 Halford J. Mackinder, *Democratic Ideals and Reality: A Study in the Politics of Reconstruction* (Washington: National Defense University, 1919, 1942), p. 90.

11 Cohen, *Geography and Politics in a World Divided*, p. 222.

12 Colin S. Gray, *Another Bloody Century: Future Warfare* (London: Weidenfeld & Nicolson, 2005), pp. 37, 95, 176-77.

13 Michael Ignatieff, "Homage to Bosnia," *New York Review of Books*, April 21, 1994.

《尤里西斯》（*Ulysses*）中的一段，李奧波德·布魯姆（Leopold Bloom）惋歎「自然法則所造成的一般狀況」：「奪人性命的疫病」、「災禍連連的大洪水」、以及「地震的動亂」。針對這一點，史帝芬·狄達魯斯（Stephen Dedalus）簡單、痛切地回應，重申「他做為有意識的理性動物的重要意義」。[14]可是，暴行還是發生，世界就是這麼一回事。不過，不一定要接受這個樣子。因為人類是理性的，他終究有能力抗拒受苦和不公不義。

因此，以中歐做為北極星，路往東南走，先到波士尼亞、再到科索沃，再轉到巴格達。當然，支持干預波士尼亞的許多知識分子會反對介入伊拉克——或至少對它有疑慮；但是新保守主義者及其他人卻不會卻步。我們將會看見，巴爾幹人讓我們看到一種版本的干預主義（雖然已經遲延了），也就是可以少犧牲士卒生命，讓許多人有了幻覺，以為未來的戰爭是無痛的勝利。賈頓·艾許冷峻地寫道，一九九〇年遲來的干預讓人想到奧登（W. H. Auden）提到的一九三〇年代那個「低級、不誠實的年代」。[15]

在一九九〇年代，歷史和地理似乎的確抬頭怒視。柏林圍牆倒下後不到兩年，在事件後普世主義的激昂喧囂中，全球媒體突然發現身處在冒煙的廢墟、如山的瓦礫和扭曲的鋼筋當中，這是昔日奧匈帝國和土耳其帝國的邊省地區，名字念都念不出來的城鎮——斯拉沃尼亞（Slavonia）和柯拉吉納（Krajina），它們剛經歷自納粹以來歐洲不曾有過的大暴行。精英之間現在的談話，從空泛談論全球團結，轉到解說從維也納跨過潘諾尼亞平原（Pannonian Plain）車程僅有數小時、非常深入中歐的這個地區地方歷史。地形圖顯示，靠近薩瓦河（Sava River）的南部和東部克羅埃西亞是廣大歐洲平坦地帶的南方盡頭，而從薩瓦河岸起，一片山巒糾結之地即人們通稱的巴爾幹：地形圖上可以看到一片廣大、平坦的綠地從法國一路延伸到俄羅斯（從庇里牛斯山到烏拉山），可是就在薩瓦河南岸，突然變黃色、轉棕色，代表更高、更崎嶇的地形，它往東南延伸到小亞細亞。這塊地區，靠近山脈起始之處附近，是哈布斯堡奧地利和鄂圖曼土耳其大軍集結、反覆起兵之地；是西方基督教文明止步、東方正教和伊斯蘭起始之地；是克羅埃西亞人和塞爾維亞人衝突之地。

柯拉吉納在塞爾維亞—克羅埃西亞文（Serbo-Croatian）是「邊區」的意思，它是奧地利人在十六世紀末建立以對抗土耳其擴張的軍事地區，吸引要逃避鄂圖曼蘇丹獨裁專制的克羅埃西亞及塞爾維亞難民來奔。因此之故，這個地區成為族裔混雜之地，當第一次世界大戰後奧匈帝國垮台，經歷演變成更複雜的聯合族裔認同。雖然在兩次世界大戰之間，塞爾維亞人和克羅埃西亞人結合在塞爾維亞、克羅埃西亞及斯洛維尼亞王國（Kingdom of the Serbs, Croats and Slovenes）之下，可是納粹期間，經由納粹扶植的法西斯克羅埃西亞傀儡政權，在集中營中殺害數萬個塞爾維

14 James Joyce, *Ulysses* (New York: Modern Library, 1922, 1934), p. 697, 1990 Vintage edition.

15 Timothy Garton Ash, "Kosovo and Beyond," *New York Review of Books*, June 24, 1999. He was referring to a line in Auden's poem "September 1, 1939," published in 1940.

亞人，兩個族裔分裂、互相廝殺。在狄托（Tito）專制的共產政權體制下，這個地區復告統一，可是南斯拉夫一九九一年崩解，塞爾維亞部隊由塞爾維亞衝過邊界，進入斯拉沃尼亞和柯拉吉納，在克羅埃西亞人地區展開族裔清洗。後來克羅埃西亞人光復本地區，輪到本地塞爾維亞人逃回塞爾維亞。接下來，從克羅埃西亞和塞爾維亞的邊界地帶，戰火延燒到波士尼亞，數萬人在恐怖中喪生。

這裡頭有太多歷史和地理的糾葛，但是認真的作家和知識分子不會全盤接受它。他們肯定有自己的見解，而且見解不只一端。首先是驚駭和厭惡。我們再引賈頓・艾許的一段話：

> 我們從前南斯拉夫這可怕的十年學到什麼？……我們發現人性並沒有變。二十世紀末的歐洲仍和世紀中葉的大浩劫（Holocaust）一樣野蠻……我們西方在二十世紀末的政治口頭禪是「統合」、「多元文化」，或者比較老派一點，是「熔爐」。前南斯拉夫卻南轅北轍。它就像巨大的分離器：把乳液和乳油抽離開……人們就在機器運轉下被區分開來……鮮血經過過濾管從底下汩汩而出。[16]

繼厭惡之後出現指控西方「姑息」，姑息史洛波丹・米洛塞維奇（Slobodan Milosevic）這名邪惡的共產黨政客。為了在柏林圍牆拆解後保住個人及黨的政治權力，為了保住別墅、狩獵小屋和其他職務特權，他把自己裝扮成狂熱的塞爾維亞民族主義者，發動類似第二次的大浩劫。一九三八年在慕尼黑姑息希特勒，很快拿來比擬一九九〇年代此一局勢。

事實上，擔心會出現另一次慕尼黑事件並不是全新的現象。一九九一年決定將科威特從薩達姆．海珊的侵略解救出來，它就是一個重要因素。如果我們不在科威特制止海珊，下一步他就會入侵沙烏地阿拉伯，然後控制全世界石油供應，讓本地區人權陷入萬劫不復的地步。但是，真正讓慕尼黑成為國際社會罵名的，乃是一九九一年至一九九三年間，塞爾維亞人先後荼毒克羅埃西亞及波士尼亞——西方卻沒有反應。

經過一段漫長又繁榮的和平時期之後，人們又開始流行拿慕尼黑做比喻，戰爭的負荷已經很遙遠、顯得很抽象：以一九九〇年代為例，美國人對上一場亞洲齷齪的陸上戰爭的記憶，已是二十多年的陳年往事，早已淡忘。慕尼黑涉及到普世主義，涉及到關照全世界及他人生活。針對一九九四年未能制止盧安達種族屠殺的反應，就經常會聽到這種聲音。但是在北約組織遲至一九九五年才軍事介入波士尼亞、一九九九年介入科索沃之前的時間，慕尼黑只是熱門的談論話題。反對我們介入巴爾幹的人士試圖提出越南比喻做對比，但因為泥淖一直沒有解決，在一九九〇年代

---

16 Timothy Garton Ash, "Cry, the Dismembered Country," *New York Review of Books*, January 14, 1999.

的巴爾幹，越南的幽靈徹底除魅——當時教訓是這樣記下來的。[17]

越戰期間遭人深惡痛絕的軍事力量，現在成為人道主義的同義詞。《新共和》（*The New Republic*）文學主編里昂·衛瑟蒂爾（Leon Wieseltier）寫道：「反對種族屠殺的戰爭必須以憤怒反擊；因為憤怒就是作戰。」、「為了制止種族屠殺的目的，使用武力不是最後之計：它是第一招。」衛瑟蒂爾還抨擊人道干預竟然需要安排脫身之計：

> 一九九六年，他（柯林頓總統）那位苦惱、怯懦的國家安全顧問安東尼·雷克（Anthony Lake）甚至還訂出一種「脫身戰略理論」：「在我們派部隊進入外國之前，應該知道如何及何時將他們撤出。」雷克等於是把全知全能做為動用美軍武力的條件。「脫身戰略」理論徹底誤解戰爭的本質，甚至可以更廣泛地說，誤解了歷史行動的性質。以審慎為名義，它否定人類事務會有意料不及的事。因為一開始時我們不會先知道結局是什麼。[18]

譬如，衛瑟蒂爾舉一九九四年一百萬圖西人（Tutsis）喪生的盧安達做例子：他寫說，如果我們介入制止殺戮將使西方軍事陷入泥淖，但寧要泥淖、也不要百萬人被殺害。衛瑟蒂爾就和賈頓·艾許一樣，是當時最強大、道德上最有說服力的聲音，他寫的是北約組織有限度、遲遲才發動空戰拯救科索沃的阿爾巴尼亞人穆斯林，不再受米洛塞維奇驅離及殲滅政策的迫害，令他所感到的挫折。空戰針對塞爾維亞的城鎮發動攻擊，而根據人道主義干預派的說法，需要的是以地面部隊解放科索沃城鎮。柯林頓猶豫不決的打仗方式造成大規模傷亡。衛瑟蒂爾寫到：「理想主義降低到只能賑濟和施救、只能在災禍之後才工作。我們本該急急開槍，現在卻急急在送毛毯。」

17 我本人和那些遲來的干預行動也有著好些故事。據說，我寫的書《巴爾幹鬼魂》（*Balkan Ghosts: A Journey Through History*）是柯林頓總統一九九三年決定不進行軍事干預的一個因素，因此延擱了北約部隊派赴巴爾幹達兩年之久。該書記載我一九八〇年代在巴爾幹的經驗，於柏林圍牆傾塌之前即先在《大西洋月刊》（*The Atlantic Monthly*）陸續發表。一九九一年六月，該書的第三章（有關馬其頓）發表在《大西洋月刊》。《華盛頓郵報》二〇〇二年二月二十一日一項報導，引述某位前任國務院官員的話說，這篇文章有助於決定「第一次及唯一一次防禦性調遣聯合國維和部隊進入前南斯拉夫」。雖然中央情報局一九九〇年的報告已提出警告，認為南斯拉夫正在崩解分裂，國務院「還是否認……直到卡普蘭的文章出現」。後來，部署在馬其頓的這一千五百人維和部隊防止了日後在波士尼亞和科索沃爆發的暴力。《巴爾幹鬼魂》在一九九三年三月集結成書，發行單行本。同一個月，我在《讀者文摘》（*Reader's Digest*）發表一篇文章討論南斯拉夫。我寫道：「除非我們可以打破仇恨和報復的循環——透過強力支持自決和少數民族權利——否則從冷戰結束得來的收穫將會失去。所有的援助，所有的外交努力，如果要動用武力、所有的武力，必須連結到一個很單純的想法，那就是南斯拉夫所有人民理當享有免於暴力的自由。」不久之後，我上電視節目公開主張干預巴爾幹局勢。我也在一九九四年四月十七日《華盛頓郵報》Outlook版首頁主張干預——比我們終於介入的時間，早了一年多。《巴爾幹鬼魂》描述東南歐種族關係的陰暗面，但是往往只有最陰暗的人間際遇才會出現干預的籲求：其實我們不需理想化人間際遇以便出手行動。我們日後在伊拉克學習到，當你干預時，不應該有幻想。雖然我的書和文章被總統及其他人士參閱，柯林頓政府絕無任何人、在任何時候和我接觸，或以任何方式討論我的作品，以及它要如何運用在出版之後的特定事件和政策抉擇。

18 Leon Wieseltier, "Force Without Force: Saving NATO, Losing Kosovo," *New Republic*, Washington, April 26 and May 3, 1999.

他說，柯林頓找到一種作戰方式，「美國人不會死……以精準科技怯懦地作戰，讓民調及良心不受擾動」。他預測：「這種免疫的時代不會永久持續下去。美國遲早將要派出部隊……到他們會有死傷的地方。重要的是理由是否正義，不是理由會不會導致危險。」[19]

一九九〇年代攻打伊拉克開始被視為正義之師，美軍若能及時、全力釋出，即發動地面攻擊，它會被認為是對抗歷史與地理的雄兵。理想主義者熱切地高聲呼籲在索馬利亞、海地、盧安達、波士尼亞和科索沃動用武力，但布倫特・史考克羅夫（Brent Scowcroft）和亨利・季辛吉等現實主義派則力主節制，而被譴責為鐵石心腸。

可是，事實上，一九九〇年代不是全面軍事力量的年代，而是明顯的空中力量的年代。空中力量是一九九一年把伊拉克部隊趕出科威特的關鍵重大因素：這一次戰爭，地理讓高科技戰爭容易進行，作戰是在雨水稀少、毫無地理特徵的沙漠進行。空中力量也是四年之後終結波士尼亞戰爭的重大因素，並且雖有種種限制，又四年之後靠著它在科索沃打贏米洛塞維奇。阿爾巴尼亞族裔難民終於重回家園，而米洛塞維奇則一蹶不振，二〇〇〇年也垮台。「我們移不了山」這句話總結為何美國陸軍最初拒絕派兵進入波士尼亞和科索沃。但是情況證明，只要我們掌握空中優勢，陸軍不是不能移山。地理在巴爾幹的確是障礙，但空中力量很快就克服它。接下來，美國空軍及海軍戰鬥機巡邏伊拉克的禁飛區，把海珊封鎖在老巢裡十幾年。結果是一些精英驚佩美國軍事力量之強大，充滿道德義憤，抨擊老布希和柯林頓政府沒有及時出兵在巴爾幹拯救二、三十萬人免於種族屠殺的厄運（更不用說沒能拯救盧安達一百萬條人命）。這種心態至少會使某些人走上冒險主義，果真也是如此。於是它造成下一個年代部分解除了慕尼黑比喻，讓地理收復它在九〇年代失去的面子。由於空中力量，九〇年代的地圖縮為兩度空間。但三度空間地圖很快就恢復：在阿富汗山區，以及伊拉克危險的巷道裡。

一九九九年，衛瑟蒂爾抒發了自由派知識分子圈愈來愈常見的感受，他寫道：

> 柯林頓不肯把剷除這個惡棍（米洛塞維奇）列入他的戰爭目標，這件事最鮮明的一點是，他本人繼承了其前任不肯把剷除另一個惡棍列入他戰爭目標的結果。一九九一年，五十萬美國大軍距離海珊只有幾百公里，布希並沒下令他們開進巴格達。他的將領害怕會有傷亡——他們剛結束一場自身零缺陷的戰爭。他們也注意到伊拉克的「領土完整」，彷彿這個國家若是崩潰後所造成的悽慘後果，將會和北方庫德人、南方什葉派因這個國家的存在所遭遇的悽慘，不相上下。[20]

19 Leon Wieseltier, "Winning Ugly: The War Ends, Sort Of. The Peace Begins, Sort Of," *New Republic*, Washington, June 28, 1999.

20 同前註。

這就如同想像中的中歐邊境毫無限制、延伸到了美索不達米亞。當然，情勢可以有不同的發展。但是，二〇〇六年，在國家崩潰後，伊拉克宗派分裂、殺戮最盛，堪可媲美海珊對國家所造成的暴政，衛瑟蒂爾很有風度地懺悔這是「對傲慢的焦慮」。他承認儘管他支持戰爭，卻已經無言以對。他並不是支持入侵伊拉克的人士當中跳出來努力撰文自清的唯一一人。[21]

我發表文章支持伊拉克戰爭，也是力促小布希政府入侵的人士之一。[22]我對美國軍方在巴爾幹的力量印象深刻，並且鑑於海珊直接、間接所殺害的人數已超過米洛塞維奇，也認為他擁有大規模毀滅性武器，是個戰略威脅，當時的我認為干預是必要的。我也是太接近我的故事的作家：我在一九八〇年代到過伊拉克採訪，觀察到海珊的伊拉克比起哈菲茲．艾爾．阿塞德（Hafez al-Assad）的敘利亞更加凶橫地壓迫人民，我變得熱中於推翻海珊。後來有一說法，說是因為關心以色列安危及支持它擴大領土，才有許多人支持伊拉克戰爭。[23]但是我在這段時期接觸新保守主義派和某些自由派的經驗是，波士尼亞和科索沃在他們的思維中分量比以色列重。[24]干預巴爾幹得到戰略紅利，因此讓理想主義看待外交政策的作法顯得有道理。一九九五年介入波士尼亞，使得辯論從「北約組織應該存在嗎？」變成「北約組織應該擴大嗎？」一九九九年的科索沃戰爭和後來的九一一事件，更促使北約組織擴張到黑海。

對某些理想主義者而言，伊拉克就是一九九〇年代熱情的延續。不論是多麼下意識，它代表地理的失敗或對其全然不理會，當時許多人都對美軍的力量目眩神迷。一九九〇年代，賴比瑞亞和獅子山等西非國家，儘管凶殘、儘管體制上遠比伊拉克低度發展，卻被認為很有可能發展為民主國家。但是軍事力量、尤其是美國空軍，是背後主導的力量，使得普世主義思想比起地形以及人類歷史經驗來得更加重要。

九一一事件之後要如何處理海珊這個棘手的兩難問題，慕尼黑也是一個重要因素。雖然美國本土剛遭受不遜於珍珠港事件的攻擊，但美國在過去四分之一世紀的地面戰爭經驗很有限，或至少是不愉快的。況且，海珊不只是又一個獨裁者，而是從美索不達米亞的古代走出來的暴君，在許多人心目中堪比希特勒或史達林，而且咸信他擁有大規模毀滅性武器。想到九一一事件——想到慕尼黑——如果我們不採取行動，歷史絕對不會原諒我們。

當慕尼黑導致過度干預時，早先消失的另一個類比——越南——又應運復活。這麼一來，開啟了後冷戰時期下一個主流思想。

21 Leon Wieseltier, "Useless," *New Republic*, Washington, April 17, 2006.

22 Bob Woodward, *State of Denial: Bush at War*, Part III (New York: Simon & Schuster, 2006), pp. 84-85.

23 Stephen Walt and John Mearsheimer, *The Israel Lobby and U.S. Foreign Policy* (New York: Farrar, Straus and Giroux, 2007).

24 九一一事件時，以色列頻頻遭遇恐怖攻擊，因此很自然博得美國人同情。不過後來還是恢復要求它停止在占領區開闢屯墾區的活動。在部署發動伊拉克戰爭期間，我撰文表示，如果小布希總統在伊拉克勝利、又連任成功，他應該結束「以色列人在西岸及加薩對三百萬巴勒斯坦人的君臨宰制」，這個情勢我認為「特別難以達成」。見"A Post-Saddam Scenario," *Atlantic Monthly*, Boston, November 2002.

下一個主流思想約略盛行於二十一世紀前十年，以及在伊拉克和阿富汗苦戰這段時期。在這段期間，「現實主義者」和「務實派」成為受尊敬的表徵，代表這些人從美國開始在美索不達米亞冒險之初就有疑慮；同時，「新保守主義派」成為笑柄。在一九九〇年代，世界偏遠角落的族裔和宗派歧異，被視為正直的好人應該努力克服的障礙，不然可能會被貼上「宿命論」或「命定論」的標籤。在接下來的十年裡，這種仇恨被認為是我們避免軍事行動的警訊。如果我們必須挑出一個時刻做為越南類比超越慕尼黑類比的分水嶺，那就是二〇〇六年二月二十二日，什葉教派在薩馬拉（Samarra）的阿斯卡里清真寺（al-Askariyah Mosque）遭遜尼教派凱達組織極端分子炸毀，觸發伊拉克境內不同宗派互相施暴的風波，美軍根本無力制止。突然間，我們的地面部隊身陷於原始仇恨和混亂的力量之中，顯得如此無力。美軍力量沛然莫禦的新神話，誕生於巴拿馬和第一次波斯灣戰爭，在索馬利亞稍有損傷，然後在海地、波士尼亞和科索沃修復好、又發光發亮，現在又再度破碎，理想主義也賠上信譽。

慕尼黑代表的是普世主義，是照顧全球及偏遠國家的福祉，越南在精神上則是國內考量。在五萬八千名士兵殉國後，它著重的是照顧好自己。越南給我們的教訓是，有悲劇式的想法就能避免悲劇。它批評不間斷的狂熱，因為它代表事情會一發不可收拾。沒錯，當初就是出於理想主義的使命感，美國才陷入東南亞這場衝突。美國當時處於承平時期、第二次世界大戰後繁榮的巔峰，而越南共產黨是二十世紀最殘暴、最頑強的一夥人，在美軍第一批正規部隊進駐前已經殺害了上萬名自己的同胞。還有什麼戰爭會比它更吻合正義呢？地理、距離、我們本身六十年前（即十九、二十世紀之交）在菲律賓叢林另一場非正規戰爭的可怕經驗，在我們介入越戰之前，根本沒人想到。

越南這個類比的興盛，是在國家歷經創傷之後。現實主義並不引人入勝，只有在缺乏了它，使得局勢變得十分糟糕時，它才會受到尊敬。的確，姑且以伊拉克為例。美軍陣亡近五千人、另有三萬多人重傷，加上或許數十萬名伊拉克人的死亡，耗費已經超過一兆美元。即使伊拉克會演進為半穩定的民主國家及美國毫無保留的盟國，代價仍然太過高昂，有人指出，實在很難看到其成績的倫理價值。出兵伊拉克傷害了某些人認知中的關鍵元素：美國發動武力一定是出自道德上的理由。但是其他人明白，即使是像美國這樣愛好自由的民主國家，任何國家若不加節制運用力量，未必就吻合道德。

伴隨著對現實主義一股新的敬意，今人對十七世紀哲學家湯瑪士・霍布斯（Thomas Hobbes）重啟研究興趣。霍布斯歌頌恐懼的道德益處，認為暴力的無政府狀態是對社會的主要威脅。霍布斯認為，害怕死於暴力是文明人自我利益的礎石。透過建立國家機制，人類把對死於暴力的恐懼——一種包羅萬象、共同的恐懼——換成只有違背法律才須要面對的恐懼。城市中產階級很難理解這種觀念，因為他們早已和人類的自然環境失去接觸。[25]但是伊拉克分崩離析所出現的可怕暴力，和盧安達及波士尼亞在某些方面又不同，它不是單獨一個有組織的死亡機器所造成的結果，而是秩序的徹底瓦解，勾起我們許多人去想像人類的原始狀態。霍布斯因此成為這個後冷戰時代第二波思潮當紅的哲學家，好比以撒・柏林是前個主流的代表人物。[26]

因此後冷戰把我們帶到現在這個狀況：讓我們認識到，那個二戰後我們對抗了數十年的極權主義，在少數情況下，或許比起沒有人當家做主的狀況還要更好。有些東西比共產主義更可怕，而我們在伊拉克把它們帶出來。我支持政權更易，但我仍要這樣說。

二〇〇四年三月，我來到科威特沙漠中的尤達利軍營（Camp Udari）。我被安排在陸戰隊第一師某營，全師即將開拔由陸路前往巴格達及伊拉克西部，接替派駐當地的陸軍八十二空降師。這是一個帳篷、棧板、貨櫃箱的世界。七噸重卡車和悍馬車滿山遍谷、一望無垠，一路往北前進。美國介入到伊拉克的規模很快就相當明顯。這時發生沙塵暴、又吹著冷冽如冰的大風。豪雨大作，車輛拋錨。我們根本還沒展開長達幾百公里的前進巴格達行動呢。幾年前認為推翻海珊還不是跟推翻米洛塞維奇一樣易如反掌的美軍將領，根本沒把這段旅程當一回事。一路上汽油、煤油味刺鼻的一塊又一塊柏油地面，原來是包工蓋好的卡車修復廠，預備隨時搶修北上的車隊。引擎聲和發電機聲在黑夜中低沉作響。經過好幾天最複雜的後勤作業——儲存及運輸礦泉水、現成口糧乃至工具箱等補給品——我們終於跨越險阻的沙漠，到達巴格達西邊的法魯加（Fallujah）。區區幾百公里路而已！[27]這還只是美軍占領伊拉克全國最簡單、未涉及交火作戰的部分。要說實質地形不復重要，鐵定是錯的。

25 Robert D. Kaplan, *Warrior Politics: Why Leadership Demands a Pagan Ethos* (New York: Random House, 2002), p. 84.

26 霍布斯和柏林之所以偉大，恰恰在於思想的細緻程度。霍布斯的哲學或許代表對人性的幽暗看法，但他也是提倡現代化的自由派，因為在他著書立論的時代，現代化指的是建立中央主權——他的「巨獸」（Leviathan）即是代表——打破中古秩序。柏林也一樣，雖是自由派人道主義的具體代表，但也是現實主義者，比如他承認追求足夠的糧食和棲身之所，要優先於追求自由。

27 實際上，第一次波斯灣戰爭時，美軍前鋒縱隊已經到達距離巴格達不到一百五十公里處。但部隊主力停駐於科威特和沙烏地沙漠。

第二章 地理的復仇

伊拉克初期的混亂強化現實主義的論述——但那也是理想主義者在一九九〇年代所鄙視的——即地理、歷史和文化遺產的確會限制住某個地方的成就。但是，反對伊拉克的人士應該小心，別把越南類比推得太過頭。因為這個類比除了招致姑息之外，也可能招致孤立主義，套用中東學者法赫德·阿加米（Fouad Ajami）的話，「也很容易招致斥為不長志氣的輕蔑」。慕尼黑會議發生在死傷慘重的一戰過後才二十年，記憶猶新，現實主義派的政客尼維爾·張伯倫（Neville Chamberlain）會極盡全力避免另一場衝突，是可以理解的。這樣的情勢非常適合完全沒有這種恐懼的暴政國家——納粹德國和日本帝國——的陰謀。

越南類比講的是限制；慕尼黑則著重克服限制。每個類比獨行其是，會很危險。唯有兩者都經過同樣評估，才有機會出現正確的政策。做為明智的決策者，他們了然國家的局限，也明白政治家的藝術是要盡可能貼近邊鋒做事，不能踩越邊緣。[1]

換句話說，真正的現實主義是藝術多過科學，政治家資質扮演的角色和他的智力同等重要。現實主義的根源可以上溯兩千四百年，回到修昔底德（Thucydides）在《伯羅奔尼撒戰爭史》（*The Peloponnesian War*）中對人類行為不帶幻想的洞見，而現代現實主義或許在漢斯·摩根索（Hans J. Morgenthau）一九四八年的巨著《國際政治：為權力與和平奮鬥》（*Politics Among Nations: The Struggle for Power and Peace*）中總結得最完整。且容我對這本書進一步探究，這位在芝加哥大學執教的德國難民寫的這本書，是我深入探討地理的基礎：因為現實主義攸關對地圖的正確了解，事實上也帶領我們直接正視它。

摩根索的立論開宗明義就說，世界是「人類天性天生力量的結果」。而修昔底德指出人類天性由恐懼（phobos）、自私自利（kerdos）和榮譽（doxa）所驅動。摩根索寫道：「要改進世界，必須以這些力量做事，不能違逆它們。」因此，現實主義接受當下的人類資材，不問這些資材有多麼不完美：「它訴諸歷史先例、不問抽象原則，且目標是減少邪惡、而非追求絕對之善。」譬如，現實主義者會檢視伊拉克本身歷史，透過它的繪圖和族裔群體的分布、而非西方民主的道德概念去解釋，以找出在極權主義政府垮台之後，伊拉克即刻能打造什麼樣的未來。根據摩根索的說法，用意良善和正面結果是風馬牛不相及的兩件事。他解釋說，張伯倫不像其他大多數英國政客，他比較不從個人權力考量出發，且真心尋求確保各方的和平與幸福。可是他的政策為數百萬人帶來無數苦難。反之，溫斯頓·邱吉爾（Winston Churchill）事實上是赤裸裸地為個人及國家權力考量，但是他的政策造成了無可比擬的道德影響。（前任國防部副部長保羅·伍佛維茨主張攻打伊拉克時，是出於最佳意圖，認為它將無可衡量地改善伊拉克的人權狀況，可是他的行動肇致南轅北轍的效果，完全背離他的意圖。）從這一點延伸，只因為某個國家是民主國家，並不代表它的外交政策必然會比獨裁政權的外交政策更好或更開明。摩根索說：「基於引導人民情感的需要，不能不損及外交政策本身的理性。」民主和道德根本不是同義詞。他又說：「所有國家都被誘導——而且很少會長久抗拒誘惑——把本身特定的希望或行動披上為全球好的道德外衣。知道國家要守道德律是一回事，而假裝很清楚在國際關係上孰為善、孰為惡，則又是另外一回事。」

再者，比起個人，國家必須在更受局限的道德世界中運作。摩根索寫道：「個人可以對自己說……『即使世界毀滅，也要伸張正義』，可是國家沒有權利以在它照護下的人民之名義這麼說。」[2]個人只對他摯愛的人負責任，只要他用心良善，他們會原諒他的錯誤。但是，國家必須

---

1 Robert D. Kaplan, "Munich Versus Vietnam," *The Atlantic Online*, May 4, 2007.

2 Hans J. Morgenthau, *Politics Among Nations: The Struggle for Power and Peace*, revised by Kenneth W. Thompson and W. David Clinton (New York: McGraw Hill, 1948, 2006), pp. 3, 6, 7, 12; Thucydides, *The Peloponnesian War*, translated by Thomas Hobbes (1629) (Chicago: University of Chicago Press, 1989); Anastasia Bakolas,"Human Nature in Thucydides," Wellesley College, unpublished; Robert D. Kaplan, *Warrior Politics: Why Leadership Demands a Pagan Ethos* (New York: Random House, 2001).

保護境內數以百萬計的陌生人福祉，他們在政策失敗下不會如此諒解。因此，國家必須比個人更有計謀。

人類天性——修昔底德所謂的恐懼、自私自利和榮譽——造成一個不斷衝突和威懾的世界。由於摩根索這一派現實主義者預期會有衝突、也明白無法避免衝突，他們比較不像理想主義者會過度反應。他們了解主控的傾向是所有人類互動中的天生元素，尤其是國家的互動。摩根索引述約翰．蘭道夫（John Randolph of Roanoke）的話說：「唯有權力可以限制權力。」因此之故，現實主義者不相信國際組織本身攸關和平，因為國際組織只是反映個別會員國彼此力量的均勢，個別會員國做最後分析，決定和與戰的問題。根據摩根索的見解，權力平衡本身從定義上看就是不穩定的：因為每個國家會擔心誤估權力平衡，必須尋求補救可能的錯誤，就會一再追求權力的優位（superiority of power）。第一次世界大戰就是因此而爆發，哈布斯堡奧地利、威廉德國和沙皇俄羅斯全都想調整出對自己有利的權力平衡，以致嚴重誤估大局。摩根索寫說，最後唯有靠普世道德意識——認為戰爭是「天生災禍」，並不是國家外交政策的自然延伸——的存在，才能限制住戰爭的發生。[3]

在伊拉克二〇〇三年至二〇〇七年發生的頻繁暴力事件之後，我們大家一度都自稱成為現實主義者，或是如此告訴自己。但就摩根索為現實主義下的定義來看，我們真的是現實主義者嗎？請譬如，以現實主義為理由反對伊拉克戰爭的人士，大多也覺得民主與道德之間未必有關聯嗎？請記住，摩根索是基於倫理及國家利益兩個立場反對越戰，他是我們大家最信賴的現實主義者。他一輩子都是學人和知識分子，從來不像其他的現實主義者（如季辛吉和史考克羅夫者流），熱中權力和官職。甚且，他拘謹節制、幾乎是平鋪直敘的寫作風格，缺乏季辛吉或山繆爾·杭廷頓（Samuel Hungtington）那樣地鋒銳。事實上，我們也毋需否認，即使是摩根索版本的現實主義，也應該讓人不安。現實主義者了解國際關係是由更悲哀、更有限制的現實所治理，不是取決於國內事務。固然我們的國內政體是由法律界定，因為合法的政府壟斷武力的使用，世界整體仍處於自然狀態，這裡並沒有霍布斯的「巨獸」來懲治不公不義。[4]的確，文明的外表底下是人類熱情最無遮掩的力量，因此現實主義者在外交事務上的中心問題是：**誰能對誰做出什麼？**[5]

華府卡內基基金會（Carnegie Endowment）資深研究員艾許禮·德里斯（Ashley J. Tellis）曾經告訴我：「現實主義違反美國傳統。它在意識上非關道德，專注在利益、而非貶值的世界之價值。但現實主義永遠不會死，因為它確切反映國家如何在以價值為基礎的言詞表象之下實際運作。」

3 Morgenthau, *Politics Among Nations*, pp. xviii-xix, 37, 181, 218-20, 246, 248; William Cabell Bruce, *John Randolph of Roanoke* (New York: G. P. Putnam's Sons, 1922), vol. 2, p. 211; John J. Mearsheimer, "The False Promise of International Institutions," *International Security*, Cambridge, Massachusetts, Winter 1994-1995.

4 Thomas Hobbes, *Leviathan*, 1651, Chapter 15.

5 Fareed Zakaria, "Is Realism Finished?", *The National Interest*, Winter 1992-1993.

現實主義者重視秩序勝過自由：對他們而言，唯有建立起秩序之後，自由才會重要。在伊拉克，秩序，即使是極權主義的版本，也比隨後的缺乏秩序來得更人道。由於世界政府將一直捉摸不定——因為對社會如何才會更好永遠不會有根本的一致見解——這個世界命中注定將受不同種類的政權治理，某些地方甚至是透過部落和族群秩序。從古希臘和中國一路來到二十世紀中葉的現實主義者，如法國哲學家雷蒙·阿宏（Raymond Aron）和西班牙哲學家荷塞·奧提嘉·耶·加塞特（Jose Ortega y Gasset），都認為戰爭天生隱含在人類分屬的國家及其他群體當中。[6]的確，主權和同盟很少憑空而生，而是因為與其他人有差異才出現。主張全球化的人強調將人類團結起來的因素，傳統的現實主義者則強調分化我們的因素。因此我們要談到地圖，它是人類分化的一種空間關係表現——是現實主義者作品最先的主題。地理未必全然道出真相。它們經常與任何敘事的片段一樣主觀。套用已故英國地理學者約翰·布萊安·哈雷（John Brian Harley）的話來說，非洲一大片土地的歐洲名稱顯示地圖繪圖可以是「權力的表述」，隱藏著帝國主義的意味。麥卡托式投影法（Mercator projections）往往把歐洲烘托得比實際大得多。對地圖上各國大膽的著色，暗示同樣控制著偏遠地區，其實未必如此。[7]地圖是唯物主義，因此道德上應屬中立。它們自古以來受普魯士教育界重視，勝於英國教育界對它的重視。[8]換句話說，地圖可以是危險的工具。它們也攸關對世界政治的一切認識。摩根索寫道：「在地理學相對穩定的基礎上，國家權力的金字塔巍然升起。」[9]在根基上，現實主義即承認最直率、不舒服和真相的命定論：地理的真實面。

地理是人類歷史本身的背景。儘管繪圖上的扭曲，它還是可以像機密會議一樣，洩漏政府長期的意圖。[10]國家在地圖上的位置是最先界定它的東西，甚至比統治哲學更重要。麥金德解釋說：地圖「一眼之間就傳達一系列的一般通則」。他說，地理學連接起藝術和科學之間的間隙，把歷史、文化研究和人文學家有時會忽略的環境因素串連起來。[11]固然研究地圖——任何地圖——都會讓我們不斷地吸收知識和讚歎欣賞，但是地理學就和現實主義本身一樣，很難被人接受。因為地圖其實阻礙了人類平等和團結的概念，因為它提醒我們所有不同的地球環境，這些差異使人類在許多方面非常不平等、不統一，造成衝突，而現實主義正寄身其間。

在十八及十九世紀，即政治學成為學術專業科目之前，地理學是個受尊敬（縱使未必一直都

6 Raymond Aron, *Peace and War: A Theory of International Relations* (Garden City: Doubleday, 1966), p. 321; Jose Ortega y Gasset, *The Revolt of the Masses* (Notre Dame, IN: University of Notre Dame Press, 1985), p. 129.

7 Black, *Maps and History: Constructing Images of the Past* (New Haven: Yale University Press, 1997), pp. 58, 173, 2i6.

8 Halford J. Mackinder, *Democratic Ideas and Reality: A Study in the Politics of Reconstruction* (New York: Henry Holt and Company, 1919), pp. 15-16, 1996 National Defense University edition.

9 Morgenthau, *Politics Among Nations*, p. 165.

10 Alfred Thayer Mahan, *The Problem of Asia and Its Effect Upon International Policies* (London: Sampson Low, Marston, 1900), p. 56, 2005 Elibron edition.

11 W. H. Parker, *Mackinder: Geography as an Aid to Statecraft* (Oxford: Clarendon Press, 1988), pp. 93, 130-31.

正式化）的學科，政治、文化和經濟學經常都從它演化而來。根據這個唯物論邏輯，山脈和部落比起理論思想世界來得重要。或者說，山脈與出身於此的人是最初階的現實；思想，不論有多麼提振人心和堅定穩固，只能屈居第二位。

我認為，在伊拉克戰爭期間擁抱現實主義，不論我們多麼勉強和不安、也不論時間有多麼短促，我們不自覺、但真正擁抱的是地理，即使不是那麼公然的、帝國主義式的普魯士意義，也是比較不冷峻的英國維多利亞和愛德華意義的地理。地理在復仇，凸顯出後冷戰時期第二個主流思潮的高峰，透過空中力量和人道干預獲勝——這是第一個思潮結束的表徵——去追蹤地理的失敗。我們因而被帶回到人類存在較低的基本層次，不再像原先預期去穩定改進世界，我們現在接受的是下一個為生存而鬥爭，以及地理在美索不達米亞和阿富汗等地為我們帶來的負荷。

不過，在如此悽慘的接受當中，還是存有一絲希望：藉由成為閱讀地圖的專家，藉由阿拉伯之春（Arab Spring）證明的技術之助，我們可以延伸地圖所設下的限制。這就是我研究的目的——對地圖有所了解，因而出乎意料地，我們不需要一直被它制約。不只見識狹窄會導致孤立主義，過度擴張資源也會反彈造成孤立主義。

但是，首先我們需要認識地理學這門學科的中心。英國地理學家戈登．伊斯特（W. Gordon East）寫道：「自然加於人身上；人類則予以配置。」當然，人類行動受到地理所施加的實質參數所限制。[12]但是這些輪廓非常寬闊，因此人類有太多空間可資運用迴旋。我們發現阿拉伯人和任何族群無異，也能實行民主，即使利比亞部落和葉門山區的空間安排，也將在這些國家的政治發展扮演關係重大的角色。地理昭示許多東西、而不是決定事物。因此地理不是宿命論的同義詞。但是它就和經濟及軍事力量的分配一樣，是對國家行動的主要限制——以及煽動者。

第二次世界大戰初期偉大的荷裔美國戰略家、耶魯大學教授尼古拉・史派克曼（Nicholas J. Spykman）在一九四二年寫道：「地理不辯論。它是什麼就是什麼。」他又說：

> 地理是國家外交政策最根本的因素，因為它最為永久。部長們來來去去，獨裁者也會死，但山脈屹立不搖。喬治・華盛頓率領一支雜牌軍捍衛十三州，後來的富蘭克林・羅斯福（Franklin D. Roosevelt）統轄整個大陸的資源，可是大西洋持續分隔歐洲和美國，而聖羅倫斯河（St. Lawrence River）各港口照樣冬天冰封。全俄羅斯沙皇亞歷山大一世（Alexander I）遺留給共產黨員史達林的，不只是他的權力，還有他設法出海的持續奮鬥，至於馬其諾（Maginot）和克里蒙梭（Clemenceau）從凱撒（Caesar）和路易十四（Louis XIV）繼承的是對德國邊境空虛難以防衛的憂慮。[13]

---

12 W. Gordon East, *The Geography Behind History* (New York: Norton, 1965, 1967), p. 120.

13 Nicholas J. Spykman, *America's Strategy in World Politics: The United States and the Balance of Power, with a new introduction by Francis P. Sempa* (New York: Harcourt, Brace, 1942), pp. xv, 41. 2007 Transaction edition.

有人或許要說，縱使發生九一一事件，大西洋仍然很重要，事實上，大西洋宣示了美國的外交和軍事政策與歐洲不同。同理，我們可以說，俄羅斯直到今天還是一個不安全、雜亂蔓延開來的陸權國家，在十三世紀蒙古人鐵蹄踐踏前即遭人入侵，唯有時間、距離和氣候是它的朋友，它渴望能有出海口。由於歐洲和烏拉山（Urals）之間沒有嚴峻的地理障礙，雖然柏林圍牆這道人為邊界垮了，東歐仍然感受到來自俄羅斯的威脅，和過去幾世紀沒有差別。要說法國人一直很苦惱和德國國界接壤也沒錯——從路易十四以降都是如此，直到第二次世界大戰結束後，才由美國保證歐洲的和平。

地理的確是人類行動軌跡的開端。歐洲文明的重大源頭在希臘的克里特島（Crete Island）和基克拉澤斯島（Cycladic Island），絕非意外；因為前者是「分出來的一部分歐洲」，它是歐洲最接近埃及文明的點，後者則是最接近小亞細亞文明的點。[14]兩者因其島嶼位置，數百年來得到保護、不受入侵者蹂躪，因此得以興盛。地理為國際事務造就的事實，因為太根本，我們把它視為理所當然。

歐洲歷史還有什麼比得上德國是個大陸國家、英國是個海島，更稱得上是核心事實？德國東、西兩側都沒有崇山峻嶺保護它，使它為了應付其危險的地理位置，得了軍國主義或初生的姑息主義的病症。另一方面，英國境內平靖，可往海上發展，領先鄰國發展出民主制度，並且與同文同種的美國打造特別的跨大西洋關係。亞歷山大．漢彌爾頓（Alexander Hamilton）說，英國若非島國，它的軍事機構也會和歐洲大陸國家一樣變得妄自尊大，英國極有可能成為「獨夫絕對權力的受害人」。[15]可是英國這個島國靠近歐洲大陸，長久以來都有遭外敵入侵的危險，所以數百年來，它在戰略上一直關心和它隔著英吉利海峽及北海相望的法國及低地國家的政治。[16]

中國為什麼終究比起巴西更加重要？因為它的地理位置：即便假設經濟成長率和中國相等、人口也大致相當，巴西並不像中國控制連結海洋和大陸的主要交通線；它也不像中國，國土大半位於溫帶地區，氣候使人較不易生病、且有活力。中國面向西太平洋，內陸縱深大，直抵富藏石油和天然氣的中亞。巴西的比較優勢就較差。它孤獨位於南美洲，地理上與其他大塊陸地相距太遠。[17]

非洲為什麼那麼貧窮？非洲雖是地球第二大洲，面積是歐洲的五倍，但它在撒哈拉（Sahara）以南的海岸線總長約只大於歐洲四分之一。而且，非洲海岸線缺乏許多優質天然海港，與阿拉伯和印度貿易相當活躍的東非港口則是例外。熱帶非洲只有少許河流可從海濱往內航行，從內陸高

---

14 East, *The Geography Behind History*, p. 38.

15 *Federalist* No. 8.

16 Williamson Murray, "Some Thoughts on War and Geography," *Journal of Strategic Studies*, Routledge, London, 1999, pp. 212, 214; Colin S. Gray, "The Continued Primacy of Geography," *Orbis*, Philadelphia, Spring 1996, p. 2.

17 Mackubin Thomas Owens, "In Defense of Classical Geopolitics," *Naval War College Review*, Newport, Rhode Island, Autumn 1999, p. 72.

原有一連串瀑布和激流驟降到海岸平原，因此非洲內陸特別與海岸孤立。[18]此外，撒哈拉沙漠自古以來阻擋人們與北方接觸，因此非洲自上古以來就很少受到偉大的地中海文明影響。其次是在赤道兩側冒出一大塊濃密的森林，在豐沛的雨水和熾熱影響下，從幾內亞灣延伸到剛果盆地。[19]這片森林對文明並不友善，它們也未對天然邊界有何助益，因此歐洲殖民主義者所強迫樹立的邊界，是人為的。自然條件讓非洲邁向現代化的路徑上，需要耗費更多力氣。

查看一下全世界最孱弱的經濟體名單，我們會看到內陸國家占相當高百分比。[20]我們發現熱帶國家（即南緯及北緯二三．四五度之間的國家）一般都貧窮，而大多數高所得國家皆位於中或高緯度地區。我們看到溫帶地區、東西走向的歐亞大陸，要比南、北走向的撒哈拉以南非洲來得富裕，因為技術比較容易在同緯度地區散布，它們的氣候條件相似，因此方便照料植物和馴化動物，能夠快速發展起來。世界最窮地區往往擁有土壤合適度及能支持高密度人口、而非經濟成長的地理條件，這並不意外——因為它們距離港口和鐵路車站太遠。中部印度和內陸非洲是這方面最主要的例子。[21]

已故的地理學家保羅．惠特禮（Paul Wheatley）對地理決定論做出極精采的總結，他觀察到「梵語（Sanskrit）在五百公尺外就冷冰冰了」。因此印度文化本質上是一種低地現象。[22]地理如何以細膩和明顯方式豐富地影響人類命運的其他例子還很多，我將在本書敘述的過程中一一道來。

但是在我們開始之前，容我先談美國的例子。地理有助於維持美國的繁榮，它也可能是美國具有泛人道主義利他精神的原因。約翰．亞當斯（John Adams）說：「美國人沒有得天獨厚，他們的天性和其他人沒兩樣。」[23]歷史學者約翰．季根（John Keegan）解釋道，美國和英國可以擁護自由，只因為海洋「保衛他們不受內陸國家大敵侵擾」。沒有像二十世紀中葉的歐洲大陸，經歷過軍事主義與務實主義，讓美國覺得高人一等，乃是地理的結果，不是地理的特性。相互競爭的國家和帝國在擁擠的大陸上彼此緊貼毗鄰。一旦發生軍事上的誤判，歐洲國家無法搬到一洋之隔的遠方。因此他們的外交政策不能拘泥於普世的道德，他們保持強大武力互相提防，直到二戰之後美國霸權崛起、控制大局。[24]兩大洋不只讓美國人可以奢談理想主義，兩大洋還讓美國直接進出世界政治和商務兩大動脈：隔著大西洋是歐洲，隔著太平洋是東亞，美國大陸的豐饒資源就

---

18 Spykman, *America's Strategy in World Politics*, p. 92.

19 James Fairgrieve, *Geography and World Power* (New York: E. P. Dutton, 1917), pp. 273-74.

20 John Western, *Department of Geography*, Syracuse University.

21 John Gallup and Jeffrey Sachs, "Location, Location: Geography and Economic Development," *Harvard International Review*, Cambridge, Winter 1998-1999.這些作品有一部分是依據賈德．戴蒙（Jared Diamond）的作品向外推演申論。

22 M. C. Ricklefs, Bruce Lockhart, Albert Lau, Portia Reyes, and Maitrii Aung-Thwin, *A New History of Southeast Asia* (New York: Palgrave Macmillan, 2010), p. 21.

23 John Adams, *Works* (Boston: Little, Brown, 1850-1856), vol. 4, p. 401.

24 Robert D. Kaplan, *Warrior Politics: Why Leadership Demands a Pagan Ethos* (New York: Random House, 2001), pp. 101-2.

位於兩者之間。[25]可是，這兩大洋同樣使美國與其他大洲相距數千英里，也讓美國迄今擺脫不掉孤立主義這個有害的局限。的確，除了在南北美洲本身勢力範圍之內，美國極力排斥大國政治將近兩百年之久：即使歐洲國家系統在一九四〇年瓦解，也不能讓美國介入第二次世界大戰。要到一九四一年珍珠港遇襲，美國才決定參戰。戰後，美國再度撤出世局，直到蘇聯的侵略和北韓進攻南韓，才迫使美軍重返歐洲和亞洲。[26]冷戰結束以來，美國外交政策精英搖擺於準孤立主義和理想主義色彩的干預主義之間：這一切都源於兩大洋。

約翰霍普金斯大學學者賈庫布・葛瑞吉爾（Jakub J. Grygiel）寫道，地理是「被遺忘、不是被征服」。[27]長期為美、英政府軍事戰略顧問的柯林・葛瑞（Colin S. Gray）寫道：「科技把地理遮掩得只夠被認為是似是而非的謬誤。」不僅如此，用葛瑞的話來說，我們在伊拉克和阿富汗看到，「持續發揮影響或控制，需要武裝部隊在相關地區實質進駐」，任何人真心以為地理已關鍵性地降低影響，那就對軍事後勤太無知了——這是把相當大量的人員和資材從一個洲運到另一個洲的科學。我跟著美軍陸戰隊第一師官兵從地面跨越伊拉克的經驗，只是後勤作業的一小部分，它涉及到把人員和器材設備由幾千英里外的北美洲船運到波斯灣。美國軍事史學者威廉生・穆瑞（Williamson Murray）在一九九九年十分有洞見地提出分析，他說，即將到來的新世紀將讓美國再度面對兩大洋所構成的「嚴峻的地理現實」，它局限住、也讓我們要把地面部隊派遣到遙遠地區的成本變得幾近瘋狂的昂貴。固然某些戰爭和拯救任務可能藉由空降「突襲」而迅速落幕（譬如以色列一九七六年突襲烏干達首都恩特比（Entebbe）機場，救出遭劫持的飛機乘客），地形仍然很重要。地形決定作戰的步調和方法。一九八二年福克蘭戰爭（Falklands War）進展緩慢，就是受限於海洋環境，而第一次波斯灣戰爭時科威特和伊拉克平坦的沙漠，彰顯出空中力量的效果，而在第二次波斯灣戰爭時，即使守住伊拉克廣大、人口稠密的一片地區，卻只顯示空中力量的局限，因此使美軍受到地理貽害：飛機可以投彈轟炸，但它們無法大量運送物資，也無法控制住地面。[28]甚且，在許多情況下，飛機也需要有合理、近距離的基地。即使在洲際彈道飛彈和核子彈的時代，地理還是重要因素。摩根索指出，小型和中型國家如以色列、英國、法國和伊朗，沒有能力像美國、俄羅斯和中國這種大陸規模的國家一樣，吸收同等程度的打擊。因此他們的核子威脅，無法具可信度。這表示小型國家（如以色列）若身陷對峙之中，必須特別消極被動或特別積極主動，才能生存。它基本上是關乎地理的事。[29]

---

25 Spykman, *America's Strategy in World Politics*, p. 43.

26 Murray, "Some Thoughts on War and Geography," p. 213.

27 Jakub J. Grygiel, *Great Powers and Geopolitical Change* (Baltimore: Johns Hopkins University Press, 2006), p. 15.

28 Gray, "The Continued Primacy of Geography"; Murray, "Some Thoughts on War and Geography," p. 216.

29 Morgenthau, *Politics Among Nations*, p. 124.

但是擁抱地形圖以及山脈和人，並不是要認為世界無可扭轉地受到族裔和宗派分裂——它們抗拒全球化——所驅動。全球化本身刺激地方主義復活，在很多狀況下已內建在族裔和宗教意識中，它們又定著在特定的地貌上，因此從地形圖最容易解說它。這是因為大眾傳播和經濟整合的力量，已經削弱許多國家的權力。由於通訊技術進步，泛伊斯蘭運動在整個亞非伊斯蘭弧上力量大增，即使是個別的穆斯林國家，本身也從內部遭到圍攻。以伊拉克和巴基斯坦為例，就地理而論，它們恐怕是地中海到印度次大陸之間兩個最不合邏輯劃出來的國家，地形圖也顯示阿富汗至多只稱得上是個弱國。是的，伊拉克因為美軍攻打它而土崩瓦解。但是我們可以聲稱，薩達姆·海珊的暴政——我在一九八〇年代親身經歷過，它也是迄今阿拉伯世界首屈一指的暴政——本身是由地理決定的。因為從一九五八年第一次軍事政變以來，伊拉克每個獨裁者必須比前任更加高壓，才能震懾住由庫德族、遜尼派及什葉派阿拉伯人拼組起來且無天然疆界的這個國家，一個族裔和宗派意識沸騰的國家。

我曉得這個論據不能推演得太過頭。沒錯，分隔庫德斯坦和伊拉克其他地區的山嶺，以及中部遜尼派和南部什葉派各自割據美索不達米亞平原，比起渴望民主，可能更是影響事件翻轉的樞紐。但是沒有人能預卜未來，一個合理穩定且民主的伊拉克肯定不是完全不可企求：就好像東南歐的山嶺分隔奧匈帝國及較窮、較欠開發的鄂圖曼土耳其帝國，也在數百年來分隔巴爾幹各個不同的族裔和教派團體，可是它們並不能注定我們在當地介入以制止內戰。我在這裡說的不是有一股無法平息的力量，人類無力對付它。我是盼望主張溫和接受命運，最終在地理的事實中安定下來，以便克制在外交政策上的過度熱情，這股熱情我本人也難辭其咎。

我們愈能克制這股熱情，我們參與的干預就愈會成功；這些干預愈成功，我們的決策者未來站在輿論的法庭就有愈多行動空間。

我明白我要抬高基座上的地理是一件危險的事。因此我在本書研究過程將試圖把以撒・柏林的告誡銘記於心。他在一九五三年發表著名的演講，次年以〈歷史的不可避免〉（Historical Inevitability）為題發表文章，他譴責相信「地理、環境和族裔特性等重大非人力量（vast impersonal forces）決定我們生命及世界政治方向」這種想法為不道德和懦弱。柏林責備阿諾德・湯恩比（Arnold Toynbee）和愛德華・吉朋（Edward Gibbon）主張由個體組成的「國家」和「文明」，比起個人「更具體」，也主張「傳統」和「歷史」等抽象事物「比我們更聰明」的看法。[30] 在柏林看來，個人與其道德責任至高無上，他或她因此不能把自己的行動——或命運——全然或大部分怪罪到地理和文化等因素上面。人類的動機和歷史有很大關係；它們不是用更大力量可以解釋並化解的幻覺。地圖是詮釋過去和現在的起點，不是終點。

30 Isaiah Berlin, *Four Essays on Liberty* (Oxford: Oxford University Press, 1969).

當然，地理、歷史和族裔特性影響未來事件，但不能決定未來事件。縱使如此，若不大量參考這些因素，無法解決今天的外交政策挑戰，無法做出明智的抉擇，可是柏林在痛批一切形式的決定論時，似乎並不接受這些因素。依賴地理和族裔、宗派因素，或許能幫助我們預測到暴力衝突，不論是冷戰後的巴爾幹以及二〇〇三年美軍入侵後的伊拉克。縱使如此，柏林的道德挑戰到目前為止表現不俗，它影響到過去二十年所進行的辯論：在海外哪裡可以、哪裡又不可以部署美軍部隊。

現在我們要怎麼辦？我們要如何切割——承認地理在塑造歷史方面的重要性，以及過度強調這件事的危險——這兩者之間的差異呢？我認為我們可以從雷蒙·阿宏的概念得到啟示。阿宏說過，「冷靜的倫理植根於『或然率決定論』(probabilistic determinism) 的真實中」，因為「人類的抉擇總是在某些框架或局限——比如繼承過去——中進行」。[31]關鍵字是「或然率」，換句話說，我們重視地理，因為群體和地形確實擁有歧異性，因而我們遵守部分或猶抱懷疑的決定論，但並不過度簡化，並維持著開放的可能性。英國歷史學者諾曼·戴維思（Norman Davies）寫道：「我現在認為因果關係（causality）不全然由決定論者、個人主義者或隨機的因素組成，而是由全部三者結合而成。」[32]自由派國際主義者一般支持干預巴爾幹、但反對介入伊拉克，即反映這股細微區分的精神。不論有多麼含糊，他們直觀地看待地理的一個重大事實：前南斯拉夫位於前鄂圖曼帝國最先進的西端，與中歐毗鄰，可是美索不達米亞位於它最混亂的東側。由於這個事實影響了直到現在的政治發展，干預伊拉克變成有點勉強。

那麼，那個溫和的命運、那隻隱藏的手，在未來會如何影響我們呢？我們要從地圖上學習什麼，以提醒我們可能的危險呢？讓我們透過二十世紀幾位大學者的眼光，檢視地理對世界歷史大模式的一些效應，然後再透過一位上古偉人的視角關注地理和人類的干預。這可以讓我們準備好去檢驗現代最禁得起時間考驗、且有挑戰意味的地緣政治理論，然後看它們會把我們帶向什麼樣的未來世界。

31 見Daniel J. Mahoney's "Three Decent Frenchmen," a review of Tony Judt's The Burden of Responsibility, *The National Interest*, Summer 1999；另參見History, *Truth and Liberty: Selected Writings of Raymond Aron*, edited by Franciszek Draus (Chicago: University of Chicago Press, 1985).

32 Norman Davies, *God's Playground: A History of Poland*, vol. 1, *The Origins to 1795* (New York: Columbia University Press, 2005 [1981]), p. viii.

第三章　希羅多德和他的後繼者

二十世紀中葉至末期，漢斯．摩根索在芝加哥大學政治系任教時，威廉．哈迪．麥克尼爾（William Hardy McNeill）和馬歇爾．哈濟生（Marshall G. S. Hodgson）兩位教授也在芝大歷史系開創宏大的學術道路。芝大此時充滿活力和智力；只談這三位教授，並不代表我輕視其他教授。摩根索為我們界定今天的現實主義，而麥克尼爾和哈濟生兩位則分別界定了世界史和伊斯蘭史，在他們以堪比希羅多德（Herodotus）視角的宏偉著作中，地理很少脫離視線。麥克尼爾和哈濟生在他們選擇主題時所展現的膽識，著重在特定領域，在當代學術應該受到尊敬——事實上也有必要，因為知識已逐步大量積累。但是閱讀麥克尼爾和哈濟生的作品，會傷感懷舊於那個學者視野還很廣闊的時代，即使並沒有很久遠。專業化已經促成本身獨特的異彩，但學界在這兩位芝大教授身上還有許多可以學習的東西。他們展現了地理學本身是廣泛思考的方法。

麥克尼爾生於加拿大卑詩省（British Columbia），一九六三年出版《西方的興起：人類社會史》（*The Rise of the West: A History of the Human Community*）這本八百多頁巨著時，正當四十多歲的壯齡。全書整體主題是挑戰英國歷史學家阿諾德・湯恩比和德國歷史學家奧斯華・史賓格勒（Oswald Spengler）的觀點，兩位大師都認為個別文明各自獨立追求其命運。麥克尼爾則認為，文化和文明持續不斷地互動，由於這種互動打造出世界史的核心大戲。如果要說這本大部頭書有什麼特色，那就是它討論了人類在地球上的大移動。

也就是說，所謂的多瑙河墾民（Danubian cultivators）在西元前四千五百年至四千年之間北遷，進入歐洲中部和西部。同時，另一群游牧民族南下，和跨越北非、進入直布羅陀海峽（Strait of Gibraltar）的農民拓荒者，「與多瑙河洪水相會、交融」。但是麥克尼爾寫道，歐洲原有的狩獵民族並沒有被消滅；反而是人口和文化相互混合。[1]他大作的核心由此展開。

地中海南北兩側的人口移動，都源自於肥沃月彎（Fertile Crescent）和安納托利亞（Anatolia），這兩個地區的政治不安定則大半是地理因素作祟。已故的英國旅行作家佛瑞雅・史塔克（Freya Stark）寫道：「埃及平行鄰近於人類遷移的路徑上，顯得和平，而伊拉克從最早時期就是邊省，在人類預先注定的路徑上呈現直角、很突兀。」[2]麥克尼爾指出，美索不達米亞是人類史上最血腥的移動路線。「平原上的城市一繁榮」——這是底格里斯－幼發拉底河谷（Tigris-Euphrates valley）低地平坦地形、有數英里灌溉水源的結果——「它們立刻成為周遭野蠻民族掠奪的誘人目標」。而且，當美索不達米亞大多數可灌溉地得到開墾、一地的農田與另一地的農田連結起來之時，由於沒有中央權威解決邊界爭端，或是在缺水時刻分配水源，就會出現長久的戰爭。在這種半混亂狀態中，像薩爾貢（Sargon）這樣的征服者於西元前二四〇〇年左右，從已開墾地區邊陲進入美索不達米亞。（譯按：薩爾貢大帝征服美索不達米亞地區蘇美人各城邦，建立阿卡德帝國〔Akkad Empire〕）雖然能夠建立中央權威，但麥克尼爾告訴我們，這些沙場將士在幾個世代之後放棄軍事生活，改過「比較舒適和奢華的城市生活」。因此歷史又要重演，新征服者又會出現。

這非常類似十四世紀突尼西亞歷史學者、地理學家伊本・赫勒敦（Ibn Khaldun）所描述的模式，他指出，奢華生活固然在起初能增強正當性而強化國家，後繼卻走向衰頽，強大的地方領袖崛起即是跡象，這些邊疆大豪後來入侵、自建其朝代。[3]最後，古伊拉克文明崛起導致最令人難以呼吸的專制，以便壓抑內部的四分五裂：因此我們有了提格拉斯—派利瑟（Tiglath-Pileser）（西元前十二至十一世紀）、阿素爾納西爾帕二世（Ashurnasirpal II）（西元前九世紀）、辛納賀利

1 William H. McNeill, *The Rise of the West: A History of the Human Community* (Chicago: University of Chicago Press, 1963), pp. 22, 27.

2 Freya Stark, "Iraq," in *Islam To-day*, edited by A. J. Arberry and Rom Landau (London: Faber & Faber, 1943).

3 Ibn Khaldun, *The Muqaddimah: An Introduction to History* (1377), translated by Franz Rosenthal, 1967 Princeton University Press edition, pp. 133, 136, 140, 252; Robert D. Kaplan, *Mediterranean Winter* (New York: Random House, 2004), p. 27.

巴（Sennacherib）（西元前八至七世紀）等君主，以殘暴凶狠、狂妄自大和大量迫遷人民著稱。[4]（譯按：提格拉斯——派利瑟為亞述國王，西元前一一一四年至一〇七六年在位；阿素爾納西爾帕二世為亞述國王，西元前八八三年至八五九年在位；辛納賀利巴為亞述國王，西元前七〇五年至六八一年在位，他以在首都尼尼微〔Nineveh〕大興土木，以及西元前六八九年火焚巴比倫城聞名）這個模式到了薩達姆．海珊集其大成：歷史上一再出現強大暴君，極易招致入侵和分裂。但還是一句老話，我們應該避免太武斷驟下結論。譬如，在一九二一年至一九五八年間，伊拉克經歷溫和、運作良好的國會制度，若在稍有改變的環境下，它或許可以持續下去。麥克尼爾、赫勒敦和史塔克都只談歷史和地理的趨勢，因而避開決定論的指控。[5]

地理構成美索不達米亞出現極不尋常水平的暴政和官僚體制的基礎，麥克尼爾也解釋地理何以在比較不高壓統治的地區——如埃及——會大盛。「沙漠給予埃及地區清晰、易於防守的邊界；而尼羅河給予它天然的脊骨和神經系統」，因此美索不達米亞等級的高壓未必出現在尼羅河沿岸。他又說：「對付外敵的邊境防衛很少成為埃及國王的嚴重問題。」的確，由於埃及在移民路線上相較美索不達米亞有利，利比亞人從西方和亞細亞人從東方的滲透，問題相對較小。埃及的南部有天險，河流兩側除了光禿禿的沙漠，沒有其他；它的北邊就是地中海。或許因此，埃及人四千年「沒見過入侵者」。[6]而且，尼羅河易於航行，水流把船往北送，還有風從北往南吹，在風帆協助下，船隻也可南行。因此，文明得以在埃及誕生。麥克尼爾寫道：「反之，美索不達米亞統治者沒有天然工具可以保護他們的中央權威，只能慢慢地、痛苦地發展『高壓的』法律和官僚行政，做為人造替代品，替代地理賦予埃及的天然禮物。」美索不達米亞的強悍官僚還得對付底格里斯河和幼發拉底河變化無常的河水氾濫，尼羅河就沒有這個問題，水患使得灌溉系統的組織更加複雜。[7] 即使到了今天，埃及和伊拉克的獨裁政府已經存在相當長久，但是伊拉克情勢更糟，我們有一部分可以追溯到上古、也可以歸咎於地理因素。

在中東之外就是麥克尼爾所謂的印度、希臘和中國「邊陲」文明，位於「古代文明世界的邊緣」。以印度和希臘兩者而言，它們的活力相當大一部分來自印度河和米諾斯克里特（Minoan Crete）的文化。但是它們三者也都從和蠻族入侵者的互動中汲取活力，即使它們受惠於地理、得到部分保護。以希臘和印度而言，受惠於北方的大山，它們「實質上得以不受草原騎兵的直接衝擊」。中國則更加孤立，有無法居住的沙漠、高峰做屏障，又是千山萬水距離遙遠，中華文明起源的黃河流域和中東及印度內陸有數千英里之遙。結果就出現三個非常原創性的文明，尤其是中華文明，它們能各自發展，不和從北非直抵突厥斯坦（Turkestan）的大沙漠中東日益劃一的文

4 Georges Roux, *Ancient Iraq* (London: Allen & Unwin, 1964), pp. 267, 284, 297, 299.

5 McNeill, *The Rise of the West*, pp. 32, 41-42, 46, 50, 64.

6 James Fairgrieve, *Geography and World Power* (New York: E. P. Dutton, 1917), pp. 26-27, 30, 32.

7 McNeill, *The Rise of the West*, pp. 69, 71; Roux, *Ancient Iraq*, pp. 24-25.

化混在一起。[8]

麥克尼爾解釋，整個上古時期，希臘、中東和印度文明之間的疆界起伏跌宕，使得歐亞大陸出現微妙的文化平衡，後來到了中古世紀，由於北方草原民族——特別是蒙古人——大舉進犯，這個平衡就被打破。[9]大半拜蒙古人之賜，絲路（Silk Route）興盛起來（特別是在十三、十四世紀），使得從太平洋到地中海的歐亞文明彼此有了溫和的接觸。縱使如此，相較於在它西邊的其他文明，中國形成它本身的地理圈，西藏、蒙古、日本和朝鮮雖各自打造不同程度的文明，卻全把目光投向中國。麥克尼爾寫道，可是在高地沙漠環境嚴重限制下，「西藏和蒙古無法跳脫、超越原型文明」。西藏喇嘛「一向很在意他們的信仰源自印度佛教」，因此反對漢化（Sinification），與鄰近大國的文明傳統更親近。[10]按照麥克尼爾的說法，歷史是一種流動性的研究，事情只像按照地理有秩序地各安其位：更重要的是，我們一直處於小規模的過渡和文化交流。

麥克尼爾反對史賓格勒、湯恩比和日後哈佛教授杭廷頓的「文明衝突」理論，他強調文明的互動、而不是自行其是。縱使如此，麥克尼爾的《西方的興起》告訴讀者，文明在相當大程度上由地理形成，從可以界定的地域興起，達致本身的認同，然後與其他文明互動，再形成新的混種。歷史以這種方式交織而成。[11]麥克尼爾以比喻描述此一過程：

> 文明好比是山脈，通過亙古的地質時代興起，但是侵蝕力量緩慢、不可避免地將它蠶食

到周圍的水平。在人類歷史更短的時間跨度裡，文明也可能受到侵蝕，因為導致它們興起的特殊情況已經消失，而在同時，鄰近的民族則透過汲借或以其他方式，對文明成就做出反應，將自己提升到新的文化高度。[12]

這樣的侵蝕和汲借嚇壞了二十世紀初德國哲學家史賓格勒重視的純潔度，他寫下「深刻的土壤關係」如何界定優秀的高度文化（High Culture）：聖禮習俗和教條的內部演化仍然「留戀在它們出生的地方」，因為「與土地分離的，不論是什麼，都會變得僵固和堅硬」。他又說，高度文化始於「前城鎮的農村」，而於「世界城市唯物主義的終曲」中臻於極致。坦白講，在英文翻譯裡有時候難以精準掌握，世界主義就成了無根的東西，因為它沒有附著在土地上。[13]

---

8 McNeill, *The Rise of the West*, pp. 167, 217, 243.

9 同前書，pp. 250, 484, 618.

10 同前書，p. 535.

11 Arthur Helps, preface to 1991 abridged English-language edition of Oswald Spengler, *The Decline of the West* (Oxford, UK: Oxford University Press).

12 同前書，p. 249.

13 Oswald Spengler, *The Decline of the West*, translated by Charles Francis Atkinson (New York: Knopf, 1962 [1918, 1922]), pp. 324, 345, 352.

這就出現城市西方文明崛起及最後命運的問題，它逐漸變形為世界文明、脫離了土地。我們在本書稍後會來討論這個問題。現在我要繼續談麥克尼爾，他遠比史賓格勒更清晰地注意到氣候與地理。

譬如，麥克尼爾寫道，由於印度次大陸森林和季節風周期的影響，阿利安人（Aryans）在印度恆河平原（Gangetic plain）發展出與地中海歐洲不同、比較不好戰的文化性格，而這種性格鼓勵沉思和宗教知識。他也敘述其他事例，如希臘的愛奧尼亞人（Ionia）「早熟」，是因為地理位置靠近小亞細亞和東方，並和它們有密切接觸的緣故。可是麥克尼爾在這兒從一刀切的決定論拉回來：儘管希臘多山的地形有利於小型政治單元（如城邦國家）的成立，但他小心地舉出一些「相連的肥沃土地地區分割」隸屬不同城邦國家的例子，因此地理只能是故事的一部分。當然更特殊的是猶太人的歷史，它完全牴觸主要宗教（特別是印度教和佛教）地理持續性的整個邏輯，因此麥克尼爾不得不說：猶太人社群在猶大地區（Judea）全然毀滅，這是西元第一和第二世紀起義遭羅馬人粉碎的後果，可是它並沒有終結猶太教（Judaism），猶太教在散布西方各國猶太人徙居的城市，繼續難以置信地演進和興盛，這則兩千年之久的故事避開地理的決斷，它再次顯示為何思想和人的因素跟實質地形一樣很重要。[14]

接下來是歐洲的故事，可追溯到人類史的黎明時期，這個故事很大一部分關係到地理的重要性。麥克尼爾指出，西歐具有明顯的地理優勢，對所謂黑暗時代（Dark Ages）的科技發展產生作用：廣大肥沃的平原、犬牙交錯的海岸線，配上許多優質的天然港口，可航行的河川往北流經這些平原，把商業活動延伸到超越地中海地區的廣大地帶，又有豐富的木材和金屬。[15]歐洲的天氣也很嚴峻、又冷又溼，湯恩比在重要層面上就像麥克尼爾一樣，並不是宿命論者，可是他寫下：「輕鬆對文明無益……環境愈是輕鬆，對文明的刺激就愈弱。」[16]因此歐洲會發展是因為它的地理難以過活，卻有許多天生的交通和商業節點。因為文明在許多方面對天生環境能夠勇敢和堅韌地反應。因斯堪地那維亞距離近，它對西歐海岸造成軍事壓力，卻促成英國和法國建立為國家實體。而且，英國因領土小於大陸的封建王國，湯恩比寫道：「擁有界定更清楚的邊界（它是島國嘛）」，比鄰近地區更早脫離封建（feudal），成為國家（national）型態。[17]

當然，有某些地形（如北極地區）實在太艱困，它們會導致文明崩壞，或成為一個阻滯的文明。根據湯恩比的說法，在此之前，先有精采的文化表現——譬如，愛斯基摩人有能力在冬天於冰天雪地中生存、狩獵海豹。但是在完成這一生存壯舉之後，他們就沒有能力主宰環境到可發展

14 同前書，pp. 177-78, 193-94, 353-54; Arnold J. Toynbee, *A Study of History*, abridgement of vols. 7-10 by D. C. Somervell (New York: Oxford University Press, 1957), pp. 144-45.

15 同前書，pp. 451, 539.

16 W. Gordon East, *The Geography Behind History* (New York: Norton, 1967), p. 128.

17 Arnold J. Toynbee, *A Study of History*, abridgement of vols. 1-6 by D. C. Somervell (New York: Oxford University Press, 1946), pp. 123, 237.

完全成熟文明的地步。湯恩比以及我們這一代的洛杉磯加州大學地理學者賈德．戴蒙，都寫到中古文化有些民族遇上文明困難及衰亡的故事，如格陵蘭的維京人、復活島的波里尼西亞人、美國西南部的安納薩齊原住民（Anasazi），以及中美洲叢林的馬雅人，他們全都和環境艱難有關。[18]歐洲似乎有最完美程度的環境困難，挑戰它的居民奮鬥出偉大的文明高度，即使它仍居於北溫帶，與非洲、中東、歐亞草原和北美洲遠近得宜；因此它的人民可以完全利用貿易模式，又在數百年航海及其他領域技術進步的過程中成長起來。[19]我們看到瓦斯柯．達伽馬（Vasco da Gama）善加利用印度洋的季節風，遂使歐亞大陸的外緣成為歐洲人主宰下世界航路的焦點。但是在麥克尼爾的論述裡，不僅是歐洲處於有挑戰的實質環境下物質才能進步，因而導致西方的興起，他認為另一個原因是「蠻族」空間很接近。[20]

麥克尼爾講的是「文明對野蠻即使非完全不中斷、也堅定無情地侵蝕」：

> 這種侵蝕建立起群眾以及世界各個文明內部的多樣化，增加他們彼此接觸的頻率，為過去三、四個世紀所發生的壯麗的全球統一預先鋪路。[21]

地球相對空曠地帶（主要是溫帶地區）的文明攏合，自航海大發現徹底展開：即達伽馬、哥倫布、麥哲倫等人的探險。透過我們所熟知的工業、交通和通訊各階段的革命，它持續進行，直到今天我們所經驗的全球化。在過程中，草原民族崩亡了，俄國、中國和哈布斯堡帝國瓜分相對空曠的歐亞大陸中部平原和高原。對北美洲西部邊區的強取，以及歐洲人殖民瓜分撒哈拉以南的非洲，也造成原住民人口驟減。[22]套用麥克尼爾的說法，現在世界終於統一在一個大半是西方的、且日益城市化的文化之下。我們要記住，共產主義雖然是東正教內部極權傾向的延伸、是對自由主義的侮辱，但它還是工業化後西方的一種意識形態。納粹主義也是在通膨飛漲、快速現代化的西方背景下所出現的病態。麥克尼爾談的不是政治統一，而是廣義的文化、地理和人口傾向的統一。

《西方的興起》中心主旨是地圖上空曠地帶的收攏，但是這顯然只限於相對意義。兩條鐵路從不同方向過來、彼此連接上，並不代表沿路上沒有許多空曠或人煙稀少的空間。邊界或許可以

---

18 Toynbee, *A Study of History*, vols. 1-6, pp. 146, 164-66; Jared Diamond, *Collapse: How Societies Choose to Fail or Succeed* (New York: Viking, 2005), pp. 79, 81, 106-7, 109, 119-20, 136-37, 157, 159, 172, 247, 276.

19 這方面絕對不是只有歐洲如此。譬如，湯恩比指出安地斯高原（Andean plateau）居民如何受到嚴峻氣候和劣質土壤之挑戰，而南美洲太平洋岸的居民又是如何遭受熱浪和乾旱挑戰，必須興建水利工程。可是湯恩比沒有提到歐洲和南美洲之間的差異：歐洲的天然深水港位居許多貿易和移民路線上。

20 McNeill, *The Rise of the West*, pp. 565, 724.

21 同前書，p. 253.

22 同前書，pp. 722, 724.

正式收攏，但是人類居住和電子互動的密度卻以陡升的速度大增。這種增加速率有助形成今天我們所居世界的政治大戲。麥克尼爾可以認為地球的文明部分彼此相距不超過幾星期路程，這個世界就算統一。[23]但是，像今天，遙遠的地方相距也不過幾天或幾小時，地緣政治會如何改變？以某種意義而言，世界是在十八、十九世紀統一的，但是就人口和科技而言，那個世界和二十一世紀初的世界沒有太大關係。我們將會看到，我們自己這個時代的核心大戲是穩定地填滿空間、產生真正收攏的地理，國家和軍隊在其中愈來愈沒有空間躲藏。一個世紀以前機械化、甫現代化的軍隊，必須跨過相當里程距離才會短兵相接，現在卻有交互籠罩的飛彈。在這齣劇目下，地理並未消失，我們將會看到，它將更加攸關勝負。

讓我回到摩根索，用另一個方式檢視論述。摩根索寫道，帝國主義在十八、十九世紀擴張進入非洲、歐亞大陸及北美洲西部相對空曠的地理空間，把大國政治轉移到地球周邊，因而降低衝突。譬如，俄羅斯、法國和美國愈是注意以帝國方式擴張進入偏遠地區，他們就愈不會盯住其他人，換言之，世界會比較和平。[24]但是到了十九世紀末期，西方大型民族國家及帝國的鞏固已經完成了，想要多得領土只能從別人手中去搶。[25]摩根索歸納道：

當權力均衡——它的重量現在主要集中在三大洲——成為全球現象時，大國及其中心在一邊，邊陲及空曠空間在另一邊，這種二分法必然會消失。權力均衡的邊陲現在正好就是全地球的空間。[26]

摩根索的觀點寫在冷戰初期的緊繃年代，道出其中的危險，可是他的芝大同事麥克尼爾寫在日後冷戰比較穩定的階段，則透露出希望：

> 古代中國的漢朝……終結戰國時期的蕩然秩序，建立帝國的官僚結構，偶有中斷、也有溫和修正，一路延續直到今天。二十世紀的戰國時期衝突，似乎也走向同一個解決方式。[27]

一九八九年柏林圍牆的傾塌似乎支持麥克尼爾的樂觀。可是今天的世界恐怕和冷戰時期一樣危險。因為地圖以種種方式不斷拉攏。以中國為例：毛澤東付出極大代價把中國鞏固為現代

---

23 同前書，p. 728.

24 Robert Gilpin, *War and Change in World Politics* (New York: Cambridge University Press, 1981).

25 Morgenthau, *Politics Among Nations: The Struggle for Power and Peace*, revised by Kenneth W. Thompson and W. David Clinton (New York: McGraw Hill, 2006), pp. 354-57.

26 同前書，p. 357.

27 McNeill, *The Rise of the West*, p. 807.

國家，中國現在經濟上（雖然目前增長率已放緩）和軍事上俱崛起為大國，填補了歐亞大棋盤，遠超乎摩根索所能想像。同時，即使世界最偏遠的地區，也變得更加城市化，當年史賓格勒從人類捨棄土地和農業生活，看到文化的衰退，依照麥克尼爾的直觀，城鎮聚落蔓延開來、繁榮發展，導致現在宗教和認同意識以活潑、又令人憂心的方式在演變[28]：例如，伊斯蘭變成比較不像傳統、以土地為根據的宗教，反倒更像一種嚴肅、甚至有時堅持意識形態的信仰，以便規範在廣大、不講人情私交的貧民窟之行為，因為在貧民窟已看不到大家庭和親屬關係的蹤跡。這造成中東在舊日的鄉下冒出許多超大型城市及其他市鎮集中地，它們雖貧窮，犯罪率一般而言卻相當低，即使它們偶爾會出現擾亂世界的恐怖主義。由於美國南部和西部市郊生活的壓力，基督教信仰也變得更加意識形態化，另外，形式鬆散的環境異教精神在歐洲城市生根，取代傳統的民族主義，歐盟（European Union）這個超級國家除了受精英擁護，對大部分人只具抽象意義。同時，戰爭不再像在十八世紀的歐洲是「國王的運動」，而是民族主義和宗教狂熱主義的工具，大者就是納粹德國，小者則是凱達組織。[29]更可怕的是，核武落到國家及次國家層級的基進精英手中。在種種笨拙、動盪的轉變中，典型的地理又再度抬頭，在西方、俄羅斯、伊朗、印度、中國、朝鮮半島、日本等地之間形成緊張，我們稍後需要詳細探討。麥克尼爾跨文明互動的理論再也沒有今天如此真確。但是把新興的世界文化等同於政治安定，將大錯特錯：因為**空間**——正因為愈來愈擁擠、因此遠比過去都更珍貴——仍然很重要，而且重要性有增無減。

麥克尼爾的研究觀照全球，依我們的研究來看，馬歇爾・哈濟生的範圍就窄得多，只注意大中東。四十六歲英年早逝的哈濟生是個虔誠的貴格會（Quaker）教徒，他在一九七四年（即去世前六年）完成的三大卷《伊斯蘭文明》（*The Venture of Islam: Conscience and History in a World Civilization*）卻展現出恢宏的企圖心。這位被遺忘的芝加哥大學歷史學者，名氣沒有當代著名的普林斯頓大學中東學者伯納德・劉易士（Bernard Lewis）或喬治城大學的約翰・伊斯波西多（John Esposito）來得大；但是麥克尼爾說，哈濟生在他的巨作中將伊斯蘭的地理、文化擺在世界史更大的潮流脈絡中。哈濟生的文體偏向學術性，相當晦澀，但是讀者諸君若堅持到底，肯定大有收穫，可以得知伊斯蘭是如何崛起、生根，並以難以置信的驚人速度，不僅傳布到阿拉伯和北非，還遍及印度洋沿岸，甚至從庇里牛斯山（Pyrenees）到天山（Tien Shan）這片大陸。[30]

有一點很重要，我們應當記住，哈濟生撰寫《伊斯蘭文明》的時間大半是在一九五〇年代和一九六〇年代，當時媒體聚光燈大多只注意歐洲的冷戰。可是他在第一卷就揭示其主題，聲稱這種歐洲中心論的世界觀（Eurocentric vision of the world）一向都錯了，從早先繪製地圖的方

28 同前書，p. 352.
29 Toynbee, *A Study of History*, vols. 1-6, p. 284.
30 Toynbee, *A Study of History*, vols. 7-10, p. 121.

式就隱含偏見。[31]「箇中的荒謬被愈來愈普遍採用、但視覺上極端扭曲的麥卡托式投影法世界地圖所掩蔽，這種地圖繪製方法誇大北方，使得『歐洲』看來比整個『非洲』大，而且相當地矮化另一個歐亞半島印度。」哈濟生接下來把讀者的地理焦點往南及東移轉，轉到他稱為「歐庫梅內」（Oikoumene）的地方；這個古希臘字指的是世界「有人居住的地方」，即從北非一路到中國大西部的一片非亞大陸塊（Afro-Asian landmass）溫帶地區，這片地區他也稱之為「尼羅至歐修斯」（Nile-to-Oxus）。[32]（譯按：拉丁名歐修斯河，波斯文稱之為阿姆河〔Amu Darya〕，源自帕米爾高原，西流匯合源出帕米爾高原的帕米爾河，稱噴赤河〔Pyandzh〕，再曲折西流，匯合瓦赫什河〔Vakhsh〕後稱阿姆河，向西北流入鹹海。流經塔吉克、阿富汗、烏茲別克、土庫曼四個國家。阿姆河長一四一五公里；從源頭起算，全長二五四〇公里，流域面積四十六萬五千平方公里。它是伊朗和突厥文明的分界線）這些定義有點含糊，有時候相互矛盾。例如，「尼羅至歐修斯」這個字詞指涉的地區，埃及是西端，而「歐庫梅內」則可以是始自地中海沿岸更西邊算過來的一片地區。重點在於，哈濟生的書撰寫於冷戰巔峰時期，冷戰地域的僵固區分——即中東地區與安納托利亞和印度次大陸的明顯不同——並不存在，哈濟生告訴我們有一個更有機的地理環境，不受地形和文化限制；也就是歐洲與中國文明之間那塊廣大、且一般來說相當炎熱的空間，實際上也就是希羅多德的世界。哈濟生緊握著通往世界史的鑰匙。

目前全球化正在泯除國境、區域與文化的區隔，哈濟生刻意宏大化和彈性化的地理架構事實上相當有用，因為它指出地圖太冷漠、應該修正。哈濟生因此協助讀者視覺化古代末期伊斯蘭興起時的世界相當流動的特性，以及今天中國和印度在大中東（即昔日的「歐庫梅內」）增強經濟勢力，甚至波斯灣各酋長國也進軍非洲市場的世界；這下子卸除了我們習以為常的人工劃分。

他解釋道：「伊斯蘭文化即將形成的區域，幾乎可以從反面界定為希臘和印度梵文傳統沒有生根、而歐洲和印度區域又已劃分出去所剩餘的一片土地……從這層意義來講，我們這塊區域在軸心時代（Axial Age，西元前八百年至二百年）（譯按：德國哲學家卡爾．雅斯培〔Karl Jaspers〕提出的哲學發展理論，認為全世界主要宗教背後的哲學，全在西元前八百年至二百年這六百年間的「軸心時期」發展起來。譬如，中國出現孔子的儒家思想、希臘出現亞里斯多德、印度出現釋迦牟尼）包含地中海到興都庫什（阿富汗）之間這片土地，希臘人和印度人在這裡最多只稱得上有地域性或短暫性的成長。」這片寬闊的大中東地帶在靠南邊的溫帶地區綿亙約三千多英里，它有兩個地理特性鼓勵高度文化：關鍵的商業位置以及本區域十分的貧瘠不毛；前者尤其是在阿拉伯半島和肥沃月彎，控制住從「歐庫梅內」一端前往另一端極為乾燥地區的貿易通路。

31　歐洲中心論的繪圖概念例證，可參見Jeremy Black, *Maps and History*, pp. 60, 62.

32　Marshall G. S. Hodgson, *The Venture of Islam: Conscience and History in a World Civilization*, vol. 1: *The Classical Age of Islam* (Chicago: University of Chicago Press, 1974), pp. 50, 56, 60-61, 109-11.

後者需要進一步說明。哈濟生告訴我們，普遍缺水降低可從農業積累財富的機會，也使得集中持有可生產的土地相當罕見，因此農村生活不安全，比不上住到綠洲裡的城市生活。金錢和權力匯聚到中東遠距離貿易路線上「交會點」的商人手中——若是這些交會點特別靠近紅海、阿拉伯海和波斯灣海上交通的話——阿拉伯商人非常關鍵地控制了印度洋貿易驚人的流通。由於這是貿易與合約的世界，為了穩定的經濟生活，倫理行為和「公平交易」至為重要。因此之故，北方的拜占庭帝國和薩珊帝國在安納托利亞和波斯分別式微，阿拉伯和肥沃月彎應運而起，成為強調良好倫理、而非只重「農業季節」的新宗教興起之地。因此，伊斯蘭和商人的信條都是從沙漠中崛起的典範。[33]

阿拉伯半島西部和中部最重要的貿易中心是靠近紅海的希賈茲（Hejaz）地區的麥加（Mecca）。它位於兩條主要大道交會之處。南北縱走這條路線連結起葉門和印度洋港口、與敘利亞和地中海，麥加是中途站。另一條東西橫貫的路線，把鄰近、位於紅海對岸的非洲之角（Horn of Africa）與美索不達米亞和波斯灣的伊朗連接起來。麥加的位置離伊朗的薩珊帝國權力中心有相當距離，可以維持獨立，可是它也暴露在來自波斯、伊拉克和小亞細亞等地文雅的宗教和哲學影響下，如瑣羅亞斯德教（Zoroastrianism，或稱「拜火教」，中國稱之為「祆教」）、摩尼教（Manichaeism）、古希臘宗教（Hellenism）、猶太教（Judaism）等。麥加雖不是大綠洲，水源仍足以供應駱駝之需。它有山嶺保護、免受紅海海盜侵襲，又擁有一座聖堂「卡巴天房」

（Ka'bah），本地區各氏族的聖物保存於此，遠處人士絡繹前來朝拜。在這樣的地理脈絡下，三十多歲、受人尊敬的本地商人和貿易商——先知穆罕默德（Prophet Muhammad）——開始沉思如何才能過公義、純潔的生活。麥加不只是沙漠中窮鄉僻壤的營地，還是一個活潑的都會中心。[34]

當然，在哈濟生繁複的編織下，地理並未為伊斯蘭提出終極解釋。就宗教的定義而言，其基礎涉及形上學的部分多過於實體。但他的確告訴我們，地理如何貢獻於宗教的崛起、散布與膠著，透過商人和貝都因人（Bedouin）的模式，伊斯蘭更是貿易路線交織穿梭於貧瘠地形下的產物。

貝都因人的阿拉伯受到三面農業地區的包圍：北為敘利亞、東北為伊拉克、南為葉門。這三塊地區各自連結到一個「政治內陸」，一個在西元六、七世紀主宰著他們的高原地帶。以敘利亞而言，是安納托利亞高原；以伊拉克而言，是伊朗高原；以葉門而言，和阿比西尼亞高原（Abyssinian highlands，即今天的衣索比亞〔Ethiopia〕）的相互關係比較沒那麼強烈。伊斯蘭日後將征服大部分這些地區，但地理將會一部分決定這些農業文明的聚落，尤其是敘利亞和伊拉克這

33 同前書，pp. 114, 120-24, 133; Marshall G. S. Hodgson, *The Venture of Islam: Conscience and History in a World Civilization*, vol. 2: *The Expansion of Islam in the Middle Periods* (Chicago: University of Chicago Press, 1974), pp. 65, 71.

34 Hodgson, *The Classical Age of Islam*, pp. 154, 156, 158.

兩個肥沃月彎的弧形，會保有他們共同的認同意識，因此成為伊斯蘭力量相互較勁的中心。[35]

哈濟生在他的史詩著作頭兩卷細述古代末期和中世紀的經過，告訴了我們：現代中東各國表面上是西方殖民主義的結果、其實是如何出現的，以及為什麼它們並非我們以前認為的那樣經由人為產生。埃及、葉門、敘利亞和伊拉克，更不用提靠近大海及阿特拉斯山脈（Atlas Mountains）的摩洛哥（Morocco），加上古代迦太基（Carthage）後裔的突尼西亞，全是古代文明的堡壘，是現代這些國家正統的前人，即使這些國家在平坦的沙漠中劃下的國境界線，經常是隨便一劃。湯恩比感嘆阿拉伯世界四分五裂，但是他認為西方化「在任何一個伊斯蘭世界的國家出現之前已經占了上風」。[36]但是伊斯蘭構成一種世界文明這件事，並不代表它被決定要成為一個政體，誠如哈濟生所揭示，文明有許多不同的人口輻輳點，具備豐富的前伊斯蘭歷史，它在後殖民時代會出現產生作用。哈濟生寫道，伊朗高原一向都和美索不達米亞的政治、文化交織在一起，自從美國二〇〇三年入侵伊拉克以來，這一點尤其明顯，它開啟門戶讓伊朗重新進入此一區域。波斯和美索不達米亞的邊界的確經常在變，但很長一段時間是以幼發拉底河本身為界，不過幼發拉底河今天位於伊拉克中心地帶。阿拉伯人在西元六四四年征服位於伊朗高原中心地帶的薩珊帝國，距離先知穆罕默德出走（hegira），由麥加前往麥地那（Medina），僅僅是二十二年之後。這一事件象徵世界史上伊斯蘭時代的開端。但是安納托利亞高原更加遙遠、更加遼闊，因此部分出於地理因素，它要到四百多年之後的一〇七一年，才由塞爾柱突厥人（Seljuk Turks）——不是阿拉伯人

——在和拜占庭帝國交戰的曼齊克爾特之役（Battle of Manzikert）中，代表伊斯蘭攻下安納托利亞中心地帶。[37]

塞爾柱突厥人是來自歐亞大陸內地的草原民族，從東邊攻進安納托利亞（曼齊克爾特位於安納托利亞東部）。但就和阿拉伯人從來沒能成功占領安納托利亞的山中營寨一樣，塞爾柱人深鎖在這些山寨中，也從來未能成功地維持住對伊斯蘭地區核心——肥沃月彎和伊朗高原——的穩定統治，更不用談去統治更南方的希賈茲和阿拉伯沙漠其他地方。這當然又是地理在作祟。（雖然塞爾柱人的繼承人鄂圖曼土耳其人日後征服阿拉伯沙漠，但他們的統治通常很微弱。）土耳其人的統治固然曾遠及印度次大陸最東邊的孟加拉（Bengal），但那是整個廣大的歐亞大陸東西向溫帶地區人口南移的結果。這些突厥游牧民族是蒙古大軍統率的眾多部落之主力（蒙古人本身是相對較小的精英部落）。我們稍後會討論蒙古部落，以及他們的地緣政治意義，但是在這裡我們要提到哈濟生有一個很有意思的觀點，他認為蒙古人和土耳其人的騎馬游牧，最終要比阿拉伯人的駱駝游牧，對歷史有更重大的影響。由於馬匹不能忍受中東沙漠的貧瘠地形，加上與這些游牧民族經常同行的羊群也需要相當多的草料，蒙古人統率的大軍於是避開偏遠的阿拉伯，改而荼毒比

35 同前書，pp. 151, 204-6, 229.
36 Toynbee, *A Study of History*, vols. 1-6, p. 271.
37 同前書，p. 268. 阿比西尼亞高原仍然很難進出，且深受基督教文明影響。

較近且環境也較友善的東歐、安納托利亞、北部美索不達米亞、伊朗、中亞、印度和中國：這些地區統統加起來，在砲彈戰爭降臨前的歐亞大陸，具有壓倒的戰略重要性。蒙古和土耳其人的入侵，堪稱是西曆紀元第二個千年世界史上最重要的事件，而這主要是因為某些動物的作用與地理有關。[38]

哈濟生對蒙古的討論顯示《伊斯蘭文明》絕不只是區域專業的研究作品。稱呼哈濟生是個阿拉伯事務專家或伊斯蘭事務學者，可謂很不恰當地貶抑他。因為在他手裡，伊斯蘭是個載具，揭露出影響非洲—歐亞社會、整個「舊世界」——事實上其中心即古代的「歐庫梅內」——最具關鍵樞紐作用的知識、文化和地理趨勢。這絕非只是地理學的作品。哈濟生花在界定蘇菲神祕主義（Sufi mysticism）的時間，不亞於解讀地形的時間，這還不說他也說明了其他知識和宗派的傳統。可是，他匠心獨具用這種方式討論地理學，展現它如何與政治及意識形態互動，以產生歷史的組織。以鄂圖曼土耳其人來說，他們在十三世紀末期終於取代土耳其兄弟塞爾柱突厥人，掌控了安納托利亞。鄂圖曼人「一體的軍事階級制度」對於受其控制地區設下「固有的地理限制」，和俄羅斯、甚至原始的蒙古人截然不同。鄂圖曼人習慣只有一支大軍隊，皇帝（padishah）必須永遠親自統領。同時，他們必須從唯一的首都君士坦丁堡（Constantinople）發號施令，整個帝國龐大的官僚結構總部，就設在靠近黑海的這座地中海東北角都會。「因此之故，主要戰役只限在一個季度行軍可及之處進行」：西北的維也納（Vienna）和東南的摩蘇爾（Mosul）（譯按：位於今伊拉克）因此成為鄂圖曼在陸地穩定擴張的極限。陸軍有幾年可在索非亞（Sofia）（譯按：今保加利亞首都）或阿勒坡（Aleppo）（譯按：位於今敘利亞）過冬，延伸它的範圍，但卻陷於重大的後勤困難。然而，大體而言，這種絕對主義制度把所有權力——人事的及官僚的——全部集中在君士坦丁堡，有一種效應：把首都的地理情勢做為決定的最高因素。這可說與人類的力量相背。它的影響所及就是導致這個軍事大國衰頹，因為一旦鄂圖曼軍隊的地理極限一到，軍隊上下的士氣和獎酬都會下降。比較不集權的國家或許會導向更加安全的帝國，不必事事受限於地理。海上領域方面，絕對主義也誇大地點的專斷性，鄂圖曼的海軍力量大多集中在靠近本土的黑海和地中海，只有在印度洋「短暫」勝過葡萄牙。[39]

哈濟生就和他在芝大歷史系的同事麥克尼爾一樣，不像今日的學者，比較像舊世界的知識分子，有孜孜不倦的精力、科學求證的精神，這或許是因為身為虔誠的貴格會教徒的原因。即使在探索最細微幽暗之處，他也能掌握大視野。他的主要舞台是古希臘的「歐庫梅內」，它正好也是麥克尼爾世界史許多材料的源頭，而且我們也說過，希羅多德西元前五世紀大作《歷史》（*Histories*）的背景也大多在這一區域。這一部分的世界——從東地中海至伊朗—阿富汗高原

---

[38] Hodgson, *The Expansion of Islam in the Middle Periods*, pp. 54, 396, 400-401.

[39] Marshall G. S. Hodgson, *The Venture of Islam: Conscience and History in a World Civilization*, vol. 3: *The Gunpowder Empires and Modern Times* (Chicago: University of Chicago Press, 1974), pp. 114, 116.

——正好就是目前動輒站上世界新聞頭條的地方，或許並非意外。「歐庫梅內」就是歐亞和非洲大陸塊交會的地方，有許多出海口透過紅海和波斯灣進入印度洋，使它極富戰略重要性，它也是移民模式的憂患，因此會出現相互衝突的族裔和宗派團體。希羅多德的《歷史》掌握了此持續不斷的亂流。

希羅多德是我主張麥克尼爾和哈濟生在二十一世紀十分重要的論據之中心。這位希臘人在西元前四九〇年至四八四年間出生為波斯臣民；他的出生地哈利卡納索斯（Halicarnassus）位於小亞細亞西南部。他的著作主張：希臘人和波斯人之間戰爭的起源與實行，是地理和人類的決定間完美的平衡。他推動我們全都需要的部分決定論。他告訴我們這個世界的地形圖就在背後徘徊不去——希臘和波斯，以及他們那些時隱時現在近東和北非的蠻族們——甚至個人的激情會產生禍害的政治結果。希羅多德代表我們需要找回來的感知能力，才能不對未來的世界感到訝異。

希羅多德引述品達（Pindar）（譯按：古希臘抒情詩人）的話說：「習慣是一切之王。」希羅多德告訴我們，埃及人悼念愛貓去世會剃掉眉毛，利比亞部落居民的髮型是一邊蓄長髮、另一邊剪短，身體塗成朱紅色。在裏海東岸、即今日土庫曼共和國的馬薩格泰人（Massagetae），當一個人年紀老了，「親人集合起來把他殺了，同時也殺羊，把人肉、羊肉一起燉了、大快朵頤」。希羅多德起先只談地理景象、住在某地區之人的歷史經驗，然後進而介紹從經驗中出現的習俗和思想。希羅多德保存了文明及其地理、神話、寓言、甚至他們賴以生存的謊言之記憶。他曉得政治領導人愈是熟悉外在世界的竅門，就愈不會犯下悲劇錯誤。斯基泰人（Scythians）住在辛梅里安博斯普魯斯王國（Cimmerian Bosporus）遙遠的偏區，天寒地凍，因此冬天要製造泥磚時，他們必須點火。阿爾達班努斯（Artabanus）向波斯國王大流士（Darius）進言：不要和斯基泰人開戰，他們是快速機動的游牧民族，沒有城市、沒有耕地，因此裝備精良的波斯大軍也找不到下手攻擊的重點，大流士卻不聽。[40]

希羅多德最厲害的地方在於他強烈地指出人類的信念所至，無事不成。信念使得活在無科技年代的古人能看到、聽到不同的事情——比我們還更清晰。地貌和地理對他們是非常真實的，這是我們無從想像的。

菲迪皮德斯（Phidippides）是個職業長跑者，雅典派他到斯巴達傳訊，並請求出兵共同抵禦波斯人。菲迪皮德斯告訴雅典人，在前往斯巴達途中的帕典努山（Mount Parthenium），他遇見牧神潘（Pan）。潘囑咐他問雅典人：「為什麼你們不理潘？祂是雅典人的好朋友，屢次幫你們，今後還會幫忙嗎？」雅典人相信菲迪皮德斯講的是實話，當他們有了錢之後，在衛城（Acropolis）替潘蓋了一座神殿。

---

40 直接引自David Grene一九八七年芝加哥大學出版社版本之翻譯。我也取材A. R. Burn and Tom Griffith對其他譯本評介的材料。

這絕對不只是一則迷人的故事；當雅典人向希羅多德講述這則故事時，它是真實的。菲迪皮德斯可能相信他見到潘。**他的確見到潘**。由於他已經昏眩，而且萬神殿存在他的信仰系統裡，他有可能幻覺見到神。波利斯．巴斯特納克（Boris Pasternak）在《齊瓦哥醫生》（*Doctor Zhivago*）中寫下：「古代世界已經邈遠，但是人類尚未遮蔽自然。自然浮現在眼前，強力地抓著你的衣領，或許天神依然存在。」[41] 如果理性主義和世俗主義已經把我們帶得很遠，使我們無法想像菲迪皮德斯看到什麼，那我們就無法了解可以推翻啟蒙運動、並影響今日地緣政治的宗教運動。地球上的空間固然已經填滿，自然世界也和從前不一樣，貧民窟和棚戶區的新地理，已經顯示對人類同樣強烈的心理效應——當然其方式不會一樣。要了解此一新的地理樣貌，首先要了解空間，以及它所帶來的心理衝擊，還有希羅多德所描述的古代地貌。[42]

希羅多德《歷史》描述的要點是文化鼎盛的希臘群島，位置就在波斯和小亞細亞多山的高原西邊。再來就是地理決定論了：東邊的亞洲人和西邊的希臘人過去一千多年來彼此交戰，直到今天，希臘和土耳其的關係依然緊張：這股緊張自一九二〇年代以來並未導致公然交戰，主要是因為在一九二〇年代發生人口大規模移動，創造出兩個清楚明白、單一族裔的國家。換句話說，和平是因為種族清洗而來，而種族清洗則聽命於地理的指揮。可是這根本不是希羅多德所教給我們的思維路線。

因為希羅多德表現的是接納心靈的界域，以及伴隨而來的人類心機。他點出了在醜陋的感情漩渦中，人類可以是如何的自私自利。波斯國王大流士的太太阿托莎（Atossa）在床笫間施媚，求他攻打希臘。她這麼做是為了報答治好她乳部病變的希臘醫生，只因為他想重回故國。這一切都是地理，然後就變成莎士比亞悲劇。

希羅多德的《歷史》最深刻的內涵是了解命運——希臘文moira。由於英雄克服命運，他們遂構成了希羅多德論述的超級結構。哈濟生就在他的巨作《伊斯蘭文明》導論中指出：

> 希羅多德寫下他的歷史，他說是要保存希臘人和波斯人偉大行為的記憶：讓我們尊敬、卻無法重現的行為。這些行為無法複製，不過或許可以仿效、甚至或許可以超越。[43]

哈濟生在他的史詩巨作中早早就寫下這段話，表明人類終究可以控制他們的命運，即使他在三大卷中經常描述歷史和環境的大趨勢，讓人似乎以為個人沒有太多控制能力。哈濟生說，不承認個人的掙扎奮鬥，研究歷史就沒有人道主義可言。因此他編織出伊斯蘭的錦布：「在道德和人性上與傳統息息相關的綜合體」，承擔起全球力量，可是它始自麥加一群人的行動。

41 Boris Pasternak, *Doctor Zhivago*, translated by Max Hayward and Manya Harari (New York: Pantheon, 1958), p. 43.
42 Robert D. Kaplan, "A Historian for Our Time," *The Atlantic*, January/ February 2007.
43 Hodgson, *The Classical Age of Islam*, p. 25.

因此我們又回到抵抗命運的作戰。現在我們需要希羅多德、哈濟生和麥克尼爾等人的特別增援，因為我們即將進入格外崎嶇的地形：地緣政治及從它所衍生出的準決定論理論。事實上，歷史的廣大輪廓的確已被預測，也可能再度被預測到。也就是鑑於個人可以改變歷史，它是不安定的。不過，我們將會看到，這是真實的。我即將介紹的這些人應該會讓自由派人文學者深深地不安。這些人完全談不上是哲學家，他們是地理學家、歷史學家和戰略家，認為地圖幾乎決定了一切，使得人類的力量已經沒有太大空間。人類力量主要只涉及軍事和商業主宰的方面。可是這些人是我們現在必須打交道的人，以便在大環境的世界建立架構，並能有所成就。

第四章 歐亞大陸地圖

全球動盪考驗著我們對政治地圖恆久不變的假設，這個時代也引發地理學思想的復興。由於地理學是戰略和地緣政治的基礎，它格外重要。拿破崙把戰略界定為在軍事與外交上運用時間和空間的藝術。地緣政治則是對一個國家決定其戰略時會遇上的外在環境之研究：這個環境就是也在掙扎求生存和優勢的其他國家。[1]簡單地講，地緣政治是地理對人群的影響。[2]誠如拿破崙所言，了解一國的地理，就可了解其外交政策。[3]

---

1 Jakub J. Grygiel, *Great Powers and Geopolitical Change* (Baltimore: Johns Hopkins University Press, 2006), pp. 2, 24; Mackubin Thomas Owens, "In Defense of Classical Geopolitics," *Naval War College Review*, Newport, Rhode Island, Autumn 1999, pp. 60, 73; Saul B. Cohen, *Geography and Politics in a World Divided* (New York: Random House, 1963), p. 29.

2 Paul Kennedy, "The Pivot of History: The U.S. Needs to Blend Democratic Ideals with Geopolitical Wisdom," *The Guardian*, June 19, 2004; Cohen, *Geography and Politics in a World Divided*, p. xiii.

3 Zbigniew Brzezinski, *The Grand Chessboard: American Primacy and Its Geostrategic Imperatives* (New York: Basic Books, 1997), p. 37.

摩根索稱地緣政治是「偽科學」，因為它「把地理因素樹立在絕對高度」。他這句話寫於第二次世界大戰剛結束之時，下筆時想到的是偉大的英國地理學家哈福德．麥金德。麥金德在十九、二十世紀之交提出的理論於二戰期間復活，被納粹濫用來合理化他們德國「生存空間」（Lebensraum）的主張。[4] 持平地說，因為地緣政治的目標是要達成力量平衡，納粹採用麥金德理論其實是對麥金德本身思想的顛倒。根據麥金德的說法，由於力量平衡讓每個國家安全，它形成自由的根基。[5] 摩根索可能太過苛責麥金德。不管怎麼說，摩根索嫌惡麥金德，以及他仔細地綜合歸納麥金德的理論，反倒顯示麥金德對西方地緣政治思想數十年來一直有強大影響。麥金德不斷遭到批評，可是所有的討論也一直無法繞過他，尤其是在我們當前的時代，大量的美軍部隊仍屯駐在大中東和東北亞。很顯然地，他的著作仍有些未能驟下定論的基本道理，不過我們也得提防將它引申過度的風險。

麥金德顯然很有天賦。他一生著作的金科玉律就是：地理學是通論派對學術專業的解答。[6] 他在一八九〇年提出一個不凡的例子，來闡釋地理學的知識如何可以豐富一個人對世界事務的了解：

> 假設我聽說某個小麥樣本來自拉合爾（Lahore），而我並不知道拉合爾在哪裡。我查閱地名錄，明白它是旁遮普（Punjab）首府……如果我完全不懂地理，我會以為拉合爾在印

度，然後就算了。如果我受過地理學適當的教育，旁遮普這個字……可能就會讓我聯想到許多事。我會看到拉合爾位於印度北方。我會想像它位於大平原、雪山山麓，在印度河系河流之中。我會想到季節風和沙漠，想到藉由灌溉渠道從山區引來的水。我會知道氣候、播種時機，以及何時收成。喀拉蚩（Kurachee）和蘇伊士運河會浮現在我腦海裡的地圖。我可以計算一年當中什麼時候船貨會送到英國。甚至，我會發覺旁遮普的面積和人口等於歐洲一個大國，如西班牙或義大利，我也會了解它是英國出口商品的市場。[7]

麥金德的想法和敘事之道，很讓我們欽佩。

4 Hans J. Morgenthau, *Politics Among Nations: The Struggle for Power and Peace*, revised by Kenneth W. Thompson and W. David Clinton (New York: McGraw Hill, 1948), pp. 170-71.

5 Halford J. Mackinder, *Democratic Ideals and Reality: A Study in Politics of Reconstruction* (Washington, DC: National Defense University, 1919, 1942), p. 205; W. H. Parker, *Mackinder: Geography as an Aid to Statecraft* (Oxford: Clarendon Press, 1982), pp. 211-12.

6 Mackinder, *Democratic Ideals and Reality*, p. 155.

7 H. J. Mackinder, "On the Necessity of Thorough Teaching in General Geography as a Preliminary to the Teaching of Commercial Geography," *Journal of the Manchester Geographical Society*, 1890, vol. 6; Parker, *Mackinder*, pp. 95-96.

摩根索鄙視地緣政治，而麥金德卻是現代地緣政治學之父，他之成名不是出了一本書，而是一九〇四年在倫敦《地理學學刊》（*The Geographical Journal*）四月號發表一篇文章〈歷史的地理樞紐〉（The Geographical Pivot of History）。麥金德的理論是，中亞構成歐亞心臟地帶，是世界大帝國命運之所繫：因為地球上山脈和河谷之間天然動脈之布局，鼓勵的是帝國——不論它對外宣告，或不張揚——的興起，而不是國家的興起。在探討這個觀念（略加重新定義）如何有助於說明我們的地緣政治之前，先敘述麥金德是如何獲致他的結論，是值得的。他的文章觀照到整個歷史以及人類墾殖的模式，是地理學門的樣板，重新召喚希羅多德和伊本．赫勒敦的作品，風格上也啟迪麥克尼爾、哈濟生，以及法國歷史兼地理學者費南德．布勞岱爾（Fernand Braudel）的作品。麥金德也以布勞岱爾的風格寫下：「人——而非自然——採取主動，但大體上由自然控制。」[8]

麥金德開宗明義就宣示文章的磅礡氣勢：

遙遠未來的歷史學者回首我們正在經歷的這幾個世紀時，看到它們縮近，彷彿我們今天看待埃及各朝代，他們或許會形容過去四百年是哥倫布時代（Columbian epoch），也會說它在一九〇〇年後不久即終止。[9]

他解釋道，中世紀基督教國家「被禁錮在狹窄的區域內，備受外來蠻族威脅」，可是哥倫布時代——大發現時代（Age of Discovery）——歐洲跨越大洋擴張到其他大陸，只遭遇「微不足道的抵抗」。但是從現在起，在後哥倫布時代（他的文章寫於一九〇四年）「我們必須再次對付封閉的政治制度」，而且這一次是「全世界的廣大範圍」。他進一步解釋：

> 每當社會力量爆炸，不但不會散布到周遭不明的空間和蠻族的混亂世界，反而從地球的遠方尖銳地傳來回音，世界政治和經濟組織的弱小分子將會因而粉碎。[10]

預見到地球上再也沒有空間可供歐洲帝國擴張，他也明白歐洲戰爭必將以世界規模交戰，這個看法在第一次世界大戰和第二次世界大戰中得到證實。可是，我多年前在李文沃斯堡（Fort Leavenworth）美國陸軍指參學院一場研討會學到，積少為多、匯為巨變。換句話說，固然大發現時代多少已在一九〇〇年左右結束，整個二十世紀、乃至今天——尤其是前瞻未來數十年——封閉、擁擠的世界，或麥金德的棋盤，會像我已經說過的，填塞得更滿——不只是人口壅塞，以

8 H. J. Mackinder, "The Geographical Pivot of History," *The Geographical Journal*, London, April 1904, p. 422.
9 同前書，p. 421.
10 同前書，p. 422.

武器射程而言也更加繁密。譬如，中東光在過去五十年就從農村社會演變為龐大的巨型城市社會。我從過去三十年擔任駐外採訪記者的過程學到，即使在某些最遙遠的地球角落，世界仍然高度城市化。我們稍後將回頭來深度探討這個擁擠新地圖的各種意義，但是在此之前，我們必須先回到麥金德和他的歐亞樞紐理論上。

麥金德要我們把歐洲史看成「附屬」於亞洲史，因為他認為歐洲文明只是對抗亞洲入侵的結果。麥金德比麥克尼爾早了幾十年指出，歐洲成為文明現象主要是因為它的地理：錯綜複雜的一堆山脈、河谷和半島——個別民族從其中崛起——和東方俄羅斯廣大、具威脅性的平原遙遙相望。俄羅斯平原分為北邊森林、南邊草原。麥金德解釋道，最早的波蘭和俄羅斯就完全建立在北方森林保護的環抱中；而西元五至十六世紀時從南方赤裸的草原冒出一連串游牧民族侵略者：如匈人（Huns）、阿韋爾人（Avers）、保加利亞人、馬札爾人（Magyars，匈牙利人）、卡爾梅克人（Kalmuks）、康明人（Cummins）、帕茨內克人（Patzinaks）、蒙古人等。因為歐亞心臟地帶的草原地勢平坦無垠、天氣惡劣，只能長草，而草又被強風帶來的砂石所摧毀。這樣的環境培養出強悍、殘酷的人種，他們一碰上任何敵人，不是即刻摧毀對方、就是被對方殲滅，因為換到別的地方也無更好的防禦。法蘭克人（Franks）、哥德人（Goths）和羅馬邊省民族聯合起來對抗這些亞洲人，才奠定現代法國的基礎。同理，威尼斯、教皇國（Papacy）、日耳曼、奧地利、匈牙利和其他歐洲新興國家，全都源自和亞洲草原游牧民族發生衝撞性的遭遇，或至少因之而成熟。

麥金德寫道：

> 當我們回顧歷經數世紀的黑暗時期（Dark Age），北蠻人（Norsemen）異教徒乘船在北海搶劫，薩拉森人（Saracen）和摩爾人（Moors）異教徒乘船在地中海劫掠，而亞洲來的土耳其人騎著大馬也趁它被海上強敵夾峙時、攻打基督徒半島的核心，我們就可以稍微理解現代歐洲是在砲火錘鍊下打造的。錘鍊的工具就是來自心臟地帶的陸上強權。[11]與此同時，俄羅斯雖然託庇於森林、對付艱鉅的環境，終究還是在十三世紀遭蒙古金帳汗國（Golden Horde of the Mongols）攻克。俄羅斯因此無緣接觸歐洲的文藝復興，永遠懷抱低人一等、不安全的痛苦感受。俄羅斯最後雖成為陸權大帝國，可是除了森林之外別無天然屏障可抵禦外侮入侵，因此永難忘懷遭人征服之痛，以至於永久執著在擴張及堅守領土上，或至少想要主宰其相鄰的陰影區。

蒙古人從中亞入侵瓜分、後來也不只改變俄羅斯，還有土耳其、伊朗、印度、中國和阿拉伯中東的北半部；可是歐洲大部分地區沒嘗到這種程度破壞的苦頭，因而能夠崛起成為世界政治中

11 Mackinder, *Democratic Ideals and Reality*, p. 72; James Fairgrieve, *Geography and World Power*, p. 103.

心。[12]的確，撒哈拉沙漠阻絕歐洲無法染指整個非洲，根據麥金德的說法，中古歐洲的大命運直到哥倫布時代，大體上都受到亞洲草原局勢的制約。不只是我們剛才說的蒙古人，塞爾柱突厥人在十至十一世紀從心臟地帶草原衝出來，征服極大部分中東，由於他們虐待前往耶路撒冷朝聖的基督徒，表面上造成十字軍東征（Crusades）。麥金德認為它是歐洲集體現代史的開端。

麥金德為讀者描繪的歐亞大陸北以冰洋為界、南以熱帶海洋為界，四個極端各有一個邊陲區域，它們全部位於中亞廣闊的樞紐大地以及蒙古—土耳其人鐵騎陰影下。他告訴我們，這四個邊陲區域並非偶然，呼應著四大宗教：按照麥金德的判斷，宗教信仰也受地理影響。一是「季節風地帶」（monsoon lands），位於東邊，面向太平洋，是佛教基地；二在南邊，面向印度洋，為印度教基地；第三個邊陲區域就是歐洲，在其西側是大西洋，乃基督教的基地；但在這四個邊陲地區中，最脆弱的是中東，伊斯蘭的大本營，「鄰近非洲，缺乏水氣」，「除了綠洲……人口稀疏」（指的是一九〇四年）。既無森林，又是廣袤的沙漠，因而門戶洞開易遭游牧民族入侵，日後也不時發生動亂和革命，中東——由於鄰近海灣、大海和大洋——特別脆弱，易受海權侵凌（即使亦深受其惠）。嚴格講起來，在麥金德的整體地理觀裡，大中東是最不安定的過渡區，是地中海世界和印度、華夏文明之間的中途站，見證著權力政治所有的重大轉變。這就是哈濟生描述的大中東——直追上古「歐庫梅內」——完整、又連續的前身，從這裡誕生三個偉大的宗教（猶太教、基督教和伊斯蘭教），而且一直到現代都保持著在地緣政治上的樞紐角色。

然而，麥金德的文章寫在石油、輸油管和彈道飛彈之前的時代，全球的地理樞紐位置略微遠了一點。他撇開中東，演繹他的理論。

他說，哥倫布時代的特色就是繞過好望角，發現前往印度的新航路，因此撇開了中東。中世紀時，「歐洲坐困籠中，南邊有難以通過的沙漠，西邊是狀況不明的大洋……北邊和東北邊是冰凍的荒野」，而東邊和東南邊又是「馬隊和駱駝隊民族」，現在突然間透過印度洋，歐洲可以接觸到整個南亞邊緣地帶，更別說它在策略層面發現了新世界（New World）。

當西歐人民「以艦隊填滿大洋」之際，俄羅斯也在陸上大肆擴張，「從北方森林冒出來」，派哥薩克（Cossacks）巡守草原、對付蒙古游牧民族。因此就在葡萄牙、荷蘭和英國水手與高采烈繞過好望角時，俄羅斯也湧入西伯利亞，並且派出農民在西南部草原開闢麥田，包圍伊斯蘭的伊朗世界。湯恩比等人在數十年後會就這一點著書立論，但是麥金德已一馬當先。[13]其實這已是則老故事：歐洲和俄羅斯爭雄，不就是自由派海權國家如雅典和威尼斯，與反動派陸權國家斯巴達和普魯士相爭的翻版？就海洋而言，除了因進出遠方港口之便有了國際影響力之外，它提供不

12 美國經驗相同的命運，它在第二次世界大戰幾乎可說是毫髮無傷，而歐洲、蘇聯、中國和日本的基礎設施完全毀滅，使美國在政治和經濟上稱霸全球數十年之久。

13 Toynbee, *A Study of History*, abridgement of vols. 7-10 by D. C. Somervell (New York: Oxford University Press, 1946), pp. 151, 168.

可侵犯的國境安全，正是自由主義和民主政治生根之必需。（美國實質上是個巨大的島國，東、西有兩大洋為界，北方是人煙稀少的加拿大北冰洋。只有南方感受到墨西哥人口力量的威脅。）

麥金德提到，十九世紀的蒸汽船和蘇伊士運河，增強海權國家航行歐亞南方邊緣地帶的機動能力，而鐵路開發也開始成為「海上商務」的推動力。但是他也指出，鐵路現在對陸權國家的貢獻，開始就像稍早對海權國家的貢獻一樣，最明顯的就是在歐亞心臟地帶，它們原本因為缺乏興建道路所需的石材和木材而受困。

最後，他講到重點：

> 我們如此快速看過歷史大潮流，是否明顯看到地理關係的持續性呢？廣大的歐亞陸塊、世界政治樞紐地區，原本船隻無法進出，但古時候游牧民族騎馬而來馳騁侵襲，而今天即將被鐵路網所覆蓋呢？

在麥金德看來，俄羅斯在二十世紀初擴張版圖、居於中心位置，將會取代蒙古游牧部族的地位，有人或許會主張蒙古在西元第二個千年對世界史影響最大。就和蒙古人重擊——往往也打破——歐亞邊陲地區（芬蘭、波蘭、土耳其、敘利亞、伊拉克、波斯、印度和中國）大門一樣，現在俄羅斯藉陸地的連結，因鐵路開發而聲勢日盛。麥金德寫道：「地理的計量比人更易計算、也更接近一致。」拋開沙皇不論，在一九〇四年時也不知道未來會出現人民委員，相較於更深層、更天搖地動的地理和科技力量，它們微不足道。這並不是說麥金德掌握了當時的時事發展。就在他發表宏文後不到兩個星期，日本海軍在日俄戰爭開了第一槍，進攻遼東半島南端的旅順港。戰爭在一年後因日本於對馬海峽之役（Battle of Tsushima Strait）大勝而終止。換言之，麥金德宣揚陸權的重要，可是在這場二十世紀之初的衝突中，海權擊敗了地球上面積最大的陸權國家。[14]

麥金德近似決定論的分析讓我們有了心理準備，來迎接蘇聯的崛起與它在二十世紀下半葉巨大的勢力範圍，以及上半葉的兩次世界大戰；依照歷史學者保羅・甘迺迪（Paul Kennedy）的說法，這兩場大戰是在爭奪從東歐到喜馬拉雅山以東這片麥金德所謂的「邊緣地帶」。[15] 從俄國大革命至蘇聯解體這段期間，中亞及西伯利亞鐵路增加四萬五千英里，證明麥金德所言不虛。[16] 況且，冷戰的圍堵戰略十分仰賴遍布大中東和印度洋的邊緣地帶基地。的確，美國兵力投入邊緣地帶的阿富汗和伊拉克，美國和俄羅斯為中亞及高加索——後者本身是地理樞紐——的政治命運而關係緊張，都更加證明麥金德的理論有道理。麥金德在他文章的最後一段，提到中國征服俄羅斯

---

14 Geoffrey Sloan, "Sir Halford J. Mackinder: The Heartland Theory Then and Now," in *Geopolitics, Geography and Strategy*, edited by Colin S. Gray and Geoffrey Sloan (London: Frank Cass, 1999), p. 19.

15 Kennedy, "The Pivot of History: The U.S. Needs to Blend Democratic Ideals with Geopolitical Wisdom."

16 Parker, *Mackinder*, p. 154.

領土的可能性。他認為，這將使中國成為主宰世界的地緣政治大國。如果我們看到中國移民現在如何以人口優勢從俄羅斯手裡拿回一部分西伯利亞，甚至俄羅斯對其東部領土的政治控制也已吃緊，那我們或許可以認為麥金德再次說對了。

麥金德被人批評是一個大決定論者和帝國主義者。這兩個罪名在某種程度上來說並不公平。他一生都是教職人員，天性不走極端或堅持意識形態。麥金德之所以是帝國主義者，是因為當時的英國是個世界帝國，而他是位開明的英國愛國人士，認為人類發展——尤其是民主政治——的前景，在英國影響下，會比由俄羅斯或德國領導可能性來得大。他和當代人士有一樣的偏見。他之所以是決定論者，乃是因為地理學是他的研究主題，且地理學天性就有宿命的特質。麥金德在波耳戰爭（一八九九年至一九〇二年）失利之後，特別努力要捍衛英國的帝國主義。[17]但是他的著作《民主的理想與現實：重建政治研究》（*Democratic Ideals and Reality: A Study in the Politics of Reconstruction*）的主題是人類的力量可以克服地理專斷。傳記家派克（W.H. Parker）解釋麥金德的意思：「然而，就長期而言，與環境影響和諧配合的人將勝過那些抵抗的人。」[18]這就是雷蒙．阿宏「或然率決定論」的精髓，而我們大部分的人都可以接受。[19]事實上，阿宏替麥金德辯護，從心底相信他是個社會科學家、而非自然科學家，因為在阿宏看來，麥金德相信可以透過科技創新克服地理。[20]為了泯除對麥金德最終對事情的看法之任何疑問，他在《民主的理想與現實》一書開頭就寫：

上個世紀，在達爾文理論影響下，人們認為與自然環境做出最佳調適的組織形式會存活下來。今天，我們經歷（第一次世界大戰）的嚴峻考驗，發覺人類勝利是因為我們超越宿命論。[21]

麥金德受到各式各樣的反對。我們再從《民主的理想與現實》開頭找出一段話說明：

目前（一九一九）的誘惑是去相信會出現持久的和平，而這只是疲憊的人們決定不應該再有戰爭了。但是國際緊張會再積累，雖然起先很緩慢；滑鐵盧（Waterloo）之後出現一個世代的和平。一八一四年在維也納坐上談判桌的外交官們，有誰預見普魯士會威脅到全球呢？我們有可能也評定未來歷史的溪床，認為不會有急湍呢？這不是一件小事，如果我們希

---

17 Gerry Kearns, *Geopolitics and Empire: The Legacy of Halford Mackinder* (New York: Oxford University Press, 2009), p. 38.

18 Parker, *Mackinder*, p. 121.

19 Daniel J. Mahoney, "Three Decent Frenchmen," *The National Interest*, Washington, Summer 1999; Franciszek Draus, History, *Truth and Liberty: Selected Writings of Raymond Aron* (Chicago: University of Chicago Press, 1985).

20 Grygiel, *Great Powers and Geopolitical Change*, p. 181; Raymond Aron, *Peace and War: A Theory of International Relations* (Garden City: Doubleday, 1966), pp. 197-98.

21 Mackinder, *Democratic Ideals and Reality*, p. 2.

望後人不要像今天我們看待維也納和會上的外交官那樣看待我們。[22]

不，麥金德不是宿命論者。他相信地理和環境可以克服，但只有在我們以最大的知識和尊敬去對待這些主題時才做得到。

坦白說，馬基維利的《君王論》（*The Prince*）會流傳至今，有一部分原因是它是一部工具指南，給那些不接受命運、需要有最大狡黠的人去應付更強大的勢力。麥金德的理論也是如此。由於他的論據和文筆，他發表顯得強而有力的嚇人觀點，因此有一種被重擊到預先決定的現實的感覺，但實際上他是要挑戰我們去超越這些。他是一流的、躊躇的決定論者，了解我們需要十分努力才能避免悲劇。

決定論暗示靜態思維，有被浩大的力量和趨勢壓倒的傾向，因此當歷史真正展開時不會被它的反諷影響。但麥金德與此相反。他一再修正他一九〇四年的「樞紐」理論，為它添加深度和見解，並且考量到最近事件及它們如何影響它。〈歷史的地理樞紐〉真正精采的地方是，它在愛德華時代思想仍主宰歐洲大陸體系時，卻預期會出現一個全球體系。[23]大陸體系的根源在於幾乎一百年前的後拿破崙維也納和會，除了麥金德和某些人不在其內，雖有少數人支持它，但其實已經日薄西山。第一次世界大戰爆發於〈歷史的地理樞紐〉發表之後十年，使得德國—普魯士和沙皇俄羅斯在東線相互對抗，而德國的陸權在西線與英、法海上力量抗衡，因而約略支持起麥金德「爭奪心臟地帶」的理論，同時也增加它的複雜度和調整性。《民主的理想與現實》是他以一本書就〈歷史的地理樞紐〉這篇文章做更新的闡述，它發表在凡爾賽和會（Versailles Peace Conference）的同一年。儘管一場大戰才剛造成百萬條人命犧牲，他卻向參與和會的各國代表提出警告，認為「海權和陸權之間的爭議還未最終解決，條頓人（Teuton）和斯拉夫人之間的鬥爭還有得打」。[24]〈歷史的地理樞紐〉只是理論；《民主的理想與現實》則是修訂、擴大版的著作，更是有遠見的警告。

《民主的理想與現實》充滿著詳盡的描述、博學的闡述，旁徵博引當代和古代的地理形貌，而且麥金德兼顧到海權論和陸權論者的世界觀。他從海權論的思維告訴我們，尼羅河文明受到保護是因為河流東、西兩側都有沙漠屏障，更因為北邊三角洲的沼澤地保護著，而從來沒有遭到地中海海盜侵襲：這幫了埃及王國大忙，使它享有極大程度的安定。埃及北邊的東地中海即是希臘諸島中最大、最富饒的克里特島，它是西方世界「第一個海權基地」，因為「大海的人力必須依賴某處陸地的豐饒來滋養」。從克里特島，航海者可能已墾殖愛琴海海域（Aegean sea chamber）這片構成希臘文明基礎的地方：麥金德說，希臘的海權一直興盛到波斯陸權崛起、挑戰它。但是

22 同前書，p. 1.
23 Parker, *Mackinder*, p. 160.
24 同前書，p. 163.

波斯人沒有成功，反而是北方「在希臘半島根部」半希臘人的馬其頓人（Macedonians）最後征服整個愛琴海。就馬其頓人而言，他們比希臘更遠離大海，成為「陸地民族和山地人」，即使是一流的戰士仍相當服從統治者；不過他們和大海的距離又近到不失對廣大世界的意識。馬其頓人征服希臘，使得愛琴海成為「內海」——搶走了希臘人和腓尼基人（Phoenicians）的基地——也讓馬其頓的亞歷山大大帝（Alexander the Great）有實力企圖在陸地上征服大中東。接下來麥金德說明羅馬及其後各帝國的地理源起，但他也承認地理並非永遠能夠解釋歷史：例如，來自地中海南邊撒哈拉沙漠的薩拉森人，征服位於地中海北邊的西班牙，而地中海北邊的羅馬人則征服地中海南邊的迦太基；這兩個案例都是人類以意志展現出極強大的海上力量。

可是，麥金德也說，個人的成就再怎麼戲劇化，地理的力量加諸在人類文化上，最後往往獲勝。譬如，以聖彼得堡來說，彼得大帝（Peter the Great）深入到「敵意的地理虎口下」，以它做為俄羅斯首都，文化及高度意志的個人也使它在技術上可以存活。短期內，彼得大帝成功了。「往後兩百年，俄羅斯帝國從這個『虛幻城市』統治。」但最後還是位於內陸的莫斯科（Moscow）再度勝出——地理贏了。人類的意志有其極限。[25]

麥金德對後第一次世界大戰時期的出發點，是他從「樞紐」出現的凸出觀點，而我們在歷史上首次碰到有「封閉系統」的轉軸，在這個「封閉系統」中，「所有陸地的政治所有權」全被「釘住」。在這個新的全球地理中，依照他的說法，陸地構成「大地岬」或「世界海角」（World-

Promontory），從不列顛群島和伊比利半島（Iberia Peninsula）一路延伸，繞過西非凸出部及好望角，然後跨印度洋，前往印度次大陸和東亞。因此，歐亞非合起來形成「世界島」（World-Island），隨著數十載時光流逝，它將愈來愈是一個凝結的單位：[26]

> 有個海洋面積占地球十二分之九；還有個大陸——即世界島——占全球面積十二分之二；另外還有許多小型島嶼，而北美洲和南美洲實質上就是兩座小型島嶼，兩者合計即是剩下的十二分之一。[27]

我們可以更進一步說，四分之三的人類居住在歐亞大陸（完全不談非洲），它占有世界極大部分的財富，占整體國內生產毛額的六成，及四分之三的能源資源。[28]

---

25 Mackinder, *Democratic Ideals and Reality*, pp. 24-25, 28, 32; Parker, *Mackinder*, pp. 122-23; Fairgrieve, *Geography and World Power*, pp. 60-62.

26 Mackinder, *Democratic Ideals and Reality*, pp. 22, 38, 41, 46.

27 同前書，pp. 46, 48.

28 Brzezinski, *The Grand Chessboard*, p. 31.

麥金德的理論有個隱含的假設，即歐亞大陸將支配地緣政治的估算，而歐洲將愈來愈不個別獨立於歐亞及非洲其他部分的實體。「舊世界已變得像座島，或換言之是個單位，是我們地球上無與倫比、最大的地緣政治單位。」從拿破崙戰爭結束開始，除了葡屬莫三比克、德屬東非和荷屬東印度群島之外，英國海權涵蓋這整個「世界海角」。麥金德以下列這些例子為比較：羅馬控制地中海、其軍團部署在萊茵河邊境，英國主宰印度洋（世界海角的主要海域），而英國陸軍守護印度西北邊境、對抗沙俄的蠶食鯨吞。[29]

麥金德「封閉體系」的意義，有可能把整個歐亞大陸和非洲視為一個有機的單元，加上這套體系在二十世紀及其後更加封閉，形成我個人研究的核心重點，從中再發展出其他觀察。但是同樣攸關重大的，是體認到即使是個封閉的體系——假設其中的印度洋是世界經濟的血管中心，未來的輸油船從索馬利亞載了石油和天然氣運到中國——它仍然由地理從內部將它分割。事實上，地理在封閉的體系中更加重要，因為這個體系傾向於使類似阿富汗的惡劣地形，在政治上從世界島的一端擺盪到另一端。

現在，我們先回頭探討麥金德所謂的「心臟地帶」究竟是什麼意思，它對世界島的命運造成的影響大得不得了。

麥金德以下列這段經常被人引述的宏大又簡單的格言開展、並綜合他的全盤思想：

> 統治東歐就主宰心臟地帶；
> 統治心臟地帶就主宰世界島；
> 統治世界島就主宰世界。[30]

在這裡首先要明白一點，麥金德並非完全的決定論者，只是針對人類力量所產生的事件之結果提出預測、做出反應。他在一九〇四年發表〈歷史的地理樞紐〉和一九一九年發表《民主的理想與現實》之間，發生第一次世界大戰的戰禍，戰後旋即是巴黎和會，和會進行時，正是麥金德的書要出版之時。奧匈帝國和鄂圖曼帝國都因戰敗而崩潰，在凡爾賽宮開會的外交官們有一項核心任務，就是重新安排東歐的地圖。因此麥金德在他的書中重拾十五年前〈歷史的地理樞紐〉所忽略的方向：「德國和俄羅斯之間非常需要一列獨立的國家。」他說：「我們反對半日耳曼的俄羅斯沙皇國家，因為過去半個世紀俄羅斯在東歐和心臟地帶都是耀武揚威、威脅性十足的力量。我們反對完全日耳曼的凱撒王國，因為德國從沙皇國家手中接續領導東歐，將會壓制作亂的斯拉夫人，而主宰東歐和心臟地帶。」因此，一九一九年在麥金德的觀念裡，東歐是心臟地帶

---

29 Mackinder, *Democratic Ideals and Reality*, pp. 41-42, 47.
30 同前書，p. xviii, from introduction by Stephen V. Mladineo.

的鑰匙，從心臟地帶萌生德國的陸權，以及特別是俄羅斯的陸權。由於俄羅斯「敲著印度的陸上大門」，使它和英國海權抗衡，而英國又繞過好望角、後改經蘇伊士運河「敲打中國的海上大門」。透過提議從愛沙尼亞往南到保加利亞設置獨立的東歐國家堡壘——「大波希米亞」、「大塞爾維亞」、「大羅馬尼亞」等——麥金德實際上是為他的理論和詹姆斯．費爾格瑞佛的「擠壓地區」概念提供意義。費爾格瑞佛在一九一五年的著作中明白地提出「擠壓地區」的概念，指的是會被來自心臟地帶的陸權國家，或來自西歐的海權國家所征服的地區。[31]因為假使這些新興的主權國家能夠生存，那麼就有機會出現精神及地緣政治層面的中歐。麥金德更進一步提議再向東推進、成立一系列東歐國家，如白俄羅斯、烏克蘭、喬治亞、亞美尼亞、亞塞拜然和達吉斯坦，以便阻撓布爾什維克俄羅斯的設計，他稱之為「雅各賓的沙皇國家」（Jacobin Czardom）。事實上，一九九一年蘇聯崩潰後，東歐出現一批新興獨立國家，和麥金德所提議的國家極為類似。[32]

但是麥金德至少最初在這件事上看走了眼。他似乎不像湯恩比理解到，歐洲的國界若依民族自決原則劃定，會出現德國主宰的一個歐洲——更大、地理地位更佳，比起其他任何族裔國家都更強大。的確，德國在一九三〇年代和一九四〇年代初期征服東歐，而俄羅斯回應這個局勢，也征服了麥金德的緩衝區中這些新興獨立國家，使它們從一九四五年至一九八九年淪落在其控制之下。一直到最後一個世代才出現希望，盼望精神上的中歐能在俄羅斯和德國這兩個陸權國家夾縫之間生存。為什麼麥金德這位大現實主義者突然軟化，支持起實質上威爾遜式的民族自決原則呢？學者亞瑟・巴特勒・杜甘（Arthur Butler Dugan）認為，麥金德有他大膽、決定論的理論，是他那個時代之子，「是超乎他自己所知的『意見環境』下的產物」。[33]

麥金德骨子裡是個自由派，或至少他變成了一個自由派。他想像大英國協（British Commonwealth）成為文化的總滙，人民雖不同卻平等；他也相信民主的同盟更能捍衛、抗拒歐亞心臟地帶的帝制超級大國（因此預見到北約組織跟蘇聯鬥爭）。[34]

麥金德從撰寫《民主的理想與現實》起逐漸傾向威爾遜原則，形成他本身「心臟地帶」理論觀點的中心思想。這個理論最早在〈歷史的地理樞紐〉一文中闡釋，只是沒用「心臟地帶」這個字眼。這個字詞其實是費爾格瑞佛在他一九一五年發表的專書《地理與世界大國》（*Geography and World Power*）中出現。麥金德就他在一九〇四年提出的中亞樞紐地區論點，在一九一九年又添加上「印度和中國在西藏及蒙古的高原大河河道」，以及由北往南、從斯堪地那維亞到安納托利亞各個國家這一整個寬闊帶，包括了東歐和中歐：因此新的心臟地帶大略等於蘇聯帝國在冷戰

---

31 Mackinder, *Democratic Ideals and Reality*, pp. 95-99, 111-12, 115; Cohen, *Geography and Politics in a World Divided*, pp. 85-86; James Fairgrieve, *Geography and World Power* (London: University of London Press, 1915).

32 Sloan, "Sir Halford J. Mackinder: The Heartland Theory Then and Now," p. 31.

33 Arthur Butler Dugan, "Mackinder and His Critics Reconsidered," *The Journal of Politics*, May 1962.

34 Brian W. Blouet, *Halford Mackinder: A Biography* (College Station: Texas A & M Press, 1987), pp. 150-51.

時期力量鼎盛時的版圖。[35]或者應該說：蘇聯帝國加挪威、土耳其北部、伊朗和中國西部。由於大多數中國人不住在西部、而是棲身於有季節風的海岸地帶，麥金德的心臟地帶即為大塊的歐亞內陸，人口相對稀疏，中國、印度和歐洲西半部人口稠密之地位在它的周邊。中東（尤其是阿拉伯半島和肥沃月彎）人口既不稠密、也不是心臟地帶的一部分，但麥金德一九一九年著書時，已關乎世界島的命運，因為它是從歐洲到印度洋、從心臟地帶北部到南部的「必經之地」，也可經由阿拉伯半島周圍幾座水系進出。[36]但是阿拉伯的命運就和歐洲的命運一樣，深受心臟地帶的影響；而心臟地帶離阿拉伯最近的部分即伊朗，這是我們這一世代必須謹記在心的教訓。伊朗高原的確關係重大，我在後文會詳細交代。

這裡有個有趣的例外就是希臘，它在地理上屬於德國和俄羅斯之間緩衝地帶國家之一，但是麥金德在一九一九年沒把它納入他擴大版的心臟地帶，因為他認為希臘周遭水域廣闊，因此是海權進出之地。希臘也是第一次世界大戰時期這些國家中最早被解放、脫離德國控制的國家。麥金德在此又顯現他的先見之明。他說：「心臟地帶某一大國若據有希臘，或許也就能控制世界島。」[37]事實上，它幾乎就是如此。親西方勢力和共產黨游擊隊激烈內戰之後，希臘成為這些緩衝國家當中唯一一個在二戰之後未落進蘇聯陣營的國家，此後又與土耳其形成北約組織戰略重要的南翼脊線。蘇聯後來就輸了冷戰。

根據麥金德的說法，歐洲和中東比起印度和中國更深受心臟地帶的影響，後兩者數億人口能自給自足，因此可以和平發展。這導致他在預測未來時，相當心繫於「印度和中國的季節風地帶」。[38]

但是，為什麼心臟地帶打一開始就如此重要？控制歐亞內陸廣闊的低地和高原真的攸關世界權力樞紐嗎？是的，它們有豐富的石油、戰略礦產及金屬，但這就夠了嗎？麥金德的概念極端地機械化。有一部分結果就是，它提供一個載具解釋東半球國家和人民的空間分布。拿它的中心、而非任何沿海邊陲做參考點，比較容易解釋歐亞大陸一端和另一端彼此之間的關係。心臟地帶或許應該看作是世界島四周權力的反映，而不是它的決定者。麥金德在《民主的理想與現實》一書接近尾聲時提出，如果蘇聯在第一次世界大戰時早於德國崛起，「它肯定將是地球最大的陸權國家」，因為它有能力駐守心臟地帶。[39]蘇聯後來果真崛起，也果然在二戰之後再度崛起。因此，它確如麥金德所說，起而與世界最強大的海權國家美國對峙。為了追求海權——在印度洋尋找溫水港——蘇聯才入侵阿富汗這個它原先沒有掌控的一小塊心臟地帶。由於陷入阿富汗游擊隊的泥

35 Mackinder, *Democratic Ideals and Reality*, pp. 55, 78; Cohen, *Geography and Politics in a World Divided*, pp. 42-44.
36 Mackinder, *Democratic Ideals and Reality*, pp. 64-65.
37 同前書，p. 116.
38 同前書，pp. 74, 205.
39 同前書，p. 201.

淖，克里姆林宮所代表的整個帝國才土崩瓦解。現在面積大幅縮小的俄羅斯力圖重新鞏固同一處心臟地帶——白俄羅斯、烏克蘭、高加索和中亞。所以在麥金德提出他的理論之後一個世紀，它還是我們這一代一齣主要的地緣政治大戲。

第五章　納粹的扭曲

身為陸權大國傳人，德國和俄羅斯數百年來比起海權大國傳人美國和英國，更重視地理。俄羅斯人揮不去曾遭蒙古金帳汗國鐵蹄蹂躪之陰影，地理代表的就是：不擴張就有被占領的危險。領土擴張永遠不饜足。俄羅斯需要有冷戰時期的東歐衛星帝國，它運用軍事力量顛覆、部署能源輸送管道，全部意在收復近鄰區域，實質上亟思重建前蘇聯，這都是出自深刻不安的意識。但是德國人至少直到二十世紀中葉，才更關切地理。歐洲地圖上德語系民族的領土形狀，從黑暗時代直到現代，一直變動不居。要到一八六〇年代才在俾斯麥（Otto von Bismarck）手中完成德國統一建國。德國位居歐洲中心位置，兼具陸權和海權，因此十分清楚它和海洋西歐以及心臟地帶俄羅斯—東歐的關係。德國相繼戰勝丹麥、哈布斯堡奧地利和法國，乃是俾斯麥戰略高明的結果，這是以他敏銳的地理意識為基礎，也就是承認局限：東邊和東南邊的斯拉夫人區域，德國人萬萬不可進入。德國拋棄俾斯麥的謹慎，造成它在第一次世界大戰戰敗，德國人因而感受到深刻的地理弱勢——以及可能性。自古以來版圖頻頻變化，北有大海、南為阿爾卑斯山，而東、西兩側的平原容易門戶洞開、遭人入侵，但也方便外出擴張，德國可謂活在地理之中。他們發展、並闡釋地緣政治的概念——即政治和軍事主宰空間的概念。這樣的地理理論在二十世紀上半葉受到麥金德大力鼓吹，導致德國的崩解——使得二戰以來好幾代德國人屏斥地理和地緣政治。

地緣政治在興衰的過程中，理論家既借助前人之著作、也不乏誤用前人之著作。十九世紀末德國地理學家、民族誌學者佛瑞德里希·拉采爾（Friedrich Ratzel）熱切倡導其研究，提出「生存空間」（Lebensraum）的概念。這個概念的起源其實可上溯到十九世紀初移民到美國的德國人佛瑞德里希·李斯特（Friedrich List）。李斯特是作家、政治學教授、企業投機家，也是亨利·克萊（Henry Clay）的朋友，靈感來自門羅主義廣大、實際的主權地理空間概念。至於拉采爾，他深受達爾文著作的影響，因此發展出一種有機的、有點生物學意味的地理學概念，認為邊界持續在演進，要視其周遭人口的規模及組成而定。我們把邊界視為靜態，是永恆、合法和穩定性的代表。拉采爾卻只看到逐步擴張、收縮和國家事務的變化無常。對他來講，地理彷彿有生命、會呼吸，從這裡又出現有機—生物國家的概念，其擴張刻寫進自然法之中。

拉采爾的學生，瑞典人魯道夫·傑連（Rodolf Kjellén）——任教於烏普莎拉大學（Uppsala University）和葛特堡（Göteborg）大學——創造出「地緣政治」這個字詞。傑連是個強烈的瑞典民族主義者，深畏俄羅斯在波羅的海尋找溫水港的擴張活動。他希望瑞典和芬蘭擴張，以抵擋俄羅斯的企圖。傑連固然在貴族及上層中產階級圈找到支持他觀點的人——他們懷念瑞典過去古斯塔夫·阿多夫二世（Gustavus Adolfus）和查爾斯十二世（Charles XII）等國王的盛世——可是一般民眾並不怎麼支持他的觀點。斯堪地那維亞的大國盛世胃口，在十九世紀末、二十世紀初早已成為過去。傑連把他的希望全都轉嫁到大德國身上——盼望德國能挺身對抗他特別厭惡的俄羅斯和英國。傑連擬想中的未來德意志帝國包括整個中歐和東歐，以及沿著法國海岸的英吉利海峽港口，還有俄羅斯的波羅的海諸省、烏克蘭、小亞細亞和美索不達米亞（預備建一條大鐵路與柏林連結起來）。運用拉采爾的概念，傑連把人類社會依種族、生物條件分類，以人為基礎設想出的國家概念，如果夠陽剛且活力充沛，會需要相當大的生存空間。就是因為油腔滑調和浮誇空泛的人具有拉采爾和傑連的想法，後世的殺人兇手才能加以利用來合理化他們的行動。概念會起作用，是好是壞都有可能，而朦朧的概念可能會特別危險。正當的地理告訴我們，我們在世界各地面對挑戰會出現什麼，拉采爾和傑連卻是不正當的地理觀，它要殲滅個人，換成濃厚種族色彩的群眾。

這一切都只是納粹主義地緣政治學者卡爾·豪斯霍夫爾（Karl Haushofer）一生的序曲。豪斯霍夫爾極端崇拜麥金德。但是豪斯霍夫爾悲劇式地曲解麥金德的著作、以及納粹地緣政治構成的危險，在大半已遭遺忘、一九四二年出版的政治學經典作品《地緣政治：為空間和力量鬥爭》（*Geopolitics: The Struggle for Space and Power*）中，羅伯·史特勞斯—胡培（Robert Strausz-

Hupé）做了精采的敘述。史特勞斯－胡培由奧地利移民到美國，後擔任賓夕法尼亞大學教授，冷戰期間也奉美國政府派為大使到過四個國家（包括土耳其）服務。一九五五年，他在費城創辦「外交政策研究所」（Foreign Policy Research Institute）；而我和這個單位有過二十年的若即若離關係。史特勞斯－胡培的書撰寫於時潮轉而對二戰盟國有利之前，它清楚明白的企圖不僅向他所歸化的美國公民解釋納粹的地緣政治危險，也說明地緣政治是什麼，為什麼它很重要，因此善良的力量可以相當迥異於納粹的方式利用它。史特勞斯－胡培因此拯救了麥金德和這門學科的聲譽，在學術上發揮個人的貢獻力量、以求贏得大戰。

卡爾．豪斯霍夫爾——少將、教授、博士——一八六九年生於慕尼黑。他的祖父、叔伯和父親全都寫過有關繪圖學的作品、也到處旅行。因此他一生多采多姿。豪斯霍夫爾加入巴伐利亞軍隊，一九〇九年奉派到日本皇軍擔任砲兵教官。他沉醉在日本軍事崛起的美夢中，也主張日本要和德國結盟。豪斯霍夫爾在一次大戰期間以旅長之階參戰，日後的納粹要角魯道夫．赫斯（Rudolf Hess）在他麾下，他口述、赫斯做紀錄，寫了好幾本書。一戰之後，豪斯霍夫爾出任慕尼黑大學地理學和軍事科學系系主任。赫斯也追隨他來當學生。透過赫斯介紹，豪斯霍夫爾邂逅「崛起中的煽動家」希特勒；由於一九二三年啤酒館政變失敗，希特勒被關在蘭茨柏格（Landsberg）古堡監獄，豪斯霍夫爾定期拜訪，提供地緣政治的學術研討簡報。希特勒當時正在寫他的《我的奮鬥》（*Mein Kampf*），讀書半通不通的希特勒，直覺他需要更知道真實世界。這位大學教授正好可以填補他知識上的不足。《我的奮鬥》第十四章界定納粹的外交政策和納粹對「生存空間」的主張，很有可能受到豪斯霍夫爾的影響，而豪斯霍夫爾又受拉采爾、傑連，以及麥金德等人的影響。麥金德曾經說，世界歷史一向都由住在靠近東歐和歐亞心臟地帶、被封鎖在陸地的民族向外大擴張所創造。[1]

史特勞斯—胡培帶我們沿著豪斯霍夫爾被他同時代的麥金德所催眠的思想路線走一遍。麥金德雖然迷戀陸權，其實從未貶抑海權的重要性。但是他對英國海權是否有能力阻止德國陸權攻打心臟地帶，卻抱悲觀心態。德國一旦據有心臟地帶，就可建立一支強大海軍協助它征服世界島。麥金德解釋道，二十世紀比以往更甚，海權需要有更廣大、又深入的內陸基礎，才能借重工業化。工業時代意味大國世界，強者吞併弱者。史特勞斯—胡培說，豪斯霍夫爾採用麥金德這套理論，運用到「反面的德國觀點」上面，「得到的結論是，德國走向世界大國的路就是嚇壞英國人的一條路線，即鞏固德國和俄羅斯的『大範圍』」。以史特勞斯—胡培的話來說，豪斯霍夫爾在描述麥金德的心臟地帶理論時，相當地混沌、神祕和曖昧。它是「世界征服者的搖籃」，「從易北河（Elbe）到阿姆河之間（Amur River，譯按：中國人稱為黑龍江）一座巨大的城堡」——亦

1 Robert Strausz-Hupé, *Geopolitics: The Struggle for Space and Power* (New York: G. P. Putnam's Sons, 1942), pp. 48-53; Parker, *Mackinder: Geography as an Aid to Statecraft* (Oxford: Clarendon Press, 1982), pp. 178-80.

即從德國中部到中國東北和俄羅斯遠東，德國可將它重要的戰爭工業藏身其中，而陸、海軍可向每個方向發動攻擊。[2]

麥金德受到威爾遜主義以及需要在歐亞大陸保持均勢的影響，在一九一九年建議於東歐設立一個獨立國家地帶，豪斯霍夫爾則倒轉麥金德的理論，在幾年後主張「消滅這些國家」。史特勞斯—胡培指稱，豪斯霍夫爾把它們稱為「國家碎片」，其居民只從「狹窄空間」思考；按照史特勞斯—胡培的解釋，豪斯霍夫爾認為這是「毫無疑問的衰敗徵象」。史特勞斯—胡培進一步分析豪斯霍夫爾有關解散大英帝國，以及把蘇聯依其組成民族拆解所需要之「巧妙邏輯」，豪斯霍夫爾認為這項任務得靠大德國來完成，他認為德國是唯一一個夠資格進行民族自決的國家。用豪斯霍夫爾自己的話來說，「三分之一的日耳曼人活在帝國國境之外，受外國統治」。史特勞斯—胡培提出警告，德國的地緣政治是「在意識形態鞦韆上耍弄」的世界，結論「驚人地單純」。德國的新世界秩序假設大東亞由日本稱霸，美國在「泛美洲」獨步天下，而德國主宰歐亞心臟地帶，另將「地中海—北非次區域交由義大利治理」。不過豪斯霍夫爾認為，這只是中間階段，因為按照麥金德的理論，心臟地帶主宰世界島，進而主宰全世界。[3]

史特勞斯—胡培告訴我們，麥金德的心臟地帶概念「充滿愛德華時期一位英國人個人觀點的色彩」。因為在麥金德那個世代，俄羅斯和英國為敵已經近一個世紀，所以英國政治家莫不憂心俄羅斯將會控制達達尼爾（Dardanelles）海峽、消耗鄂圖曼帝國，控制印度。因此麥金德轉而關注位於俄羅斯和海洋歐洲之間要設置的一批獨立緩衝國家，即使他認同俄羅斯境內的心臟地帶是戰略的明顯工具。史特勞斯—胡培說：「麥金德的觀點相當吻合世界大國或其衰亡的病態哲學，它正好解釋了關於德國的國家病態。麥金德的教條裡正好有華格納派思維（Wagnerian mentality）所嚮往的那種終極專斷。」但最後還是史特勞斯—胡培拯救了麥金德的聲譽：

> 麥金德的書——寫於大軍還未從戰場解甲歸國時——以冷靜維繫住威儀，從來沒有忘掉歷史的廣大視角。這是他對個人的信心，而且是崇拜他的德國人很可悲地欠缺的。雖然豪斯霍夫爾喜歡強調英雄在塑造歷史上的角色，但他腦海裡存在的是……戰場上的集體犧牲，而非普通男女無名的奮鬥。[4]

史特勞斯—胡培和麥金德都相信人類的力量，以及他們認為的個人之神聖，可是德國的地緣政治學派則不然。

在麥金德手中，心臟地帶是解釋地緣政治一種引人注目的方法；可是在豪斯霍夫爾手中它變

2 Strausz-Hupé, *Geopolitics*, pp. 59-60.
3 同前書，pp. 60 61, 68-69.
4 同前書，pp. 142, 154-55.

成一種瘋狂和空泛的意識形態。不過史特勞斯—胡培嚴肅以對，也建議美國同胞不可掉以輕心：史特勞斯—胡培寫道，豪斯霍夫爾「向納粹傳遞了希特勒虛無縹緲的思維所未能提供的東西——一套前後一貫的帝國理論」。麥金德從權力均衡角度看待未來，認為它會保護自由，豪斯霍夫爾則決心徹底推翻權力平衡，因此他曲解地緣政治。換句話說，豪斯霍夫爾不僅扭曲麥金德，他也扭曲喬治·納丹尼爾·寇松勛爵（Lord George Nathaniel Curzon）。寇松一九〇七年發表演講，談論「邊界」。豪斯霍夫爾受到寇松的啟示，寫了一本書，書名就是《邊界》（*Frontiers*），事實上它討論如何打破邊界。根據豪斯霍夫爾的說法，只有國勢往下走的國家才追求穩定的邊界，並且只有衰頹國家才尋求以永久的堡壘保護其邊界：因為邊界是活生生的有機體。強大的國家努力興建道路。邊界只為主要國家暫時停止。持平地說，德國的地緣政治是為了「空間」永久戰爭，因此幾近虛無主義。史特勞斯—胡培補充道：

> 然而，我們也不應該認定，這種變態使用——雖然不利世界和平——就必然讓所有的地緣政治理論失去效用；人類學雖然被種族主義誤用，卻並不減其科學的身分。[5]

豪斯霍夫爾即使囿限在他自己暴戾的世界觀之內，也並沒有多少堅守的原則。一九三九年希特勒五秩華誕，他形容元首是「集克勞塞維茨（Clausewitz）的血液和拉采爾的空間與土壤於一身」的「政治家」。[6]豪斯霍夫爾寫了一篇社論熱切歡迎一九三九年的俄德條約（Russo-German Pact），強調德國需要將其陸權力量和俄羅斯的陸權力量結合。可是，希特勒一九四一年入侵俄羅斯之後，他又寫了一篇社論，歌頌這項入侵是占領心臟地帶的方法。當然，沒有人膽敢批評希特勒的決定。有強烈證據顯示，豪斯霍夫爾和希特勒的交情也被過分誇大，即使豪斯霍夫爾已晉升為代表納粹典型的戰略家。[7]總而言之，戰局逆轉後，豪斯霍夫爾失去元首寵信，並於一九四四年被送進達豪（Dachau）集中營。同年，豪斯霍夫爾的兒子艾爾布雷希特（Albrecht）——也是地緣政治學家——因參與軍方反希特勒的密謀遭處決。在此之前，豪斯霍夫爾及其家人已被關進集中營。接下來，豪斯霍夫爾妻子有部分猶太血統曝光：豪斯霍夫爾夫妻是受到赫斯保護、才未遭納粹種族法令迫害；但是赫斯在一九四一年獨自駕機飛往英國、自行洽商和議，已被英國人抓去坐牢。豪斯霍夫爾一生的矛盾一定大到難以忍受，他逐漸省悟到，自己參與所造成的世界大戰之破壞和災劫罪戾深重。豪斯霍夫爾的一生，象徵空有思想卻追求名利、趨炎附勢的人士之下場。德國戰敗，盟國追究他涉及的戰爭罪行之後不久，豪斯霍夫爾夫婦自殺身亡。

[5] 同前書，pp. 85, 101, 140, 197, 220.

[6] Holger H. Herwig, "Geopolitik: Haushofer, Hitler and Lebensraum," in *Geopolitics: Geography and Strategy*, edited by Colin S. Gray and Geoffrey Sloan (London: Frank Cass, 1999), p. 233.

[7] Brian W. Blouet, *Halford Mackinder: A Biography* (College Station: Texas A & M Press, 1987), pp. 190-91.

史特勞斯—胡培的著作不僅是要批判豪斯霍夫爾、挽救麥金德的聲譽，也要祈求美國人認真看待地緣政治，因為美國若輕忽它，其他心懷叵測的人會注意它，這樣一來會征服美國。他在他的書末寫道：

> 納粹戰爭機器是征服的工具；地緣政治是主要計畫，用來指示打造工具的人該征服什麼、如何征服。來自地緣政治的教訓受惠已經遲了，但猶未太遲。[8]

史特勞斯—胡培是個徹頭徹尾的現實主義者。揭露極權國家征服計畫的一些學術根據，對他來講並不夠，而且也太容易。他知道令人不安的真相，麥金德的推論有一些重大瑕疵，而豪斯霍夫爾的推論雖曲解原意，卻有事實依據。因此，史特勞斯—胡培的目標是灌輸美國人——他們在兩大洋屏障的環境下，生活在極端孤立狀態中——更加理解地理學科，美國才能承擔起戰後做為歐亞均勢的穩定者和保持者的角色，而納粹在豪斯霍夫爾協助下曾經企圖推翻此一均勢。

至於豪斯霍夫爾的理論，史特勞斯—胡培打從一開始就極端懷疑，他認為空權力量——商業及軍事皆然——可能使它意義全失。縱使如此，他的確相信工業時代的科技提供優勢給大國：大型工廠、鐵路線、坦克和航空母艦，都對具有距離和領土深度的國家有利。「我們這一代的歷史顯然以有害的宿命，反映了走向拉采爾們、史賓格勒們和麥金德們所預測的帝國及超級大國的趨勢。」[9]當然，後工業時代一切尚「小」——微晶片、手機、塑膠炸藥——不僅大國力量大增，個人及非國家的團體也有了能力，使得地緣政治益增複雜和緊張。但是史特勞斯—胡培在他討論邊界時已經注意到這方面，糾正豪斯霍夫爾對寇松的錯誤引用。

儘管豪斯霍夫爾主張虛無主義，史特勞斯—胡培並沒有全然屏斥他。邊界這件事就顯示世界被政治和軍事分化所圍困。史特勞斯—胡培寫道：「主權國家在初始時，至少是個有組織的力量。它的歷史始於戰爭。因此它的邊界——不論它們『善』或『惡』——都是戰略的邊界。」他強而有力地選了寇松一句話，寇松指出由於「可居住的地球在縮小」，邊界戰爭的次數和強度將增加，這時候「一國的野心將與另一國的野心發生尖銳、無法調和的衝突」。[10]換句話說，豪斯霍夫爾假設永遠會有衝突並不全然錯誤。即使戰爭之後，也很少能中止、離開人類條件下的此一悲劇。最近幾十年，地球愈來愈擁擠，加上軍事科技日進千里，時間與距離全都崩潰，這代表在世界地圖上將出現「空間」的危機。[11]這個空間危機是由麥金德「封閉的體系」理念而來。現在

8 Strausz-Hupé, *Geopolitics*, p. 264.
9 同前書，p. 191.
10 同前書，pp. 196, 218.
11 Paul Bracken, *Fire in the East: The Rise of Asian Military Power and the Second Nuclear Age* (New York: HarperCollins, 1999), p. 30.

我們先記住，它使史特勞斯—胡培對美國的呼籲益添急迫。史特勞斯—胡培認為美國在大國世界代表的是善的最終源頭，絕不能退出地緣政治。因為地緣政治和「空間」競逐是永恆的。自由國家必須裝備好自己以承擔重任，以免世界落到豪斯霍夫爾這類人手中。

第六章 邊緣地帶理論

史特勞斯—胡培並不是在戰時唯一一位對美國提出警告的歸化公民，他呼籲美國要從納粹手中搶走地緣政治，恢復它的名譽，並為美國利益善加運用。尼古拉·史派克曼一八九三年在荷蘭阿姆斯特丹出生。第一次世界大戰期間荷蘭仍保持中立時，他到處旅行，以駐外記者身分走遍近東（一九一三—一九一九）和遠東（一九一九—一九二〇）各地。戰後他在柏克萊加州大學大學部及研究所畢業，留校任教，後轉往耶魯大學，在一九三五年創辦國際研究中心（Institute of International Studies）。[1]他灌輸學生要以地理做為主要工具，評估他所歸化的美國面臨的世界危險和機會。他在一九四三年罹癌去世，年僅四十九歲，但已在前一年出版著作《美國在世界政治的戰略：美國和權力均衡》（*America's Strategy in World Politics: The United States and the Balance*

1 Brian W. Blouet, *Halford Mackinder: A Biography* (College Station: Texas A & M Press, 1987), p. 192.

of Power），這本書更勝過麥金德的著作，給予我們了解後冷戰世界的框架。史派克曼生得較晚，等於是對麥金德的理論做了更新。

循著史特勞斯—胡培、摩根索、季辛吉及二十世紀中葉其他歐洲移民之路，這些人覺得庇護他們的國家天真得有夠危險，為美國帶來現實主義，但史派克曼沒有美國人思想中的理想主義和情感主義等特色。他主張地理即是一切。美國之所以是個大國，倒不是思想、而是因為可以直接進出大西洋和太平洋，「從地理位置的觀點而言，美國是全世界最得天獨厚的國家」。[2]對於史派克曼而言，沒有所謂從地圖的冷酷無情及因之而來的空間爭奪中暫時休止這麼一回事。他說：「國際社會是……沒有中央權威維持法律與秩序的社會。」換句話說，它處於無政府狀態。因此，所有的國家必須為自保而奮鬥。政治家可以倡導正義、公平和寬容等普世價值，但只能在它們不妨礙追求權力之下去做，因為他認為權力就是生存的同義詞。「追求權力不是要達成道德價值；道德價值是為了方便獲致權力。」這樣的話若出自卡爾・豪斯霍夫爾之口也不足為奇，一旦實現，會是相當大的悲劇。但是我們不應無視兩人之間的差異。史派克曼就像麥金德和史特勞斯—胡培，相信「均勢」的「安全」，而非統治支配。從這個差異出現種種其他不同。史派克曼很小心地表示，「權力平衡」與「自然法和基督教倫理」對應，因為它保持和平。[3]

史特勞斯—胡培著重納粹地緣政治理論的深層，在過程中為麥金德辯護，史派克曼則著重世界地圖的外形，來評估納粹主宰的可能性，並且描繪他再也無法活著看到的戰後世界權力輪廓。

他先從地理上解釋，美國如何崛起成為大國。

史派克曼說，「歷史在（氣候溫和的）溫帶緯度地區創造」，而且「因為南半球地塊很少位於這個地帶，歷史遂在北半球溫帶創造」。並不是說撒哈拉以南的非洲和南美洲的南錐帶（Southern Cone）不重要——由於運輸與通訊科技的進步，每個地方都可以相互影響，它們在今天遠比過去更加重要——而是說它們比起北半球各地、尤其是北溫帶各地，比較少有全球性的影響。幾乎和麥金德同時代的詹姆斯．費爾格瑞佛解釋，相較於熱帶，溫帶地區人民較缺乏太陽能源，得更加努力應付氣候種種變化，由於季節差異，必須有固定的播種和收割時間：因此溫帶地區人類會「強而更強」。至於南極，它廣大的大陸被打不破的一圈冰洋包圍，而北極則是海洋被

---

2 Nicholas J. Spykman, "Geography and Foreign Policy I," *The American Political Science Review*, Los Angeles, February 1938; Francis P. Sempa, "The Geopolitical Realism of Nicholas Spykman," introduction to Nicholas J. Spykman, *America's Strategy in World Politics* (New Brunswick: Transaction Publishers, 2007).

3 Nicholas J. Spykman, *America's Strategy in World Politics: The United States and the Balance of Power* (New York: Harcourt, Brace, 1942), pp. xvii, xviii, 7, 18, 20-21, 2008 Transaction edition.

幾近打不被的一圈陸地所包圍——這塊陸地是人類最有生產力的地區。史特勞斯—胡培在這方面說得更明確；他說，歷史在「北緯二十度至六十度之間」創造。這個地區包括北美洲、歐洲、大中東和北非、大部分俄羅斯、中國以及大部分印度。麥金德所謂的「荒野地帶」（wilderness girdle）約略相等於它，因為它包含心臟地帶及毗鄰的歐亞邊陲地區。根據這一思維路線，美國非常關鍵的事實就是它位於加拿大北冰洋南方，據有最後一大塊、相當空曠的溫帶土地，直到歐洲啟蒙時期，這片地區都未有城市文明墾殖。史派克曼又說，美國起初能繁榮是因為東岸有許多入海口和凹陷處，提供「無數有利的港灣地點」。[4]從這個觀點來看，地理乃是美國自由最早的維護者。

美國之所以具有大國地位，是因為它是西半球的區域霸權，具有史派克曼所說的「有餘力在新世界之外從事活動」，因此它可以影響東半球的權力平衡。[5]這可不是一件小事，美國也不應該視之為理所當然，因為它植根於拉丁美洲地理的細節中。全世界沒有其他任何國家——中國和俄羅斯都不是——是半球的霸權。為了說明何以如此，史派克曼把麥金德忽視的南美洲引進地緣政治的討論。由於麥金德專注歐亞大陸、特別是它的心臟地帶，因此麥金德是了解冷戰地理非常重要的一環；而史派克曼對整個地球有個更有機的概念，因此在世界各地可以更加相互影響的時代，他比起麥金德更值得重視。

新世界的戰略和地理中心是史派克曼所謂的「美洲地中海」（American Mediterranean），即包含墨西哥灣在內的大加勒比海（Greater Caribbean Sea）。雅典人因為主宰愛琴海，有效地掌控住希臘群島；羅馬因為主宰歐洲地中海，掌控了西方世界；史派克曼解釋道，美國在一八九八年美西戰爭後，終於有能力從歐洲殖民國家手中取得對「中部大海」（即加勒比海）不受質疑的控制，才成為世界大國，然後才能興建巴拿馬運河。他提到加勒比海盆地時表示：「這個區域本身不可能出現對美國地位嚴重的威脅。（加勒比海）各島是個禁區，中美洲的地形就和巴爾幹半島一樣……有利小型政治單位。即使墨西哥、哥倫比亞和委內瑞拉等版圖巨大的國家，也因地形、氣候和缺乏戰略原料，早早就被排除、成不了海權大國。」美國海軍可以封鎖加勒比海的東方疆界，切斷這些國家和世界市場的接觸，因此它們最終必須仰賴美國的鼻息。史派克曼的優點，以及我在這裡提到的其他思想家的長處，就是有能力看穿目前事件的喧囂，揭露出根本事實。他說，西半球根本的地理真相是它內部的劃分，不是北美洲和南美洲之間的劃分，而是由亞馬遜河（Amazon River）主宰的赤道叢林以北區域和以南區域之劃分。哥倫比亞和委內瑞拉，以

4 同前書，pp. 42, 91; Robert Strausz-Hupé, *Geopolitics: The Struggle for Space and Power* (New York: G. P. Putnam's Sons, 1942), p. 169; Halford J. Mackinder, *Democratic Ideals and Reality: A Study in the Politics of Reconstruction* (Washington, DC: National Defense University, 1919, 1942), p. 202; Daniel J. Boorstin, *Hidden History: Exploring Our Secret Past* (New York: Vintage, 1987, 1989), p. 246; James Fairgrieve, *Geography and World Power*, pp. 18-19, 326-27.

5 Spykman, *America's Strategy in World Politics*, p. 89.

及圭亞那（Guianas），雖然位於南美洲的北岸，功能上卻是北美洲和美洲地中海的一部分。它們的地理世界是加勒比海，儘管和亞馬遜叢林以南的國家同在南美洲大陸上，它們和這些國家的關係並不密切：因為就像歐洲的地中海一樣，美洲的地中海也「只合不分」。北非是地中海世界的一部分，因撒哈拉沙漠阻隔，成不了非洲本土的一部分；南美洲的北部也是加勒比海世界的一部分，被地理和南美洲本土切割開來。史派克曼解釋道：

> 從安地斯（Andes）折向東方的山脈，把亞馬遜盆地和馬格達萊納河（Magdalena）及奧里諾科河（Orinoco）流域劃分開來，構成圭亞那的南方疆界。在這條界線外就是巨大的、無法穿越的亞馬遜流域叢林和熱帶雨林。這條大河及其支流提供由西向東一流的交通系統，但它們沒有提供南、北通行的交通。[6]

至於南美洲的南半部，史派克曼認為地理把它的地緣政治重要性邊緣化。南美洲的西海洋擠在太平洋和安地斯山脈之間；安地斯山脈是僅次於分隔中國和印度次大陸的喜馬拉雅、喀喇崑崙、帕米爾的世界最高山脈。穿過安地斯山的谷口相較於穿過阿帕拉契山脈（Appalachians）、讓美國東岸可通西岸的河谷，是既少又窄。河流無法行舟，因此智利、祕魯等國家隔太平洋與東亞有八千英里距離，和美國東、西兩岸亦相距數千英里，它們遠離主要的全球交通渠道和歷史移民路線，因此培養不出大海軍。只有智利的中部和南部位於溫帶，而季辛吉曾經半開玩笑地說智利是朝向南極洲的一把利刃。至於南美洲的東岸，它也是又遙遠、又孤立。由於南美洲不在北美洲的正南方，而偏向東方，南美洲大西洋岸人口密集的中心，從里約熱內盧（Rio de Janeiro）到布宜諾斯艾利斯（Buenos Aires）——更南方、遠離樹林茂密的亞馬遜——和紐約的距離反而沒有比離里斯本（Lisbon）近。美國既主宰美洲地中海，又因遙遠的距離和一片寬闊的熱帶雨林地帶，與南美洲核心分隔開來，它在西半球很少遇上挑戰。史派克曼寫道，南美洲的南錐比較不像「大陸鄰國」而像「海外領土」。[7]

但是這一切不是沒有負面作用。是的，加勒比海盆地結合的作用大於分化的力道，而古柯鹼和大麻由哥倫比亞經中美洲和墨西哥進入美國的小徑，正是一個明證。所謂的掃毒戰爭就是地理的顯著教訓，現在在美國的西半球後院威脅著它。委內瑞拉強人雨果·查維茲（Hugo Chaves）民粹、反美的基進主義也一樣；查維茲反美讓美國人很難堪，不僅是因為他和俄羅斯、伊朗結盟，還因為他從加勒比海盆地的位置和俄羅斯、伊朗結盟：委內瑞拉若是位於亞馬遜雨林南方的南錐地區，對美國的威脅就不會那麼大。全球化——資訊時代，距離崩塌，勞動力從人口年輕國

6 同前書，pp. 49-50, 60.

7 同前書，p. 50.

家爆炸性地往人口老齡化國家移動——已經使得美國和加勒比海周圍有欠穩定的拉丁美洲，進入並不舒坦的更加親密關係。加勒比海原本是美國海軍獨霸的地方，但它又與美國社會的主流分隔，現在它成了美國生活結構的一部分。史派克曼的概念預告這些發展，即使他很明顯未能預測其細節。

和史特勞斯—胡培一樣，文章寫於第二次世界大戰期間、戰局還未轉為對盟國有利之際，納粹在全球構成的威脅是史派克曼心頭最大的憂慮。因此之故，他認為美國和南美洲南錐分隔開來具有相當重大的地理意義：美國不需要像主宰加勒比海盆地一樣主宰這個區域，是一個戰略優勢；但是一旦這個區域受到來自歐洲的敵國威脅時，美國沒有特別的地理優勢卻是一個弱點。而從里約熱內盧往南的南錐——史派克曼稱之為「等距離區域」（equidistant zone）——擁有南美洲大陸最具生產力的農業地區、南美洲三分之二的人口，以及當時南美洲最重要的兩個共和國巴西和阿根廷的主要城市。即使相較於歐亞大陸，它的地理較不重要，史派克曼也擔心南錐成為敵國包圍戰略的一環。就和美洲的地理允許美國崛起成為西半球霸權一樣，美洲若分裂為自由的北美和軸心國控制的南美，將代表優勢的終結。他寫道：「許多孤立主義者接受半球防衛的政策，因為這似乎是避免和德國衝突的方法，可是他們忽略一項事實，即使美國可以避免和德國為歐洲而戰，也避免不了和德國為南美霸權的鬥爭。」[8]

即使軸心國被擊敗，史派克曼的警告仍然可以成立。歐洲、日本和中國與史派克曼所謂的等距離地區貿易關係相當深切，並不能保證美國一直會是這個與美國貿易占有率不到五分之一的區域之強勢主導大國；從紐約到布宜諾斯艾利斯的飛行時間是十一小時，和從美國飛到中東的時間相等。雖然他關切的是贏得戰爭，但史派克曼一心一意專注在地理，讓我們看清楚目前我們所居住的世界。

史派克曼比麥金德年輕一個世代，他的參考架構和靈感有許多源自於這位英國地理學大師。史派克曼和麥金德一樣，都很關心歐亞大陸，而拉丁美洲是一個重要切面。麥金德的作品講的是心臟地帶稱霸的陸權和海權鬥爭的故事，而心臟地帶的陸權較占上風。史派克曼基本上承認麥金德的精神影響——即使他們對海權與陸權孰為重要有不同的評估：

---

8 同前書，pp. 197, 407.

自從彼得大帝以來歷兩百年之久，俄羅斯企圖突破鄰邊國家的包圍圈，進入海洋。地理和海權不斷地阻撓它。[9]

史派克曼描述的心臟地帶含糊地等同於蘇聯帝國，北有冰封的北極海域，從挪威直到俄羅斯遠東地區；南有山脈包圍，從羅馬尼亞的喀爾巴阡山脈到安納托利亞、伊朗和阿富汗高原，向東北轉入帕米爾山脈、阿爾泰山脈、蒙古高原，最後來到滿洲和朝鮮。對他來講，這是世界的關鍵地理，人們將會不斷地為它們爭戰。在北方及這一帶山脈和高地之內，就是心臟地帶；在南方及這一帶之外就是歐洲、南亞、東南亞、中國和日本等人口稠密國家，以及石油豐富的中東。這些歐亞大陸的邊陲地區，尤其是它們的沿海，即史派克曼所謂的邊緣地帶（Rimland）。史派克曼認為邊緣地帶是世界權力的鎖鑰，不是麥金德的心臟地帶，因為除了主宰歐亞大陸之外，海洋導向的邊緣地帶是和外在世界接觸的中心。[10]

當然，兩個人談的其實是同一件事；麥金德認為，誰控制心臟地帶就能掌握邊緣地帶，然後邊緣地帶透過海權提供稱霸世界的鎖鑰。麥金德寫道：「如果我們眼光拉遠，我們還能不考量相當大一部分的大陸，有一天或許會被統一在單一勢力之下的可能，而一個強大無敵的海權或許就會奠基在它上面？」這當然就是蘇聯的夢想，透過一九八〇年代入侵阿富汗、動搖巴基斯坦，在印度洋取得溫水港，因而結合海權與陸權於一身。[11]

然而，史派克曼強調的邊緣地帶卻在這裡略占上風。鑑於目前的世界局勢，大中東有邊緣地帶的動亂，整個南亞以及朝鮮半島情勢緊繃，史派克曼專注邊緣地帶、對地緣政治也有比較複雜的觀點，似乎相當貼近當前的環境。麥金德的理論架構出現在十九、二十世紀之交和第一次世界大戰的背景下；史派克曼則從後來另一場戰爭的事實立論，這時候心臟地帶由盟國蘇聯掌控遂不成問題，可是邊緣地帶則遭受軸心國家的威脅。

軸心國家輸掉戰爭，但是競逐邊緣地帶卻持續到冷戰時期。蘇聯成為心臟地帶大國，威脅歐洲邊緣地帶、中東、朝鮮半島等地，受到西方海權的抗阻。因此之故，美國外交官、俄國事務專家喬治・肯楠（George Kennan）一九四六年在〈長電報〉（Long Telegram）中所擬訂的冷戰對蘇政策「圍堵政策」，兼具史派克曼和麥金德的理論色彩。圍堵（containment）就是周邊的海權國家替陸權國家所謂的包圍（encirclement）另取的新名字。[12] 防衛西歐、以色列、溫和派阿拉伯國家、巴勒維國王的伊朗，以及在阿富汗和越南的戰爭，目的都是阻止共產主義帝國把勢力從心臟地帶延伸到邊緣地帶。年輕的季辛吉一九五七年出版一本指標式專書《核武器與外交政策》

---

9 同前書，p. 182.

10 Nicholas John Spykman, *The Geography of the Peace*, edited by Helen R. Nicholl (New York: Harcourt, Brace, 1944), p. 43.

11 Mackinder, *Democratic Ideals and Reality*, p. 51.

12 W. H. Parker, *Mackinder: Geography as an Aid to Statecraft* (Oxford: Clarendon Press, 1982), p. 195.

（*Nuclear Weapons and Foreign Policy*），他說，「有限戰爭代表唯一的方法，在可接受的代價下，阻止蘇聯集團征服歐亞大陸周邊地區」；季辛吉認為特別是由於蘇聯這個心臟地帶國家擁有「交通的內線」，可以在「沿著周邊的任何一點」集結相當大的力量。[13]波蘭、伊朗、阿富汗、越南──全都是冷戰史上的戰場，全都位於蘇聯和中國共產主義政權的周邊。這是麥金德的世界，但具有史派克曼的敏感性。

史派克曼從一九四二年的角度前瞻第二次世界大戰局勢，我們看到地理學科能夠提出充滿焦慮的洞見。即使盟國節節失利，摧毀希特勒的戰爭機器更是最高優先，但史派克曼十分擔心讓德國去軍事化（demilitarized）的後果。他解釋道：「從烏拉山到北海的俄羅斯，不會比從北海到烏拉山的德國，更稱得上是大幅改善。」俄羅斯機場進駐到英吉利海峽，會和德國機場對英國安全構成的威脅不相上下。因此，打垮希特勒之後，還是需要有個強大的德國。同理，即使美國還需和日本皇軍進行三年的海島激戰，史派克曼卻建議美國在戰後要與日本結盟，對付俄羅斯這個大陸國家，以及特別是崛起的中國。日本是糧食的淨輸入國，煤、鐵產量都不足，但是它有強大的海軍傳統，使得它既脆弱、又有用。日本是東亞外海的大型島國，它在遠東能為美國效勞的功能，猶如英國在歐洲之功能。史派克曼強調需以日本為盟國對抗強大的中國，但其實一九四〇年代的中國相當荏弱，在日本的軍事蹂躪下岌岌可危：

> 現代的、有活力的且軍事化的中國……不僅將威脅到日本，也將威脅到西方列強在亞洲地中海的地位。中國將是一個有巨大版圖的大陸國家，控制住那片中央海洋很大一部分沿岸地帶。它的地理位置將類似美國在美洲地中海的角色。當中國強大起來，其目前在當地的經濟滲透毫無疑問將會具有政治意義。我們很有可能會看到，有一天這塊水域不是由英國、美國或日本海權所控制，而是由中國空權所控制。[14]

史派克曼最強而有力的觀察或許是有關歐洲的分析。他反對德國、反對俄羅斯主宰歐洲，也反對歐洲在任何情況下統一起來。他偏好歐洲內部各國彼此權力平衡，認為比起歐洲聯邦——即使它以和平、民主的方式實現——這對美國更有益處。他說：「聯邦歐洲會構成力量團塊，它會完全改變我們做為大西洋國家的重要意義，也會大大削弱我們在西半球的地位。」由於今天的歐盟仍在中期發展階段，儘管已建立單一貨幣區，強勢的各國領袖仍追求有協調、但獨立的外交政策，我們現在還很難對史派克曼的預測做評斷。可是我們已經看到，歐洲愈是團結，它和美國的緊張關係就愈高。真正的歐洲超級國家，有武裝部隊及單一的外交政策任其支配，將是美國強大

---

13 Henry A. Kissinger, *Nuclear Weapons and Foreign Policy* (New York: Doubleday, 1957), pp. 125, 127.

14 Spykman, *America's Strategy in World Politics*, pp. 135-37, 460, 469.

的競爭者，也可能成為在南美洲南部等距離地區的主導性域外大國。[15]（當然歐洲目前的財經危機使這個可能性頗有疑問。）

史派克曼的主張在這裡和麥金德及冷戰的圍堵政策出現顯著的差異。[16]圍堵政策鼓勵歐洲聯合起來，組成對抗蘇聯共產主義的堡壘，它植根在自由社會的自由理想以及地緣政治中。喬治·肯楠在撰寫〈長電報〉時，把信心寄託在西方生活方式上，他相信它會比蘇聯共產主義的極權嚴苛撐得更長久。因此志同道合的歐洲民主國家，被鼓勵要走向共同的政治和經濟統合。不過，史派克曼比起肯楠——他也是鐵桿的現實主義者——更加冷血。史派克曼根本不讓地理以外的任何元素進入他的分析。他和豪斯霍夫爾不一樣，他並不是不相信民主和自由社會：他只是不覺得它們的存在和地緣政治的分析有任何關係。史派克曼不認為他的職責是改善世界，他只認為需要坦誠說明他的觀察。就是這種冰冷的敏銳使他看得比肯楠和冷戰情勢更深遠。因此，他在一九四二年已經寫出今天的情況：

唯有能夠以圓形地球及三度空間作戰思考政治和戰略的政治家，才能拯救他們的國家不被遙遠的側翼所耍弄。有了空中力量彌補海上力量及作戰精髓的機動力，地球上沒有任何地區會因太遙遠而失去戰略重要性、因太偏遠而在核算權力政治時受到忽視。[17]

換句話說，由於空中力量以及快速部署能力，尤其是美軍快速部署到任何角落的能力，整個地球都動起來。但是它不只為我們動起來，拜通訊技術（空中力量和它關係密切）之賜，它也為麥金德「封閉系統」中的每個人動起來。縱使如此，地球做為一個系統太大了，不會只由一個霸權主宰，因此史派克曼說，會有「區域性的權力去集中化」，每個大地區會互相影響。他意識到一個多元霸權的世界：類似今天我們所講的「多極」，它在經濟上及政治上已經存在，但還未出現在軍事上，那是因為遠大距離依然分隔著美國及其他國家的軍隊。但是區域性的巨獸已經出現：美國、歐盟、中國、印度和俄羅斯——另有土耳其、伊朗、印尼、越南、巴西等中型大國——都在證實他的觀察。[18]

這樣的世界，它的動力是什麼？史派克曼盡最大努力做未來學的研判。他先從不同角度觀察地圖。他最引人注目的觀點來自一張北極地圖。「兩個重大特色明顯凸出：陸地集中在北半球，然後以北極為中心、像海星一般往非洲和好望角、南美洲和合恩角（Cape of Horn）以及澳大利

---

15 同前書，p. 466.

16 Michael P. Gerace, "Between Mackinder and Spykman: Geopolitics, Containment, and After," *Comparative Strategy*, University of Reading, UK, 1991.

17 Spykman, *America's Strategy in World Politics*, p. 165.

18 同前書，p. 166.

亞分散。」從這個投影看出去幾乎到處都是陸地；但是如果你從南極投影看出去，舉目所及幾乎全是海洋。北極圖顯示北方的大陸相當緊密貼靠在一起，南方大陸則彼此距離甚遠。當然在這段投影中，南方大陸之間的距離被誇大，可是地圖依然顯示澳大利亞和南美洲距離遙遠，而南美洲和非洲也很遙遠。因此，北美洲和歐亞大陸的地理緊密關係是動態的，構成「世界政治的基線」，而南方大陸之間的關係則相當不重要。我們要再重複一次，他並不是說南美洲和非洲本身不重要，只是它們彼此的關係不重要。南美洲和非洲在地緣政治上產生重要性，只在於它們和北方大陸的關係。但是這張北極地圖的真實訊息是：北美洲和歐亞大陸之間存在著有機的關係。我們看到廣闊的太平洋把北美洲西海岸和東亞分隔開。但是北極路線所顯示的，只不過向北飛往阿拉斯加，然後折向南，越過俄國遠東地區，進入日本、韓國和中國的溫帶地區。北極圈——如果它轉暖——將在未來數十年賦予海權、尤其是陸權新的意義。超音速交通或許會縮小美國西岸和亞洲城市的距離達三分之二。多利用北極路線可以把美國、俄羅斯和中國更緊密綁在一起。由於更容易進出，地理將會出乎意料地變得更加重要。[19]全球化即打破藩籬，造成接觸的次數和密度增加，它使得政治衝突及合作兩者都有可能增加。

麥金德認為，一旦世界成為「封閉的政治系統，地理的最終現實就會讓人感受到」。[20]他的意思是，承認世界島是地緣政治上單一的單位，而北美洲是在周遭海洋的衛星大陸最重要的一塊。麥金德在這裡講的就是北半球，整個歐亞大陸和大部分非洲——即世界島的組成——都列入其中。史派克曼的邊緣地帶理論也挺合身地符合這一劇本，歐洲、中東、印度次大陸和遠東等邊陲地區合起來，主宰在印度洋和太平洋的歐亞大陸周邊海岸連續體，更有它們大量的人口、經濟發展和碳氫化合物資源所支撐：聯合起來，他們就牽制住俄羅斯的心臟地帶力量，即使俄羅斯在其北邊的北極圈海岸取得溫水港。[21]就和北極圈將成為連結北美洲和世界島北部地區的飛機、船艦交通中樞一樣，大印度洋也將成為世界島商務及軍事交通的海上樞紐，把非洲、中東與東亞連接起來。

不過，歐亞邊緣地帶仍不會有嚴格政治意義上的結合。在多個區域霸權的世界，麥金德和史派克曼所擔心的危險——即單一一個陸權主宰歐亞大陸、或單一一個海權主宰歐亞邊緣地帶——似乎都不至於出現。中國雖然海軍實力大增，顯然也沒有能力達成這一點，它將受到美國、印度、日本、澳大利亞等國家海軍的牽制。縱使如此，我們稍後將會看到，在一個微妙的權力安排的世界，貿易和經濟將侵蝕純然的軍事力量，仍然會是受到地理影響的地緣政治，尤其是世界的海洋將比以往都更加擁擠。要更了解這個海洋世界，我們將轉向十九世紀末、二十世紀初的另一位思想家。

19 同前書，p. 178; Albert Wohlstetter, "Illusions of Distance," *Foreign Affairs*, New York, January 1968.

20 Parker, *Mackinder*, p. 186.

21 Geoffrey Kemp and Robert E. Harkavy, *Strategic Geography and the Changing Middle East* (Washington, DC: Brookings Institution Press, 1997), p. 5.

第七章 海權的誘惑

由於鐵路和公路運輸技術的發展，麥金德的重點擺在陸權上面，然而同一個工業革命，卻使比麥金德年歲略長的美國海軍上校艾佛瑞德．賽爾．馬漢（Alfred Thayer Mahan）成為支持海權最力的人士。馬漢認為在為角逐霸權而戰時，不僅海權比陸權重要，它對國際安定的威脅也較小。馬漢認為「海軍向內陸延伸恫嚇的能力有限」，使他們不會威脅到自由。馬漢認為，歐亞大陸心臟地帶不應是帝國的地理樞紐，反而印度洋和太平洋才是地緣政治命運的鉸鏈。這些海洋會讓海上國家在歐亞邊緣地帶投射力量，深入影響到中亞內陸的政治發展——同樣要拜鐵路和公路運輸系統之賜。史派克曼本身強調印度洋和太平洋周邊的邊緣地帶之重要性，他兼受馬漢和麥金德的深刻影響。

雖然麥金德因俄羅斯掌控心臟地帶而驚服其力量，但馬漢的專書《亞洲的問題》（*The Problem of Asia*）比麥金德的文章〈歷史的地理樞紐〉早四年發表，他從俄羅斯遠離印度洋的溫水港，洞察到俄羅斯的弱點。俄羅斯「無可挽救地遠離開放的大海，使它在累積財富上處於不利的地位」，馬漢又說：「情況如此，它會不滿意，很自然、也合理，不滿意遂轉為侵略。」馬漢因此揭露最深沉的心理潮流——依據地理看清俄羅斯的民族性格。馬漢把位於俄羅斯以南和印度洋以北之間的國家稱為亞洲「有爭議的地區」（debatable ground）、「俄羅斯陸權和英國海權之間衝突的區域」。（史派克曼在四十年之後稱這個地區為邊緣地帶。）在這片「有爭議的地區」中，馬漢強調中國、阿富汗、伊朗和土耳其的重要性。他在一九〇〇年就能看清我們這一代地緣政治的樞紐狀態，並不是偶然，因為地理是不變的。

地理幫助訂出冷戰時期從歐亞大陸南方對付蘇聯的圍堵戰略，動員起所有的邊緣地帶國家；地理也協助決定中國的重要性，做為國家及文明，中國由歐亞心臟地帶一路延伸到太平洋邊緣的溫水區；甚至地理也協助決定阿富汗和伊朗是攸關中東命運的兩個心臟地帶國家。馬漢在一九〇二年最先使用「中東」這個字詞，以指涉介入阿拉伯和印度之間這塊對海軍戰略尤其重要的地區。他指出，位於印度洋沿岸中央地帶的印度，它的後背有喜馬拉雅山系保護，對於中東和中國向海上挺進攸關重大。海權提供馬漢式的方式，讓遙遠的美國可以影響麥金德所謂「封閉體系」內的歐亞大陸。[1]

馬漢的海洋中心論有它的缺陷。羅伯・史特勞斯—胡培在《地緣政治》（*Geopolitics*）一書中解釋：「英、美堅守馬漢理論，他們（豪斯霍夫爾和德國其他地緣政治者）看到德國閃亮的機會。只要盎格魯—撒克遜國家以該（馬漢）理論——由於它保證安全和商業照舊，很有吸引力——為基礎做辯護，德國就可得到保證，會有它需要的喘息空間去組織總體戰。」[2]換句話說，馬漢的海權論專注在歐亞大陸的安全上，並未積極充分考量到一個陸權國家迅速圍困從伊比利半島到烏拉山的歐洲之能力。

不過馬漢倒也有一套完整論述。他寫道：「正當地使用和控制海洋只是交易鏈的一環，財富靠它累積。」[3]縱使如此，他的思想適合美國在全世界擴張海權，大過在歐洲內部保存均勢。套用史特勞斯—胡培的話，這對馬漢是「活潑有力的帝國主義」，他看到美國力量的終極目標大於只是「明顯的命運」、「從海洋到閃亮的海洋」，還要涵蓋稱霸加勒比海和太平洋，讓美國成為全世界優勢大國。馬漢認為一個國家必須擴張，否則就會衰亡——國家不可能靜止不動。做為戰術家，他經常這樣直言不諱，相信透過作戰艦隊的優勢集中海上力量。[4]

---

1 A. T. Mahan, *The Problem of Asia: And Its Effect Upon International Policies* (London: Sampson Low, Marston, 1900), pp. 27-28, 42-44, 97, 161; Cohen, *Geography and Politics in a World Divided* (New York: Random House, 1963), pp. 48-49.

2 Robert Strausz-Hupé, *Geopolitics: The Struggle for Space and Power* (New York: G. P. Putnam's Sons, 1942), pp. 253-54.

3 A. T. Mahan, *The Influence of Sea Power Upon History, 1660-1783* (Boston: Little, Brown, 1890), pp. 225-26, 1987 Dover edition.

4 Strausz-Hupé, *Geopolitics*, pp. 244-45.

馬漢從一八八三年起，在二十年內出版十九本書，他是個很難定於一位的人：「活潑有力的帝國主義」只是他的一面。他也是個民主派，儘管觀察到民主對軍事開銷並不友善，他公然挺民主、貶皇室統治。他未必覺得美國絕對需要大型艦隊，他認為美國應與英國合作，因為唯有透過結盟才有可能建立海上霸業。他認為戰爭是國家不自然的狀況，只是它們必須很悲劇性地為戰爭做準備。他預見會有一個多國的海上同盟體系來保衛全球公域。因此，這很重要，不要去嘲笑他。[5]

馬漢一八九〇年出版《海權對歷史的影響，一六六〇至一七八三年》（*The Influence of Sea Power Upon History, 1660-1783*），提出完整的看法。這本書影響威廉・麥金萊（William McKinley）和狄奧多・羅斯福（Theodore Roosevelt）兩位總統的想法，也影響德國皇帝威廉二世（Kaiser Wilhelm II），促成第一次世界大戰之前各國競相發展海軍。馬漢闡釋由於海洋是文明的「偉大公路」或「廣大公域」，海權——保護商船艦隊的力量——一直是全球政治鬥爭的決定性因素，尤其是「水上旅行和交通一向比陸上旅行和交通容易、且便宜」。他的論述因為極具原創性、內涵又豐富，力道萬鈞。[6]

馬漢的史詩大作開宗明義就說：「和平、喜愛獲利的民族沒有遠見，需要遠見才能做好適當的軍事準備，尤其在這個時代。」馬漢不是戰爭販子，也不鼓吹專制暴政。事實上，他指出由於專制暴政和「激烈的貪婪」，葡萄牙和西班牙雖是海洋大國，最後都不配稱為偉大的國家。縱使如此，「民主政府是否會有遠見、對國家立場尖銳敏感」，足以嚇阻敵人，「還是個問題」。他告訴我們，在全世界其他國家找到的友好港口，未必可以永遠持續。不僅和平國家通常都渾然不知不培養憂患意識必會招致悲劇，它們的歷史學家也特別對海洋無知，對影響陸地甚巨、進而對涉及其安全和繁榮的廣大地表渾然無知。因此他提出警告，迫切需要寫出海戰史，特別是因為這些戰爭的原則一直不變，儘管技術已從划槳帆船進步到蒸汽船（以我們今天而言就是核子動力航空母艦和潛水艇）。馬漢以一支內陸國家軍隊做比喻來說明：

> 當徒步行軍換成用馬車載運部隊，當後者又換成鐵路，距離的幅度大增，也可說是時間的幅度縮小；但是決定部隊該集結在哪個點、該往哪個方向移動、該攻打敵軍哪一部分陣地，以及保護通訊的種種原則都沒有變。[7]

---

5 Jon Sumida, "Alfred Thayer Mahan, Geopolitician," in *Geopolitics, Geography and Strategy*, edited by Colin S. Gray and Geoffrey Sloan (London: Frank Cass, 1999), pp. 53, 55, 59; Jon Sumida, *Inventing Grand Strategy and Teaching Command: The Classic Works of Alfred Thayer Mahan* (Baltimore: Johns Hopkins University Press, 1997), pp. 41, 84.

6 Mahan, *The Influence of Sea Power Upon History*, p. 25.

7 同前書，pp. iii, 8, 26-27, 50-52, 67.

馬漢選擇的時期始於一六六〇年，大帆船時代「已經開始」，終於一七八三年美國革命剛結束。他指出，喬治・華盛頓把美國打贏獨立戰爭，部分歸功於法國控制了大海——幾十年前法國輸掉七年戰爭（Seven Years' War），部分可歸咎它忽略海權。可是馬漢對海戰戰術宏觀的評論，以及他陳述海洋對人類歷史的重要性，卻可以上溯到更久遠的古代。羅馬人控制大海，迫使漢尼拔（Hannibal）「艱苦跋涉、穿過高盧（Gaul）行軍，過程中折損一半以上勁旅。整個戰爭過程中，羅馬軍團不受干擾、不知疲憊地坐船往來於西班牙（漢尼拔的基地）和義大利之間。」馬漢指出，在第二次布匿克戰爭（the Second Punic War）中，沒有重大海戰，羅馬控制地中海是迦太基人戰敗的決定性因素。馬漢寫道，假設地中海是平坦的沙漠，陸地是從沙漠平台升起的大山，主控全局的海軍就是能夠從某座山脈向另一座山脈任意馳騁、跨越沙漠的軍隊。這就是羅馬的優勢。但由於海洋是個奇異的元素，水手「從遠古以來就是異於常人的種族」，我們沒有對海軍給予應有的敬意。馬漢又說：「海軍本質上是輕裝兵團，它維持本身港口之間的交通順暢；它破壞敵人的交通；它也肅清海面為陸軍服務，它控制人類可以生存的沙漠。」[8]

馬漢又說，重要的「不是拿下一艘船或船隊」，而是「具有強大的海上力量，讓敵人聞風而逃，或豎起白旗」。「如果一個國家的位置，既不被迫從陸地上自衛，也不必通過陸地尋求擴張領土，它把目標投向海洋，相對於以大陸為國界的民族，這是重大優勢。」[9]

英國和美國的處境即是如此，兩者在歷史的過程中都有長久的大國經驗。但是馬漢暗示，美國的地理位置也有實質不利之處。是的，美國是個龐大、得天獨厚的溫帶國家，形同一座大島，不涉入歐亞大陸兵戎相見的權力鬥爭，但同時它距離歐亞大陸港口、尤其是太平洋，也是千里迢迢，局限影響它們的能力。馬漢在他的書中預見在中美洲的巴拿馬興建運河，將使美國商船與軍艦能和歐亞大陸兩端增加接觸。但是距離仍然極遠，將會需要「鉅額費用」。雖然巴拿馬運河的實際效用將是把加勒比海從「終點站」（terminus）和「地域交通的地方」改造為「一條世界大公路」，不僅美國船隻、即使歐洲國家船隻也可通過海峽進入太平洋。他說，從此以後，美國將沒有那麼容易超脫於「國際紛亂局勢」之外。[10]

地理先使地峽運河有可能建造，它也促成美國和它的中美洲及加勒比海鄰國必須有緊密關係，以便保衛運河、並控制鄰近海域。美國實質上更接近亞洲，也透過航運與歐洲增進往來，運河造成孤立主義的式微，並因而在華府權力走廊促成尚武的自由派國際主義興起。儘管地理居於指導地位，但這肯定不是命運。巴拿馬運河是好幾個現象的結果，這些現象全都涉及到人類的力量：美西戰爭；不讓任何歐洲國家參與計畫的大國政治角力；暗室交易決定取巴拿馬、捨尼加拉瓜；征服中美洲熱帶疫疾；以及豐沛的勞力和才智。地理提供背景，讓人類可做選擇。

8 同前書，pp. iv-vi, 15, 20-21, 329.

9 同前書，pp. 29, 138.

10 同前書，pp. 29, 31, 33-34, 138; Eric Grove, *The Future of Sea Power* (Annapolis: Naval Institute Press, 1990), pp. 224-25.

馬漢很明顯想要影響人們的抉擇。他的大作出版那一年，適巧美國陸軍終於在印第安戰爭（Indian Wars）（很醜陋地）獲勝、鞏固了美洲大陸，隔沒幾年，又因美西戰爭的結果，美國取得西班牙在西太平洋的帝國，也得以稱霸加勒比海，馬漢遂主張武裝建構全球海權。馬漢歷史學者和戰術家的角色勝過地理學家的形象。他代表帝國主義式的敏感，負載著明白的地理影響。這說明了為何史派克曼非常推崇他。史派克曼並不是狂熱於征服的人；他只是像馬漢那樣直覺地掌握了：美國將別無選擇，只能參與全世界的權力鬥爭，只因為它本身地理上位居西半球有利地位，能夠影響到東半球。

馬漢免不了也有敵人。諾曼．安吉爾爵士（Sir Norman Angell）一九〇九年發表《大幻覺》（*The Great Illusion*）一書，為和平主義提出強烈的辯護，批評馬漢的著作「胡思亂想」。這位遭受豪斯霍夫爾忌恨的英國作家兼政客，譴責馬漢所說「把國家權威延伸到外國社群」可以是可敬的事業這個說法：因為「和個人一樣，國家和帝國也有靈魂及軀體」。安吉爾認為，馬漢荒唐地否定個人有形的事實，而把馬漢的論點換為比較無形的國家事實。安吉爾問：「有人會想順從俄羅斯農奴（moujik），只因為他湊巧隸屬於最大的帝國領域嗎？有人會想要蔑視易卜生（Ibsen）……或任何受過教育的斯堪地那維亞人、比利時人或荷蘭人，只因為他們湊巧是歐洲最小國家的國民嗎？」[11]換句話說，馬漢，以及史派克曼、麥金德和其他地理學者、地緣政治家，都是決定論者。如以撒．柏林所抱怨，他們會有好戰的傾向，是因為他們認為國家和帝國比起含括它們的個人還要真實。總之，我們只能拿豪斯霍夫爾來辯護：假如馬漢等人不介入安吉爾所譴責的決定論，大戰略這塊領域豈不只有真正邪惡的人來盤據？唉呀，我們實在需要馬漢等人的道德不完美。

事實上，安吉爾有關戰爭和大國競爭為何不合邏輯的論文，很不幸地，出版在第一次世界大戰爆發前幾年。這場大戰啟動一整個世紀在歐洲史無前例的戰爭和衝突。安吉爾很不公平地被許多人當作笑柄。我說不公平，是因為他的書讀來令人不忍釋手，論證也很精采。假如人性稍有不同，他的書可能就會讓人覺得頗有見地。由於人性的瑕疵，又因地理的分化擴大，使得馬漢的聲名數十年來強過安吉爾。

世界權力動態正在變化，跡象之一就是印度和中國戰略家熱中研究馬漢的論述；他們在今天比起美國人更奉行馬漢理論：他們興建艦隊，準備迎接海上武裝遭遇戰，而歐洲國家的海軍只把海權當作保安行動所需。譬如，美國海軍戰爭學院教授詹姆斯．賀姆斯（James R. Holmes）和吉原恆淑（Toshi Yoshihara）寫道，二〇〇四年北京一場研討會上，「學者接二連三引述馬漢言論……證明他的影響力。幾乎沒有例外，他們引述馬漢論述中最好戰的部分，把制海權等同為

11 Norman Angell, *The Great Illusion* (New York: Cosimo Classics, 1909, 2007), pp. 310-11.

有強大力量封鎖海上公域、不讓敵艦通行。」[12]從此以後，中國海軍規模愈來愈大、航行範圍愈來愈廣，北京對馬漢更加傾心，尤其是印度海權也在崛起，令中國憂心。印度方面也用馬漢思維看待中國。同時，美國海軍似乎已擁抱另一位理論家。請容我詳細說明。

同時代的英國歷史學家朱利安．柯白（Julian Corbett）並不完全同意馬漢的見解，他提出更細膩的海軍戰略，更加著重以較少船艦在海上承擔更多任務。柯白認為，一個國家失去對海洋的控制，並不盡然代表另一個國家會控制海洋（馬漢則是如此認為）。海軍同盟或許顯得軟弱和分散，但若能適當地構建，也可以擁有實力。柯白稱之為「存在艦隊」（fleet in being）——一群船隻在必要時可以迅速組合成一支聯合艦隊。這支存在艦隊不需要宰制或擊沉其他艦隊；它藉由搶占基地和巡守要點就可以發揮效力。柯白認為，這樣一支艦隊應該在執行的有限防禦中追求「積極、活躍的生命」。[13]柯白的書出版於英國皇家海軍縮減全球駐軍之後，讓盟友日本和美國的海權多發揮力量。

美國現在的處境很像一百年前的英國。美國海軍船艦數量日益縮小：冷戰時期約有六百艘各式軍艦，一九九〇年代降為三百五十艘，現在只剩二百八十艘，而且因為預算削減和成本超支，在未來幾年還要降為二百五十艘。因此，美國必須拉攏印度、日本、澳大利亞和新加坡等海軍盟友。美國海軍二〇〇七年十月發表一份文件〈二十一世紀海權的合作戰略〉，它強調合作，比較吻合柯白的精神，不像馬漢那樣強調主宰。這份文件宣示：「我國的利益透過培養和平的全球體系、亦即相互依存的貿易、財經、資訊、法律、人群和治理的網絡，會得到更好的服務。」美國海軍認為，我們的世界已經愈來愈相互牽連，全球人口集中在靠近海洋、生氣盎然的人口中心，不過它容易遭到重大擾亂，譬如不對稱攻擊和天然災害等。文件又說，即使大國衝突，也會傾向於細膩和不對稱。文件不太談傳統的海戰和陸戰。甚至隻字不提中國海軍日益強盛。到處都是「集體安全」的精神。「沒有一個國家擁有需要的資源……可在整個海上領域提供安全。」文件更指出，在海上領域中，西太平洋和印度洋的戰略重要性尤其凸出。[14]

因此，借用史派克曼和麥金德的術語，歐亞邊緣地帶以及更大一點的「世界海角」（即世界島的海岸），將出現兩個軍事現實。一方面美國海軍雖已衰退、但艦隊軍威仍盛，也依據柯白的精神，與地方盟友巡邏從非洲到東北亞這一大塊海域，以便維持海上商務安全。另一方面，主要是中國、其次是印度，都奉馬漢理論為圭臬而逐漸崛起。正因為中國人歡迎這位美國帝國主義雄心的代表人物，美國海軍無法完全迴避他的精神。大國政治的鬥爭會永久地持續演出，即令我們

12 James R. Holmes and Toshi Yoshihara, *Chinese Naval Strategy in the 21st Century: The Turn to Mahan* (New York: Routledge, 2008), p. 39.

13 Julian S. Corbett, *Principles of Maritime Strategy* (London: Longmans, Green and Co., 1911), pp. 87, 152-53, 213-14, 2004 Dover edition.

14 U.S. Navy, U.S. Marine Corps, U.S. Coast Guard, "A Cooperative Strategy for 21st Century Seapower," Washington, DC, and Newport, Rhode Island, October 2007.

有心避免。芝加哥大學政治學教授約翰・米爾斯海默（John Mearsheimer）寫道：「主張擴張是天生受到誤導，亦即暗示過去三百五十年所有大國都不理解國際體系如何運作。這是一個難以置信的論述。」米爾斯海默又說，由於在一個沒有世界霸主的無政府狀態體系中，「稱霸的安全利益極大，強國無可避免會被誘去仿效美國，試圖主宰他們那一區域。」[15]看樣子，馬漢的盛名還會持續下去。

歐亞大陸沿岸擠進愈來愈多軍艦，以便接受中國、印度及其他國家和美國共享光彩，即使更實際的北極路線縮短了歐亞大陸和北美洲的距離，全球爭霸賽或許只會更加快速度和強度。因此，我們現在需要探討封閉地理體系的特質。

15 John J. Mearsheimer, *The Tragedy of Great Power Politics* (New York: W. W. Norton, 2001), pp. 210, 213, 365.

第八章　「空間危機」

幾年前我在安納波利斯的美國海軍學院擔任訪問教授，開了一門探討國家安全未來挑戰的課。學期開始，我要學生讀耶魯大學政治學教授保羅．布瑞肯（Paul Bracken）的大作《東方之火：亞洲軍事力量的崛起及第二次核子時代》（*Fire in the East: The Rise of Asian Military Power and the Second Nuclear Age*）。這本簡潔、極富洞見的著作在一九九九年出版時銷路並不好。布瑞肯這本書雖然沒提到麥金德和史派克曼，其實相當大程度上呼應他們兩人的精神。後冷戰歷任美國政府進行再評估時，布瑞肯幾乎都被聘為顧問參與其事。他以時間和距離已在崩潰、而且空曠空間也被填滿的概念，畫出一張歐亞大陸地圖——威廉．麥克尼爾在他的人類大歷史的末尾幾章最先提醒我們這個趨勢。但因為布瑞肯寫於此一發展更劇烈的階段，導致他宣稱出現「空間危機」（crisis of room）。布瑞肯提到偉大的匈牙利裔美國數學家約翰．馮．紐曼（John von Neumann）的概念：馮．紐曼認為過去人煙稀少的地理扮演安全機制，防止軍事和科技推進。可是，馮．紐曼擔心地理現在正在打輸這場戰爭。不容否認，「地球固定的大小」將愈來愈是不穩定的一股力量，尤其現在軍事的硬體和軟體，都在縮小地緣政治地圖的距離。布瑞肯警告：「因為變化是漸進發生，它很容易被忽略。」[1]

請容我把布瑞肯的論文濃縮為幾頁。因為它關係到我本身的論述。

美國人和歐洲人專注在全球化之際，民族主義和軍事力量在歐亞大陸的吸引力也日益上升。布瑞肯指出，飛彈和核彈試射、生物戰計畫，以及開發化學武器，是「亞洲繁榮、自由化以後的產物」。西方「不能體認」到的是，戰爭技術和財富創造一向關係密切：亞洲經濟崛起帶動它的軍事崛起。在冷戰初期，亞洲的軍事力量主要還是簡陋的、二次世界大戰形態的軍隊，其主要用途雖沒有公開渲染，其實就是鞏固國家。「軍隊是集體灌輸意識形態的工具，是以建國為核心課程的一所大型學校。」軍人協助產生團隊精神，經常大過於培訓戰技。因此，軍隊的焦點向內，許多國家軍隊和其他軍隊還維持相當大的距離分隔開來。但是在國家財富積累、電腦科技進步之下，從盛產石油的中東國家、到太平洋的小龍經濟體，這些亞洲軍隊發展出繁盛的軍、民「後工業綜合體」，開發飛彈、光纖和手機等。與此同時，歐亞大陸國家的官僚體制愈來愈凝固，允許他們的軍隊和領導人可專注在國外事務、脫離國內政治——在這個過程中，對別的國家變得更有殺傷力、也更加專業化。不再像過去的時代那樣，碰到危險可退到鄉下，現在電子感應器監視著國際邊境，大規模毀滅性武器隨時待命戒備中。地理不再具有緩衝作用，變成了沒有人逃得出來的監獄。[2]

「從以色列到北韓有一條沒斷掉的國家帶」（包括敘利亞、伊朗、巴基斯坦、印度和中國），「已糾集核子或化學武器，也正在研發彈道飛彈。多極的恐怖平衡延伸在六千英里的弧線上」，跨越軍事和政治戰場，以及西方把亞洲劃分出來的「區域研究」。布瑞肯發出警告，「距離已死」已降臨在我們身上。以日本為例，自從北韓一九九八年試射一枚飛彈飛越日本領空、落入太平洋以來，日本不再是安全庇護區，儘管它是群島，卻已變成亞洲大陸軍事空間不可分割的一部分。過去幾百年來，亞洲的概念是由西方海上大國所創造，葡萄牙在十六世紀之交首開先河。到了冷戰時期，它已解構成好幾個不同的區域。但是一九七〇年代經濟繁榮遍及東亞，一個更大、更新的「太平洋盆地」（Pacific Basin）出現了，這是回到亞洲整體地圖的基礎。這個經濟成功的故事之所以能夠實現，只是因為武力的威脅已經無法想像；而武力威脅之所以不可能出現，又是因為美國這個軍事霸主保障和平。現在，亞洲恢復為單一的有機組織之際，美國力量慢慢衰退，而中國、印度和其他本土國家的軍事力量則逐步上升。區域次單元崩垮，亞洲則在擴大。由於人口和

1 Paul Bracken, *Fire in the East: The Rise of Asian Military Power and the Second Nuclear Age* (New York: HarperCollins, 1999), pp. 33-34.

2 同前書，pp. xxv-xxvii, 73.

飛彈射程擴大，各國愈來愈有幽閉恐懼症；由於武器增多、又無配套的同盟結構，世界變得愈來愈動盪不安。[3]

布瑞肯解釋道，由於亞洲面積遼闊，在歷史上大部分時間裡，同盟沒受到重視，因為各國軍隊地理距離太遙遠，無從相互支援。歐洲就不會有這種狀況，因為歐洲許多強國都互相簇擁、擠在一座狹窄的大陸型半島上。不過，情況現在已在轉變。整個歐亞大陸上，各國紛紛增建飛彈和大規模毀滅性武器、而非步兵部隊。各國海軍的巡邏在科技助陣之下，更能遠離印度洋和西太平洋的母港。中國、日本、印度、以色列和其他國家利用人造衛星及水下偵聽器材，正在發展通訊網路。印度在長久的歷史上覺得中國和它的安全沒有太大關係，因為兩國之間有全世界最高的山脈做為天塹分隔開來，現在它已有自己的人造衛星和偵察飛機，提供西藏境內中國部隊移動的詳情。同時，印度海軍在其本土之東七百五十英里的安達曼群島（Andaman Islands）設置遠東司令部，來制衡已經遠離其本國海岸的中國海軍。布瑞肯寫道，「亞洲工業大國和亞洲軍事大國結盟」，亞洲已失去犯錯和誤判的空間，實際上成為「縮水的歐亞大棋盤」。[4]

在這張縮水的大棋盤上，布瑞肯又加上「擾亂的科技」這個製造不安的因素：它指的是這項科技不僅沒幫助維持領導目前的全球權力結構，還「擾亂現狀、破壞」結構。它們包括電腦病毒和大規模毀滅性武器，尤其是核子彈和生物炸彈。布瑞肯說：

擾亂型的科技改變了遊戲。透過擾亂既有優勢，它培養新技能、也助長不同的戰略。因之而來的不確定撼動既有秩序、改變領導人被評量的標準。[5]

的確，擾亂型的科技在宗教狂熱唆使下，把伊朗高原帶到地理上的巴勒斯坦門前，即使伊朗和以色列相距超過八百英里。伊朗還只是趨勢其中一部分。我已經提到，不只是積極採購西方最新軍火武器，中國、北韓、伊朗、巴基斯坦和其他國家也發展擾亂型科技。在前第三世界國家取得戰術核子武器的時代，像美國在兩次波灣戰爭前在沙烏地阿拉伯和科威特經營的大型前進基地，此後就更易遭到敵人攻擊。這樣的發展肯定會妨礙美國在歐亞邊緣地帶投射其力量，也會替更不穩定、更加多極的大國安排鋪路。美國因為能夠自由地在全世界幾個關鍵地點集中軍事器材設備，才維持住它的軍事力量。但是核子及生物、化學武器可以摧毀這些前進基地，或至少使它們有一陣子無法派上用場。布瑞肯寫道：「維持不對稱情況，讓亞洲最強大的軍事力量不是亞洲國家，（而是美國，）要依賴武器控制。」——這件事正變得愈來愈難，因為前第三世界國家已經在發展擾亂型科技。數十年來，美國和蘇聯沒有真正引爆核武器，只利用它們來進行「政治操

3 同前書，pp. 2, 10, 22, 24-25.
4 同前書，pp. 26-31.
5 同前書，pp. 37-38.

作、暗示威脅、嚇阻、發出訊號、在沙地上畫界線，以及其他形式的心理作戰」。現在更多國家束施效顰，有些國家更因窮脫了底、滿懷怒氣而預備動用它，甚至這些國家缺乏官僚控制的機制、無法負責任地控制運用這些武器。冷戰期間，美、蘇兩大強國都能「冷靜、理性」看待核子戰爭。在布瑞肯所謂的「第二次核子時代」，恐怕不會再是這樣，因為歐亞大陸的空間很小、擠了許多貧窮國家，其中有些國家已經是擁有核武器的國家。[6]

布瑞肯說：「飛彈和大規模毀滅性武器在亞洲散布開來，就像美國舊西部六發子彈手槍的出現一樣。」六發子彈手槍造價不高、可以致人於死，由於它讓一個大漢的塊頭和體力不再那麼重要，堪稱是平衡器（equalizer）。六發子彈手槍改變了舊西部人和人之間的力量平衡，「窮人的核武器」和其他擾亂型科技也改變了全球的力量平衡。[7]

核武器在亞洲散布開來，「使得世界不再以歐洲為中心」，因而大大加速全球化的過程。[8]歐亞大陸的地理將變得和歐洲的地理一樣密集，許多強國很不舒服地擠在狹小的空間裡，不斷交互征戰，偶爾透過大國政治的均勢取得和平。

不像冷戰時期雙方囤積大量熱核彈頭，因此透過相互保證毀滅所取得的和平與穩定未必會出現，甚至一國能施加於他國的傷害非常之大——在一個大型城市擁擠在一起的世界——超乎想像。因此，在封閉的地理之內，需要有梅特涅型高明的政客玩權力平衡，才能防止大規模暴力。持平地說，我們或許會進入一個多向度危險邊緣（multidimensional brinkmanship）的世界。

地理的縮水或許不只消滅冷戰區域研究人為創造出來的區域，由於歐亞大陸已被科技重新匯整為一個有機的整體，它也使得麥金德和史派克曼的樞紐和鄰接邊緣地帶理論不再那麼凸顯。譬如，中國和北韓給予伊朗軍事援助，會引起歐亞大陸塊另一端的以色列採取特定的軍事行動。由於電視影像栩栩如生，炸彈落在加薩走廊，現在會刺激到印尼的群眾。美國空軍可以從印度洋中央的狄耶戈·賈西亞島（Diego Garcia Island）攻擊內陸的阿富汗。過去的本地軍隊被局限在他們的區域內，中國和印度的海軍則將愈來愈會從亞丁灣（Gulf of Aden）到南海、甚至日本海，也就是沿著整個可航行的邊緣地帶投射力量。將來的政治情勢也會有許多例子：歐亞大陸某地區出現聲音，另一部分也會出現回聲。這並未否定地理，這只代表我們必須添加其他因素進去。它的力量不再像過去那樣至高無上。

麥金德和史派克曼的擔憂不僅因為布瑞肯所謂的擾亂型科技而增強，也因城市人口大增而益發令人憂慮，因為光是這一點就讓歐亞大陸地圖更有幽閉恐懼感。一九九〇年代，即知識界所謂第一後冷戰時期，共產主義被推翻後、「現實主義」和「決定論主義」的用詞備受抨擊時，十八世紀末英國哲學家湯瑪士·羅伯·馬爾薩斯（Thomas Robert Malthus）的觀點也被許多知識分子

---

6 同前書，pp. 42, 45, 47-49, 63, 97, 113.

7 同前書，p. 156.

8 同前書，p. 110.

嘲笑為太冷酷和宿命論。馬爾薩斯視人類為物種，隨實質環境而反應，並沒將之當作一群有自我意願的個體，受到思想所激勵。馬爾薩斯的理論——人口呈幾何級數成長，而糧食供應只依等差級數成長——是錯誤的。不過，隨著時代進展，世界糧食和能源價格起伏甚大，加上強烈的憤怒、信心幻滅——年輕男性占絕大多數——在喀拉蚩和加薩（等於是中東的索威托〔Soweto〕）等地都遭到疏離，馬爾薩斯是第一位專注人口以及窮人生活品質政治效應議題的哲學家，受到相當大的尊敬。約旦河西岸和加薩走廊的人口過半數不到十五歲。的確，大中東人口在未來二十年將從八億五千四百萬人激增至十二億人以上，阿拉伯世界，尤其是葉門等地，地下水的供應量大幅減少、而人口卻增加近一倍，造成對政治爆炸性的副作用，「馬爾薩斯主義」這個字肯定會更常聽到。

雖然證明馬爾薩斯理論正確並沒什麼用處，他大致的世界觀卻吻合布瑞肯歐亞大陸空間減少的概念。擁擠的超大型城市、深受生活環境惡劣之苦、三不五時貨品物價要上漲、水源不足、市政服務也不負責任，它們將是傳播民主和基進主義的沃土，即使政府因為飛彈和現代部隊能力更強大。

超大型城市將是二十一世紀地理學的中心。全世界已有二十五個城市人口超過一千萬，到二〇一五年將會增加為四十個，除了兩個之外，全在前第三世界。大東京以人口三千五百萬名列第一；拉哥斯（Lagos，譯按：非洲奈及利亞前首都）雖墊底，人口也有一千二百萬。這二十五個超大型城市當中有十三個位於南亞或東亞。喀拉蚩、德黑蘭、伊斯坦堡和開羅是大中東地區的超大型城市。有一項關鍵事實是，前第三世界有許多城市幾乎就要晉升這一名單，且現在全球有過半人類住在城市環境，這個數字到二〇二五年將增加到三分之二。全世界有四百六十八個城市人口超過一百萬。未來幾乎所有的城市增長將發生在開發中國家，尤其是亞洲和非洲。我們目前處於極大比例人口活在貧民窟般生活環境的時代。十九、二十世紀之交麥金德的時代，只有百分之十四的人類住在城市。

我在前文已提到，伊本・赫勒敦在《世界史導論》（*Muqaddimah*）寫道，沙漠游牧民族渴望定居生活的物質舒適，創造出原始的動力追求城市化，強大的統治者和朝代掌握到這一點，提供安全保障、允許城市繁榮。但由於威權當局想過奢華生活，腐敗無可避免隨之而來，團體的團結消蝕，個人因為積累了財富和勢力，也削弱行政當局的權力。制度因而僵化和分裂，被其他的構造所取代。[9]現在是有史以來第一次城市化過程以全球規模在進行。歐亞大陸、非洲和南美洲各地的農村居民，從低度開發的鄉下往城市中心遷移，大城市和超大型城市應運而生。結果就是這些廣大城市地區的省長和市長們，愈來愈沒有辦法從中央派遣的觀點有效地治理他們，因此這些

9 Ibn Khaldun, *The Muqaddimah: An Introduction to History* (1377), translated by Franz Rosenthal, pp. 93, 109, 133, 136, 140, 1967 Princeton University Press edition.

四散蔓延的人口集中地區，非正式地分解為城郊和街坊的自助單位，他們本身的地方領導人經常透過電子通訊科技，受到源自遠處的思想和意識形態的激勵。基進的伊斯蘭信仰有一部分即是過去五十年北非及大中東地區城市化的故事。城市化也催生更加進步的示威者要求民主，於二〇一一年推翻了好幾個阿拉伯政權。我們應該拋棄掉阿拉伯人是游牧民族或住在草原—沙漠綠洲的民族的印象。大多數阿拉伯人已住進城市，住在擁擠、破爛的城市，和一大堆人促居在一起。就是這種城市生活不講人情關係的特質——與陌生人雜居在一起——造成強烈的宗教感情。在過去的村子裡，宗教是日常傳統的自然延伸，也是大家庭之間的生活常態；但是遷徙到城市，使得穆斯林在貧民窟過著沒沒無聞的苦日子，要維繫家人團結一致、不讓年輕人誤入歧途，宗教必須以更強硬、更意識形態的方式重新打造。在這種情況下，國家弱化，或至少必須多少向因城市化而進展的、新式的、有時極端的民族主義和宗教信仰退讓。因此，新的社群出現，超越傳統地理。歷史的大改變往往悄悄地進行。[10]

在一個擠滿了超大型城市居民的歐亞大陸和北非，加上重疊罩頂的飛彈射程，喜好擅色腥新聞的媒體將成為不斷被激怒的群眾之一員，透過衛星頻道在邊緣地帶和心臟地帶從第三世界某座城市向另一座城市，以光速輸送謠言和半真相。反過來，群眾因推特（Twitter）和臉書（Facebook）等社群媒體之助力量大增，也將接收到專制統治者極欲否認的真相。群眾在新時代將成為關鍵，新時代的地圖將填滿了人口極端密集的超大型城市——群眾是放棄其個體性、傾向麻醉性集體象徵的一大群人。出生在保加利亞的西班牙猶太裔、諾貝爾文學獎得主伊利亞斯・卡內提（Elias Canetti），因為對於兩次世界大戰之間人們痛恨通貨膨脹，發動暴民動亂，奪占法蘭克福和維也納的事件大為震驚，花了一生極大工夫研究各種運動中的人群。他的專書《群眾與權力》（*Crowds and Power*）出版於一九六〇年，最大的洞見就是我們都渴望進入到某種群眾之內，因為進入到群眾——或者是暴民——之內，可以躲避危險，進一步來說，也躲開孤獨。民族主義、極端主義、渴望民主，全是組成群眾的產品，因此宣示想要躲開孤獨。孤獨，因推特和臉書得到紓解，它最後導致傳統舊權威的瓦解，並建立起新權威。

孤獨是城市生活很特別的特色，陌生人太多，知心朋友和家人相對少得多。因此二十一世紀前第三世界新的城市地理，將是一幅緊張、充滿個人追求的圖像。喬治・歐威爾（George Orwell）所描述的暴政，就是相當大程度聚焦在人類習性——雖然可能極力否認——傾向於捨棄個人自由，換取包裹式保護和與團體親密接觸。歐威爾小說《一九八四》的一位主角宣稱：「我要說的是，永遠跟隨群眾一起吶喊，那是確保安全唯一之道。」[11]小說家湯瑪士・品瓊（Thomas Pynchon）解釋道，網路的確提供一種虛擬群眾的保護，因此「保證了二十世紀蓄著愚蠢小鬍子

---

10 R. W. Southern, *The Making of the Middle Ages* (New Haven: Yale University Press, 1953), pp. 12-13.

11 George Orwell, *1984* (New York: Harcourt, Brace, 1949), p. 124.

的古怪暴君只能夢想的大規模社會控制」。[12]同時，媒體擴大「現時」（presentness）感——不問好壞，只問當下的憤怒、狂喜和優點。換句話說，在大眾媒體時代的政治將比我們經歷過的任何事都更緊張，因為過去與未來都將被抹殺。

群眾心理學被科技所取代，在歐巴馬當選總統和二〇〇八年華爾街驚慌拋售股票時發揮作用；它在二〇〇二年印度信奉印度教的古吉拉特邦（Gujarat）反穆斯林的集體迫害上起了作用；還有：二〇〇三年歐洲群眾公開示威反對美國入侵伊拉克；二〇〇九年和二〇一〇年伊朗的親政府和反政府示威活動；同一時期曼谷民粹派群眾集會反抗泰國政府；約旦河西岸和加薩走廊反以色列示威；當然還有二〇一一年中東革命年。在這些場合都起了作用。甚至阿拉伯之春也受它影響，推動個人尊嚴、同時亦攻擊專制者權力，指控它們奪走人們的尊嚴。

歐亞大陸的超大型城市是群眾心理學能發揮最大地緣政治影響力的地方。理念的確如自由派人文主義者和反宿命論者所宣稱的那樣，相當重要。而由於地理的壓縮，提供最適環境給新的、危險的意識形態，也讓健康的民主化理念得以發揮。群眾教育培養出從宿命論解放出來的一群受到不良教育的人，將會造成不穩定。缺乏空間將是關鍵因素。民族主義認同的心理歸宿之處愈來愈在城市，而不是過去理想化的農村地貌，即使城市群眾偶爾會要求政府依據這個理想化的地形，將它的外交政策最大化。

媒體在這個過程將扮演極為關鍵的角色。史賓格勒在《西方的沒落》中提到「他的動物空前地馴服於他的權力之下」。他說。

> 把人釋放出來做為讀者大眾，它們將呼嘯上街頭、撲向指示的目標……思想自由會有什麼更可怕的拙劣模仿則無法想像。原本一個人不敢自由思想。現在他敢了，卻不能自由思想；他思想的意志只是願意思考奉命的部分，這就是他覺得的「他的」自由。[13]

史賓格勒太過悲觀，有點憤世嫉俗了。縱使如此，試想一下，美、蘇之間彼此的仇恨還好沒有涉及種族，在初期的通訊科技階段還有海洋和北極冰凍大地分隔，因此算冷靜。但是目前及未來的大型數位平板電視螢幕（比如飛機場的CNN有線電視新聞，你就無法把它關掉！），愈來愈把事情拉近到你眼前。我們再引述布瑞肯的一段話：

> 西方人很難理解的是，亞洲人（及中東人）對這種宗教、種族爭議竟有如此強烈的感覺。國內的失序可以很快就受跨越國境的大眾傳媒煽動，散布到整個區域，也受到想為國內

12 Thomas Pynchon, foreword to George Orwell, *1984* (New York: Penguin, 2003).

13 Oswald Spengler, *The Decline of the West*, translated by Charles Francis Atkinson (New York: Vintage, 1922, 2006), p. 395.

問題尋求外國替罪羔羊的政治邏輯所影響。國家領導人會被逼到言論的角隅——對於可以調動指揮原子彈的人而言，這是很危險的位置。[14]

布瑞肯提出警告，民族主義被西方觀察家「危險地低估」，他們認為它只是退步，過了之後，經濟和社會又會向前進展。「二十一世紀最重要的議題是了解民族主義如何與在亞洲出現的新式毀滅性科技結合。」我在前文已經說過，巴基斯坦、印度和中國等新興核子國家，將有貧窮、低度中產階級的人口，這將在軍事象徵不是軍隊、而是飛彈和核武器——群眾最新的圖騰目標——的時代，助長懷恨的、熱血的民族主義。[15]

雖然擁有飛彈令人驕傲、會增強民族主義，也因而增強某些國家的實力，但它也會使得愛國主義更強勁，群眾心理在媒體協助下可以團結各個不同的種族、宗教和宗派團體，以及致力於民主普世價值的團體，它可以稀釋其他國家的實力。同時，某些國家將慢慢地、無可抗拒地輸掉對抗全球化的戰爭，他們的官僚能力因長期的戰爭、隨之而來的難民徙置，以及掌管廣大、胡亂都市化的行政責任，也在消退中。總之，拜科技進步和人口增長之賜，歐亞大陸地圖愈來愈小，人為的邊境也將從內部開始減弱。

了解二十一世紀的地圖指的就是接受嚴重的矛盾。固然有些國家因擁有大規模毀滅性武器而在軍事上更強大，但有些國家、尤其是大中東的國家反而減弱：他們孕育次國家的軍隊，固守在特定地理區，保有其文化和宗教傳統，因而在同樣的領地上比起國家軍隊更驍勇善戰。黎巴嫩南部的真主黨（Hezbollah）、斯里蘭卡北部以前的塔米爾之虎（Tamil Tigers）、印度東部和中部的毛澤東主義派納薩爾派（Naxalites）（譯按：印度共產黨基進左派）、巴基斯坦西北部各個親塔利班以及其他普什圖族部落團體、阿富汗本身的塔利班，以及伊拉克境內形形色色的民兵（尤其是二〇〇六年至二〇〇七年內戰期間），都是這些次國家地面部隊趨勢的實例。在精準導引飛彈可以命中數百英里外某一棟特定建築物、而讓鄰屋刻意毫髮無損的時代，一小群包著頭巾的非正規部隊可以利用熟悉的山地險阻地形，讓超級大國窮於應付。以後者的狀況來說，地理的復仇態勢十分清晰。但是以前者的狀況而言，飛彈總得從某個地方發射，因此需要陸地或海上基地，即使不是那麼緊密貼近傳統形式，還是得回歸到地理。史派克曼的印度洋邊緣地帶攸關美國軍艦的部署，艦上的飛彈遙指伊朗和阿富汗這兩個心臟地帶國家，而後者仍和亞歷山大大帝時期一樣，擺脫不了部落衝突紛爭。史派克曼和麥金德的二十世紀初期，建構出和這些上古時代現象的共存，而它們在我們今天的世代仍有關聯。

14　Bracken, *Fire in the East*, pp. 123-24.
15　同前書，pp. 89, 91.

統治龐大、貧窮的城市中心負擔極重，使得國家機關遠比歷史上任何時刻更難以應付，也因為這個原因，強大的獨裁政府會垮、年輕的民主國家會弱化。像巴基斯坦這樣的國家，提供市政服務都已經力有未逮，也無力保護其人民不受自殺炸彈客攻擊，可是它卻擁有大規模毀滅性武器。像奈及利亞、葉門、索馬利亞等國家勉強還在運作，它們就深受次國家民兵團體之苦。巴勒斯坦人，尤其是加薩地區的巴勒斯坦人，迴避建國必須要有的折衷妥協，發動暴力抗爭以保護其現狀。黎巴嫩的真主黨也是，它隨時隨地有能力推翻貝魯特的中央政府，可是選擇按兵不動。國家必須遵守某些規矩，因而成為容易受攻擊的目標。因此我們在這個超大型城市和大眾媒體的時代，出現一個新現象：非國家的力量（the power of statelessness）。約翰霍普金斯大學副教授賈庫布·葛瑞吉爾說：「國家是負擔」，因此這些次國家團體「尋求不需治理責任的權力」。現代通訊和軍事科技使這些團體可以組織起來、尋求國外協助，並武裝起致命武器，國家不再壟斷暴力手段。我曾經說過，工業革命崇尚大（飛機、坦克、航空母艦、鐵路、工廠等），後工業革命則崇尚小——迷你炸彈和塑膠炸藥，不需要有國家般的大面積領土就能部署。小型的非國家團體是這個新科技時代的受益人。事實上，愈來愈有理由不需要國家。葛瑞吉爾寫道：

> 國家摧毀另一個國家——尤其是大國——的能力愈大，擁有國家的危險就更大，尤其對於目標是要挑戰既有大國的團體更是如此。[16]

他又說，國家並不適合那些由宗教狂熱或意識形態極端主義所啟發的絕對主義目標團體，它們的目標絕不會由國家來實現。我們這一時代大出走、遷徙到城市貧民窟，與傳統農村切斷連結，已在歐亞大陸南側邊緣地帶廣大地區產生基進化過程。這些團體接觸得到大眾媒體，而大眾媒體公布他們的要求，這麼做強化了他們的認同感，製造出未必符合國家效忠者定義的大批追隨者。總之，我們若稍退後一步、考量情勢，就會看到一張歐亞大陸地圖，它顯示的是一片巨大的區域，而不是我們習見的冷戰時期較小塊的區隔。這張地圖充滿了從來沒有過、或是偶爾才有的接觸和通訊節點：除了擴大的城市、重疊的飛彈射程，和大眾媒體上常見的意識形態以外，我們將有新的公路、港口和輸油管，把中東、中亞和從俄羅斯到印度洋、中國的其他歐亞大陸連結起來。不同的文明彼此緊密地擠在一起，媒體不斷傳遞口頭上的憤怒，加上受壓迫團體施加的民間壓力，暗中的幕後外交折衝需求更是空前迫切。危機將會接二連三而來，人人都需要冷靜下來。由於地圖的凝結和縮水，類似「心臟地帶」、「邊緣地帶」和「邊陲區域」這些觀念，就某種意義而言，已經無關緊要；但從另一種意義而言，由於這些區域不斷地互有往來，又產生各種結果：例如，一只手表或一個電腦晶片並不因其形體小而減損其複雜性，要了解手表或晶片如何發揮作用，我們仍須拆解它，看清楚一個零件如何影響其他零件。飛機、網際網路及政治集中到愈

16 Jakub Grygiel, "The Power of Statelessness: The Withering Appeal of Governing," *Policy Review*, Washington, April-May 2009.

來愈相似的大型城市，將會侵蝕地圖的重要性。網際網路的談話能力可把領土之爭化為理念之爭（正因為如此，我們更迫切需要堅守以撒．柏林的人道主義）。但國家本身（不論武裝裝備多麼強）變得脆弱，完全是因為民主政治和網路空間將對超國家或次國家的力量更友善，小區域將強力崛起，就有如羅馬帝國分裂後，它們在中古時期紛紛崛起一樣。

我們今天居住在麥金德的「封閉政治體系」中，按布瑞肯的說法，體系在二十世紀封閉情況更甚以往，地圖也受到熵法則的影響，也就是說，均衡狀態會出現，地形圖上每個人類聚居地點——不限於超大型城市——看起來彼此愈來愈相似，受到相同熱情看待。根據俄亥俄州立大學政治學教授藍道爾．舒韋樂（Randall L. Schweller）的說法，結果就是會出現「一種全球倦怠」，這是過度刺激的結果，「混合了令人困擾的大劑量個人極端主義和國家的教條姿態」。[17] 換句話說，世界將比從前更無趣、更危險。

但是在無趣完全定局之前，將會有動亂和權力轉移，以及自然的地緣政治演進，它可以有效地藉由地形圖來說明。

現在該是深入探討全球不同區域、尤其是歐亞大陸塊這個超大陸的時候了。但是請記住我們跟這些歷史學家、地緣政治家和其他思想家所學到的一切。在以下各章，我將試圖堅守他們的敏銳以及他們的理論。我將描述歐洲，它緊鄰著麥金德的心臟地帶，深受其影響；我會談論俄羅斯，麥金德的心臟地帶本身；以及未來數十年可能主宰部分心臟地帶，以及部分史派克曼邊緣地帶的中國；構成邊緣地帶核心區域的印度次大陸；心臟地帶和邊緣地帶交會的伊朗；大略相當於哈濟生「歐庫梅內」的土耳其和阿拉伯中東；以及北美洲——麥金德認為可以挑戰歐亞大陸和世界島的最大一塊大陸型衛星。我將努力不做預測，只是描述地理如何影響歷史，因而設法了解未來可能會是什麼模樣。

17 Randall L. Schweller, "Ennui Becomes Us," *The National Interest*, Washington, DC, December 16, 2009.

第二部分

二十一世紀初的地圖

第九章 歐洲分立的地理

談到當代地緣政治，每當有動亂和演進，焦點很自然就放在非、亞大陸，以及從中東到中國一帶。歐洲往往被忽略掉，只有在討論財經問題時才會談到它。但是，這是不正確的。歐盟人口五億，在全世界僅次於中國和印度。歐盟的經濟規模十六兆美元，比美國還大。從它的西端，歐洲望向北美洲的心臟。它和南美洲南錐的距離，和到美國一樣遠。從它的東端，歐洲俯瞰非洲—歐亞大陸塊。歐洲位於東半球或「陸地」半球的中央，與俄羅斯遠東地區及南非距離相等。[1]事實上，我們對世界政治進行地理解讀，應該從歐洲開始。麥金德、史派克曼、摩根索和我們已談到的某些思想家，他們的觀點大體上都是歐洲觀點。因此，要了解他們那一代以來世界如何演進，從他們的立論出發也相當合適。雖然哈濟生提到近東「歐庫梅內」的重要性明顯正確，這個

1 Saul B. Cohen, *Geography and Politics in a World Divided* (New York: Random House, 1963), p. 157.

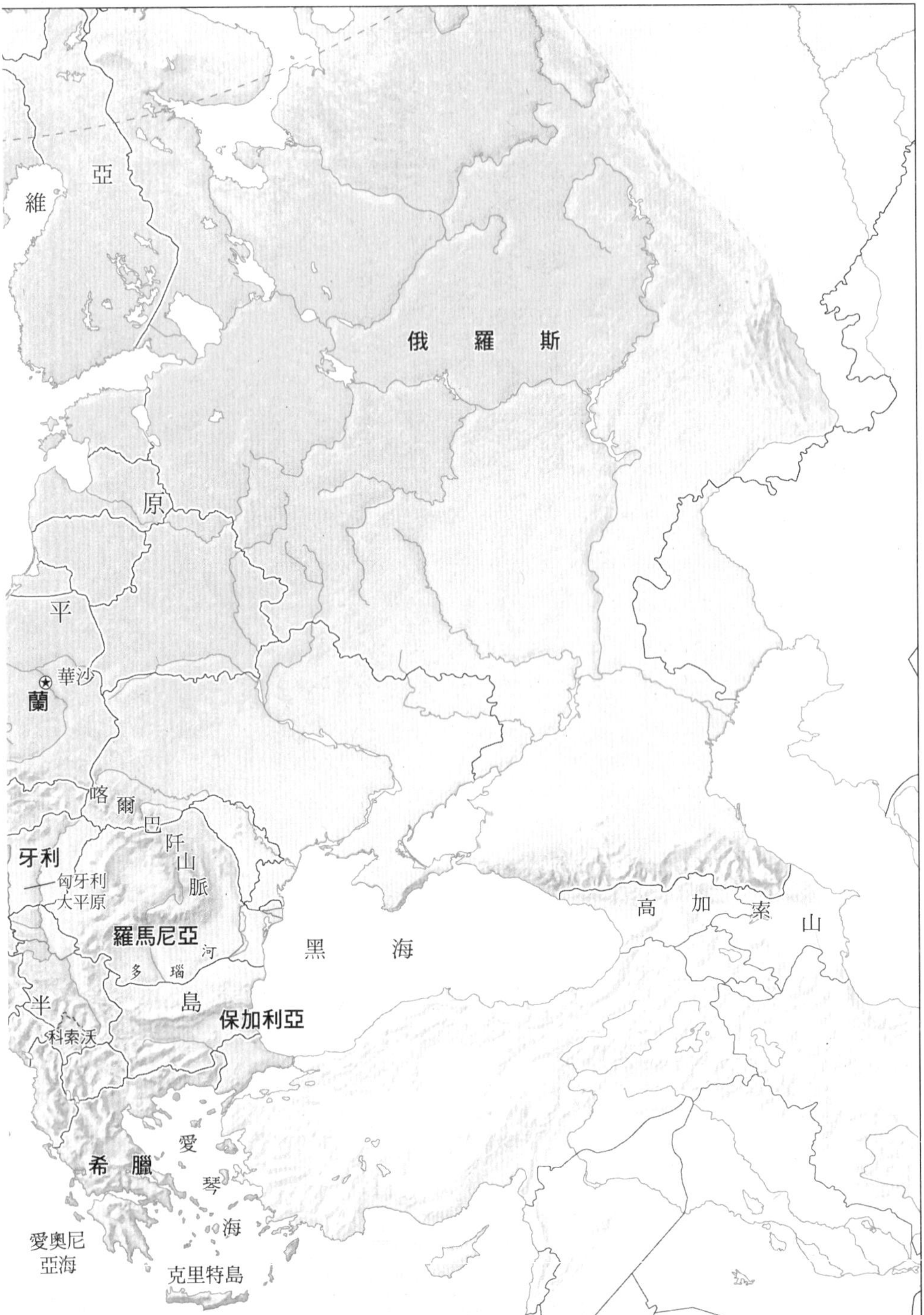

維
亞
俄羅斯
原
平
華沙
蘭
喀
爾
巴
阡
山
脈
牙利
匈牙利
大平原
羅馬尼亞
多
瑙
河
黑
海
高加索山
半
島
保加利亞
科索沃
愛
琴
海
希臘
愛奧尼
亞海
克里特島

冰島
北極圈
0
英里
500
0
公里
500
大
西
洋
那
地
堪
斯
北海
不列顛群島
愛爾蘭
愛爾蘭海
大不列顛
（英國）
波羅的海
易
北
河
北
德
國
柏林
歐
波
萊
茵
河
亞琛
布魯塞爾
英
吉
利
海
峽
摩拉維亞
峽谷
捷克
共和國
瑙
河
多
布倫納
山口
法
國
匈
比斯開灣
隆
河
河
隆
河
谷
河
阿
爾
卑
斯
山
巴
爾
幹
亞
得
里
亞
海
庇里牛斯山
葡
萄
牙
西
班
牙
里斯本
伊比利半島
羅馬
義大利
第勒尼安海
直布羅陀
海峽
地
中
海
西西里海峽

區域將構成我們旅程的一個高潮，因此我們不需要從它開始。不用擔心，歐洲將會引導我們有組織地對俄羅斯、中國、印度次大陸和大中東進行地理的檢視。要了解二十一世紀的地緣政治，我們必須從二十世紀開始，也就是說從歐洲開始。

我們從麥金德獲知，歐洲的命運由亞洲部落民族移入所形塑。的確，二十一世紀的歐洲將繼續受到它和東方、尤其是俄羅斯關係的關鍵影響。中／東歐能從共產主義的灰燼中發展為繁榮、穩定國家地帶到什麼地步，將會恆久地保護歐洲不受俄羅斯侵擾，並且在這個過程中，把復活中歐的夢想化為事實：自由派知識分子實際上和麥金德一樣，也懷抱這個夢想。

可是，也正因為歐洲追求更廣泛、更深入的統一，它將繼續受到本身內部分立的困擾；儘管這些不合之處現在正以經濟形式表現出來——譬如德國氣憤希臘的債務危機——事實上它們是地理長遠的表現：也就是說它反映出北歐的德國，和地中海、巴爾幹歐洲的希臘，發展模式不同。歐洲，很大一部分因為它重視科技如何方便人員移動，肯定會看到它的歷史愈來愈和南方的非洲、東方的亞洲交織在一起。但伴隨而來的是，歐洲不會被其內部的差異所否定。換句話說，歐洲目前沒有遭到任何例行的軍事威脅這件事，可以容許它稍有些許差異、自戀。而這又會使史派克曼擔心統一的歐洲會挑戰美國，變成杞人憂天。

由於歐洲地理複雜，有各種海洋、半島、河谷和山嶺大地，以致形成各自不同的語言群體和民族國家，而它將繼續在未來的年代造成政治和經濟各自為政，儘管已有泛歐洲體制。地圖告訴我們，歐洲未來極可能在報上占據頭條新聞位置。

以牛津考古學家巴利．康立斐（Barry Cunliffe）的話來說，歐洲是亞洲大陸「西側的累贅」，這一大塊半島在西元第二個千年竟然主宰了世界政治。我們從麥克尼爾獲知，地理注定了這一切，而康立斐進一步闡釋麥克尼爾的理論。歐洲位於非洲沙漠和北極冰原之間「親和的」生態區，其氣候受到墨西哥灣暖流（Gulf Stream）影響而溫和。歐洲資源豐富，有木材、石材、金屬和皮貨。最重要的是，歐洲有分離、破碎的海岸線，許多優良的天然海灣犬牙交錯其間，另外還有許多島嶼及半島嶼。歐洲海岸線兩萬三千英里，正好與地球圓周相當。事實上，歐洲比起其他任何一洲或次大陸，海岸線對陸塊比都是最高的。[2]歐洲四周有不下於四個封閉或半封閉的海域——地中海、黑海、波羅的海和北海——可以說是把這個次大陸擠成一座相對窄小的半島；歐洲甚至還有有利的河流地形，萊茵河（Rhine）、易北河（Elbe）以及多瑙河（Danube）橫跨歐洲半島。醉心中歐論的義大利學者克勞迪歐．馬格里斯（Claudio Magris）熱切地說，多瑙河「把德國文化，還有它精神漫遊的夢想帶向東方，與其他文化以無數的變形混合」。[3]另外還有摩拉維亞岬谷（Moravian Gap）（譯按：位於今捷克東部）、布倫納隘口（Brenner Pass）（譯按：跨義

2 William Anthony Hay, "Geopolitics of Europe," *Orbis*, Philadelphia, Spring 2003.
3 Claudio Magris, *Danube* (New York: Farrar, Straus and Giroux, 1988, 1989), p. 18.

大利和奧地利的阿爾卑斯山隘口）和跨越法國前往隆河流域（Rhône valley）的廣大平原，可做為從歐洲某地到另一地的走廊。

陸地和海洋之間綿密的介面，以及歐洲受到大洋的保護——可是又能接近大洋——促生歐洲人民之間的海上活力和流動性，也造成歐洲本身內部強烈的地貌特色。它回過頭來又形塑極為不同的人類族群，最終爆發大國政治：從上古時期雅典人、斯巴達人、羅馬人、伊比利亞人、腓尼基人和斯基泰人，以及其他蠻人部落相互爭戰；到現代的法國人、德國人和俄羅斯人——以及普魯士、哈布斯堡和鄂圖曼人——彼此衝突不休。可是，儘管有這些分裂，例如，從大西洋到黑海這條低地走廊，使旅客數百年來可以相當舒適地橫跨歐洲，形成馬格里斯的文章栩栩如生描繪的歐洲之凝聚和自命不凡的意識。[4]而且，歐洲各地相距都不遠，也是另一個有助於統一的因素：從里斯本到華沙，也就是從歐洲這一頭到另一頭，相距僅有一千五百英里。

換句話說，地理有助於決定出現所謂歐洲的概念，這是藉由二戰之後主權併合而出現的自由派人道主義地理呈現。這種和平趨勢，以及對史上所有時期軍事衝突災劫頻仍的反應，也是數百年來物質和知識進步的產物。不過，歐洲也存在分裂對立的時刻，分成幾個陣營相互衝突。我們今天從貨幣危機所看到的經濟分化，實際上在歷史和地理上都有它的基礎。

我們在前面幾章已看到，緊跟在柏林圍牆傾塌之前和之後那幾年，知識界稱頌中歐的概念，視之為多元族群寬容及長久以來自由主義的指路明燈，和中歐毗鄰的巴爾幹和更遠一點的第三世界區域，可以、也應該效法中歐。但是事實上，二十一世紀歐洲的政治中心卻稍微靠向中歐的西北角：它起於比利時、荷蘭和盧森堡地區（Benelux states），然後向南沿著法、德邊境蜿蜒走向阿爾卑斯山脈。換言之，歐盟執行委員會（European Commission）和其文職機構設在布魯塞爾、歐洲法院設在海牙（The Hague）、歐洲議會設在史特拉斯堡（Strasbourg），另外還有馬斯垂克（Masstricht）條約城市等。事實上，已故的歐洲現代史著名學者東尼・賈德（Tony Judt）觀察到，所有這些地方從北海往南一線拉開，「構成九世紀卡洛林（Carolingian）皇室的核心部分及首要交通要道」。[5]我們這個世代正在萌芽的歐洲超級國家，就集中在歐洲中世紀的核心，查理曼（Charlemagne）的首都亞琛（Aachen，法國名 Aix-la-Chapelle）仍然是它的核心，這絕非意外。因為在歐洲大陸沒有任何地方比得上這條舊世界文明的脊梁骨線，它是歐洲海、陸交會的重鎮。在低地國家（Low Countries），空曠地帶迎向大洋，甚至做為進入英吉利海峽的門戶，而荷蘭一系列小島形成有用的保護屏障，使這些小國家占有和其領土幅員不成比例的優勢。緊接著此一北海海岸後方，是一大片起保護作用的河川和水道，全都有利於貿易、交通和伴隨而來的政治發展。歐洲西北部的沉積土壤為肥沃的黑土，甚至森林都形成天然防禦屏障。最後，

[4] Barry Cunliffe, *Europe Between the Oceans: Themes and Variations: 9000 BC-AD 1000* (New Haven: Yale University Press, 2008), pp. vii, 31, 38, 40, 60, 318, 477.

[5] Tony Judt, "Europe: The Grand Illusion," *New York Review of Books*, July 11, 1996.

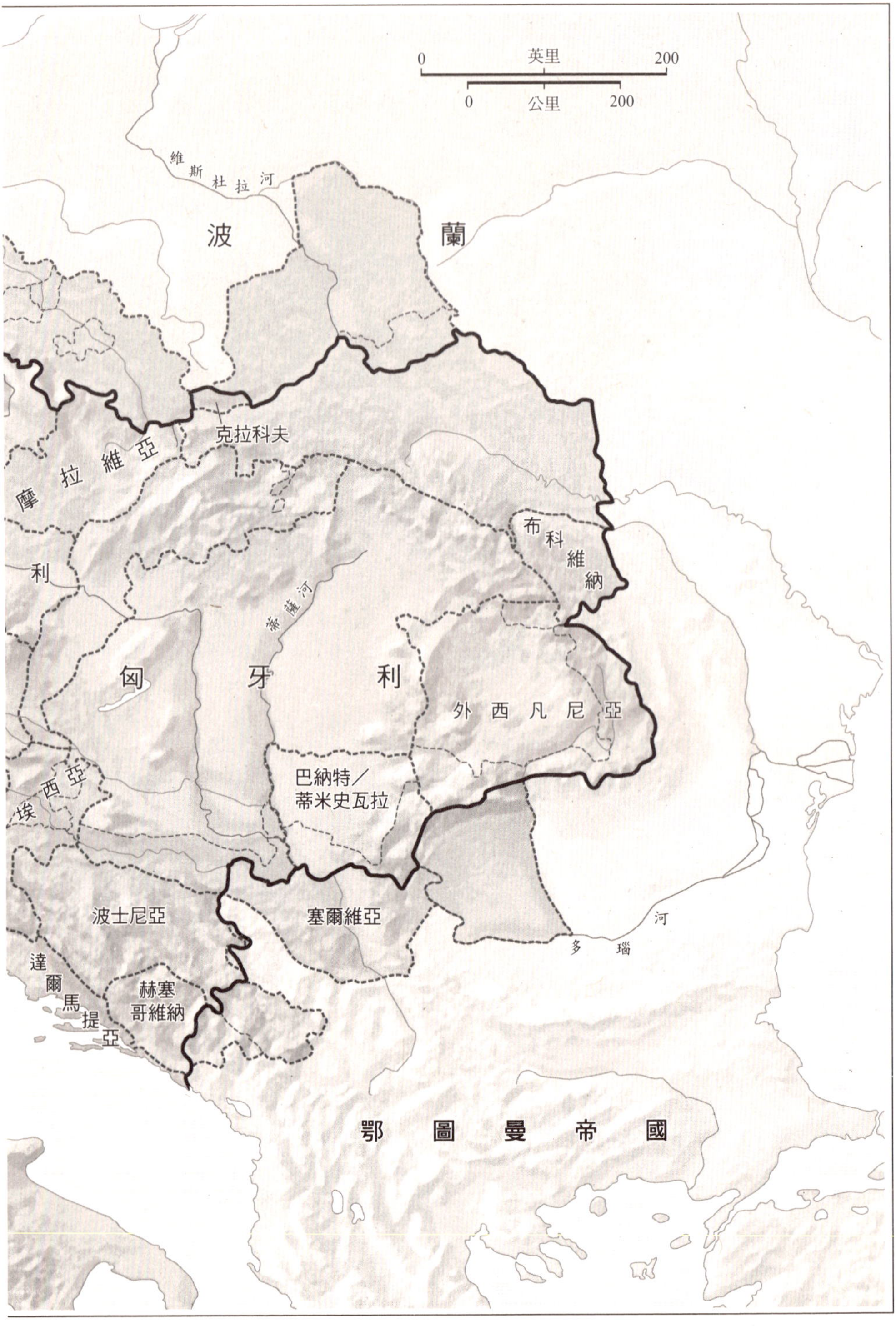

0 英里 200
0 公里 200
維斯杜拉河
波蘭
克拉科夫
摩拉維亞
利
布科維納
蒂薩河
匈牙利
外西凡尼亞
巴納特／蒂米史瓦拉
埃西亞
波士尼亞
塞爾維亞
達爾馬提亞
赫塞哥維納
多瑙河
鄂圖曼帝國

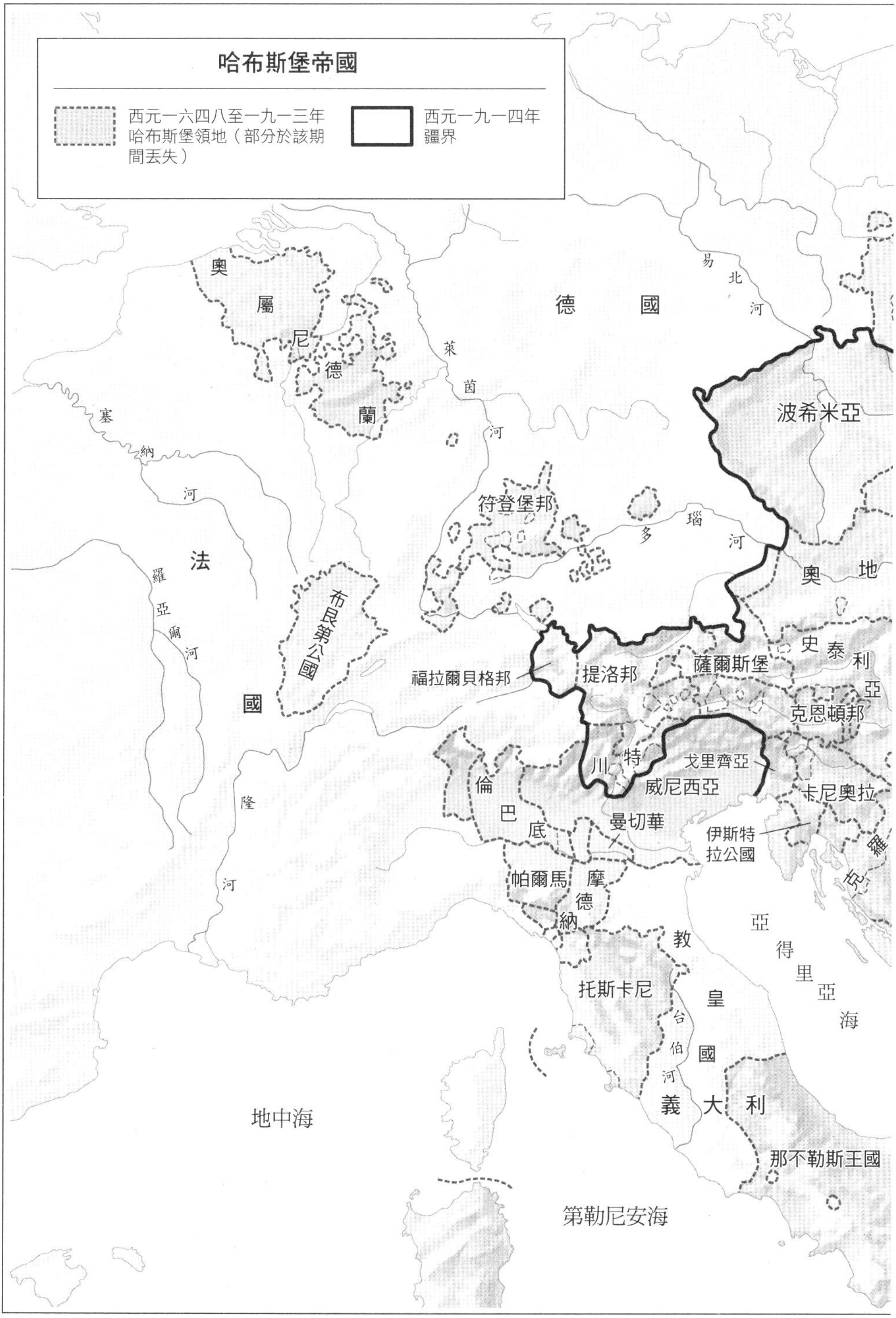

哈布斯堡帝國
西元一六四八至一九一三年
哈布斯堡領地（部分於該期間丟失）
西元一九一四年
疆界
奧屬尼德蘭
德國
易北河
萊茵河
塞納河
波希米亞
符登堡邦
多瑙河
法國
羅亞爾河
布艮第公國
奧地利
福拉爾貝格邦
提洛邦
薩爾斯堡
史泰利亞
克恩頓邦
川特
戈里齊亞
威尼西亞
倫巴底
卡尼奧拉
伊斯特拉公國
曼切華
隆河
帕爾馬
摩德納
克
羅
亞得里亞海
教皇國
托斯卡尼
台伯河
義大利
那不勒斯王國
地中海
第勒尼安海

北海至阿爾卑斯山脈中間一帶的冷冽氣候，比起阿爾卑斯以南的溫暖氣候，冷了太多，構成充分挑戰，從後銅器時代（Late Bronze Age）以降刺激人類的決心，先後有法蘭克人、阿拉曼人（Alamanni）、撒克遜人（Saxons）和佛里西人（Frisians）於近古代定居在高盧、阿爾卑斯高地（Alpine Foreland）以及沿海低地。這個地方在西元第九世紀成為法蘭克王國（Francia）和神聖羅馬帝國（Holy Roman Empire）的爭戰之地，也是布艮第（Burgundy）、洛林（Lorraine）、布拉班特（Brabant）和菲士蘭（Friesland），乃至特里爾（Trier）和列日（Liège）等城市國家的爭雄之地，它們集體趕走了羅馬，演化為今天驅動歐盟機制的政體。

當然，在上述這些民族出現之前是羅馬，在羅馬之前是古希臘；而依麥克尼爾的說法，希臘和羅馬是始於埃及和美索不達米亞的「古代文明」世界前廳，它們經由米諾斯克里特島和安納托利亞傳布到地中海北岸。我們知道，文明在溫暖、有保護的河谷，如尼羅河和底格里斯、幼發拉底兩河流域生根，然後移入氣候比較溫和的黎凡特（Levant）、北非和希臘及義大利半島，這些地方比較適合稍具基本技術的人居住。

但是，雖然歐洲文明起初沿著地中海發達起來，它在更先進的科技和流動性的時代，繼續往北、向更冷的氣候地帶發展。羅馬在此地、於基督紀元開始之前數十年就已擴張，首度從東南邊的喀爾巴阡山脈到西北邊的大西洋，提供政治秩序和國內安全：也就是涵蓋大部分中歐及北海、英吉利海峽附近地區。大片的屯墾區——朱利斯・凱撒（Julius Caesar）稱之為 oppida ——就在這片一望無垠、森林覆蓋和水分豐沛的歐洲黑土心臟地帶崛起，它提供初步基礎，讓中古及現代城市崛起。[6]

羅馬的擴張為北歐所謂蠻族部落帶來某種程度的穩定，同樣地，羅馬的崩解也在未來數個世紀後，導致今天我們所熟悉的民族和民族國家的形成，這一部分復經一六四八年三十年戰爭結束時所簽訂的〈西發利亞條約〉（Treaty of Westphalia）予以正式化。學者威廉・安東尼・海（William Anthony Hay）寫道：「來自大草原和歐洲邊陲地帶游牧部落的壓力，啟動連鎖效應，推動住在多少比較安定文化的其他族群，遷進羅馬帝國崩垮後所出現的真空。」[7]換句話說，羅馬崩潰，加上大草原民族西向殺戮，聯手促成在中歐及西北歐形成民族集團。

古代史是由地中海的地理範疇所界定，當羅馬失去它在北歐和近東的內陸腹地，這個範疇鬆解時，中世紀世界於焉誕生。[8]由於阿拉伯人橫掃北非，地中海的統一更進一步受到摧殘。[9]十一世紀歐洲地圖已經有了現代的模樣，法國和波蘭大約就是今天這個模樣，神聖羅馬帝國彷彿今天統一的德國，而波希米亞（Bohemia）——布拉格是其中心大城——乃是捷克共和國的前身。歷

---

6 Cunliffe, *Europe Between the Oceans*, p. 372.

7 Hay, "Geopolitics of Europe."

8 Peter Brown, *The World of Late Antiquity: AD 150-750* (London: Thames & Hudson, 1971), pp. 11, 13, 20.

9 Henri Pirenne, *Mohammed and Charlemagne* (ACLS Humanities e-book 1939, 2008).

史遂向北發展。

地中海社會儘管在政治上頗多創新——例如雅典的民主與羅馬的共和——大體上以法國歷史、地理學者費爾南・布勞岱爾的話來說，是由「傳統主義和僵固」所界定。地中海土壤質地差，有利於大量擁有土地，因而受到有錢人的控制，然後造成社會秩序缺乏彈性靈活。與此同時，北歐的森林清理出來，其土壤肥沃，孕育出更自由的文明，因封建主義非正式權力關係的定錨作用，它更能借重日後出現的可移動形態及其他科技創新的便利。[10]

有如布勞岱爾的解釋那麼決斷性，它的確可以解釋歐洲過去的大暗流。很顯然，揚・胡斯（Jan Hus）、馬丁・路德（Martin Luther）和約翰・喀爾文（John Calvin）等先驅是新教徒宗教改革運動的樞紐人物，因此也是啟蒙運動的先驅，促成北歐活躍竄起成為現代歷史的一個中心。縱使如此，若無法極為方便進出河川與大洋，以及沖積土、富含煤鐵礦砂，它們構成個體如此的活潑和工業化，這一切都不可能發生。中世紀在地中海周圍的確出現偉大、典雅和光輝的帝國，最著名的是十二世紀西西里（Sicily）的北蠻人國王羅傑二世（Roger II），我們也不要忘記，文藝復興最先始於中世紀末期的佛羅倫斯（Florence），以米開蘭基羅（Michelangelo）的藝術和馬基維利（Machiavelli）世俗的現實主義為代表。但是，冷冽的大西洋打開全球航線，最後勝過封閉的地中海。葡萄牙和西班牙固然是此一大西洋貿易的初期受益人——由於它們位處半島、凸出於大洋的地理優勢——他們在啟蒙運動之前的社會，由於位置接近北非穆斯林、又受到穆斯林占領而飽受創傷，終於在海洋競爭上輸給了荷蘭、法國和英國。因此，有如查理曼的神聖羅馬帝國取代了羅馬，現代的北歐取代了南歐，礦產豐富的卡洛林王朝核心以歐盟的形態出現取勝：地理因素起的作用極大。

中古時期的地中海分為法蘭克人稱雄的西半部和拜占庭獨霸的東半部。它不僅界定和貽害今天歐洲的南、北分立，也是東、西對峙，以及我們將要看到的西北與中部分立。試看多瑙河流域的民族移動路徑，它持續往東走，穿越匈牙利大平原、巴爾幹和黑海，一路經過黑海朋本廷（**Pontic**）和哈薩克（**Kazakh**）草原來到蒙古和中國。[11] 這個地理事實，加上平坦無阻、鄰接更北邊的俄羅斯，構成主要由斯拉夫人和突厥人從東入侵浪潮的基礎，麥金德在其文章〈歷史的地理樞紐〉中對此有詳細討論，而我們也知道，它極大地打造了歐洲的政治命運。因此就好像有個卡洛林歐洲，也有個地中海歐洲；由於東方的入侵結果，也出現拜占庭—鄂圖曼的歐洲、普魯士的歐洲，以及哈布斯堡的歐洲，它們在地理上都很獨特，透過稍微不同的經濟開發模式存活到今天：這些不同的模式不會因為創造出單一貨幣所能輕易洗刷掉。

例如，西元四世紀，羅馬帝國本身分裂為西羅馬帝國和東羅馬帝國。羅馬仍是西羅馬帝國首

---

10 Fernand Braudel, *The Mediterranean: And the Mediterranean World in the Age of Philip II*, translated by Sian Reynolds (New York: Harper & Row, 1949), p. 75.

11 Cunliffe, *Europe Between the Oceans*, pp. 42-43.

都，君士坦丁堡則成為東羅馬帝國的首都。西羅馬帝國退讓給更北方的查理曼王國，以及梵蒂岡（Vatican）：亦即西歐。東羅馬帝國——拜占庭——主要民眾是講希臘語的東正教基督徒，後來則以穆斯林為主，從東方移動過來的鄂圖曼土耳其人，於一四五三年攻下君士坦丁堡。東羅馬帝國和西羅馬帝國的邊界，穿過第一次世界大戰後出現的多種族國家南斯拉夫（Yugoslavia）。當南斯拉夫一九九一年在暴力流血中瓦解時，至少起初的分裂呼應一千六百年前羅馬的分裂。斯洛維尼亞人（Slovenes）和克羅埃西亞人（Croats）是羅馬天主教徒，是可以回溯到從奧匈帝國至西半部羅馬的悠久傳統之傳人；而塞爾維亞人（Serbs）是東正教徒，是東羅馬鄂圖曼—拜占庭遺緒的繼承人。喀爾巴阡山脈穿越前南斯拉夫東北部，把羅馬尼亞一分為二，它部分地增強了羅馬和拜占庭之間的疆界，以及後來維也納哈布斯堡王室皇帝和君士坦丁堡土耳其蘇丹之間的界域。[12]因此在這片險峻山脈中存在的隘口和貿易通路，把中歐的文化寶庫深入到拜占庭和鄂圖曼的巴爾幹。喀爾巴阡山脈不像阿爾卑斯山是一個僵固的邊界，它們代表漸進層次，從一個歐洲變到另一個歐洲的平衡之改變。東南歐不僅與西北歐相比窮了許多，就連和有普魯士傳統的東北歐相比，也窮了許多。換句話說，巴爾幹不僅較荷比盧國家窮，也比不上波蘭和匈牙利。

柏林圍牆的傾覆把這些分立大大緩解。華沙公約原本已經成為成熟的東方帝國，從莫斯科發號施令統治，實施軍事占領，也透過實施統制經濟而強化其貧窮。在克里姆林宮統治的四十四年間，普魯士、哈布斯堡和拜占庭—鄂圖曼的歐洲有一大塊地區被鎖進蘇維埃的民族監牢，通稱為東歐。同一時期，西歐的歐盟逐漸形成，從法國、德國和荷比盧國家的卡洛林基礎，再納入義大利和英國，然後又納進希臘和伊比利各國，它起先成立法、德煤鋼共同體（Franco-German Coal and Steel Community），蛻變成共同市場（Common Market），最後演進成歐盟。由於它在冷戰年代的經濟率先起步，北約組織之內的卡洛林歐洲崛起，比普魯士的東北歐洲和多瑙河的中歐更強大，後者在歷史上原本同樣繁榮，但是桎梏在華沙公約之內太久，已經瞠乎其後。

即使有源自麥金德的亞洲入侵塑造歐洲命運的理論，蘇聯在第二次世界大戰後期打進中歐，造成事態如此重大轉折。當然，我們不應該過度誇大這個決定論，畢竟若非希特勒的恣意妄為，第二次世界大戰不會發生，也就不會有蘇聯入侵這回事。

但是希特勒的確存在，因此我們有了今天這樣的局面：查理曼的歐洲當道，但因為統一的德國又告崛起，歐洲內部的權力平衡可能又略微向東傾斜，產生普魯士和中歐的匯合，德國的經濟力重新提振波蘭、波羅的海國家、乃至上多瑙河的活力。地中海沿岸和拜占庭—鄂圖曼的巴爾幹落居於後。地中海和巴爾幹的世界在多山的希臘半島交會；希臘雖在一九四〇年代遭到援救、沒有陷入共產主義世界，它仍然是歐盟成員國當中經濟和社會最困窘的國家之一。希臘位於哈濟生

---

12 Robert D. Kaplan, *Eastward to Tartary: Travels in the Balkans, the Middle East, and the Caucasus* (New York: Random House, 2000), p. 5.

所謂的近東「歐庫梅內」西北角，在古代受惠於地理良多——在這個地方，埃及和波斯—美索不達米亞的無情制度可以被軟化和人性化，可以說導致了西方的發明創新。但是今天的歐洲由北方主宰，希臘發現自己位於錯誤的東方位置，雖然遠比保加利亞和科索沃等地安定繁榮，這卻是因為它不曾遭到共產主義蹂躪。希臘的企業約四分之三是家族企業，依賴的勞力是家族成員，因此最低工資法派不上用場，甚至那些不是家族企業的公司也無法推動。[13]這個現象有深刻的文化根源，因此歷史悠久、地理特色十足。

的確，地理因素十分明顯。我們在前面章節已提到，當華沙公約裂解時，原先遭到禁錮的這些國家，幾乎就照著他們在地圖上的位置，在經濟和政治上進展：波蘭和波羅的海各國，以及匈牙利和捷克斯洛伐克的波希米亞部分，表現最佳，而南邊的巴爾幹國家卻飽受貧困和動盪之苦。縱使有二十世紀的種種大動盪——包括納粹主義和共產主義的摧殘、破壞——普魯士、哈布斯堡和拜占庭—鄂圖曼的統治依然有關係。這些帝國乃是地理的最大成就，全都受到麥金德式從東方亞洲移動形式的影響。

因此，我們再看看十一世紀歐洲地圖，神聖羅馬帝國就像今天統一的德國位居中心。周圍簇擁著布艮第、波希米亞、波美拉尼亞（Pomerania）、愛沙尼亞等區域國家；而西南邊還有亞拉岡（Aragon）、卡斯提爾（Castille）、納伐爾（Navarre）和葡萄牙等國家。再看看二十一世紀區域成功的故事，主要都在卡洛林歐洲：如巴登—伍登堡（Baden-Wurttemberg）、隆河—阿爾卑斯（Rhône-Alpes）、隆巴第（Lombardy）和加泰隆尼亞（Catalonia）。東尼·賈德提醒我們，這些大多是北方國家，他們凝視著所謂落後、偷懶、接受補助的地中海南方國家，甚至駭然發現羅馬尼亞和保加利亞等巴爾幹國家也將要加入歐盟。[14]這是中央與邊陲的對比，輸家通常都在周邊——雖然不完全是——地理位置靠近中東和北非。但是是因為總部設在布魯塞爾的歐洲超國家，對於北邊的次區域如巴登—伍登堡和加泰隆尼亞非常合適，他們才能從吾道一以貫之、連鎖店型的全國政府中解脫出來，並因具有歷史悠久、經濟、政治和文化利基，因而能興盛起來。

除了不滿意周邊的歐洲輸家之外，這些繁榮的北方歐洲國家也對社會本身的解紐相當不安。歐洲國家的人口和勞動力已經呈現停滯，隨即就是老齡化。到了二〇五〇年，歐洲將會減少百分之二十四首要的、工作年齡的人口，同一時間框架內，超過六十歲以上的人口將上升百分之四十七。這有可能會導致年輕人口從第三世界移入，以支持歐洲高齡化的福利國家結構。固然穆斯林已經主宰歐洲的說法太誇大，歐洲主要國家穆斯林人口的百分比，實際上到了二十一世紀中葉將增加三倍，或許從目前的百分之三暴漲到百分之十的地步。一九一三年的歐洲，總人口比中國還多，到了二〇五〇年，歐洲、美國和加拿大的總人口將僅占全球人口的百分之十二，已從第一

13 Philomila Tsoukala, "A Family Portrait of a Greek Tragedy," *New York Times*, April 24, 2010.

14 Judt, "Europe: The Grand Illusion."

次世界大戰之後的占比百分之三十三大幅下降。[15]歐洲肯定已處於人口被亞洲和非洲超越的過程中，即使歐洲人口本身也有愈來愈多的非洲人和中東人。

歐洲地圖的確即將再度向南發展，再度含納整個地中海世界，不只恢復羅馬時期盛況，也要重現拜占庭和鄂圖曼土耳其的榮景。數十年來，由於專制政權窒息了經濟和社會發展——而且還加劇極端主義政體——北非實際上被切除在地中海北緣以外。北非除了供給歐洲經濟移民之外，貢獻不大。但是在北非國家演進成混亂的民主時，與鄰近的歐洲之政治、經濟互動的程度，至少會隨著時間進展而倍增（當改革派政策在本國創造新機會，這些阿拉伯移民中有些人可能會回國發展）。地中海將成為連結者，不再像大部分的後殖民時期，只知分化、隔離。

一九八九年民主革命風起雲湧，歐洲東向納入前蘇聯的衛星國家，現在歐洲也將南向擴張，含納阿拉伯革命。突尼西亞和埃及還不會加入歐盟，但他們即將成為歐洲深化介入的影子地區。因此之故，歐洲本身將促成比起以往更加有雄心和笨重的計畫。這吻合麥金德的立論，他認為撒哈拉沙漠代表歐洲實際的南方疆界，因為它把歐洲從北邊和赤道非洲切割開來。[16]歐洲縱然如此，歐盟雖有分立、焦慮和巨大的成長之痛困擾，它仍將是世界最大的後工業重鎮之一。因此，在歐盟內部持續進行的權力轉移，從布魯塞爾—史特拉斯堡向東往柏林移動——從歐盟轉向德國——將是全球政治的大翻轉。我將會說明，最有可能揭露歐洲命運的，將是德國、俄羅斯和人口區區一千一百萬的希臘。

鑑於統一的德國在歐洲中心具有的地理、人口和經濟優勢，統一德國在歐盟必須保有比兩德分立時期更小的影響力。德國現有人口八千二百萬人，而法國是六千二百萬人，義大利也將近六千萬人。德國的國內生產毛額是三兆六千五百億美元，法國為二兆八千五百億美元，義大利為二兆二千九百億美元。更關鍵的一點是，法國的經濟影響力主要局限在冷戰西歐國家，德國的經濟影響力則涵蓋西歐及前華沙公約國家，這要歸功於它更中央的地理位置，以及它與東歐及西歐都有貿易關聯。[17]

除了地理位置跨海洋歐洲和中歐以外，德國人對貿易有內建（built-in）的文化態度。當年德意志銀行（Deutsche Bank）的資深經濟學家諾貝特．華德（Norbert Walter）很早以前告訴我：「德國人寧可掌握實質的經濟活動，不要嚴峻、純粹的金融活動。我們維繫住客戶，我們找出他們需要什麼，以數十年時間開發利基和關係。」這個能力還得到德國人獨特的活力之助，政治哲學家彼得．柯史洛斯基（Peter Koslowski）曾經解釋給我聽：「由於許多德國人在二次大戰之後要從零重新開始，他們是十分積極的現代派。現代主義和中產階級文化在這裡已被提升到意識

15 Jack A. Goldstone, "The New Population Bomb: The Four Megatrends That Will Change the World," *Foreign Affairs*, New York, January-February 2010.
16 Hay, "Geopolitics of Europe."
17 Judt, "Europe: The Grand Illusion."

形態的地位。」統一的德國在空間上亦組織來利用興旺的北歐區域時代。由於十七世紀三十年戰爭產生許多小型、獨立國家的傳統——它們迄今仍指導著德國的聯邦制度——沒有一個首都的大壓力鍋，反而是有一系列較小的城市，它們在柏林重生的時代仍然能夠生存下去。譬如，漢堡是媒體中心，慕尼黑是時裝中心，法蘭克福是金融中心等，有座鐵道系統公平地向每個方向輻射出去。由於德國直到十九世紀下半葉才統一，它得以維持住區域風味，這在今天的歐洲十分有利。最後，柏林圍牆的崩塌就歷史意義來講，仍是相當晚近的事情，其趨勢還需要數十年才會完全顯現，它把德國又重新連上中歐，以十分微細、非正式的方式重建十二世紀和十九世紀的第一帝國和第二帝國：大約相當於神聖羅馬帝國。

除了柏林圍牆傾覆之外，增強德國地緣政治實力的另一個因素，就是發生在一九九〇年代中期劃時代的德、波和解。美國前任國家安全顧問布里辛斯基（Zbigniew Brzezinski）寫道：「透過波蘭，德國的影響力可以向北深入波羅的海各國、也可以向東進入烏克蘭和白俄羅斯。」換句話說，德國的力量因為歐洲擴大而加強，也因為中歐在歐洲之內、以另一個個別實體重新崛起而加強。[18]

這個演進還有另一個關鍵重大的因素，那就是歐洲、尤其是德國準和平主義在未來能堅持到什麼程度。英國戰略學者柯林．格雷（Colin Gray）寫道：「在索姆河（Somme）、在凡爾登（Verdun），以及一九四五年的大敗……遭到蛇咬，西—中歐的大國已經徹底衰弱。」[19]雖然不全因戰爭和破壞的遺緒，使得歐洲人厭惡軍事的解決方法（除了維持和平與人道干預），也是因為歐洲在冷戰年代的安全是由美國強權保障，它今天才沒有面臨明顯的傳統威脅。德裔美國學者兼作家約瑟夫·越飛（Josef Joffe）說：「歐洲的威脅不來自軍事方面，而是來自於難民。」[20]但是，假設根據麥金德的理論，歐洲的命運仍然附屬於亞洲的歷史，若俄羅斯再度崛起，會是什麼狀況？[21]那就可能出現威脅了。蘇聯在二戰結束時要在東歐建立帝國的因素，今天仍然存在：立陶宛人、波蘭人、瑞典人、法國人和德國人反抗俄羅斯侵略的遺緒，導致需要在自古以來俄羅斯和中歐之間的空間建立緩衝政權的警戒線。坦白講，俄羅斯不會為了一條新的警戒線派出地面部隊重新占領東歐，但是透過結合政治和經濟壓力——部分是因為歐洲需要俄羅斯供應天然氣——俄羅斯在未來仍可對其昔日衛星國家發揮不當的影響力：俄羅斯供應的天然氣占歐洲需求量的百分之二十五、德國需求量的百分之四十，以及芬蘭及波羅的海國家的將近百分之百。[22]有朝一日

---

18 Zbigniew Brzezinski, *The Grand Chessboard: American Primacy and Its Geostrategic Imperatives* (New York: Basic Books, 1997), pp. 69-71.

19 Colin S. Gray, *Another Bloody Century: Future Warfare* (London: Weidenfeld & Nicolson, 2005), p. 37.

20 Josef Joffe in conversation, Madrid, May 5, 2011, Conference of the Fundacion para el Analisis y los Estudios Sociales.

21 Geoffrey Sloan, "Sir Halford Mackinder: The Heartland Theory Then and Now," in *Geopolitics: Geography and Strategy*, edited by Colin S. Gray and Geoffrey Sloan (London: Frank Cass, 1999), p. 20.

22 Steve LeVine, "Pipeline Politics Redux," *Foreign Policy*, Washington, DC, June 10, 2010; "BP Global Statistical Review of World Energy," June 2010.

我們或許全都從歐洲巨大的經濟和貨幣危機中驚醒，發現俄羅斯在歐洲大陸內部影響力極大。俄羅斯的投資活動，以及它是能源供應的關係重大角色，將對力量減弱、且新近又分裂的歐洲形成重大陰影。

因此，虛弱的德國會不會一部分向俄羅斯影響力降服，導致東歐的芬蘭化、甚至北約組織更空洞化呢？或者是德國將巧妙地透過種種政治及經濟手段挺身抗拒俄羅斯，即使其社會仍沉浸在後英雄的準和平主義當中呢？前一個劇本會有證明麥金德和其他地理學者說對了的威脅：也就是說，以地理意義而言，根本沒有所謂的中歐，只有海洋歐洲和大陸歐洲，兩者之間是個「擠壓地區」。另一方面，後一個劇本則呈現非常繁複的歐洲命運：在這裡面，中歐重新出現，是自一次大戰之前至今首度再次繁榮；而德國和俄羅斯之間有一批國家將同樣繁榮，如麥金德所盼望，讓歐洲保留住和平，即使嫌惡軍事部署在地緣政治上造成美國相當不方便。在這個劇本裡，俄羅斯會容忍歐洲一路東擴到烏克蘭和喬治亞等國家。因此，歐洲做為歷史自由主義表述的概念，終於得以實現。歐洲在羅馬覆亡後的中世紀，歷經數百年的政治重新安排。而在追尋此一概念時，歐洲將繼一九一四年至一九八九年的長期歐洲大戰之後，繼續重新安排。

就地理而言，歐洲歷史一路走來發生許多大事。在探險時代（Age of Exploration）之後，歐洲往西橫向移動，商業跨越大西洋，使得魁北克、費城和哈瓦那等城市和西歐的經濟關係，比起東歐的城市如克拉科夫（Krakow）（譯按：位於今天波蘭）和利維夫（Lvov）（譯按：位於今天烏克蘭西部）都來得更密切；即使鄂圖曼土耳其在十七世紀末期軍事往西北推進到維也納，把巴爾幹和其餘大部分歐洲次大陸切斷，也是如此。當然，今天的歐洲向東移動，歐盟接納前共產國家加入，而且它也往南掌控地中海南岸的北非之政治、經濟穩定。

在所有這些重新安排中，希臘會是讓我們看清歐洲計畫健全與否的首選指標。希臘是巴爾幹唯一能進入地中海若干海岸的一部分，因此它是兩個歐洲世界的結合者。希臘在地理上和布魯塞爾、莫斯科為等距離，而且文化上和俄羅斯親近的程度不遜於它和歐洲的關係，這是因為它信奉東正教基督信仰，而東正教又是拜占庭的遺緒。希臘在整個現代史中飽受政治低度開發之苦。十九世紀中葉歐洲革命經常源自中產階級，且以追求政治自由為目標，而希臘獨立運動主要是以宗教為基礎的族裔運動。一九九九年的科索沃戰爭，希臘人民一面倒站在俄羅斯這邊，支持塞爾維亞人、反抗歐洲，即使希臘政府的立場模稜兩可。希臘是冷戰時期不屬於共產主義地區、而經濟最差的歐洲國家。回到古代，希臘是歐洲——推論而言即西方——起與止的地方。希羅多德所記載的希臘和波斯之間的戰爭，建立起持續數千年劃分東、西之爭的「二分法」。[23]希臘在冷戰初期勉強留在西方陣營裡，當時希臘本身的右派和共產黨彼此內戰，而邱吉爾和史達林進行攸關其命運的談判，終於使希臘成為北約組織的一員。誠如麥金德所言，希臘恰好位於歐亞心臟地帶外

23 Hay, "Geopolitics of Europe."

緣，因此接近海上大國。一個心臟地帶大國（如俄羅斯）若以某種形式擁有希臘，「可能也就控制了世界島」。[24]當然，在短期內俄羅斯不會控制希臘。但很有意思的是，試想邱吉爾和史達林的談判若是進展不同，冷戰期間又會是什麼狀況？試想希臘若是歸入共產主義集團，克里姆林宮的戰略地位會有多麼強大？先不說整個地中海東部和中東，亞得里亞海對面的義大利就會備受威脅。希臘的財政危機相當大地象徵希臘的政治和經濟低度開發，從二〇一〇年起震撼歐盟的貨幣體系——且由於它造成北歐和南歐國家之間的緊張——不遜於自南斯拉夫分裂以來對歐洲計畫最重大的挑戰。希臘的狀況巧妙地顯示了，歐洲仍是進行中的一項真正有雄心的課題：一個會受來自南方和東方的趨勢與騷動影響之工作。

24 Halford J. Mackinder, *Democratic Ideals and Reality: A Study in the Politics of Reconstruction* (Washington, DC: National Defense University, 1919, 1942), p. 116.

第十章 俄羅斯與獨立心臟地帶

亞歷山大・索忍尼辛（Alexander Solzhenitsyn）在他那部有關第一次世界大戰的史詩小說《一九一四年八月》一開頭就興匆匆大談高加索山脈：「每個雪白的山凹……巍然聳立在渺小的人造物之上，在人工世界裡昂然獨步；即使過去一千年所有人類敞開雙手、帶著他們創作的一切事物……把它們堆高起來，也無法樹立起如高加索般宏偉的大山。」索忍尼辛又歌頌它的「雪白的視野」、「巨大的岩石」，以及「與真實雲霧難以分辨的氤氣」。[1]

從古至今，高加索一直讓俄羅斯人、尤其是像索忍尼辛這樣狂熱的民族主義者，又敬又畏。高加索是位於黑海與裏海之間的陸橋，歐洲在此逐漸消失在這片六百英里長、最高處有一千八百英尺的山脈中——沉浸在閃亮的美色中，尤其是走過它北方的平坦草原、感到疲倦之後，令人

---

[1] Alexander Solzhenitsyn, *August 1914*, translated by Michael Glenny (New York: Farrar, Straus and Giroux, 1971, 1972), p. 3.

覺得格外雄偉。雖然這片山脈位於莫斯科和聖彼得堡南方，它卻有如俄羅斯的蠻荒大西部。打從十七世紀起，俄羅斯殖民者就在這裡和無數驕傲的民族搏鬥：車臣人、印古什人（Ingush）、奧塞提人（Ossetes）、達吉斯坦人（Daghestanis）、阿布哈茲人（Abkhaz）、卡特維里安人（Kartvelians，喬治亞共和國主要民族）、卡赫濟人（Kakhetians，喬治亞共和國主要民族）、亞美尼亞人、亞塞拜然人（Azeris）等。俄羅斯人在這裡遭遇溫和的伊斯蘭、也遭遇難纏的伊斯蘭。高加索既迷人、又有威脅，讓俄羅斯人對它愛恨交織、情感複雜，也由此讓我們得以一窺整段俄羅斯歷史。

俄羅斯是全世界最強盛的陸權國家，跨越一百七十度經線，幾乎有半個地球那麼寬廣。俄羅斯主要出海口都在北方，可是一年當中有好幾個月被北極冰雪封鎖。馬漢暗示，陸權國家一年到頭都沒有安全感。沒有海洋來保護它們，它們永遠不滿足，必須一再向外擴張，否則就是本身遭到征服。俄羅斯人尤其如此，它那平坦的廣大空間幾乎毫無天然邊界、無從保護它。俄羅斯人生怕來自陸地的敵人，這正是麥金德研究的主題。俄羅斯人推進到中／東歐以攔阻十九世紀的法國和二十世紀的德國。他們向阿富汗推進，以攔阻印度的英國人，並在印度洋尋找溫水港；它也往東亞推進，以攔阻中國。就高加索而言，這些大山構成俄羅斯人必須掌控的天險，才能有安全感，能夠不受大中東地區政治、宗教騷亂的影響。

俄羅斯還有另一個地理事實，就是它酷寒至極。美國最北的領土在北緯四十九度線左右，加拿大從這裡往北延伸。但是，俄羅斯大部分領土位於北緯五十度以北，因此俄羅斯人民生活在比加拿大人更冷的氣候中，因為加拿大人多半沿美、加邊界定居。地理學家索爾．柯恩說，「由於緯度高、遠離開放海域、山脈阻隔效應，以及大陸陸塊」，俄羅斯的氣候使得它大部分土地太冷、太乾，不宜大規模永久墾殖。[2]但是，高加索以及靠近北韓邊界的俄羅斯遠東地區卻是這項原則的例外：高加索的另一個吸引力是它位於北緯四十三度，氣溫相對比較暖和。[3]的確，俄羅斯的氣候和地貌十分悽苦，它們影響到俄羅斯人的性格及歷史。

俄羅斯歷史學者菲力浦．龍沃士（Philip Longworth）說：天氣嚴寒似乎使俄羅斯人發展出「吃苦的能力，產生某種公社主義（communalism）的精神，甚至願意犧牲個人、成全大我」。龍沃士解釋道，北緯高緯度代表生長季節短，需要「農民相互依賴」，以及「狂亂、全力以赴的努力，在田裡長時間勞動，並且動員小孩」，因為播種和收割都必須搶時間完成。況且，由於天寒地凍，剩餘不多，鼓勵新興的俄羅斯國家精英去控制廣大地區，戕害了農民不必強迫就努力工作的誘因，也造成日常生活的「暴戾傾向」。[4]俄羅斯的共產主義以及直到近年仍對個人自由有某

2 Saul B. Cohen, *Geography and Politics in a World Divided* (New York: Random House, 1963), p. 211.

3 G. Patrick March, *Eastern Destiny: Russia in Asia and the North Pacific* (Westport, CT: Praeger, 1996), p. 1.

4 Philip Longworth, *Russia: The Once and Future Empire from Pre-History to Putin* (New York: St. Martin's Press, 2005), pp. 16-17.

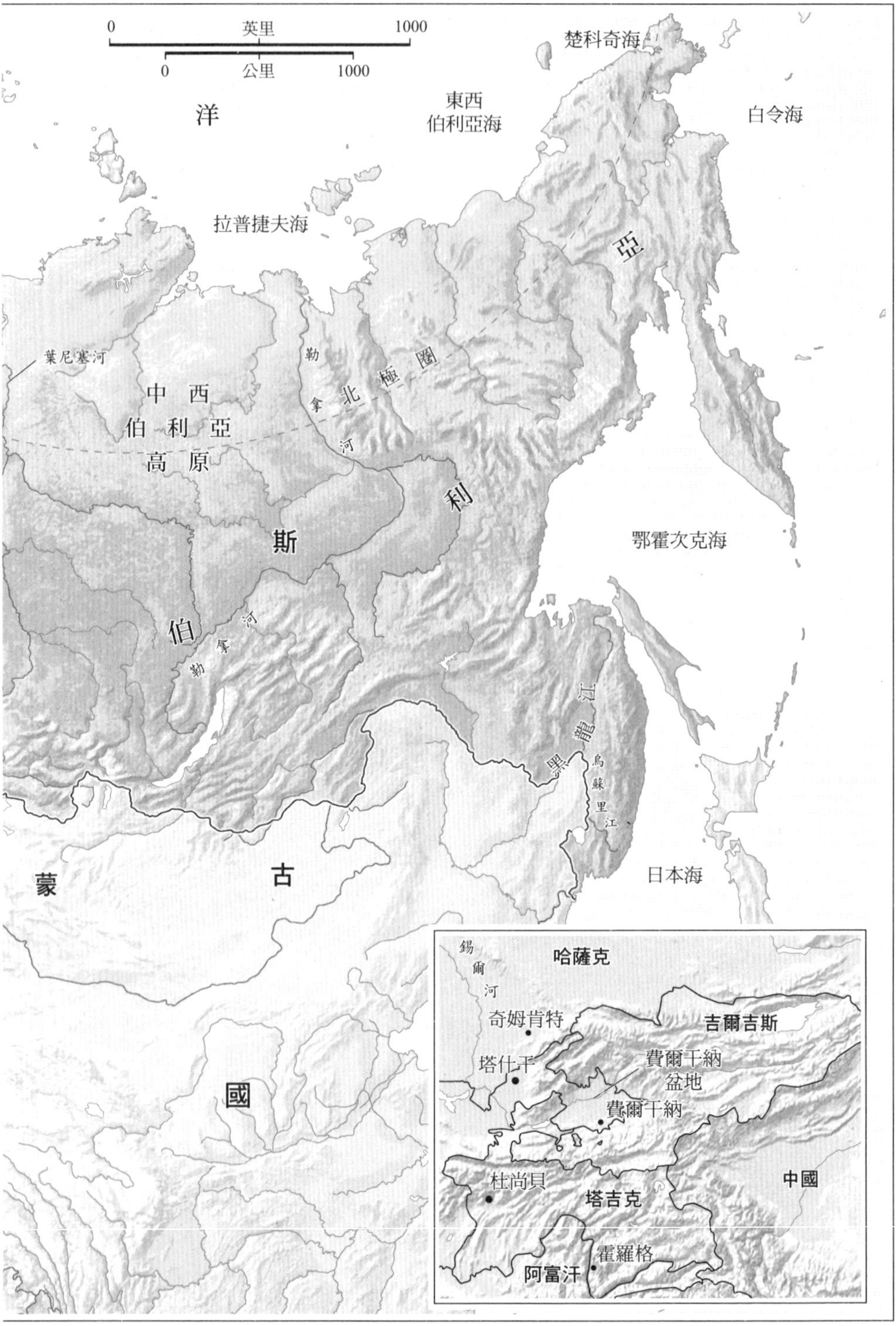

0
英里
1000
0
公里
1000
楚科奇海
洋
東西
伯利亞海
白令海
拉普捷夫海
亞
葉尼塞河
勒拿河
北極圈
中西
伯利亞
高原
利
斯
鄂霍次克海
伯
勒拿河
黑龍江
烏蘇里江
蒙
古
日本海
國
錫爾河
哈薩克
奇姆肯特
吉爾吉斯
塔什干
費爾干納
盆地
費爾干納
杜尚貝
塔吉克
中國
霍羅格
阿富汗

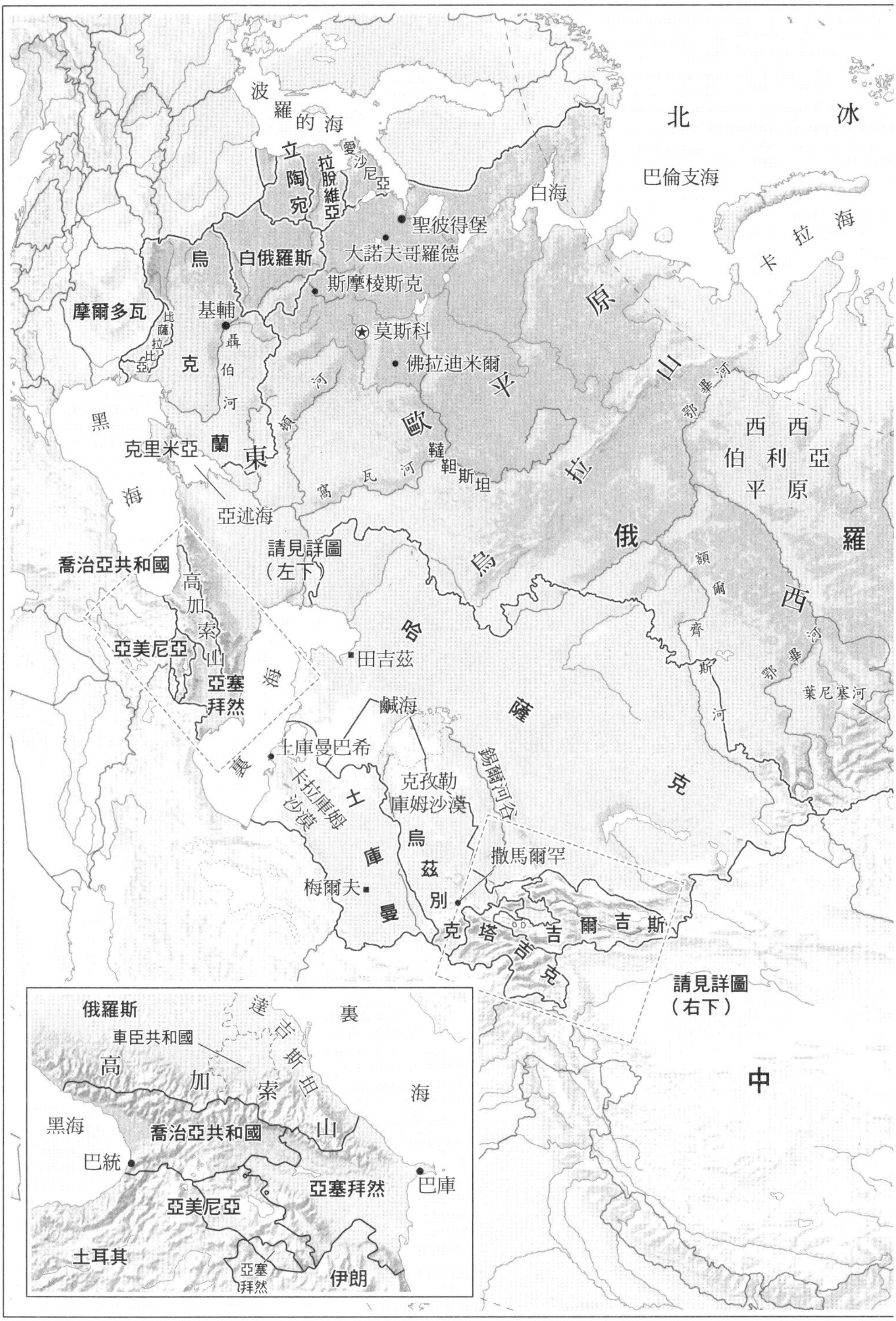

波羅的海
立陶宛
拉脫維亞
愛沙尼亞
北
冰
巴倫支海
白海
卡拉海
聖彼得堡
大諾夫哥羅德
白俄羅斯
烏
克
蘭
斯摩棱斯克
摩爾多瓦
比薩拉比亞
基輔
聶伯河
莫斯科
佛拉迪米爾
頓河
東
歐
平
原
烏
拉
山
鄂畢河
西西伯利亞平原
俄
羅
西
黑海
克里米亞
亞述海
窩瓦河
韃靼斯坦
請見詳圖（左下）
喬治亞共和國
高加索山
亞美尼亞
亞塞拜然
裏海
田吉茲
哈
薩
克
額爾齊斯河
鄂畢河
葉尼塞河
鹹海
土庫曼巴希
卡拉庫姆沙漠
克孜勒庫姆沙漠
錫爾河河谷
土
庫
曼
烏
茲
別
克
撒馬爾罕
梅爾夫
塔吉克
吉爾吉斯
請見詳圖（右下）
中
俄羅斯
車臣共和國
達吉斯坦
高
加
索
山
裏
海
黑海
喬治亞共和國
巴統
巴庫
亞塞拜然
亞美尼亞
土耳其
亞塞拜然
伊朗

種程度嫌惡，都跟他們生活在天寒地凍的環境有關。清理土地、在冰原上興建教堂和城堡，以及誦唱東正教禱詞，全都展現虔敬的公社主義。

介於北極圈和北冰洋之間的俄羅斯北方地帶是冰天雪地、不長樹的冰原，覆蓋著各式各樣的青苔。夏天，當它融化時，雪泥滿地，巨型蚊蟲肆虐。冰原之南是大松林地帶，全世界最大的針葉林森林，從波羅的海一路延伸到太平洋。西伯利亞和俄羅斯遠東地區約四成這類土地終年結冰。最後，在俄羅斯南部，從西邊的匈牙利平原起，經過烏克蘭、北部高加索和中亞，直到遙遠的中國東北，是全世界最大的草原，俄國學者布魯斯．林肯（W. Bruce Lincoln）稱之為「大草路」。[5]麥金德說，俄國人原本是躲在森林深處的民族，為了本身的安全考量——從中世紀中期到現代早期——必須找出從南方和東方出現的亞洲草原游牧民族，並加以征服。特別是蒙古人長期、且讓人十分羞恥地占領俄羅斯——金帳汗國在中世紀占領莫斯科維大公國（Muscovy），藍帳王國也占領中亞——使得俄羅斯無從經歷文藝復興，也使受害的東正教斯拉夫人有種共通性、精力以及目的感，使他們很重視能夠掙脫韃靼人的桎梏，並且在幾個世紀內可以收復廣大的領土範圍。[6]根據歷史學者派垂克．馬區（G. Patrick March）的說法，韃靼人的桎梏在俄羅斯人心中注入「對暴政相當大的容忍度」，同時使他們習慣於貧窮、也使他們得了「生怕遭侵略的恐慌症」。[7]

沒有安全感是俄羅斯民族感情的特質。美國國會圖書館館長詹姆斯．畢林頓（James H.

Billington）在他談論俄羅斯文化的巨著《偶像與巨斧》（*The Icon and the Axe*）中寫道：「希望找到歷史的根源及清白，有很大一部分出自於東方平原的缺乏安全。」他說：「是地理，不是歷史」，已經主宰俄羅斯人的思維：

> 嚴峻的季節循環、幾條距離遙遠的河川、疏落的下雨模式，以及土壤的肥沃程度，控制著一般農民的生活；游牧民族征服者的來來去去，經常讓人覺得就像地表物件在一成不變、不夠友善的大洋中無意義地移動。[8]

換言之，俄羅斯地勢平坦，從歐洲往遠東延伸，僅有少許天然邊界，而且往往是屯墾區分散開來，而不像城市集中在一起，長久以來已形成無政府的地貌，每個集團在這裡永遠沒有安全感。

5 March, *Eastern Destiny*, pp. 4-5; W. Bruce Lincoln, *The Conquest of a Continent: Siberia and the Russians* (New York: Random House, 1994), p. xx, 2007 Cornell University Press edition.

6 韃靼人指的是說土耳其語的遜尼派穆斯林，蒙古軍隊中特別多，因此這個名字與蒙古人互通。

7 March, *Eastern Destiny*, p. 18.

8 James H. Billington, *The Icon and the Axe: An Interpretive History of Russian Culture* (New York: Knopf, 1966), p. 11.

他們窩在森林裡，敵人則在草原地帶窺伺，俄羅斯人從萬物皆有靈魂論和宗教之中尋找慰藉。畢林頓寫道，東正教在春天辦的復活節慶典，在「俄羅斯北方特別得到強烈接受」。復活節傳統的寒暄語「不是現代西方平淡的一句『復活節快樂』，而是直接確認神聖歷史的中心事實，『基督復活了！』」你就應該回答說：「是的，復活了！」這句話不只是說基督復活了，也指大自然復活了。因為漫長、黑暗的冬天即將結束，樹木抖落積雪，冒出新葉。東正教基督教義不僅只略具異教色彩。俄羅斯的共產主義，因為布爾什維克強調整體性，根據二十世紀初俄羅斯知識分子尼古拉・柏迪耶夫（Nicolas Berdyaev）的說法，它是另一種形式的俄羅斯宗教——等於是世俗的東正教。從畢林頓的書名就看得出來，「偶像」即鮮明地指向他們東正教信仰堅毅的邊民拓荒精神，以及它帶來的安全和崇高理想，而「巨斧」則是「大俄羅斯的基本實現：克服森林（為我所用）無可割捨的工具」。[9]

換句話說，俄羅斯宗教和共產主義的整體性，召喚著這種緊鄰草原的森林中無法自衛的感覺，這種感覺教導俄羅斯人需要不斷地征服。但是由於地勢平坦，又和亞洲、大中東這片一望無垠的大地連結在一起，俄羅斯本身受到異族征服。其他的帝國崛起、擴張，又覆亡——甚至從此再也不出現，俄羅斯帝國卻是好幾度擴張、覆亡，而又復活。[10]地理和歷史證明，我們絕對不能低估俄羅斯。在我們這個時代，蘇聯帝國解體後，俄羅斯有一部分再度崛起，乃是一個舊故事的重演。

俄羅斯的第一個大帝國、也是東歐第一個大型政治實體是基輔魯斯（Kievan Rus），它在九世紀中葉於聶伯河（Dnieper River）最南方的古城基輔（Kiev）崛起。它使得基輔魯斯得以和南方的拜占庭帝國長期來往，方便俄羅斯人日後改信東正教，而我們知道，東正教將因俄羅斯人賦予它的特殊強度而內涵更豐富，這是因為他們本身歷經冬季地貌所淬礪出來的精神。地理也注定基輔魯斯人將結合斯堪地那維亞的維京人（Vikings）——他們從北邊的河流南下——和本土的東方斯拉夫人。本地區的土壤貧瘠，意味著為了糧食供給，必須征服大片土地，也因此帝國開始形成，把兩股活潑的區域力量——即維京人和拜占庭人的力量——結合起來。俄羅斯做為地理和文化的概念，遂應運而生。

基輔魯斯不斷地對抗草原游牧民族。到了十三世紀中葉，它終於被成吉思汗（Genghis Khan）的孫子拔都（Batu Khan）舉兵滅亡。蒙古人傳統的放牧之地一連多年乾旱，逼得他們往西移動，替他們的馬匹——這是他們糧食和行動之所資——尋找新牧場。因此，俄羅斯人在歐亞大陸心臟地帶第一次試圖擴張帝國遭逢失敗。

因此之故，透過無數次的移動與反移動，以及人為的政治大戲，俄羅斯歷史逐漸向北往斯摩

9 同前書，pp. 18-19, 26.

10 Longworth, *Russia*, p. 1.

陵斯克（Smolensk）、諾夫哥羅德（Novgorod）、佛拉迪米爾（Vladimir）和莫斯科等城市發展，而莫斯科在中古時代後期崛起成為最強的城邦。我們看到，這些中古世紀的特色是專制和偏執，而這有一部分是蒙古人壓力的後果。莫斯科能崛起為強者是因為它居於商業上有利地位，位於窩瓦河（Volga）中游和上游之間河川的港口通道上。布魯斯．林肯寫道：「莫斯科位於高地中心，歐俄的一些大河即發源於此……從這個中心，俄羅斯河川高速公路就像一個一面倒的輪子、不規則形狀的輪輻向外亂伸。」[11]可是俄羅斯人在這個階段躲避韃靼人馳騁的草原地帶，他們專注在開發難以穿透的森林地帶，在這裡便於凝聚建設國家。[12]中古的莫斯科維受到包圍，實質上是個內陸城邦。在它的東方只有大松林地帶、草原和蒙古。在南方，土耳其人和草原地帶的蒙古人擋住莫斯科維，使它無法進出黑海。在它西邊和西北邊，瑞典人、波蘭人和立陶宛人使它無法接近波羅的海。被稱為「恐怖伊凡」（Ivan the Terrible）的伊凡四世（Ivan IV，一五五三——一五八四）只能進出一個位於極北邊、勉強堪用的海岸地區，即北冰洋的港灣白海（White Sea）。俄羅斯人在這片無垠的平原四面受敵，別無選擇，只能試圖突破——他們在伊凡四世治下做到了。

恐怖伊凡是個頗有爭議的歷史人物，既是暴君、也是民間英雄。他的綽號是從Groznyi（可怕）這個字誤譯而來，擁護他的人因為他嚴懲不法之徒，送給他這個綽號。伊凡證明了在他那個時代、那個地方，制伏混亂唯一辦法就是絕對主義。

伊凡是俄羅斯史上第一個大帝國主義者，這個角色有一部分是歷史和地理加諸在他身上的。

一四五三年，希臘的拜占庭被鄂圖曼土耳其推翻，希臘難民由君士坦丁堡四散、向北逃往莫斯科，帶來建造帝國極需的政治、軍事和行政專才。伊凡成為沙皇之後，擊敗喀山韃靼人（Kazan Tatars），使他的勢力直抵烏拉山脈；晚年他採取征服西伯利亞的重大步驟，擊敗今天蒙古西北部額爾齊斯河（Irtysh River）附近的蒙古人西伯利亞汗國（Sibir Khanate）。伊凡的殘暴和狡詐總結出其臣民數個世代和亞洲民族「耐心、柔軟交往」學到的教訓。[13]俄羅斯人大舉進犯這片廣大地貌的速度奇快無比，不到六十年，即十七世紀初，俄羅斯人已經來到太平洋濱的鄂霍次克海（Sea of Okhotsk）。

伊凡的注意力也投向南方和東南方，特別是穆斯林汗國阿斯特拉罕（Astrakhan），這是金帳汗國後代，監控著窩瓦河入海口，以及通往高加索、波斯和中亞的道路。這是諾蓋汗國（Nogai Horde）、一個說欽察語（Kypchak）的土耳其游牧民族的土地。即使諾蓋汗國是莫斯科維的政敵，他們與這個公國做貿易，也歡迎伊凡的士兵維繫主要道路的安全。這片草原大地非常凶險，蒙古人和韃靼人在此交戰不休——也和俄羅斯人做生意。而且請記住，平地已經相當艱險複雜，高加索山區更是凶險百倍，讓俄羅斯人益加覺得富有異國風味，而心嚮往之。

---

11 Lincoln, *The Conquest of a Continent*, p. 19.

12 Longworth, *Russia*, pp. 48, 52-53.

13 Robert Strausz-Hupé, *The Zone of Indifference* (New York: G. P. Putnam's Sons, 1952), p. 88.

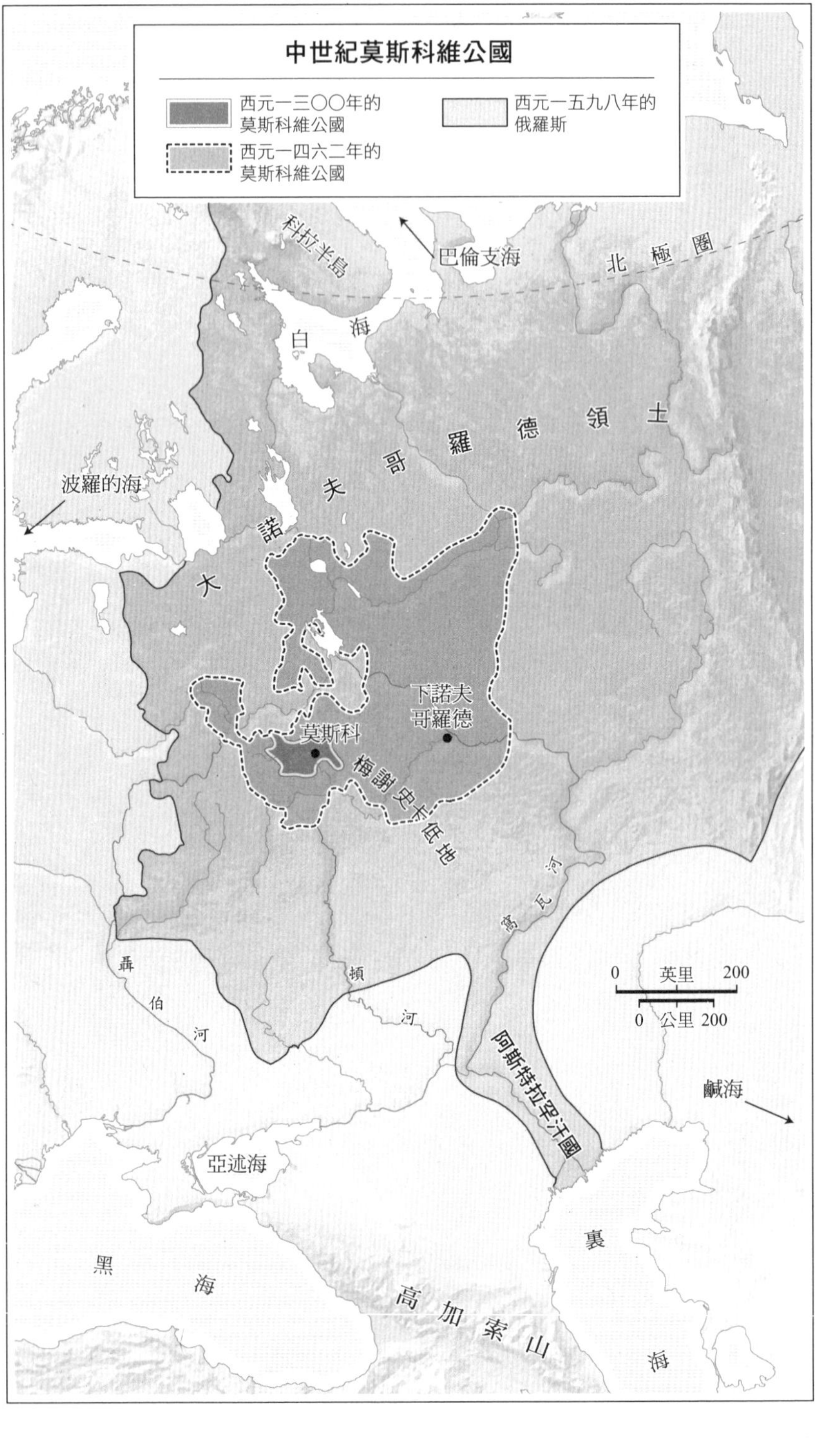

中世紀莫斯科維公國
西元一三〇〇年的莫斯科維公國
西元一四六二年的莫斯科維公國
西元一五九八年的俄羅斯
科拉半島
巴倫支海
北極圈
白海
大諾夫哥羅德領土
波羅的海
下諾夫哥羅德
莫斯科
梅謝史卡低地
窩瓦河
聶伯河
頓河
0 英里 200
0 公里 200
阿斯特拉罕汗國
鹹海
亞述海
黑海
高加索山
裏海

伊凡永不疲倦。他在南方才取得勝利，立即又在今天的愛沙尼亞、拉脫維亞地方開戰，以便在波羅的海取得立足之地，不過他被漢撒同盟（Hanseatic League）和日耳曼人的立窩尼亞騎士團（German Order of Livonia）聯軍擊敗。這場戰役攸關重大，使俄羅斯和西方切斷連結，但是它已經受到在中東及亞洲新征服土地的影響。

俄羅斯在十六世紀末、十七世紀初第一次和大陸帝國交鋒，打響了哥薩克（Cossacks，即**Kazak**）的名號；俄羅斯人雇用他們來強化它在高加索的陣地。雖然「哥薩克」這個字原本指的是受雇的韃靼傭兵，但後來泛稱難忍家鄉艱鉅環境、來到烏克蘭草原尋求生路的個別俄羅斯人、立陶宛人和波蘭人。處在原本是蒙古人邊區龍蛇混雜的環境裡，他們做盜賊、商販、殖民者和傭兵餬口飯吃，由於剽悍、工資低，他們逐漸併入伊凡軍隊的非正規單位。哥薩克的屯墾區出現在河谷地區，尤其是頓河及聶伯河流域。[14]尼古拉・果戈里（Nikolai Gogol）的經典作品《塔拉斯・布爾巴》（*Taras Bulba*）（譯按：塔拉斯・布爾巴即書中主角、一個哥薩克人的名字）最早發表於一八三五年，十年後又出了定稿版本，它講的就是聶伯河哥薩克人的故事。果戈里是個俄羅斯民族主義者，但是他在烏克蘭（這個字的原意是「邊疆地區」）看到真實、原始的俄羅斯，他們的堅持不懈和一望無垠的草原——沒有天然疆界、只有相當少的可航行河流——使得其居民驍

14 Longworth, *Russia*, pp. 94-95; March, *Eastern Destiny*, p. 28.

勇善戰。雖然果戈里用「俄羅斯人」、「烏克蘭人」和「哥薩克人」來代表特定群體，但他也承認這些身分認同互相重疊（迄今仍是如此）。[15]果戈里的故事充滿無可挽救的暴力，十分幽黯。雖然書中描繪完全欠缺人性，是個體做出的可怕抉擇，但《塔拉斯．布爾巴》的暴力至少部分表達出俄羅斯和烏克蘭草原的地理狀況：這裡的地勢平坦、大陸地形和移民通路造成衝突、財富快速變化。

伊凡四世的帝國在波里斯．古都諾夫（Boris Godunov，一五九八—一六〇五）領導下，繼續擴張，特別朝向東南方的史達林格勒、烏拉山和哈薩克草原地帶。可是，中古時期的莫斯科維也像之前的基輔魯斯覆亡了，這次由瑞典人、波蘭人、立陶宛人和哥薩克人來瓜分其領土。中古時期的莫斯科維曾自詡為「第三帝國」，是羅馬和君士坦丁堡的合法繼承人。因此，莫斯科維的解體，即所謂的大動亂時代（Time of Trouble）——首都派系鬥爭的結果——顯得整個世界和文明都將覆亡了。可是，儘管當時它岌岌可危，俄羅斯並沒有壽終正寢。在短短幾年內，即一六一三年，麥可．羅曼諾夫（Michael Romanov）被冊立為沙皇，新朝代、也是俄羅斯歷史的新篇章自此展開。

羅曼諾夫王朝起而界定現代俄羅斯，賦予俄羅斯帝國主義機制化和進一步的行政管理組織，改進了中古時期莫斯科維浪漫、隨興的四處掠奪。在羅曼諾夫王朝三百年的統治下，俄羅斯收服了波蘭和立陶宛，打敗了瑞典，挫敗了拿破崙的法國，收復烏克蘭，並且擊敗鄂圖曼土耳其、擴張到克里米亞和巴爾幹，甚至還擴張並正式化它對高加索、中亞和西伯利亞的控制，直逼中國及太平洋。俄羅斯從克里米亞戰爭（一八五三—一八五六）和日俄戰爭（一九〇四—一九〇五）的失利復原過來。和俄羅斯歷史大起大落的主節奏相似，羅曼諾夫王朝一八一二年在拿破崙大軍壓境下，棄守波蘭和西部俄羅斯，不過短短幾星期之後又收復了它們，逼得法軍撤回中歐，拿破崙部隊煙消雲散。

彼得大帝在十七世紀末至十八世紀初統治俄羅斯，他在羅曼諾夫王朝的地位就有如伊凡四世在中古莫斯科維的地位一樣：一個非凡的個人，其行為可以證明地理只是故事的一部分。當然，彼得大帝在歷史上最著名的事蹟是，他在一七〇三年於波羅的海海濱興建聖彼得堡，然後與瑞典帝國纏戰：瑞典從白俄羅斯地區跨越馬祖里亞沼澤（Masurian Marshes）入侵，俄羅斯人祭出焦土政策在乾燥地區燒毀穀物，日後他們在對抗拿破崙和希特勒時也施展相同的戰術。可是，彼得大帝鞏固俄羅斯的波羅的海海岸，在當地興建面向西歐的新首都，試圖改變俄羅斯政治和文化認同的大成就，最後還是失敗了。俄羅斯雖然向四面八方擴張、征戰，卻因蒙古人入侵的地理和歷史因素，無法加入西方，其實它不折不扣畢竟還是一個歐亞大陸國家。十九世紀俄羅斯偉大的文學思想家亞歷山大・赫爾岑（Alexander Herzen）評論道：

---

15 Robert D. Kaplan, introduction to *Taras Bulba*, translated by Peter Constantine (New York: Modern Library, 2003).

直到今天，我們看待歐洲人和歐洲，就和鄉下人看待京城居民一樣，恭恭順順、自慚形穢、自嘆不如，想要模仿他們。只要是我們與人不同的地方，都自認為是缺點。[16]

雖然俄羅斯人根本沒有什麼好自愧不如人，因為他們只能認命安分度日：這個民族已經從艱難的大陸地貌打造出一個帝國，旋即也在黎凡特和印度叩關，因而威脅到法、英兩大帝國。大約就在赫爾岑寫下上述這段話的同時，俄羅斯軍隊攻下通往中國絲路上的大城塔什干（Tashkent）和撒馬爾罕（Samarkand），相當靠近印度次大陸的邊界。

海上帝國法國和英國面對的是海外宿敵，而俄羅斯人面對的敵人就在自己的領土上，因此俄羅斯人早早就從歷史上學會要憂慮和提高警覺。他們這個國家永遠都處於某種狀態的戰爭當中。我們要再說一遍，高加索就是一個很鮮明的事例。十八世紀末凱撒琳大帝（Catherine the Great）的軍隊就和北部高加索的穆斯林車臣人交戰，十九世紀歷任沙皇時期依然持續作戰，更不用說到我們這一代仍然打不停。這是高加索更南邊、比較柔順的地區——如喬治亞——已經在沙皇控制之下很久以後的事情。車臣人好勇鬥狠源自於他們在崎嶇多岩的山區求生不易，也因為他們需要攜帶武器、保護羊群不受野生動物吞噬。由於貿易通路穿越高加索，車臣人立刻成為嚮導或搶匪。[17]雖然已改信蘇菲派伊斯蘭教（Sofi Islam）——通常沒有伊斯蘭其他支派那麼狂熱——他們仍然十分堅決護衛本土、對抗信奉東正教的俄羅斯人。地理學家丹尼斯．蕭（Denis J. B. Shaw）

寫道，在高加索地區，「俄羅斯人、烏克蘭人和『屯墾帝國』的哥薩克屯墾區，經常遇上山地人的頑強抵抗、爆發衝突。這些山地人，除了多數奧塞提人（Ossetians），大多數奉行伊斯蘭文化，這強化了他們和俄羅斯入侵者作戰的決心」。由於畏懼北高加索人民的獨立精神，布爾什維克拒絕把他們納入單一的共和國，而把他們分割開來，不考慮他們的語文和族裔，只納入人為的單位。蕭氏說，因此，「卡巴爾達人（Karbardians）和巴爾卡爾人（Balkars）被湊在一起，不管前者和切爾克斯人（Cherkessians）有更多共通點，後者和卡拉恰伊人（Karachay）有更多共通點」。史達林甚至在一九四四年懷疑他們與德國人串通合作，把車臣人、印古什人、卡爾梅克人及其他族裔流放到中亞。[18]

高加索讓我們清楚看到俄羅斯帝國主義的猙獰面目。我們在前文已說過，這往往是陸權大國的命運，他們經常覺得有需要征服四鄰。

俄羅斯人節節進逼，麥金德因俄羅斯人在十九世紀下半葉努力興建鐵路，提出他的著名理論：單是一八五七年至一八八二年之間，俄國人就建了一萬五千英里鐵路，莫斯科往西可達普魯

---

16 Alexander Herzen, *My Past and Thoughts, translated by Constance Garnett* (Berkeley: University of California Press, 1968, 1982), p. 97.

17 Longworth, *Russia*, p. 200.

18 Denis J. B. Shaw, *Russia in the Modern World: A New Geography* (Oxford: Blackwell, 1999), pp. 230-32.

士邊境，往東可達下諾夫哥羅德（Nizhniy-Novgorod），往南可達黑海之濱的克里米亞。而且，從一八七九年至一八八六年，俄羅斯工程師從裏海東岸城市克拉斯諾沃茨克（Krasnovodsk）（譯按：位於今土庫曼共和國）蓋了一條鐵路，向東延伸五百多英里，通抵靠近波斯和阿富汗邊境的梅爾夫（Merv）；到了一八八八年，這條鐵路再往東北延伸三百英里，到達撒馬爾罕。（從梅爾夫也向南蓋一條支線，通往鄰近阿富汗邊境地區。）這些帝國新交通動脈興建前，俄羅斯軍隊已開進中亞大草原南方的卡拉庫姆沙漠（Kara Kum，即黑沙沙漠〔Black Sand〕）和克孜勒庫姆沙漠（Kyzyl Kum，即紅沙沙漠〔Red Sand〕），即今天的土庫曼和烏茲別克地區。當時英國在印度勢力如日中天，而這些地區靠近印度次大陸，俄國這些帝國擴張活動，無可避免就成為英、俄兩國競逐控制亞洲的「大博弈」（Great Game）。（譯按：「大博弈」通常指大英帝國和沙皇俄羅斯帝國於十九世紀至二十世紀初，在中亞地區爭奪勢力範圍的戰略衝突）同時，俄羅斯人又蓋一條鐵路，把裏海西岸的巴庫（Baku）和黑海的巴統（Batumi）連結起來，因而跨過高加索。一八九一年，俄羅斯人開始興建從烏拉山到太平洋的四千英里長鐵路，穿越西伯利亞和遠東地區，一路經過山嶺、沼澤地和冰天雪地。到了一九〇四年，俄國有三萬八千英里的鐵路，聖彼得堡轄域跨十一個時區，直抵俄羅斯和阿拉斯加之間的白令海峽（Bering Strait）。激發此最新俄國版本天命論（Manifest Destiny）的因素，還是缺乏安全感：一個陸權大國沒有安全感，一再四處進攻和探險，以免本身覆亡。

在歐亞大陸的地形圖上有一項事實很凸出——它可以說明俄羅斯的故事。從西邊的喀爾巴阡山脈、到東邊的中央西伯利亞高原，除了低地平原，什麼也沒有，中間的烏拉山是這一大片平坦、面積有如一個洲的大地上稍微隆起的山巒。這片平原（包含麥金德所謂的心臟地帶在內）從北冰洋的港灣白海和黑海起延伸到高加索，然後再到阿富汗和伊朗的興都庫什和札格羅斯山脈（Zagros Mountains），因此俄羅斯的帝國主義一直都懷抱著渺茫的希望，渴望能在不遠的印度洋找到一座溫水港。但是，俄羅斯人並不是只在高加索和阿富汗才試圖走出這片大平原的核心地域、深入到山區探查。從十七世紀初到二十世紀，俄羅斯人——哥薩克、獸皮獵人和貿易商——勇敢地跨越葉尼塞河（Yenesei River），從西部西伯利亞來到東部西伯利亞及遠東地區，這一大片冰天雪地需跨越七座大山、橫跨兩千五百英里，走過一年有九個月結冰的荒野。雖然征服白俄羅斯和烏克蘭很自然，因為這些地方和俄羅斯有親密的關係和共同點、歷史也相互交織，但在西伯利亞，俄羅斯人必須開闢全新的「北方河川帝國」。[19]布魯斯·林肯在他的皇皇歷史巨作《一個大陸的征服：西伯利亞與俄羅斯人》（*The Conquest of a Continent: Siberia and the Russians*）中寫下：「界定了俄羅斯人的偉大征服，發生在亞洲」，不在歐洲。[20]在東部西伯利亞及更遠方演出

---

[19] 同前書，pp. 5, 7; D. W. Meinig, "The Macrogeography of Western Imperialism," in *Settlement and Encounter*, edited by F. H. Gale and G. H. Lawson (Oxford: Oxford University Press, 1968), pp. 213-40.

[20] Lincoln, *The Conquest of a Continent*, p. xix.

的大戲，以最緊湊的形式總結了俄羅斯的歷史經驗。菲力浦．龍沃士寫道：

> 氣候嚴酷使他們身強體壯、能吃苦；土地遼闊、屯墾地密度低，加上作物成長期短促，鼓勵社會關係要合作和嚴厲，因為俄羅斯人比絕大多數人更需要高度地組織才能生存……過去，這種需求有利於集權中央、專制的政府形式，不利於注重參與的形式。[21]

葉尼塞河水勢最盛的時候寬達三英里，是全世界第六長河。它從蒙古往北流，經過三千四百英里後進入北冰洋。比起烏拉山，它更能代表兩個俄羅斯之間真正的劃分線——在東、西兩塊西伯利亞之間，數千英里的低地平原在其西岸招手；而數千英里的高原和雪山則在東岸矗立。英國旅行家柯林．施伯龍（Colin Thubron）寫道：「河水從一片空曠之中流出，好像具體、恆久的東西，霎時平和、其實很驚悚，它讓我胃部緊抽。」在河流的更北邊、已經進入北極圈的一個地點，他又說：「大地在這個軸心平坦下來。海岸線沉下去。這裡一片寧靜、似乎萬物寂滅。因此……歷史成了地質學。」[22]

最先吸引探險家來到這個荒蕪人煙的冰天雪地的是獸皮。後來又變成天然資源：石油、天然氣、煤、鐵、金、銅、石墨、鋁、鎳和一大堆其他金屬及礦物，以及西伯利亞滔滔大河產生的電力：就和葉尼塞河劃分東、西兩塊西伯利亞一樣，同樣壯觀的勒拿河（Lena River）把東部西伯利亞和俄國遠東地區分隔開來。的確，西伯利亞的大河由南往北流，而它們的支流則東、西向延伸，「像巨樹的樹枝交錯」，創造出偉大的水路之間相連的陸路運輸系統。[23]

散布在這塊大地的礦區成為沙皇和蘇聯刑法制度的重心。西伯利亞的地理的確曾是殘酷和戰略財富的同義字，使得俄羅斯數十年來既是道德黑暗的國家、又是能源豐富的大國。俄羅斯在十八世紀初異軍突起，躋身歐洲大國之列，與在烏拉山森林發現豐富的鐵礦砂有關，它們是用來製造現代戰爭非有不可的大砲、毛瑟槍之重要物資。同理，一九六〇年代中期在西伯利亞西北地區發現廣闊的石油和天然氣田，使俄羅斯在二十一世紀初期成為能源超級大國。[24]征服西伯利亞也帶來其他後果：它把俄羅斯帶進太平洋的地緣政治、也與日本及中國都發生衝突。中、俄衝突是冷戰動態關係的核心，這個衝突甚至也是美國本身在二十一世紀與兩國打交道的策略核心。[25]

阿穆爾河（**Amur River**，即黑龍江）與額爾齊斯河、鄂畢河（**Ob River**）、葉尼塞河及勒拿河不一樣，它不是由南往北流、而是由西往東流，與烏蘇里江（**Ussuri River**）匯合後，形

---

21 Longworth, *Russia*, p. 322.

22 Colin Thubron, In *Siberia* (New York: HarperCollins, 1999), pp. 99, 122.

23 Lincoln, *The Conquest of a Continent*, p. 57.

24 同前書，pp. 89, 395.

25 另外還有北冰洋暖化的問題，它會打開冰封的白海、貝倫支海（Barents）、黑海、拉普傑夫海（Laptev）和東西伯利亞海——西伯利亞的大河都流入這些海域——釋放出本地區的經濟潛力。

成今天俄羅斯遠東地區和中國東北之間的界河。這塊邊區在中國國境之北的地區稱為阿穆利亞（Amuria）、在中國國境之東的地區稱為烏蘇利亞（Ussuria），自從十七世紀中葉以來，沙俄和滿清就為它時有爭執。當時，俄羅斯的流寇先進來、莫斯科的士兵以及外交官也相繼到來。滿清正忙於征服台灣及大陸其他地區而無心專注。這個過程在一八六〇年達到高潮，積弱不振的滿清政府被迫同意將三十五萬平方英里土地主權由中國移交給俄羅斯，形成今天的國界。[26]現在中國強了，俄羅斯相對轉弱，這塊邊區再度受到有心北上的中國屯墾者和公司的壓力，他們覬覦本地的石油、天然氣、原木及其他資源。地理決定了俄、中兩國之間永久的緊張關係，偶爾才因他們戰術性的反美同盟掩蓋下去。據報導說，二〇〇九年七月，俄羅斯總參謀長尼古拉・馬卡洛夫（Nikolai Makarov）透過幻燈片做簡報，他說：「北約和中國……是我們地緣政治上最危險的對手。」[27]

這個地理背景顯示出經常被遺忘的一個事實：俄羅斯一直都是東亞權力動態相當重要的一部分。一九〇四年至一九〇五年的日俄戰爭，有一部分起因是日本要求俄羅斯承認中國在滿洲的主權（以及日本有干預朝鮮事務之自由），而俄羅斯卻予以拒絕。這場戰爭除了讓沙皇政府大失顏面之外，滿清政府更是顏面喪盡，因為戰爭竟是為了滿洲人自認為是其龍興之地而開戰。不過，俄羅斯雖敗，仍保有滿清割讓給它的阿穆利亞和烏蘇利亞。

俄羅斯在日俄戰爭戰敗之後，也喪失了庫頁島（Sakhalin Island）南部及一部分的南滿（依據地理邏輯，南滿應該屬於中國）；然而，一九一七年的俄國大革命及其後的大動亂，真正撼動了俄羅斯對其遠東部分的控制。中國、日本和美國（此時在遠東已漸崛起為大國）控制了貝加爾湖（Lake Baikal）至海參崴（Vladivostok）這一段的跨西伯利亞鐵路，甚且海參崴本身在一九一八年至一九二二年間遭到日本占領。這段時期日軍八萬人部隊占領阿穆爾河地區。

不過，列寧的紅軍慢慢地扭轉了內戰中對抗白俄反革命部隊的逆勢。後來，新組建的蘇維埃政府終於收復邊陲領土，特別是在中亞沙漠以土耳其族裔為主的地區，布爾什維克最怕的就是印度的英國人取道阿富汗、攻進中亞。布爾什維克的意識形態雖然高唱團結世界所有勞動人民的口號，碰到陸權大國「陳年痼疾」——邊疆地區有遭敵人攻擊之險——就還是現實主義者。不論是誰統治俄羅斯，都得面對一個命中注定的事實：它那一望無垠的平坦大地在好幾個方向與鄰國接壤。為了補救，布爾什維克跟在他們之前的沙皇一樣，也成為俄羅斯帝國主義者：摩達維亞人、車臣人、喬治亞人、亞塞拜然人、土庫曼人、烏茲別克人、哈薩克人、塔吉克人、吉爾吉斯人、布里亞特蒙古人（Buriat-Mongols）、韃靼人等全都向莫斯科臣服。布爾什維克很輕鬆就把征服行動合理化：他們帶給這些民族共產主義福報，甚至還替他們建立蘇維埃共和國。[28]不論是否出

---

26 March, *Eastern Destiny*, pp. 51, 130.

27 Simon Saradzhyan, "Russia's Red Herring," ISN Security Watch, Zurich, May 25, 2010.

28 March, *Eastern Destiny*, p. 194.

於下意識，布爾什維克接受地理的影響，把首都從波羅的海海濱的聖彼得堡東遷回莫斯科，恢復俄羅斯一向以來著重亞洲的現實。彼得大帝從波羅的海邊的「眺望西方之窗」治理國政，現在取代他所傳下的半現代化政權，重建由克里姆林宮——中古時期莫斯科維半亞洲的神經中樞——號令天下的新政府。[29]新蘇聯包含俄羅斯、烏克蘭和白俄羅斯等三個加盟共和國，以及另外十一個自治共和國及下級地區。但是由於許多共和國並非純以族裔分布劃分邊界——譬如，烏茲別克共和國內的少數民族塔吉克人人數眾多，塔吉克共和國內也有許多烏茲別克人——若不訴諸內戰，根本不可能分裂出去，因此蘇聯成了各民族的監獄。

到了二十世紀，雖然要比以往有更多理由感到不安，這座民族大監獄卻比從前更加富侵略性。一九二九年，蘇聯步兵、騎兵和飛機進攻滿洲的西緣，搶走通過中國領土的一條鐵路之控制權。一九三五年，蘇聯在華西的新疆省實質上建立衛星政府，同時外蒙古宣布建立蒙古人民共和國，緊密地與蘇聯結盟。同時，在歐洲方面，透過一九三九年簽訂俄德條約，史達林兼併波蘭東部、芬蘭東部、比薩拉比亞（Bessarabia），以及波羅的海三小國：立陶宛、拉脫維亞和愛沙尼亞。俄羅斯現在以蘇聯的旗號，從中歐延伸到朝鮮半島。可是，事實證明，俄羅斯依然感受不到安全感。地理因素又告抬頭。希特勒一九四一年揮師東向，橫掃歐俄平原，兵臨莫斯科近郊、眼看著就要打到裏海，終於才在一九四三年初被擋在史達林格勒戰場。二戰結束，蘇聯痛加報復，一吐蒙古人摧毀基輔魯斯以來，積鬱了數百年的地理不安全之怨氣。

納粹德國和法西斯日本潰敗，蘇聯藉由建立共產主義衛星國家體系，實質上控制了整個歐洲東半部，這些衛星國家的忠誠，大多是靠蘇聯派兵入駐去維持。希特勒的戰爭機器陷入歐俄廣大的地塊，後勤支援跟不上，重蹈一百多年前拿破崙的覆轍，紅軍趁勢反攻，向西跨越大平原——跨越聶伯河、維斯杜拉河（Vistula River）和多瑙河。蘇聯這個東歐帝國現在比起一六一三年至一九一七年的羅曼諾夫帝國，更加深入中歐的心臟地帶，席捲了納粹和蘇聯簽訂的德蘇密約所承諾要給俄羅斯的所有領土。[30]在蘇聯的另一端，莫斯科占有庫頁島和日本北方的千島群島（Kuril Islands），連結起俄屬遠東地區。中國在遭到日本占領之後就陷入混亂，毛澤東的共產黨和蔣介石的國民黨爆發權力鬥爭，更使得大批俄國軍隊可以進駐東北，親蘇的外蒙古更加穩固，朝鮮半島北半部也出現友好的共產主義政府。在朝鮮半島，蘇聯這個陸權大國——以及即將受共產黨控制的中國——將和海權的美國拮抗，協助在二戰才結束五年就打起來的韓戰。第二次世界大戰的重點是以蘇聯為代表，建立起麥金德所倡導的心臟地帶大國，和它並列的是馬漢和史派克曼所主張的海權大國，它以美國做為代表。歐洲和中國的命運都將受到蘇聯實力在心臟地帶發展的影

---

29 Shaw, *Russia in the Modern World*, p. 31.

30 從此以後蘇聯的歐洲地圖包括整個歐俄部分，利用繪圖上的技巧確保莫斯科不會看起來像個外來者。它也讓東歐國家顯得更靠近中央，把蘇聯的共和國烏克蘭和摩爾多瓦實際上變成新的東歐。Jeremy Black, *Maps and History: Constructing Images of the Past* (New Haven: Yale University Press, 2009), p. 151.

響，即使位處歐亞大陸邊緣地帶的大中東和東南亞，也會感受到美國海權和空權的壓力。這是冷戰最高的地理真相，來自莫斯科的共產主義意識形態和來自華府的民主理想，都被掩蓋過去。

對於我這種成長在冷戰時代的人而言，冷戰實在漫長至極，可是畢竟它也只能證明是俄羅斯歷史的一個階段，遵循我們所熟悉的俄羅斯地理定律，然後告一段落。米海爾・戈巴契夫（Mikhail Gorbachev）在一九八〇年代企圖改造蘇聯共產主義，透露出這個制度的真相：它是個由順民組成的不知變通的國家，居住在草原地帶及俄羅斯森林和平原的山地邊區。一旦戈巴契夫本人實質上宣布這個帝國所寄託的意識形態認知有深刻瑕疵，整個體系便開始土崩瓦解，周圍的部分開始從俄羅斯中心裂解，就與十三世紀中葉基輔魯斯、十七世紀初中古莫斯科維、以及二十世紀初羅曼諾夫帝國的失敗一模一樣。這也是為什麼歷史學者龍沃士指出，在普遍平坦的地形上反覆擴張和崩潰，乃是俄羅斯歷史的主要特色。事實上，地理學家和俄國事務專家丹尼斯・蕭解釋過，固然開放的邊界和軍事負擔產生「俄羅斯國家機關的集中化」——沙皇的權力的確是個傳奇——俄羅斯實際上還是弱國，因為沙皇並未在偏遠邊省發展出堅固的行政體系。這使得俄羅斯更加開放、易招致入侵。[31]

一九九一年，蘇聯正式解散，俄羅斯版圖面積巨幅縮小，成為自凱撒琳大帝執政前以來最小規模。它連烏克蘭——即基輔魯斯原本的心臟地帶——也沒保住。但是儘管失去了烏克蘭、波羅的海國家、高加索和中亞，儘管在車臣、達吉斯坦（Dagestan）和韃靼斯坦（Tatarstan）的軍事前途不明，儘管外蒙古已自立門戶、不再接受莫斯科指導，俄羅斯的領土依然超越世界上其他任何國家，占有亞洲大陸三分之一面積，其陸地國界依然延伸全球近一半的時區，從芬蘭灣直抵白令海。可是這片廣大、赤裸的土地——不再有周邊的崇山和草原可做屏障——現在必須由僅及前蘇聯過半的人口來保護。[32]（事實上，俄羅斯人口還不及孟加拉。）

俄羅斯或許在和平時期從來不曾感到如此荏弱。整個西伯利亞和遠東地區的人口只有二千七百萬人。[33]俄羅斯領導人絲毫不敢怠慢，立即評估此一嚴重情勢。蘇聯解散後不到一個月，俄羅斯外交部長安德烈・柯茲瑞夫（Andrei Kozyrev）告訴《俄羅斯公報》（*Rossiyskaya Gazeta*）說：「我們很快就了解到地緣政治正在取代意識形態。」[34]愛丁堡大學榮譽教授約翰・艾瑞克生（John Erickson）寫道：「在蘇聯時期不斷遭到妖魔化的地緣政治，以復仇之姿回頭來困擾後蘇聯的俄羅斯。」地緣政治不再被譴責是資本主義式軍國主義的工具：地緣政治不僅做為一門學科在俄羅斯重新受到重視，麥金德、馬漢，甚至卡爾・豪斯霍夫爾的聲譽都得以恢復。頑固的共產主義領

---

31 Shaw, *Russia in the Modern World*, pp. 22-23.

32 March, *Eastern Destiny*, pp. 237-38.

33 Saradzhyan, "Russia's Red Herring."

34 Zbigniew Brzezinski, *The Grand Chessboard: American Primacy and Its Geostrategic Imperative* (New York: Basic Books, 1997), p. 98.

袖艮納迪・朱加諾夫（Gennady Zyuganov）「以毫不汗顏的新麥金德式風格」宣布俄羅斯必須恢復對「心臟地帶」的控制。[35]鑑於俄羅斯歷史的跌宕起伏，除了地理上新的脆弱情勢之外，俄羅斯別無選擇、必須成為修正主義國家，設法以某種細膩或不甚細膩的方式，重新取回對白俄羅斯、烏克蘭、摩爾多瓦、高加索和中亞的影響力——目前仍有兩千六百萬俄羅斯族裔住在這些地方。在一九九〇年代這個所謂失落的年代，俄羅斯蹣跚走在經濟崩潰的邊緣上，不僅國勢衰頹、而且飽受恥笑，這時已在孕育新一輪的擴張。俄羅斯極端民族主義者佛拉迪米亞・季林諾夫斯基（Vladimir Zhirinovsky）就認為，南高加索以及土耳其、伊朗和阿富汗，全都應該納入俄羅斯的主宰之下。雖然大多數俄羅斯人並不贊同季林諾夫斯基的極端主義，他的話仍代表俄羅斯思想界一股重要的暗流。俄羅斯今日在歐亞大陸的弱勢，的確已使得地理本身在跨入二十一世紀之交，成為俄羅斯人的重要懸念。

當然，蘇聯再也不可能重新組建起來。但是延伸到中東及印度次大陸邊界的一種鬆散形式同盟，或許仍有可能達成。但是臨門一腳的號召是什麼？俄羅斯要用什麼樣的理念在道德上合理化下一波的擴張？布里辛斯基在《大棋盤》（*The Grand Chessboard: American Primacy and Its Geostrategic Imperatives*）一書寫道，俄國人在一九九〇年代就開始設法復活十九世紀的歐亞主義（Eurasianism）理論，做為共產主義的替代選項，盼能喚回前蘇聯的非俄羅斯民族。[36]歐亞主義非常適合俄羅斯的歷史和地理性格。俄羅斯從歐洲延伸到遠東，可是都未定錨在任何一方，它以迴異於其他國家的方式，成為歐亞大陸的縮影。而且，在二十一世紀空間危機的一個封閉地理裡——會破壞冷戰區域專家的劃分——讓歐亞大陸做為一個大陸、有組織的整體概念，或許更加可以觸摸得到。但是，固然歐亞大陸或許在未來可以成為對地理學者及地緣政治學者更有用的概念，這並不表示在族裔認同之下有著強烈歷史和感情包袱的喬治亞人、亞美尼亞人或烏茲別克人會開始認為自己是「歐亞人」。高加索之所以為高加索，正是因為它是族裔認同和衝突的坩堝：在冷戰大國集團崩潰後，這股認同頗有可能更豐富地發展。中亞在相當大程度上可能也是如此。即使假設俄羅斯人以及哈薩克人能透過某種「歐亞同盟」壓抑彼此的族裔對立，歐亞主義也不像是有人願意為它拋頭顱、灑熱血的東西，或是會讓人振奮的東西；尤其是烏克蘭人、摩爾多瓦人、喬治亞人及其他人，渴望要成為歐洲人。但是，如果歐亞主義能在前蘇聯的某些地區多少壓制一下歧異，因而有助於穩定，難道不值得一試嗎？

地理沒有辦法解釋一切事情，它也不能解決所有的問題。地理只是從來不變的背景布幕，各種理念在這個背景下互相競逐。即使地理可以有團結統一的效用——例如在美國或英國、在印度或以色列——民主、自由和猶太復國主義（具有精神元素）的理想，還是國家認同的根本。當一

35 John Erickson, "'Russia Will Not Be Trifled With': Geopolitical Facts and Fantasies," in *Geopolitics, Geography and Strategy*, edited by Colin S. Gray and Geoffrey Sloan (London: Frank Cass, 1999), pp. 242-43, 262.

36 Brzezinski, *The Grand Chessboard*, p. 110.

個民族除了地理之外，別無其他東西可讓他們團結起來時——例如前獨裁者何希尼．穆巴拉克（Hosni Mubarak）統治下的埃及，或是前執政黨自民黨主政的日本——國家就會罹患大病：拜地理之賜，縱使可能安定，但也就僅止於此。因此，失去沙皇政府和共產主義的俄羅斯，若想要再度吸引從前的臣民，尤其是當它本身已經人數不多的人口正在快速減少時，除了地理之外，它更需要有能夠提振人心、團結意志的理想。由於出生率低、死亡率高、墮胎率高和移入人口少，俄羅斯現有人口一億四千一百萬人，有可能在二〇五〇年之前銳減為一億一千一百萬人。（水源毒性上升、土壤污染等整體環境惡化，更加速此一趨勢。）同時，俄羅斯的穆斯林人口日益增多，頗有可能在十年內占全國人口的五分之一。他們大多住在北高加索和窩瓦河—烏拉山地區，也有不少住在莫斯科和聖彼得堡，因此頗有走上區域分離主義的趨勢，同時也具有能力發動城市恐怖活動。車臣女性的生育率比俄羅斯女性高出三分之一。坦白說，光是訴諸地理——歐亞主義和伴隨而來的獨立國協（Commonwealth of Independent States）其實就是這麼一回事——可能不會促成俄羅斯帝國復活，或強到可以和基輔魯斯、中古莫斯科維、羅曼諾夫王朝以及蘇聯競爭。

卡內基莫斯科中心主任狄米崔．特瑞寧（Dmitri Trenin）認為，在二十一世紀「吸引的力量勝過恫嚇的力量」，因此「俄羅斯的外交政策應以軟實力為主」。換句話說，真正改革過的俄羅斯將更能在其歐亞周邊投射影響力。由於俄羅斯語是從波羅的海到中亞這片廣大地區的通行語文，俄羅斯文化「從普希金（Pushkin）到普普音樂」仍然廣受歡迎。假設俄羅斯在學術上重新恢復活力，一個俄語電視台可以成為類似「俄語的半島電視台（al Jazeera）」。根據這一派思想，自由民主是唯一一條路，可讓俄羅斯再度達成其心目中的地理命運。[37]這個想法契合索忍尼辛一九九一年的一段話：「現在已經到了在我們自己是主要受害者的帝國，以及我們自己人民的精神和身體救贖之間，不可妥協、做選擇的時候了。」[38]

事實上，特瑞寧的分析也涉及到地理因素。他主張俄羅斯應該多著重其歐洲和太平洋兩端，而非歐亞心臟地帶。強調和歐洲合作會使俄羅斯態度向西方靠攏。俄羅斯的人口分布圖顯示，儘管其領土跨越十一個時區，但絕大多數俄羅斯人卻住在靠近歐洲的西端。因此，結合了人口因素的真正政治和經濟改革，會使俄羅斯成為貨真價實的歐洲國家。關於太平洋，特瑞寧寫道：「俄羅斯把海參崴想像為二十一世紀的首都就好了。」海參崴是座國際海港，和北京、香港、首爾、上海及東京等全世界經濟最活躍的地區地理位置緊密。[39]由於舊蘇聯只把其遠東地區視為榨取原物料的地方，而非進出太平洋周邊的門戶，始於一九七〇年代、迄今仍在進行中的東亞經濟大崛起，就完全和俄羅斯擦身而過。[40]特瑞寧認為，現在要補救已為時太遲——俄羅斯已經嘗到苦

37 Dmitri Trenin, "Russia Reborn: Reimagining Moscow's Foreign Policy," *Foreign Affairs*, New York, November-December 2009.
38 Shaw, *Russia in the Modern World*, p. 248.
39 Trenin, "Russia Reborn."
40 Paul Bracken, *Fire in the East: The Rise of Asian Military Power and the Second Nuclear Age* (New York: HarperCollins, 1999), p. 17.

頭。中國可不像俄羅斯，它追隨太平洋周邊國家日本和南韓的腳步，採納市場資本主義，現在已經崛起成為歐亞大國。北京給予中亞一百億美元的貸款，協助白俄羅斯改善幣制，也對遠在天邊的摩爾多瓦援助十億美元，並且正在俄屬遠東地區發展勢力範圍。對俄羅斯而言，相應的戰略應該是政治上與歐洲結合、經濟上則與東亞結合。這麼一來俄羅斯就可以解決它在高加索和中亞的問題——變成對那些前蘇聯共和國真正具有吸引力——因為這些地方的人民渴望的是在歐亞大陸塊西邊和東邊已經擁有的自由和生活水平。

俄羅斯在一個世紀之前其實也有機會實現類似的命運。倘若在一九一七年特別脆弱的那一刻，俄羅斯的權力不被布爾什維克奪走，它完全有可能在二十世紀發展成比較窮一點、稍微腐敗和不安定版本的法國和德國，定錨在歐洲，而不是成為史達林主義的大怪獸。畢竟俄羅斯的舊政權沙皇體制有濃厚的日耳曼色彩、貴族講法語、歐洲風味的首都聖彼得堡有資產階級的國會，即使其農民不是、可是全國精英已經西化。[41]我再強調一次，雖然俄羅斯的地理地圖跨向亞洲，俄羅斯的人口地圖卻偏向歐洲。

布爾什維克革命完全摒棄此一「準西方」的方向。同樣的，佛拉迪米爾・普丁（Vladimir Putin）二〇〇〇年當家後，先後以總統、總理名義主政，他那低劑量的專制主義也是摒棄西方民主和市場資本主義的實驗；共產主義崩潰後的俄羅斯試行過後，在一九九〇年代陷入一片混亂、幾乎被打趴在地。普丁和他扶植的俄羅斯總統狄米崔・梅德維傑夫（Dimitri Medvedev）近年來並未把俄羅斯導向歐洲和太平洋，因此也就沒有改造俄羅斯，使它對其前臣民更有吸引力。（事實上，不論是貿易、外人投資、科技、基礎設施和教育成績，在普丁治下的俄羅斯「烏雲罩頂」。）[42]雖然嚴格講起來，普丁不是個帝國主義者，俄羅斯最近的「帝國興建中」則是藉著俄羅斯龐大的天然資源（歐洲周邊國家及中國對它們需求孔亟）所產生的利潤和恫嚇力為基礎。普丁和梅德維傑夫其實提不出任何振奮人心的思想、也講不出意識形態大道理：他們掌握的優勢只有地理。這是不夠的。

俄羅斯的天然氣蘊藏量居全世界第一位、煤礦蘊藏量居全世界第二位、石油蘊藏量居全世界第八位，大多位於烏拉山和中央西伯利亞高原之間的西部西伯利亞。目前許多國家、尤其是中國，面臨有史以來最嚴峻的供水短缺問題，可是俄羅斯在東部西伯利亞的山區、河川和湖泊仍有極大的水力發電潛力。普丁上台後前七年，利用能源收入將軍事預算增為四倍，空軍分配到最多。此後，軍事預算一路上升。由於地理因素——我已說過，除了北冰洋和太平洋，俄羅斯沒有清楚的地形邊界——俄羅斯顯然接受其社會必須「加強軍事化」、必須「透過建立陸基帝國不斷追求安全」的概念，普丁透過能源收入在這方面著力。[43]他並未將俄羅斯自由化，並在整個前蘇

41 W. H. Parker, *Mackinder: Geography as an Aid to Statecraft* (Oxford: Clarendon Press, 1982), p. 157.

42 Philip Stephens, "Putin's Russia: Frozen in Decline," *Financial Times*, London, October 14, 2011.

43 Paul Dibb, "The Bear Is Back," *The American Interest*, Washington, DC, November-December 2006.

聯及毗鄰的歐亞邊緣地帶釋放出軟實力潛能，他選擇新沙皇的擴張主義，目前倚賴豐富的天然資源，短期內支撐得住、不成問題。

可是即使普丁也沒有完全放棄俄羅斯地理的歐洲層面。他有心在國境近距離周邊重建勢力範圍。把注意力投注在烏克蘭身上，即證明他希望把俄羅斯定錨在歐洲——雖然不是以民主的方法。烏克蘭在俄羅斯的改造上，將是一個重要的關鍵轉軸。烏克蘭南濱黑海、西鄰昔日的東歐衛星國家，它的獨立使得俄羅斯在相當大程度上與歐洲接不上軌。烏克蘭西部有希臘和羅馬天主教徒，烏克蘭東部則以東正教為主；烏西是烏克蘭民族主義的孕育地，烏東則支持和俄羅斯有更密切的關係。換句話說，烏克蘭本身的宗教地理說明了它做為中歐和東歐之間邊境地區的角色。布里辛斯基說，沒有烏克蘭，俄羅斯還是可以做為帝國，只不過是「以亞洲為主的帝國」，會和高加索及中亞國家有更多衝突。但烏克蘭若回到俄羅斯主宰之下，俄羅斯原本傾向西方的人口會再增加四千六百萬人，即使它會整合進歐洲，仍會突然挑戰到歐洲。在這種情況下，根據布里辛斯基的說法，同樣遭到俄羅斯垂涎的波蘭，將成為決定中歐及東歐命運的「地理轉軸」，因此也會成為歐盟本身命運的轉軸。[44]俄羅斯和歐洲之間的鬥爭，尤其是俄羅斯和德、法之間的鬥爭，仍會持續下去，就和拿破崙戰爭以來的情勢一樣，而波蘭和羅馬尼亞等國家的命運則懸在天平上。共產主義固然已經崩潰，歐洲人還是需要仰賴俄羅斯的天然氣，其中八成要經過烏克蘭轉運。[45]冷戰的勝利使情勢出現極大變化，但是它不能緩解地理的事實。澳洲情報分析專家保羅·狄比

（Paul Dibb）說，俄羅斯重新崛起，或許會願意「去思考混亂的狀況，以便建立戰略空間」。[46] 普丁在二〇〇八年揮軍打進喬治亞，此舉顯示他領導下的俄羅斯不是個維持現狀的國家。

烏克蘭受到來自俄羅斯極大壓力，已同意延長俄羅斯黑海艦隊所租用的港口基地合約，以交換俄羅斯降低天然氣價格，而克里姆林宮還試圖控制烏克蘭的天然氣輸送管網絡。（烏克蘭的貿易也十分依賴俄羅斯。）但是歐亞地區的輸送管地理並非全然有利於俄羅斯。有些輸送管可把中亞的油氣輸送到中國。譬如，亞塞拜然裏海的石油經由輸送管穿過喬治亞、送到黑海，再取道土耳其到地中海，就避開了俄羅斯。另外還有計畫要建一條天然氣管，從裏海穿過南高加索和土耳其，再通過巴爾幹到中歐，它也要避開俄羅斯。不過，俄羅斯同一時間也在規畫一條天然氣管線，往南走黑海底下到土耳其；另一條往西走黑海底下到保加利亞。位於裏海邊的土庫曼，出口天然氣必須透過俄羅斯。因此，即使能源供應已經多元化，歐洲——尤其是東歐和巴爾幹——在相當大程度上仍需仰賴俄羅斯。歐洲的未來前途，就和它的過去一樣，一定程度地懸於麥金德式、深受其東方發展的影響之上。

---

44 Brzezinski, *The Grand Chessboard*, p. 46.

45 Richard B. Andres and Michael Kofman, "European Energy Security: Reducing Volatility of Ukraine-Russia Natural Gas Pricing Disputes," National Defense University, Washington, DC, February 2011.

46 Dibb, "The Bear Is Back."

俄羅斯還有其他的槓桿：它在立陶宛和波蘭之間的波羅的海，有座強大的海軍基地；在波羅的海各國、高加索和中亞，有大量的俄裔少數民族；亞美尼亞是親俄的；喬治亞則因為境內有親俄的省份阿布哈茲（Abkhazia）和南奧塞提（South Ossetia）鬧獨立，不啻給它找麻煩；它在哈薩克境內有飛彈試射場和空軍基地；在吉爾吉斯也有一座空軍基地，可以籠罩阿富汗、中國和印度次大陸；而塔吉克允許俄羅斯部隊巡邏它和阿富汗的邊界。甚至，俄羅斯策畫媒體攻勢、且在經濟上施壓，在二〇一〇年把吉爾吉斯總統庫曼貝克．巴奇耶夫（Kurmanbek Bakiyev）搞下台，因為他答應把空軍基地租借給美軍使用。

從北高加索的車臣、到與中國接壤的塔吉克，在這些地方，俄羅斯必須面對傳統上大波斯文化和語文圈的南方邊界重新崛起的伊斯蘭勢力。因此，俄羅斯藉由建立勢力範圍、收復失去的這些加盟共和國的努力，肯定需要有個友好的伊朗，不在這些地區與俄羅斯競爭，也不要輸出伊斯蘭基進主義。俄羅斯基於根植在地理上的原因，在美國對付伊朗政權的動作上只能提供微不足道的協助。

可是，儘管有上述種種優勢，歷史似乎不會重演，讓二十一世紀初再出現一個俄羅斯帝國。

這是因為中亞也有些特殊的歷史和地理條件。

俄羅斯在十九世紀初開始鞏固對中亞的控制。這時候俄羅斯在本地區的貿易增加，不過在哈薩克草原仍是無政府狀態，在地方氏族權威以上根本沒有任何政治機構可言。[47]二十世紀初，蘇聯在廣大的中亞草原和台地上建立個別國家，但是完全不遵守族裔界限，因此如果有人試圖從蘇聯分裂出去，根本就不可能——只會造成不同族裔相互混戰。蘇聯十分忌憚泛突厥主義、泛波斯主義和泛伊斯蘭主義，因此分化族裔群體成為一帖萬應仙丹。它也製造出一大堆的不正常狀態。譬如，錫爾河（Syr Darya）流域始於吉爾吉斯共和國、但卻是烏茲別克族聚居的地方，它經過烏茲別克、再經過塔吉克，然後回到烏茲別克、再終止於哈薩克。連結烏茲別克首都塔什干和烏茲別克費爾干納（Ferghana）省的公路，必須穿過塔吉克。要從塔吉克首都杜桑貝（Dushanbe）前往塔吉克族裔特多的苦盞（Khojent）和霍羅格（Khorog）地區，你必須經過烏茲別克和吉爾吉斯這兩個共和國。奇姆肯特（Chimkent）是靠近烏茲別克的一個城市，居民絕大多數是烏茲別克人，但是它隸屬哈薩克。撒馬爾罕市居民絕大多數是塔吉克人，但是它隸屬烏茲別克。凡此種種，無法一一列舉。因此，中亞出現的不是族裔的民族主義，而是「蘇維埃主義」，是控制權力的一種技術。但是，蘇維埃主義即使在蘇聯崩潰後仍存活，俄羅斯族裔在本地區已被邊緣化，在

47 Martha Brill Olcott, *The Kazakhs* (Stanford: Hoover Institution Press, 1987, 1995), pp. 57-58.

某些地方，甚至對他們存有強烈敵意。縱使如此，泛突厥主義和泛波斯主義仍然相當疲弱不振。伊朗自從十六世紀以來已屬什葉教派，可是塔吉克人及中亞其他波斯化的穆斯林，大多屬遜尼派。至於土耳其人，一直要到近期，現代土耳其才想要在穆斯林世界爭取成為焦點。

蘇維埃主義，以及每個國家沒有對單一族裔群體完全認同，很諷刺地促成中亞溫和的穩定，只在費爾干納流域及其他地方偶有動亂。（不過我必須要說，中亞地區仍是個潛在的火藥庫。）[48]這個動力受到天然資源極端財富的強化，給予某些國家在和歐亞大陸主要勢力——莫斯科和北京——打交道時有了強大的談判力量，可以在兩者之間漁翁得利。（俄羅斯需要將中亞的天然氣運送到歐洲市場，使得俄羅斯有對付歐洲的槓桿；但是俄羅斯的地位受到中國購買中亞天然氣的威脅。）[49]中亞的資源十分豐富。光是哈薩克的田吉茲（Tengiz）油田就被認為含有阿拉斯加北坡兩倍的石油。[50]土庫曼每年的天然氣產量是全球第三大。吉爾吉斯是蘇聯最大的汞和銻生產者，又有豐富的黃金、白金、鈀和白銀的蘊藏量。[51]天然資源如此豐富，加上對蘇聯的占領餘恨未消，導致烏茲別克沒先徵詢俄羅斯意見，就把它通往阿富汗的鐵路橋開放給北約部隊使用；土庫曼決定將它的能源輸送管道多樣化，不完全依賴俄羅斯；哈薩克捨棄俄羅斯工程師、轉向歐洲求助，來開採在裏海大陸棚地理上很難對付的石油油源。[52]

因此，俄羅斯要維持勢力範圍會很艱鉅，在某種程度上受制於全球能源價格的起伏變化，還要視俄羅斯本身經濟和天然資源的營運狀況而定；中亞國家也是如此。如果真的出現俄羅斯新帝國，它很可能就是舊帝國衰弱的復活再現，不僅有中亞這些桀驁不馴的國家牽制它，也會受到中國在中亞日益上升的勢力所限制，在較低的程度上，也會受到印度和伊朗的限制。中國已在中亞各國投資超過二百五十億美元。它還出資興建橫貫哈薩克的兩千英里長公路。哈薩克的阿拉木圖（Almaty）城和中國的烏魯木齊每天都有班機往來，中國貨物充滿中亞市場。[53]

哈薩克可能是俄羅斯在歐亞大陸最重要的一塊地區。依照中亞的標準，哈薩克是個繁榮的中等所得國家，其地理面積約等於西歐，國內生產毛額大於其他所有中亞國家總和。哈薩克新首都阿斯塔納（Astana）位於俄羅斯族裔占多數的北部地區。激烈的俄羅斯民族主義者在蘇聯崩解後，曾揚言要兼併北哈薩克；當時哈薩克和俄羅斯三千英里長的北方邊界有九個省（oblast），其中八個省的北部人口幾乎九成不是哈薩克人。[54]阿斯塔納的著名建物由諾曼·佛斯特爵士（Sir

---

48 Olivier Roy, *The New Central Asia: The Creation of Nations* (New York: New York University Press, 1997, 2000), pp. xiv-xvi, 8-9, 66-69, 178.

49 Andres and Kofman, "European Energy Security."

50 Olcott, *The Kazakhs*, p. 271.

51 Dilip Hiro, *Inside Central Asia: A Political and Cultural History of Uzbekistan, Turkmenistan, Kazakhstan, Kyrgyzstan, Tajikistan, Turkey, and Iran* (New York: Overlook Duckworth, 2009), pp. 205, 281, 293.

52 Martin C. Spechler and Dina R. Spechler, "Is Russia Succeeding in Central Asia?," *Orbis*, Philadelphia, Fall 2010.

53 James Brooke, "China Displaces Russia in Central Asia," *Voice of America*, November 16, 2010.

54 Olcott, *The Kazakhs*, p. 273.

Norman Foster）設計，構成哈薩克人對俄羅斯覬覦哈薩克野心的一種駁斥。再造阿斯塔納花費一百億美元，它藉由高速鐵路與南部哈薩克連結。[55]哈薩克真正成為了獨立自主的國家。它開發三座超級巨大的石油、天然氣和濃縮油氣田，其中兩座位於裏海，主要投資人是西方跨國公司。從裏海通往中國西部的一條新油管即將完成，哈薩克即將成為全球最大的鈾生產國。它有世界第二大的鉻、鉛和鋅蘊藏量，第三大的錳蘊藏量，第五大的銅蘊藏量，而煤、鐵、黃金蘊藏量都位居全球前十名。

哈薩克就是麥金德所謂的心臟地帶！全世界所有的戰略天然資源，它都很豐富；它跨坐在涵蓋西伯利亞西部及中亞的歐亞大陸塊中央，西起裏海、東抵外蒙古，跨度一千八百英里。烏拉山隱沒在哈薩克的西北部；天山山麓始於哈薩克的東南部。哈薩克的氣候是極端的大陸型，冬天黎明前首都阿斯塔納的溫度可以低到攝氏零下四十度。麥金德相信某個大國或超級大國會控制心臟地帶。但是在我們這個時代，心臟地帶掌握在本地住民手中，即使俄羅斯和中國這樣的大國也為其能源資源較勁爭奪。俄羅斯可能影響哈薩克，且可能出以嚴峻施壓的方式。最後一項分析：俄羅斯和哈薩克的經濟緊密交織，且哈薩克無法憑一己之力對抗俄羅斯軍隊而自保。但是如果普丁或其繼任者太強勢，哈薩克總是有機會選擇投向中國；總而言之，俄羅斯會願意甘冒國際輿論之韙以及外交陷入孤立之虞去入侵哈薩克，這樣的機率非常低。二〇〇八年，面積比哈薩克小了四十倍、人口僅及它三分之一的喬治亞，可能已暴露了俄羅斯在這項超級大陸軍事冒險的極限。當吉爾吉斯於二〇一〇年悄悄籲請俄羅斯出兵干預國內族裔暴動時，俄羅斯並沒有大舉進軍，生怕陷入在哈薩克另一端一個多山的中亞國家，難以自拔。

另一個局限俄羅斯在中亞採取軍事行動的因素是中國，中國在中亞的勢力日增，俄羅斯則相對消退。另外，中、俄兩國在遠東還有很長的共同邊界。俄、中維持合理的良好關係可為上海合作組織（Shanghai Cooperation Organization）提供動力；上海合作組織的宗旨在於聯合歐亞國家（大多是專制國家），對抗美國的影響力，而哈薩克也是成員之一。俄、中敵對在歐亞大陸的影響，遠大於美國和歐洲的角色。俄羅斯將會約束自己在中亞的行為，很有可能放棄以武力搶回一部分麥金德的心臟地帶之企圖。

關於這項分析我要提醒大家一句話：由於中國的崛起，以及中亞國家希望與不具威脅、高科技的國家如日本、南韓多做生意，俄羅斯能打的牌可能沒那麼強大。雖然俄羅斯的軍事選擇有些限縮，但它仍然可以繞著中亞調動部隊，這是其他國家辦不到的，且中亞國家在目前政治動盪時代也還帶有某種感情，懷念舊蘇聯時代的和平與安全。

縱使如此，卡內基莫斯科中心的狄米崔·特瑞寧也有可能說得很對：長期而言，俄羅斯真正最好的希望是自由化它的經濟和政治，以便讓俄羅斯對哈薩克及其他前臣民更有吸引力。就心臟

---

55 Hiro, *Inside Central Asia*, p. 262.

地帶而言，因共產主義崩潰、全球化興起，它本身已經具備實力。哈薩克的面積是中亞其他國家加總起來的兩倍以上，已經證明它實力不可小覷。麥金德生怕世界會水平式地劃分成不同的階級和意識形態；他認為伴隨著力量平衡，鄉土主義（provincialism）——垂直式地把世界劃分為小團體和國家——有助於保障自由。[56]

---

56 Parker, *Mackinder*, p. 83.

第十一章 強權中國的地理

麥金德在他著名的文章〈歷史的地理樞紐〉結尾，頗有疑慮地提到中國。說明為何歐亞大陸內陸構成地緣戰略世界大國的支點之後，他斷定中國人「可能對世界自由構成黃禍，因為他們可對其大陸資源加上迎向海洋的正面位置，這是這個樞紐區域的俄國居民未有的優勢。」[1] 除了那個時代遺傳的種族主義情感，以及任何一個非西方大國崛起時都會遇到的歇斯底里之外，不妨專注在麥金德的分析上：即俄羅斯是陸上大國，它唯一的海洋正面主要受到北冰洋包圍；中國也是大陸規模的大國，但它實際範圍不僅伸入前蘇聯的戰略核心中亞（擁有豐富的礦產及碳氫化合物財富），也伸向三千英里以外的太平洋重要航運線。中國有九千英里長的海岸線，又有許多優良的天然港口，且大多是不凍港。（麥金德實際上擔心有朝一日中國會征服俄國。）此外，麥金德

1 H. J. Mackinder, "The Geographical Pivot of History," *The Geographical Journal*, London, April 1904.

一九一九年在《民主的理想與現實》一書中寫道：如果歐亞大陸與非洲結合起來、組成「世界島」——這個陸地地球的核心，面積是北美洲四倍大、人口則為八倍之多——那麼中國做為歐亞大陸最大的大陸規模國家，海岸線位在熱帶、也在溫帶，占有全球最有利的位置。麥金德在《民主的理想與現實》結論中預測：中國最終將會與美國、英國一樣，指導世界，「為四分之一人類建立既非東方、也非西方的新文明」。[2]麥金德是個徹頭徹尾愛國的帝國主義者，很自然地把英國納入地位崇高的一類。即使如此，光從地理和人口兩項判準而言，他有關中國的預測至少迄今都還證明是對的。

中國受庇於其地理位置，是個基本常識，顯而易見，在討論它的經濟活躍、近數十年全國努力向前時，往往就會忽視了它。因此，透過中華歷史稜鏡檢視地圖是應該的。

俄羅斯位於北緯五十度以北，中國位於它南邊，溫度緯度與美國大致相似，有同樣的氣候變化及其帶來的好處。[3]中國東北大城市哈爾濱位於北緯四十五度，相當於美國緬因州。北京靠近北緯四十度，與紐約市相當。長江口的上海位於北緯三十度，與紐奧良相當。赤道橫跨中國最南方，也穿過佛羅里達州長岬地帶（Keys）。

論大陸型，中國比起美國只略遜一籌。美國濱臨兩洋、北有加拿大的北冰洋，只有南方墨西哥人口眾多對它有影響。過去一千年，中國的威脅主要來自北方及西北方歐亞大陸的大草原地帶。同一塊大草原地帶則從相反方向威脅俄羅斯。因此，高地沙漠的漢、滿、蒙、回族之間的互動，構成中國歷史上的一個中心主題。這也是為什麼中國最早幾個朝代大多定都於渭水流域（更往上游，即與黃河匯流）。這裡有足夠的降雨量供定點農業耕作，又可安全地不受北方內蒙古高原游牧民族的侵擾。

美國是由森林、草原、高地沙漠、大山和海岸井然有序——中間有南北縱走的密西西比河和密蘇里河——界定它的地理，中國則是渭水、漢水、黃河和長江等大河自西而東，從歐亞大陸內陸高處、乾燥高地向靠近太平洋岸、潮溼的農業土地流動。[4]這些農業土地又分為華北比較乾的小麥、粟生長區，成長季節短，類似美國北方的中西部；以及華南潮溼、一年兩次收成的水稻地區。因此，西元六〇五年至六一一年興建的大運河（Grand Canal）連結黃河與長江——以及易遭饑荒的華北與經濟富饒的華南——依照英國歷史學家約翰·基亞（John Keay）的說法，「具有和興建北美洲第一條橫跨大陸鐵路同樣的效應」。[5]大運河是中國統一的關鍵。它在中古的唐朝

---

2 Halford J. Mackinder, *Democratic Ideals and Reality: A Study in the Politics of Reconstruction* (Washington, DC: National Defense University, 1919, 1942), pp. 46-48, 203.

3 中國位於溫帶地區，人口十三億二千萬，二〇〇八年國內生產毛額總值四兆三千二百六十億美元；而俄羅斯位於北冰洋和溫帶地區之間，人口一億四千一百萬，二〇〇八年國內生產毛額總值為一兆六千零十億美元。Simon Saradzhyan, "Russia's Red Herring," ISN Security Watch, Zurich, May 25, 2010.

4 John Keay, *China: A History* (London: HarperCollins, 2008), p. 13.

5 同前書，p. 231.

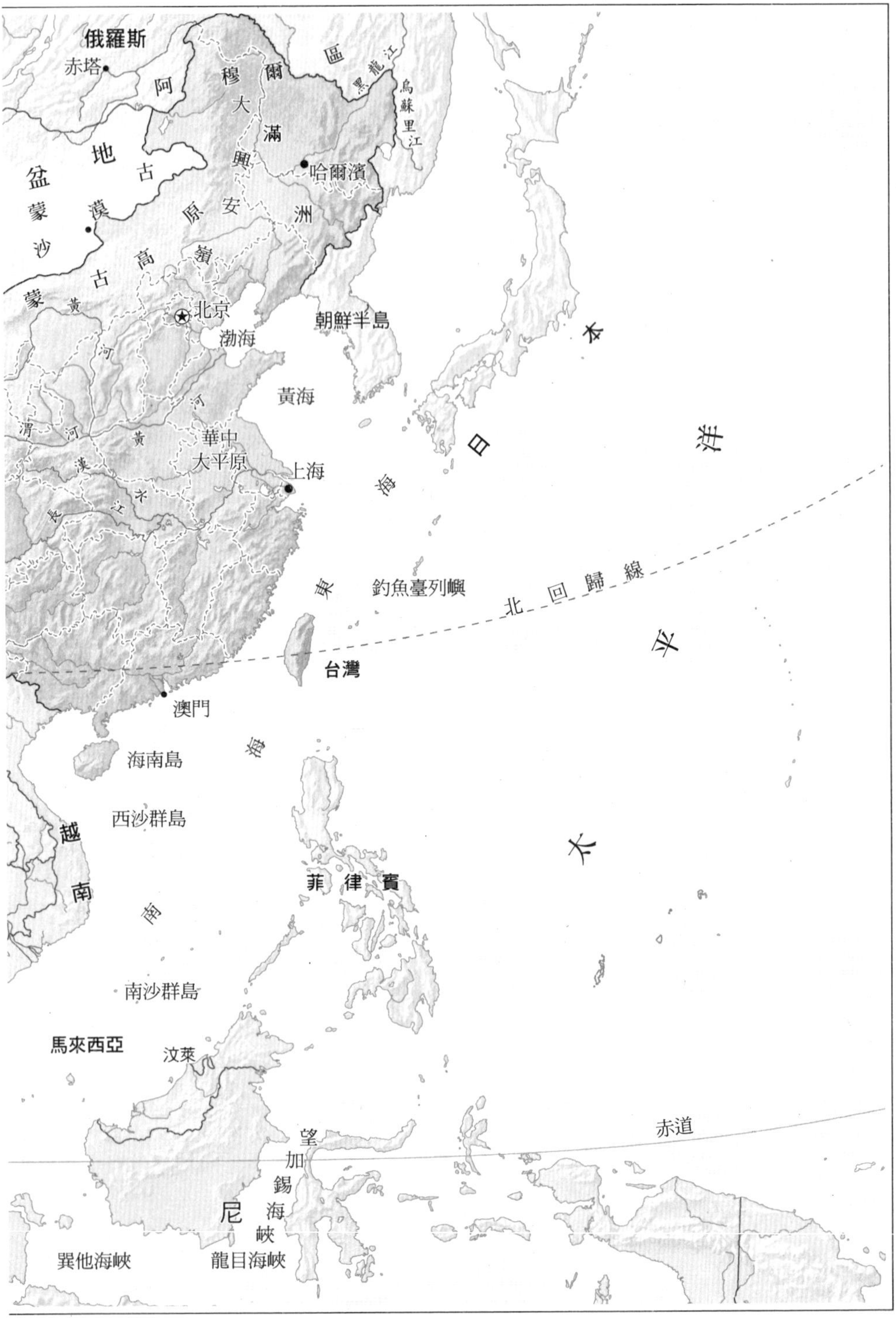

俄羅斯
赤塔
黑龍江
烏蘇里江
大興安嶺
滿洲
哈爾濱
蒙古高原
北京
渤海
朝鮮半島
黃海
黃河
渭河
漢水
長江
華中大平原
上海
日本海
東海
釣魚臺列嶼
北回歸線
太平洋
台灣
澳門
南海
海南島
西沙群島
越南
菲律賓
南沙群島
馬來西亞
汶萊
赤道
望加錫海峽
尼
巽他海峽
龍目海峽

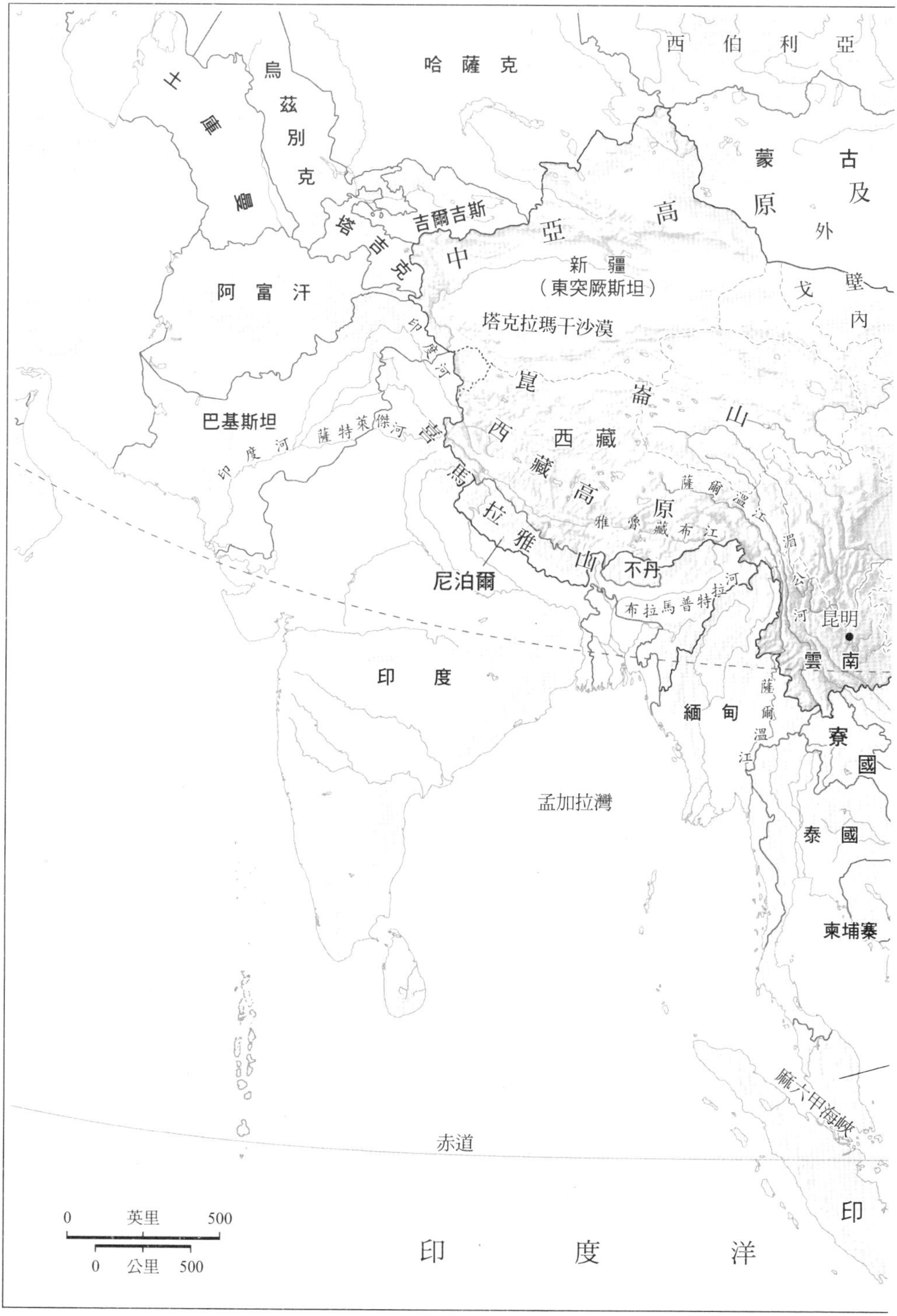

哈薩克
西伯利亞
土庫曼
烏茲別克
吉爾吉斯
塔吉克
中亞高原
蒙古
及
外
戈壁
內
新疆
（東突厥斯坦）
塔克拉瑪干沙漠
阿富汗
印度河
崑崙山
巴基斯坦
薩特萊傑河
印度河
喜馬拉雅山
西藏
西藏高原
薩爾溫江
雅魯藏布江
湄公河
不丹
尼泊爾
布拉馬普特拉河
昆明
雲南
印度
緬甸
薩爾溫江
寮國
孟加拉灣
泰國
柬埔寨
麻六甲海峽
赤道
0
英里
500
0
公里
500
印度洋
印

和宋朝，便於北方征服南方，有助於鞏固農業中國的核心地理。我們從這裡又看到，人類個別的行動——興建運河——比起單純的地理事實，對歷史會有更加關鍵重大的影響。就華北和華南的嚴重差異而言，在中古早期兩個中國之間的分裂已有兩百年，它極有可能就變成永久分裂，有如東、西羅馬帝國一樣。[6]

但是誠如已故的哈佛大學教授費正清（John King Fairbank）所言：「相較於內蒙古平原的游牧和中國以深耕農業為基礎的定居村莊之間的差異，華南和華北的差異就微不足道了。」所謂內亞（Inner Asia），費正清含括地相當廣泛：「這個大弧形從滿洲經蒙古和突厥斯坦到西藏。」他又說，中國的自我意識是根據周圍沙漠地帶和中國本土耕作之間的文化差異而來，也就是說那是游牧與耕作的差異。[7]中國的族裔地理反映此一「核心—邊陲結構」，核心指的是可耕作的「中原」或「內地」，而邊陲指的是游牧的「邊疆」或「外地」。[8]

這也正是興建長城的由來。政治學家賈庫布・葛瑞吉爾說，長城「為的是強化生態差異，卻成為政治差異」。[9]的確，對早期的漢人而言，農業就是文明：「中國」根本無所求於周圍的游牧民族。從這裡就衍生出中國要與西方基督教文明分享的文化必然事實。[10]從西元前三世紀的周朝末年起，可耕的中國開始吸納夷狄和準夷狄分子。[11]後來，從西元前二世紀的漢朝起，漢人將遭遇其他文化——羅馬、拜占庭、波斯和阿拉伯——因此發展出一種比較的、區域性的空間意識。[12]中國今天擁有沙漠和耕地，且具有大陸型面積，反映的是長久、且相當順利的歷史過程極致，它又提供了今天中國強國的地理基礎——至少目前是如此。

擴張的過程始於滿洲和內蒙以南的華北可耕地、渭水和黃河下游「搖籃地帶」，它在三千年前的西周即已相當興盛。[13]由於游牧的內亞沒有作物農業，它的人口稀少，只有搖籃地帶的十六分之一，若不往南取得它們，即無法生存。[14]因此中國從渭水和黃河下游往外發展，而近年的考古挖掘也有跡象顯示，這時候在中國東南和越南北部也有文明發展。[15]戰國時代（西元前四〇三年至二二一年），諸侯交相攻伐，一百七十個小國剩下七雄，中國文明更往南移，進到產米、產

6 Patricia Buckley Ebrey, *China: The Cambridge Illustrated History* (New York: Cambridge University Press, 1996), p. 108.

7 John King Fairbank and Merle Goldman, *China: A New History* (Cambridge: Harvard University Press, 1992, 2006), p. 23.

8 M. Taylor Fravel, *Strong Borders, Secure Nation: Cooperation and Conflict in China's Territorial Disputes* (Princeton: Princeton University Press, 2008), pp. 41-42.

9 Jakub J. Grygiel, *Great Powers and Geopolitical Change* (Baltimore: Johns Hopkins University Press, 2006), p. 133. 另外，拉鐵摩爾寫道：「很顯然，有一條分界線存在於有利地能被納入中華帝國、及不能被納入的領土和人民之間。這條分界線正是長城想要界定的。」Owen Lattimore, "Origins of the Great Wall," *Geographical Review*, vol. 27, 1937.

10 Fairbank and Goldman, *China: A New History*, pp. 23, 25, 45.

11 Ebrey, *China*, p. 57.

12 Saul B. Cohen, *Geography and Politics in a World Divided* (New York: Random House, 1963), pp. 238-39.

13 Keay, *China*, maps pp. 8-9, 53.

14 Ebrey, *China*, p. 164.

15 Fairbank and Goldman, *China: A New History*, pp. 41-42.

茶地區，包括今天上海地區。即使如此，政治力量仍留在北方，包括今天的北京地區。戰國七雄的秦國勝出、統一中國——某些字源學家說，中國之名即源自秦。到了西元前一世紀的漢朝，中國涵蓋從黃河、長江上游到太平洋海岸，從渤海（朝鮮半島邊）到南海這一大片土地。透過外交折衝和軍事征伐，漢朝皇帝在外蒙和東突厥斯坦（今新疆）的匈奴族之中，以及南部滿洲和北部朝鮮等地，建立封建采地。

中國發展出一個模式。它的墾殖型農業文明必須一再努力開闢緩衝地帶，抵擋從滿洲到西藏三方與它為鄰的乾燥高地游牧民族南下。[17]這個歷來的兩難，其結構與俄羅斯人遭逢的困境相同，俄羅斯人也需要緩衝地帶。只不過俄羅斯人口不多，分布在十一個時區；中國則自古以來即相當有凝聚力、人口也極為稠密。相對來講，中國較不用害怕，因此成為比較低度軍事化的社會。縱使如此，中國還是出現活力特別旺盛的朝代。西元八世紀的唐朝，文治武功皆盛極一時。唐朝的部隊穿過蒙古和西藏之間地帶，在中亞各地建立保護國，甚至遠抵今天伊朗東北部的呼羅珊（Khorasan），成就一條聞名的絲路。隨後，唐朝皇帝得到西北方突厥族維吾爾人之助，與西南方的西藏人作戰。中國總是在大草原民族之間合縱連橫，不和他們同時開戰。事實上，軍隊只是唐朝國家工具之一。英國歷史學者約翰・基亞寫道：「儒家學說形成於戰國時代，對於文人控制軍中事務態度十分堅定。」[18]費正清也說：「古中國有一優點」即是「合理的和平主義」，儒家對國家有一迷思，主張要「以德治國」。[19]歷史學家有時候反脣譏笑這種和平主義，指稱中國曾經侵略北方草原及平原地帶，而游牧民族也回過頭來侵略中國。西元七六三年，西藏部隊的確洗劫唐朝首都長安。更明顯的是，金、遼、元（全是北方草原民族）代表內亞勢力在中世紀頻頻侵犯中國。宋朝和明朝雖具有革命性的軍事技術，卻無法收復草原地帶。從西藏和東突厥斯坦、經蒙古，到和俄羅斯接壤的遠東邊境，一直要到十七、十八世紀才由滿清光復。（台灣於一六八三年納入大清版圖。）[20]總而言之，中國成為廣袤的大陸，是因為它持續與延伸進入麥金德的心臟地帶之內亞草原地帶往復互動的結果，這也是驅動今天中國政治現實的一個事實。

現在的問題是，占中國人口九成以上、且主要居住在可耕地搖籃地區的漢人，能否永遠控制住在邊陲地區的西藏人、維吾爾人和內蒙古人，維持最低度的動盪。中國的最終命運將繫於此一事實，尤其是中國經濟及社會發生動亂時。

目前，中國正處於大陸強國最鼎盛時期，即使它國土遭歐洲列強、俄羅斯和日本侵凌的傷痕

---

16 地理學家T. R. Tregear寫道，北京的位置符合元、明、清朝至今的現代需要，因為它居於中央位置，既可治理全國，又近到可以防衛北方及西方的草原地帶。T. R. Tregear, *A Geography of China* (London: Transaction, 1965, 2008), pp. 94-95.

17 「夷狄」入侵的威脅正是已故的中國通拉鐵摩爾研究的主題。Owen Lattimore, "China and the Barbarians," in *Empire in the East*, edited by Joseph Barnes (New York: Doubleday, 1934).

18 Keay, *China*, p. 259.

19 Fairbank and Goldman, *China: A New History*, p. 109.

20 Ebrey, *China*, p. 227.

猶新。十九世紀，清朝淪為東亞病夫，中國丟了許多領土：南方的朝貢國尼泊爾和緬甸被英國占走；印度支那被法國搶走；台灣和朝貢國朝鮮，以及庫頁島，也被日本拿走；外蒙古、阿穆爾河（即黑龍江）和烏蘇里江流域也歸俄羅斯人控制。[21]進入二十世紀，日本占領中國核心的山東半島和滿洲。除此之外，十九世紀和二十世紀初期，中國還被迫與列強簽署許多條約，准許西方國家控制中國某些城市，享有治外法權保障。

現在我們把時間快轉到一九五〇年代，中國中學教科書出現大中國地圖，把所有這些失土及東部哈薩克、吉爾吉斯全納進去。毛澤東是大清盛世以來把大陸中國鞏固起來的第一人，他明顯是個民族統一主義者，把原本廣土眾民、卻備受欺凌逾百年的奇恥大辱內化了。[22]看到中國歷史興衰起伏的這一頁，或許我們應當原諒毛澤東思維裡這個缺點。二十一世紀第二個十年的中國統治者，表面上或許不若毛澤東那麼無情，可是，他們腦子裡一定還忘不了中國的歷史。雖然中國目前的邊境包括滿洲、內蒙、東突厥斯坦和西藏——也就是周遭所有高原和草原——今天中國統治者的經濟和外交策略，展現出中國有超越八世紀大唐盛世及十八世紀大清盛世領土的雄心。中國是個人口巨國，過去三十年又締造全世界最旺盛的經濟，它今天和俄羅斯不一樣，靠的是商業、而非武力恫嚇來伸張其領土影響力。

地理顯示中國往世界大國之路走，可能不會直線一路前進——它過去三十年國內生產毛額成長率年年超過一成，這種榮景不可能持續下去——但是中國即使社會經濟紊亂、也將繼續居於地緣政治中心。而中國也不可能全面陷於紊亂。中國呼應麥金德，結合極端、西式的現代性與古代東方及近東常見的水力文明：也就是說，它的特色是中央控制，因為要興建重大水利工程或其他工程的政府，需要數百萬的民夫役力。[23]這使得中國殘酷、活潑，與西方民主國家大異其趣。由於中國現在名義上的共產黨統治者是四千年來二十五個朝代的最新一代，吸收西方科技作法並應用在頗有紀律的、繁複的文化體系架構內：一個曾經形成朝貢關係獨特經驗的文化體系。有位新加坡官員告訴我：「中國人要討好你的時候，會拚命討好你；當他們要欺壓你的時候，就會欺壓你。他們做起來得心應手。」

中國的內部活力——不管它的民間騷亂和效率不彰、也不說它的經濟遲緩下來——創造出對外的雄心。帝國經常不是有意識地追求來的。反而是國家變得強大時，它們發展出需要，並且——出乎意料地——出現全新的不安全感，導致他們以有組織的方式擴張。以美國為例。在某幾位不太為後人記得的總統——海斯（Rutherford B. Hayes）、賈菲爾（James Garfield）、亞瑟

---

21 "Map of Nineteenth Century China and Conflicts," www.fordham.edu/halsall, reprinted in *Reshaping Economic Geography* (Washington, DC: The World Bank, 2009), p. 195.

22 G. Patrick March, *Eastern Destiny: Russia in Asia and the North Pacific* (Westport, CT: Praeger, 1996), pp. 234-35.

23 二十世紀德裔美國籍歷史學者、漢學家魏復古（Karl Wittfogel）提出此一水力社會理論。他說，它們最先在古代河川流域文明發展起來，需要徵集民夫役力去興建大型水利工程。（譯按：魏復古一九五七年出版的《東方專制主義》〔*Oriental Despotism: A Comparative Study of Total Power*〕相當著名）

宋朝的中國
西元一一〇〇年北宋大致邊界及西元一一二七年讓與金朝的失土
戈壁沙漠
內蒙古高原
黃河
渤海
黃海
本虛線以北於西元一一二七年靖康之變中為金朝所據
渭河
洛陽
開封
長安
大中華平原
揚州
東海
漢水
長江
成都
杭州
重慶
長沙
福州
北回歸線
廣州
南海
海南島
0
英里
500
0
公里
500

（Chester Alan Arthur）、哈里遜（Benjamin Harrison）等——領導下，美國的經濟在南北戰爭結束至一八九八年美西戰爭爆發這段期間，悄悄地以高成長率年年進步。結果是，美國與外界貿易量大增，它首次在遙遠的地方發展出複雜的經濟與戰略利益，進而在某些軍事行動中，美國海軍及陸戰隊在南美洲和太平洋登陸。這一切會發生，根本無關美國當時社會有什麼弊病缺點。這都是美國活力蓬勃的結果。造成美國注意力向外的另一個因素，是它已經鞏固了本身的內陸。最後一次與印第安人的重要作戰，發生在一八九〇年。

中國也正在鞏固它的陸上邊境，並開始將注意力轉向國外。中國和美國不一樣，它對世界事務沒有抱持傳教士的使命感。它沒有意識形態或政府制度想要推廣給世人。在國際政治上促進道德進展，是美國人的想法，與中國人不相干。可是中國也不是滿足於維持現狀的國家：它積極涉入外事，是因為它需要取得能源、金屬和戰略礦物，以便支撐全球約五分之一人類日益提升的生活水平。中國現在靠的是全球百分之七的可耕地，養活全球百分之二十三的人口——費正清說，「把兩千人塞進地表上河谷及沖積平原的每一平方英里可耕地」。[24]現在它遭逢極大壓力要達成類似使命——讓它的大多數城市居民能享有中產階級的生活方式。

為了達成這項任務，中國已在其鄰近地區及富有它經濟成長所需資源的遠方國家，建立有利

[24] Fairbank and Goldman, *China: A New History*, p. 5.

的大國關係。由於驅動中國跨出其正式國境的因素涉及到它的核心國家利益——經濟生存和成長——中國可以被界定為一股超級現實主義（**über-realist**）的力量。中國現在在撒哈拉沙漠以南的非洲到處和富含石油、礦藏的國家建立詭異、殖民地式的關係，又要在南海及印度洋——它可以串連起石油產地阿拉伯／伊朗世界和中國海岸——各地爭取港口使用權。北京要的是穩定、不是西方國家所謂的道德，它根本不管是和哪一種類型的政權來往。由於這些政權當中，如伊朗、蘇丹和辛巴威，不是蒙昧、就是專制，或是兩者兼具，中國如此在全球搜索資源，使得它和有傳教傾向的美國產生衝突，也和印度及俄羅斯起衝突，因為中國勢必衝撞他們的勢力範圍。一般容易忽略的是，這些國家，以及在東南亞、中亞和中東的其他國家，過去即曾受到中國某一朝代的影響。蘇丹離十五世紀初明朝鄭和艦隊到過的紅海地區也不遠。中國只不過重新建構它的帝國版圖罷了。

中國並沒有構成生死存亡的威脅。美國和中國發生戰爭的危險極其遙遠。中國的確造成軍事威脅，但是我們稍後將會看到，那是間接的威脅。中國構成的最根本挑戰是地理面——雖然還有一些債務、貿易和氣候變遷等重要議題。中國在歐亞大陸和非洲地區——即麥金德所謂的「世界島」——新興的勢力範圍正在增長，不是十九世紀帝國主義那種味道，倒是比較狡黠、適合全球化的時代。中國只想確保它的經濟需要，它改變了東半球的權力平衡，而這與美國大有關係。不論是陸上或海上，受惠於中國在地圖上的有利位置，北京的影響力從中亞溢散到俄羅斯遠東地區、從南海延伸到印度洋。中國是正在崛起的大陸大國，而拿破崙曾說過一句名言：這種國家的政策是承襲自它們的地理。

我已經說過，中國在中亞／東亞地圖上的位置相當有利。但是在其他方面，二十一世紀的中國卻是很危險地不完整。我們姑且以它北方的蒙古（地理上的「外蒙古」）為例來說明：中國位於外蒙古的南邊、西邊和東邊，而外蒙古看起來就像一大塊領土從中國給咬掉。外蒙古的人口密度在全世界排名居於末段班，現在正受到歐亞大陸最新的人口大移動所威脅——也就是中國城市文明有往北移動的趨勢。漢人已經湧入中國的內蒙古地區，現在外蒙古擔心自己會是遭到人口征服的下一個地區。中國曾藉由把耕作線往北推的方式征服過外蒙古，現在可能透過全球化征服蒙古。中國覬覦前清滿洲屬地的石油、煤、鈾和其他戰略礦物，以及肥沃、空曠的草原。[25]它為何興建可以連通蒙古的公路，得從這個角度去看。中國不加節制的工業化與城鎮化，現在是全世界鋁、銅、煤、鉛、鎳、鋅、錫和鐵砂的主要消費國，這一切資源蒙古都很豐富。自從一九九〇年代末期以來，中國使用金屬的世界占比已從百分之十躍升為百分之二十五。因此中國的礦業公司極力爭取蒙古的地下資產。鑑於中國已吸收了西藏、香港和澳門，蒙古將是一道絆網，可以判

25 耶魯教授史景遷（Jonathan D. Spence）寫道，效忠西藏達賴喇嘛的準噶爾戰士噶爾丹（Galdan）其部隊一六九六年在外蒙古北部被滿清八萬大軍所敗。Jonathan D. Spence, *The Search for Modern China* (New York: Norton, 1990), p. 67.

別中國未來的意向。我在二〇〇三年親訪札門烏德鎮（Zamyn Uud）附近的蒙、中邊境，只看到在平坦、但逐降的戈壁沙漠（Gobi Desert）上人為的指地為界。中方的邊哨站燈火通明、建築強固，象徵著南方是個豐饒、工業化的大國，正包圍著遍布蒙古包和鐵皮屋的、人口稀疏的蒙古草原。不過我們也要記住，一旦中國的內蒙古發生種族動亂時，這樣的人口和經濟優勢也可能變成雙面刃。中國因為含括了這麼大一片游牧民族的邊陲，其影響力也會暴露出多種族國家特有的弱點。另一個可能支撐中國計畫的因素是蒙古本身近年來的快速經濟發展，它吸引了一大堆企業投資人從世界各地蜂擁而至，因而限縮了中國的影響力。

外蒙古的北邊，以及中國東北三省的北邊，就是俄羅斯的遠東邊區，從貝加爾湖到海參崴，一望無垠的樺樹森林。這片令人昏眩的廣袤大地面積大約是歐洲的兩倍、人口卻相當稀少，只有六百七十萬人，而且預估將會降低到只剩四百五十萬人左右。我們已經知道，在十九世紀和二十世紀初那一陣民族主義的帝國主義，趁著中國國勢衰弱，擴張進入此一地區。俄羅斯其他地區少有像它東部三分之一邊區、尤其是接近中國的地區那麼荏弱。在邊界的另一方、也就是中國東北，住著一億中國人，人口密度是東部西伯利亞的六十二倍。中國移民已經悄悄滲透、跨過邊境。譬如，西伯利亞赤塔市（Chita）位於蒙古北邊，有相當多的華人、而且人數還在增加中。尋求資源是中國外交政策的首要目標，而俄羅斯人口稀疏的遠東邊區正好有極為豐富的天然瓦斯、石油、木材、鑽石和黃金。倫敦《每日電訊報》（*Daily Telegraph*）特派員大衛・布萊爾

（David Blair）寫道：「俄羅斯和中國或許會成立戰術同盟作業，但是他們為了遠東已經產生緊張。莫斯科謹防大量中國移墾者進入此一地區，並帶來木材公司和礦業公司。」[26]在這裡，情勢就和外蒙古一樣，問題不在大軍入侵或正式兼併，而是中國人口及企業偷偷地控制了整個地區，而這個地區有好大一片土地在明朝和清朝時原本就屬於中國所有。

冷戰時期，中、蘇邊境爭議曾引爆軍事衝突，當時雙方在西伯利亞這片荒野大地布下數十萬大軍對峙。一九六九年，蘇聯在黑龍江和烏蘇里江的俄羅斯一側部署五十三個師的部隊。毛澤東不甘示弱，也擺下百萬雄師，並且在主要城市大事興建炸彈掩體。蘇聯領導人布里茲涅夫為了緩和在西翼的壓力，以便專注遠東局勢，發動與美國修好的「低盪」（détente）政策。中國認為它被蘇聯、蘇聯的附庸外蒙古、親蘇聯的北越、北越的附庸寮國，以及親蘇聯的印度所包圍。這些緊張造成中、蘇分裂，尼克森政府趁虛而入，於一九七一年至一九七二年間與中國開始關係正常化。

地理會再次拆散俄羅斯和中國嗎？他們今天的結盟只是戰術性。而受惠人會跟過去一樣，是美國嗎？雖然這一次有可能是中國比較強勢，美國或許可能與俄羅斯結成戰略同盟以對抗中國天朝，以便迫使中國將注意力從太平洋第一島鏈轉向其陸地邊境。的確，要有能力阻礙中國海軍往

[26] David Blair, "Why the Restless Chinese Are Warming to Russia's Frozen East," *Daily Telegraph,* London, July 16, 2009.

日本、南韓和台灣部署，需要美國從靠近中國的中亞基地施壓，以及和俄羅斯保有特別友善的關係。陸地上施壓可以幫助美國在海上阻礙中國。

然而，另一套劇本也有可能演出，對於中國東北的北部居民及俄羅斯的遠東邊區可能更樂觀、更有利。這個版本要回到一九一七年以前，當時中國人口和貿易滲透進入黑龍江和烏蘇里江流域，導致當時尚屬莫斯科比較自由派政府管轄的俄羅斯遠東邊區經濟復興，當時莫斯科亦利用此一發展，把海參崴港定位為東北亞的全球中心。把這套劇本再推演一下，我推論北韓會出現較好的政權，促成以日本海為中心、東北亞會有一個活潑的開放邊境地區。

中國與前蘇聯中亞各共和國的邊界沒有那麼任意地不完整，因此某個程度上與過去的歷史不盡相同。中國已伸展地相當深入歐亞大陸的中心，可是又不夠深入。新疆是中國最西邊的一個省，這裡就是東突厥斯坦，由於戈壁沙漠的阻絕，從中國人口中心到此地可就更加遙遠。中國立國三千年以來，歷朝版圖或有變化，而新疆直到十八世紀中葉才納入中國版圖，大清乾隆皇帝征服西域大片土地，使中國面積倍增，也與俄羅斯確定「堅實的西部疆界」。[27]已故的英國外交官、旅行作家菲茲洛伊．麥克連爵士（Sir Fitzroy Maclean）說，從此之後，新疆的歷史就「持續動盪」。[28]有過叛變，而且直到一九四〇年代還有突厥族獨立統治的一段時期。一九四九年，毛澤東的共產黨部隊開進新疆，把它強力併入中國。可是，直到一九九〇年、甚至二〇〇九年，還是有突厥裔的維吾爾人起事叛亂、反對漢人統治。維吾爾人是突厥族的一支，吉爾吉斯人把他們趕到東突厥斯坦後，他們曾在西元七四五年至八四〇年統治過蒙古。維吾爾人口約八百萬，占中國全國人口不及百分之一，但是在新疆省卻占百分之四十五——新疆是中國最大的一省，面積是德州的兩倍。

中國人口的確十分集中在太平洋沿岸地區，以及河邊低地及中原的沖積流域，而比較高的乾燥高原（通常海拔一千二百英尺左右），大多位於相對空曠的西部和西南部，即便此處是反抗漢人的維吾爾人和藏人少數民族的集中地。前文提過，原本的中國起源於黃河、尤其是渭水流域，人類可能在史前時期已在此一地區活動。中國做為文明的概念從這裡開始沿著大河有組織地散布出去；大河對於中國人的作用正如大路之於羅馬人。中華文明的此一核心地帶，「河川、運河和水利灌溉渠道交織，稻田阡陌相連」；「季節性的洪水……也讓需要的養分又回歸土壤」。[29]今天，中國的領土不僅涵蓋這些河邊心臟地帶，也包括突厥族的中亞地區和傳統上的藏人地區，即使它吻合中國的帝制歷史，對北京仍是很大的繪圖挑戰。以北京的角度看，中國控制其鄰近高地是天經地義的事，不容打折扣。

二十世紀中葉美國的中國通歐文・拉鐵摩爾（Owen Lattimore）提醒我們：「黃河的水源自

---

27 Spence, *The Search for Modern China*, p. 97.

28 Fitzroy Maclean, *Eastern Approaches* (New York: Little, Brown, 1949), p. 120.

29 Spence, *The Search for Modern China*, p. 13.

西藏的雪……它的部分河道流經蒙古草原附近。」[30]西藏是黃河、長江、湄公河（Mekong）、薩爾溫江（Salween）、布拉馬普特拉河（Brahmaputra，譯按：在中國境內稱雅魯藏布江）、印度河（Indus）和薩特萊傑河（Sutlej）等河流的發源地，或許是全世界最巨大的淡水大倉庫；即使中國到了二〇三〇年預計水需求量會短缺四分之一。[31]這些地區地底下還富藏數十億噸的石油、天然瓦斯和銅礦，為了保有這些地區，北京政府過去數十年從內地人口中心地帶向此地大量移入漢人。就新疆而言，它也代表中國必須巴結、交好中亞獨立的突厥族裔各共和國，維吾爾人才不會有政治和地理的奧援，藉以抵抗北京的統治。

在中亞，就和在西伯利亞東部一樣，中國與俄羅斯激烈競爭勢力範圍。中國和前蘇聯中亞之間的貿易額，從一九九二年的五億二千七百萬美元，上升到二〇〇九年的二百五十九億美元。[32]北京目前發揮影響力的工具將是兩條主要的油氣輸送管線，一條從裏海把石油經哈薩克送到新疆，另一條把天然氣從土庫曼和烏茲別克邊境，通過烏茲別克和哈薩克送到新疆。大中國伸展進入麥金德的歐亞大陸心臟地帶，並不需要動員軍隊；因為對能源的需求難以饜足，再加上本身內部少數民族構成的威脅，它非得積極交好中亞各國不可。

這並不是說中國可以高枕無憂、沒有危險。中國目前已經相中世界上為數不多、尚無明主的銅、鐵、金、鈾和寶石的蘊藏，它已在戰火肆虐的阿富汗首都喀布爾之南開挖銅礦。中國已經設想好以阿富汗（及巴基斯坦）做為其公路及油氣輸送管的安全通道，可從印度洋港口將天然資源連接到北京的中亞新地盤。中國已經在「不尋常地積極」興建可把新疆和吉爾吉斯、塔吉克、阿富汗連結起來的公路。在阿富汗境內，中國一家國有企業「中鐵四局集團」在瓦達克省（**Wardak Province**）不顧一切興建路網。中國也在改善從幾個不同方向往阿富汗而去的鐵路基層建設。[33]因此，在美國傷腦筋如何才能擊敗凱達組織及塔利班分子之際，中國的地緣政治地位將會強化。軍事部署是一時的，公路、鐵路和輸油管才是永遠的。

就和新疆的塔克拉瑪干沙漠（**Taklamakan Desert**）一樣，山巒疊障的西藏高原，富藏銅與鐵礦，是中國面積極大的一塊地區，這也說明了為什麼北京視西藏自治是很恐怖的一件事、更不用說它要獨立了。缺了西藏，中國就崩了一大塊，實質上也就是印度次大陸大擴張：這也說明了為什麼中國在西藏的崇山峻嶺間拚命搶建鐵路和公路。

如果你接受巴基斯坦（它現在也有中國蓋的公路及通往印度洋港口的計畫）是未來大中國

---

30 Owen Lattimore, "Inner Asian Frontiers: Chinese and Russian Margins of Expansion," *The Journal of Economic History*, Cambridge, England, May 1947.

31 Uttam Kumar Sinha, "Tibet's Watershed Challenge," *Washington Post*, June 14, 2010.

32 Edward Wong, "China Quietly Extends Footprints into Central Asia," *New York Times*, January 2, 2011.

33 S. Frederick Starr and Andrew C. Kuchins, with Stephen Benson, Elie Krakowski, Johannes Linn, and Thomas Sanderson, "The Key to Success in Afghanistan: A Modern Silk Road Strategy," Central Asia-Caucasus Institute and the Center for Strategic and International Studies, Washington, DC, 2010.

的一塊地區，又把東南亞相對較弱的國家也放進同一類型，那麼人口逾十億的印度，就是一塊地理大楔子插進這塊中國大勢力範圍。布里辛斯基在《大棋盤》一書中有張大中國地圖，就把這一點呈現得很清楚。[34]的確，印度和中國——各有龐大的人口；富饒、孱弱、文化經驗迥異；地理位置緊鄰；又有糾纏不休的邊界爭端——儘管有互補的貿易關係，卻因地理因素，命中注定會成為相當程度的對手。西藏問題只會使此一敵對關係更加火爆，即使它本來就是一個核心因素。印度准許達賴喇嘛的流亡政府設在達蘭薩拉（Dharamsala），使他能在世界輿論法庭替西藏繼續發聲。華府的德國馬歇爾基金會（German Marshall Fund）亞洲事務資深研究員丹・敦寧（Dan Twining）曾經說，近來印、中邊境緊張「可能與北京擔心達賴喇嘛的繼承問題有關」，因為下一代達賴喇嘛說不定會「轉世」在中國境外——產生在橫跨北印度、尼泊爾和不丹的西藏文化地帶。[35]這個地帶也包括印度的阿魯納恰爾省（Arunachal Pradesh）（譯按：中國稱之為「藏南」，不承認印度主權）——它是西藏高原的一部分，因此不在地理上界定的印度次大陸低地之內——中國也聲稱擁有主權。中國已把軍事勢力擴張到不穩定、毛派猖獗的喜馬拉雅山區緩衝國尼泊爾；印度則以和尼泊爾政府簽署防務合作協定做為反制。中國和印度將不只在此地演出「大博弈」，也會在孟加拉和斯里蘭卡互別苗頭。中國從北方對印度施加壓力，導致中、印兩國一九六二年爆發邊境戰爭，而今北京將會持續施壓，來幫助它鞏固對西藏的控制。這是假設在愈來愈狂熱的世界傳媒環境裡，西藏民族主義的浪漫訴求不會消散、甚至還會加強。

當然，有人或許要說，有這麼多的邊界麻煩地區，將會限縮住中國的力量，因此地理對中國的野心是個障礙。換句話說，中國受到包圍。但是鑑於最近幾十年來中國經濟與人口的擴張，而且合理預估其經濟成長在可預見的未來還會持續下去——雖然速度會減慢、也不無可能出現嚴重顛簸——中國的許多陸上邊界也可能助長它的力量：其實是中國包圍這些人口少、又活力不足的地區，並不是它們來包圍中國。有人說，中國邊界的失敗國家和半失敗國家——指的是阿富汗和巴基斯坦——對北京是一種危險。我曾經去過這些邊區。它們位於海拔十分高、極為遙遠的地方，人口相當稀少。巴基斯坦可以完全瓦解，而邊界這頭的中國恐怕渾然不知。中國的邊境不是問題：問題在於中國的社會。當中國社會日益繁榮時，中國的經濟成長率卻減緩，會有出現某種政治動亂之虞。嚴重的動亂會使中國突然很難招架少數民族邊陲地區的叛亂。

中國野心最有利的出口是在相對弱勢的東南亞國家一帶。中國在這裡的地理也不完整。中國在現代時期的第一個一千年主宰過越南。中國的元朝（蒙古裔）曾在十三世紀末期入侵過緬甸、暹羅和越南。中國人往泰國移民已有數百年之久。根據拉鐵摩爾的研究，中國西南部沒有萬里長城，不僅是因為中國和緬甸之間有崎嶇的森林和陡峭的山地阻絕，還因為中國沿著西起緬甸、東

---

34 Zbigniew Brzezinski, *The Grand Chessboard: American Primacy and Its Geostrategic Imperatives* (New York: Basic Books, 1997), p. 167.

35 Dan Twining, "Could China and India Go to War over Tibet?," ForeignPolicy.com, Washington, DC, March 10, 2009.

抵越南這一線邊境的擴張，比在華北的擴張更加流動、不定形。[36]有些天然障礙隔絕了中國和緬甸、泰國、寮國及越南。湄公河共榮圈的「首都」是中國雲南的昆明市，它把印度支那所有國家以鐵路和河流交通貫串起來，而它的水壩提供泰國及這個人口輻輳地區人民所需的電力。中國的十三億人口就在東南亞這裡，透過它的五億六千八百萬人，與印度次大陸的十五億人口結合起來。

東南亞國家中，陸地面積最大的當推緬甸。緬甸也像蒙古、俄羅斯遠東邊區，以及在中國陸地邊界上的其他地區一樣，是個孱弱的國家，卻富含中國迫切需要的各種金屬、碳氫化合物及其他天然資源。從緬甸的印度洋沿海——中、印兩國正在競逐它的開發權利——到中國的雲南省，距離不到五百英里。我們談的又是一條未來的油氣輸送管——這次是天然氣從孟加拉灣外海油田往中國送。這將使中國的勢力伸出其法定疆界，向它的天然地理及歷史局限推進。這將發生在東南亞，而原本強大的泰國卻因下列因素，會愈來愈難扮演做為區域定錨和固有制衡中國的重要角色：泰國政治出現一些深刻的結構問題，例如皇室因國王年老力衰、愈來愈起不了穩定大局的作用（編按：泰國現代史上在位最久的國王蒲美蓬已於二〇一六年辭世）；泰國軍方受困於派系林立；公民在意識形態上分裂為城市中產階級及新興的農村階級兩個陣營。中國現在口袋麥克麥克、鈔票多多，與泰國及東南亞其他國家努力發展雙邊軍事關係，而美國往年透過一年一度的區域演習如「黃金響尾蛇」（Cobra Gold）展現它在本區域的軍事力量，現在卻因為美國把精力轉向中東戰爭，重要性大降。（當然現在情勢又有轉變，歐巴馬政府誓言再轉向亞洲、離開中東，以便對付軍事力量日益強盛的中國。）[37]（編按：歐巴馬總統已於二〇一七年初卸任，由川普繼任）

東南亞的馬來西亞和新加坡則因他們能幹的建國強人馬哈地（Mahathir bin Mohammed）和李光耀相繼退隱，正迎向內部民主過渡的挑戰（編按：新加坡前總理李光耀已於二〇一五年辭世）。由於馬來人全是穆斯林，伊斯蘭在馬來西亞已基進化，造成馬來人、華人和印度人族裔的分裂。政府力推伊斯蘭化已導致過去二十年有七萬名華人離開馬來西亞。馬來西亞在經濟上已更加落入中國的陰影之下，它大多數的進口都來自中國。華人本身在馬來西亞或許不討人喜歡，但中國這個國家卻大到無從抗拒。對中國暗懷恐懼可以從新加坡的行動看得很清楚。新加坡扼居麻六甲海峽最狹窄地點的戰略要衝，這個城市國家的華人占全國人口百分之七十七，遠遠超過馬來人的百分之十四。縱使如此，新加坡生怕成為中國的屬國，因此與台灣發展出長期的軍事訓練關係。最近退休的內閣資政李光耀（編按：已逝），公開促請美國在軍事上、外交上要留在本區域。新加坡能維持其勇敢的獨立到什麼程度，就好比外蒙古的情況，將可測度北京在本區域的影

---

36 Owen Lattimore, "Chinese Colonization in Manchuria," *Geographical Review*, London, 1932; Tregear, *A Geography of China*, p. 270.

37 Hillary Clinton, "America's Pacific Century," *Foreign Policy*, Washington, DC, November 2011.

響力有多大。

至於印尼，它一方面需要美國海軍在本區域部署以牽制中國，一方面又怕太像與美國結盟，會觸怒其他伊斯蘭世界而進退兩難。最近中國和東南亞國家協會（Association of South East Asian Nations，東協ASEAN）發起的自由貿易區，顯示出中國及其南方鄰國正在發展朝貢關係。中國採取分而治之的策略，讓東協每個國家分別和中國談判，而不是集體與它談判。中國以東協做為其高價值製造品的市場，只從東南亞進口低價值的農產品：這是典型的殖民式關係。[38]這已導致中國貿易順差，而東協國家卻成為中國相對廉價城市勞工所生產的工業產品的傾銷地。事實上，在二十一世紀第一個十年，中國和東協之間的貿易差距已擴大五倍。請看最近的歷史：從一九九八年至二〇〇一年，馬來西亞和印尼對中國的出口率「幾近加倍」，而菲律賓二〇〇三年至二〇〇四年出口到中國也倍增。從二〇〇二年至二〇〇三年，全體東協國家輸出到中國成長了百分之五十一點七，到了二〇〇四年，「中國已超過美國，成為本區域首要貿易夥伴」。[39]可是，中國的經濟主宰也有好處，中國成為所有東南亞國家現代化的引擎。

在這一幕中有個比較棘手的因素就是素來與中國不合的越南。越南有一支強大的軍隊，也據有戰略地位重要的海軍基地，有可能與印度、日本一起成為對付中國的楔子。但是即令越南十分忌憚它的北方強鄰，也沒有選擇，必須與它設法相處。中國可能還在其大陸擴張的早期階段，因此它對周邊地區的掌握還是初具雛形。未來數十年故事的主軸可能是中國要如何完成它。如果它的確完成了，那中國將會是什麼樣的區域霸權呢？

蒙古、俄羅斯遠東邊區、中亞和東南亞，全是中國勢力擴張的自然區域，即使不會改變政治邊界。但是，中國在朝鮮半島最不完整，這裡的政治邊界有可能丕變——如果你接受下列論證：在愈來愈受資訊科技滲透的世界，密不透氣的北韓政權前景並不看好。這使得北韓成為東亞真正的樞紐，一旦它瓦解，就會影響到未來數十年整個區域的命運。朝鮮半島從中國東北凸出，是它地理上天生的附加物，掌控著中國東北的整個海上交通，更特別的是，中國最大的外海石油蘊藏地渤海就位在它的胳肢窩下。古時候高句麗王國領土據有南部滿洲和朝鮮半島靠北的三分之二地區。高句麗向中國的魏朝進貢，不過後來又與它交惡而發生戰爭。中國從來沒兼併過朝鮮任何土地，可是一直為朝鮮的主權感到苦惱。中國支持已故的金正日和金正恩父子的史達林派政權，但它更加覬覦北韓的地理——它有更多港口可以進出太平洋，又接近俄羅斯——因此對半島有更長遠的計畫，眼光看到已故的「敬愛的領導人」及其兒子統治之後，金家父子已經讓北京有無窮盡的頭痛。中國終究會希望派遣數千名「脫北者」（指叛逃脫離北韓的人士），替北京逐步經濟接管圖們江（**Tumen River**）地區打造有利的政治基礎。圖們江地區是中國、北韓和俄羅斯遠東邊

---

38 Dana Dillon and John J. Tkacik Jr., "China's Quest for Asia," *Policy Review*, Washington, DC, December 2005-January 2006.

39 Robert S. Ross, "The Rise of Chinese Power and the Implications for the Regional Security Order," *Orbis*, Philadelphia, Fall 2010.

區交會之地，太平洋岸有好幾個優良港口面向日本。中國對北韓的目標，肯定是希望在它和南韓活潑有勁的中產階級民主政體之間，能有個更現代、威權專制、戈巴契夫式的緩衝國家存在。

但是，即使中國也控制不了北韓的發展。過去數十年分裂國家，如越南、德國、葉門的劇本都是：團結的力量最終獲得勝利。但是這幾個國家的統一都不是透過刻意的過程達成。它發生在突然、動盪的情況下，並未反映所有主要當事人的利益。縱使如此，比較有可能的是，中國雖怕兩韓統一，最後卻將因兩韓統一而受惠。再統一的大韓國多少會受到首爾控制，而今天的中國是南韓最大的貿易夥伴。再統一的大韓國將是民族主義旺盛的韓國，對中、日兩個大型鄰國會有敵意的暗流，因為中、日兩國在歷史上都曾經想要控制及占領朝鮮半島。但是韓國對日本的敵意明顯深刻許多，那是因為日本在一九一〇年至一九四五年間占領朝鮮半島。（首爾和東京今天在韓國人稱為東海、日本人稱為日本海的海域，仍為獨島／竹島〔Tokdo / Takashima〕主權屬誰，爭執不下。）同時，來自中國的經濟拉力將比來自日本的力道強大。韓國統一後略微傾向中國、背離日本，那麼美國就較少或沒有基礎持續駐軍。這樣一來肯定會促使日本再度武裝。換句話說，我們很容易可以設想在大中國架構下的韓國之未來，即使美軍減少了在東北亞地面的部署。因此，中國在跨進麥金德的「中亞心臟地帶」之際，它在史派克曼所謂的邊緣地帶（東南亞及朝鮮半島都是其中一部分）也會有顯著的影響力。

中國的陸地邊境在歷史的這一刻，機會似乎遠遠大過危險。這使我想起芝加哥大學教授米爾斯海默在《大國政治的悲劇》（*The Tragedy of Great Power Politics*）一書的評論：「在國際體系裡最危險的國家是擁有大量軍隊的大陸強國。」[40]不過中國只有一部分符合此一描述。沒錯，中國以它自己的方式成為擴張中的陸上大國，人民解放軍地面部隊約一百六十萬人，是全世界最大的陸軍。但是，誠如我所說的，除了印度次大陸和朝鮮半島之外，中國只是填補真空、而非莽撞地升高和其他國家的抗爭。而且，從二〇〇八年及二〇〇九年的事件來看，解放軍地面部隊在多年之內都還不會有遠征的能力。在那兩年，解放軍必須回應四川大地震的緊急狀況，還有西藏及新疆，以及北京奧運的保安需求。根據海軍分析中心（Center for Naval Analysis）研究員亞伯拉罕．丹麥（Abraham Denmark）的說法，中國人所謂的這種「跨區域動員演習」顯示的是解放軍有能力從中國大陸的這一頭把部隊移動到另一端去，但是並不代表它有能力以要求的速率搬移補給品和重型器械。解放軍要跨出國門唯一一個可能的情況是，出現一系列誤判、與印度又發生陸地戰爭，或是因北韓政權崩潰而去填補真空，而後者也有可能引發美國及南韓部隊以人道緊急之需而出動。（北韓人民比伊拉克更窮，現代史上也沒有負責任的自我治理的紀錄。）中國不需要真正的遠征軍地面部隊做後援，就有力量在其廣大的邊境填補權力真空，顯示出中國比起過去數十年、甚至數百年，在陸地上可能更加安全。

[40] John J. Mearsheimer, *The Tragedy of Great Power Politics* (New York: W. W. Norton, 2001), p. 135.

中國外交官近年來忙於和中亞各共和國以及其他鄰國（印度是個鮮明例外）解決尚存的邊界爭端。[41]固然邊界協定未必盡如中國之意，北京會採取這種全面協商，就代表一個強烈的戰略方向。中國已經和俄羅斯、哈薩克、吉爾吉斯、塔吉克簽署軍事協定。賈庫布・葛瑞吉爾寫道：「中國陸地邊境的穩定化，或許是亞洲過去這幾十年最重要的地緣政治變動之一。」[42]現在再也不像冷戰時期，不再有蘇聯大軍壓境，部署在東北外圍，逼得毛澤東的中國必須集中國防預算在陸軍身上，刻意忽視海上力量。它的意義我們已無法再更加強調。自古以來，中國就一直忙著處理各式各樣的陸上入侵。萬里長城建於西元前三世紀，表面上是不讓突厥族入侵者長驅直入。由於蒙古人由北方入侵，導致明朝在十五世紀結束向印度洋進軍。但是，目前陸地上有利的情勢遠超過任何變數，允許中國開始建設一支大海軍，以及重建太平洋、或甚至印度洋做為其地理的一部分。沿海城市國家和島嶼國家不論大小，追求海權是天經地義的事情，一個大陸國家、且歷來皆褊狹的中國，要怎麼做則有一部分是奢侈：只是做為帝國崛起的某種表徵。過去，中國人安居於肥沃的大河流域，沒有被貧窮所逼，不必像住在天寒地凍、貧瘠土地的北蠻人（Norsemen）出海討生活。太平洋沒能給中國人太多東西，就許多方面來講，也不知會通往何方，它不像地中海和愛琴海，在這些封閉的海上空間有許多小島住著許多人。十九世紀初德國哲學家黑格爾（Georg Wilhelm Friedrich Hegel）解釋道，中國人不像歐洲人、缺乏海上探險的勇氣，這與中國人限於他們平原的農業周期有關。[43]中國人可能直到十三世紀都沒聽過台灣，一直要到葡萄牙、荷蘭商人在島上設立據點後才定居墾殖福爾摩沙。[44]因此，只是以目前這樣子迎向海洋，中國已展現出它在亞洲核心陸地的有利地位。

東亞現在是中國陸權與美國海權對峙的局面，以台灣和朝鮮半島為主要聚焦點。數十年來，中國專注於陸地，而美國在越戰鎩羽之後特無興趣再涉入陸地事務。美國今天仍然裹足不前，不想進入亞洲陸地，尤其是在伊拉克和阿富汗糾纏多年之後。但是，中國正處於早期階段，正要成為海權及陸權大國：這是亞洲重大的變化。

就地理而言，中國得天獨厚，有海岸、又靠近大洋，也有大陸內地。中國據有溫帶及熱帶的太平洋東亞海岸，它的南疆又接近印度洋，可以規畫在幾年後以公路和能源輸運管與它連接。但是中國雖在陸地邊界大體上居於有利位置，它在海上卻面臨敵意環伺的環境。第一島鏈由北向南，包括日本、琉球群島、朝鮮半島、台灣、菲律賓、印尼和澳大利亞。中國海軍在第一島鏈之內只看到麻煩與挫折。上述各地，除了澳大利亞之外，全是隨時會出事的起火點。劇本包括：北

---

41 M. Taylor Fravel, "Regime Insecurity and International Cooperation: Explaining China's Compromises in Territorial Disputes," *International Security*, Fall 2005.

42 Grygiel, *Great Powers and Geopolitical Change*, p. 170.

43 Spence, *The Search for Modern China*, p. 136.

44 James Fairgrieve, *Geography and World Power*, pp. 242-43.

韓崩潰或兩韓爆發戰爭；為了台灣可能與美國開戰；海盜或恐怖活動會傷害到中國商船船隊進出麻六甲及印尼其他海峽。中國為了東海、南海海床可能富蘊能源，與鄰國也有領土爭端。東海方面，中國和日本皆主張對釣魚台／尖閣群島（Diaoyu / Senkaku Islands）之主權。南海方面，中國和台灣、菲律賓、越南為南沙群島之部分或全部皆有主權爭端；與越南為西沙群島也有爭執。（中國與馬來西亞、汶萊在南海也有嚴重的領土衝突。）特別是釣魚台／尖閣群島的爭議，讓北京得到很大好處，隨時視需要拿它來鼓動民族主義。否則，就中國海軍戰略家而言，它實在是個黯淡的海上景象。中國從太平洋岸往第一島鏈看過去，他們看到的是美國海軍戰爭學院教授詹姆斯．賀姆斯和吉原恆淑所謂的「反向長城」：美國的盟國布下一道堅強防線，從日本往澳大利亞的守衛塔全都堵住中國進入廣大海域。中國戰略家看到這幅地圖，很惱怒它的海軍被圍困在內。[45]

中國的解決之道非常明顯具侵略性。或許這還令人覺得相當意外：因為在許多情況下，或許可以說海權比陸權較為良性。海軍的局限性在於，雖然有精準導引的武器，但它們並不能靠自己占領廣大領土，因此可說是對自由不構成威脅。除了作戰，海軍有多種功能，如保護商業等。海權很適合那些不堪在陸上作戰有重大傷亡的國家。中國在二十一世紀主要將透過其海軍投射硬實力，因此應該採行歷史上其他海上國家和帝國，如威尼斯、英國和美國一樣的作法：亦即應該主要關切貿易的自由活動，以及維持和平的航運體系。但是，中國還未達到如此有自信的階段。一到了海上，它依然從領土的概念思考，像個不安全的陸上國家，試圖以史派克曼所建議的方式擴張其同心圓。它所用的字詞，如「第一島鏈」、「第二島鏈」等都是指涉領土性質的名詞，它們可視為中國大陸塊以群島形式向外延伸。中國人已吸收馬漢的強悍進取哲學，但尚未提升至遠洋海軍勢力的概念，有了遠洋概念，中國才有可能適用馬漢的理論。二〇〇六年十一月，中國一艘潛水艇悄悄跟近美國海軍「小鷹號」（USS Kitty Hawk）、並且在魚雷射程之內挑釁地浮上水面。二〇〇七年十一月，儘管海上風浪加劇、氣象變壞，中國拒絕「小鷹號」航空母艦戰鬥群進入香港泊靠。（「小鷹號」在二〇一〇年初終於訪問香港。）二〇〇九年三月，中國一群船隻騷擾美國偵察船「無瑕號」（USNS Impeccable），當時它在南海中國十二英里領海線之外公開進行作業。中國船隻擋住它的去路，作勢要衝撞「無瑕號」，迫使「無瑕號」以水喉噴水回應。這不是一個大國應有的動作，即使需要吻合其強勢地位，也該承認其他國家海軍海上兄弟之誼；這反而像是崛起中、仍不成熟的國家，依然陷在十九、二十世紀遭受領土侵犯的情結當中，走不出來。

中國正在開發不對稱、反介入的能力，設法不讓美國海軍輕易進入東海和其他沿岸水域。分析家們對其意義有不同的評估意見。波士頓學院教授陸若彬（Robert S. Ross）認為：「直到中國開發出情境覺察能力，可以降低美國的反偵察技術，否則它只具備可靠度有限的反介入作業。」

45 James Holmes and Toshi Yoshihara, "Command of the Sea with Chinese Characteristics," *Orbis*, Philadelphia, Fall 2005.

戰略與預算評估中心（Center for Strategic and Budgetary Assessments）的安德魯·克里平納維奇（Andrew F. Krepinevich）認為，不論中國暫時遭遇什麼技術困難，它正朝向將東亞「芬蘭化」（Finlandization）的目標前進。[46]因此，中國固然已將其驅逐艦隊現代化，也有計畫興建一、兩艘航空母艦，但它並沒有全面採購海軍平台。中國反而興建四艘新一級的核子及常規動力攻擊以及彈道飛彈潛水艇。根據前任海軍副次長賽斯·克洛培塞（Seth Cropsey）的說法，在可預見的未來，中國的潛艇部隊將大過於美國的潛艇部隊。他又說，中國海軍計畫使用超視距雷達（over-the-horizon radar）、人造衛星、海床聲納網，以及配合反艦彈道飛彈的網路作戰，再加上它日益發展的潛艇艦隊，來拒止美國海軍進出大部分的西太平洋海域。這還不提中國改進其布雷作戰能力、購買俄製蘇愷27和蘇愷30第四代噴射戰鬥機，以及一千五百枚俄製陸對空飛彈部署在中國沿海各省。而且，中國正將其光纖系統移入地下，並將其防衛能力往華西內陸移動，脫離海上飛彈射程——同一時期，它還全力開發攻勢戰略，意在取得能夠打擊美國國富兵強的最高象徵：航空母艦。中國將在二〇一八年至二〇二〇年間啟用第五代戰鬥機，可是美國卻在減緩或停止生產F-22。[47]由於中國不斷採購軍火，西太平洋的戰略地理正在轉變。

中國可能從來都無意要攻打美國航空母艦。但是中國距離有能力直接軍事挑戰美國的時日已經不遠。它的目標是勸阻：在沿海地區集結這麼多攻勢和守勢能力，美國海軍將來若要進入第一島鏈和中國海岸之間，必須要再三思考。當然，這就是力量的精髓：影響對手的行為。這就是從海上實現大中國。中國藉由建置海、空軍及飛彈力量，表明清晰的領土範圍。我認為，美中關係不會只由貿易、債務、氣候變遷和人權等雙邊及全球議題所決定，而會更重要地，由中國在亞洲海上潛在的勢力範圍之明確地理來決定。

這個勢力範圍的樞紐是台灣的未來。台灣展現出世界政治的某些基本要素：道德問題就在表面底下，經常就是力量問題。台灣經常被人從道德層面討論，不問其是否具有主權，也有關鍵的地緣政治意義。中國談到台灣，就說要鞏固固有國土，為了全體華人好它要統一中國。美國談到台灣，就說要維護民主典範。但是台灣還有別的意義：以麥克阿瑟（Douglas MacArthur）將軍的話來說，台灣是「不沉的航空母艦」，控制住中國凸出的海岸之中心點；而賀姆斯和吉原認為，像美國這樣一個外來國家，可從台灣向中國沿海周邊「投射」力量。[48]因此，最讓中國海軍戰略規畫人員傷腦筋的，就是台灣實質上的獨立。沿著「反向長城」所有的守衛塔當中，台灣可以比

---

46 Ross, "The Rise of Chinese Power and the Implications for the Regional Security Order" (see Ross's footnotes which accompany his quote); Andrew F. Krepinevich, "China's 'Finlandization' Strategy in the Pacific," *Wall Street Journal*, September 11, 2010.

47 Seth Cropsey, "Alternative Maritime Strategies," grant proposal; Robert S. Ross, "China's Naval Nationalism: Sources, Prospects, and the U.S. Response," *International Security*, Cambridge, Massachusetts, Fall 2009; Robert D. Kaplan, "How We Would Fight China," *Atlantic Monthly*, Boston, June 2005; Mark Helprin, "Why the Air Force Needs the F-22," *Wall Street Journal*, February 22, 2010.

48 Holmes and Yoshihara, "Command of the Sea with Chinese Characteristics."

喻為最高的、也是位置最居中心的一個。台灣若是回到中國大陸懷抱，海上長城和它所代表的戰略束縛就全斷了。如果中國能成功地鞏固台灣，不僅它的海軍將突然居於對付第一島鏈有利的戰略地位，它的國家精力、尤其是軍事力量，將可大大釋放，對外可投射的力量將是目前所無法想像的。雖然大家常用「多極」這個字詞形容全球局勢，其實唯有台灣實質與大陸融合，才真正在軍事意義上代表多極世界出現。

根據蘭德公司（RAND）二〇〇九年一項研究，到了二〇二〇年，美國將不再有能力保衛台灣免受中國攻擊。中國已經備妥網路作戰武器、空軍有許多新式第四代噴射戰鬥機、海軍有潛艇發射的彈道飛彈，大陸還有數千枚飛彈鎖定台灣以及台灣本身在地面的噴射戰鬥機。根據這份報告，不論美國用不用F-22、用不用在日本的嘉手納空軍基地（Kadena Air Base）、用不用兩支航空母艦戰鬥群，中國都可擊敗美國。蘭德公司這份報告強調空戰。中國仍必須動用海軍運送數萬人部隊登陸，它容易受到美國潛水艇干擾。可是報告提出種種警示，的確凸顯出令人憂心的趨勢。中國離台灣只有一百英里，而美國必須從半個地球之外投射其軍事力量，更何況在後冷戰的環境，它愈來愈不能依賴利用外國基地。中國反介入的海軍戰略不僅設計用來大致阻卻美國軍力，也存有更容易征服台灣的用心。美國在世界各地還有種種承諾和責任，中國軍隊可以比美國更專注在台灣身上。這也是為什麼美國身陷伊拉克和阿富汗泥淖，對台灣是特別沉重不利的新聞。

即使中國要用軍力併吞台灣，它在經濟上、社會上其實早已在進行。台灣與中國的貿易額占其全國貿易額三成，它的出口四成前往大陸。台灣和大陸之間每星期有兩百七十班民航班機往來。三分之二的台灣企業——約一萬家——過去五年曾對中國投資。兩岸已直接通郵、也共同打擊犯罪，每年赴台觀光陸客人數超過五十萬，有七十五萬台灣人每年住在大陸超過六個月。整體來講，兩岸每年有五百萬人次往來。當狡黠的經濟戰就能達成相同效果時，北京愈來愈不需要出兵入侵。因此，我們已看到台灣分離運動的死亡。[49]**（編按：此書寫於五年前，期間兩岸情勢又見變動，此段落論點權供參照）**但是，固然未來大整合已有苗頭，它發展的方式將影響到大國政治。美國若是逕自放棄台灣，會傷害到美國與日本、南韓、菲律賓、澳大利亞和太平洋其他盟國的雙邊關係，更不用說和印度、甚至某些非洲國家的關係，他們將會開始懷疑美國其他的雙邊承諾，因此這會鼓舞他們往中國靠近，使得真正具有半球氣勢的大中國應運而生。美國和台灣必須尋找他們本身的高品質、不對稱方式在軍事上對抗中國。目標不是在台海戰爭擊敗中國，而是讓戰爭開打的代價過高，進而實際化解台灣獨立，用時間換取中國成為更自由的社會，美國才好向盟國維持可信度。在這個方式下，台灣的飛彈防衛及其三百個防空掩體，加上歐巴馬政府二〇一〇年初宣布將出售價值六十四億美元的武器給台灣，攸關美國在歐亞大陸的地位。希望能從內

49 Ross, "The Rise of Chinese Power and the Implications for the Regional Security Order."

部改造中國，並非玄思狂想。請勿忘記，已經有好幾百萬大陸觀光客到了台灣，見識台灣電視上名嘴口沫橫飛、大鳴大放，又在書店裡翻閱顛覆其思想的書籍。比起維持高壓專制，一個開放的中國更有可能出現。中國若是更加民主，在經濟、文化，甚至軍事意義上，肯定比起中國高壓專制，會是更活潑的大國。

台灣南方就是南海，它的四周是東南亞大陸、菲律賓和印尼等人口稠密中心，更南方即是澳大利亞。全世界三分之一的海運商品以及東北亞需要的半數能源，都要經過南海。做為通往印度洋——世界碳氫化合物流通的要道，中國在此也參與好幾個港口開發項目——的門戶，如果大中國真能實現，南海在未來必然實質受到中國海軍主宰。我們在這裡看到的挑戰有海盜橫行、伊斯蘭基進活動，以及印度海權崛起，再加上印尼有好幾個海峽，如麻六甲、巽他（Sunda）、龍目（Lombok）和望加錫（Macassar）等，構成非常壅塞的地理瓶頸；中國很大一部分的油輪和商船必須通過它們。南海還有相當大量的石油及天然氣儲存，中國希望開採它們，用美國海軍戰爭學院教授安德魯·艾立克森（Andrew Erickson）和萊爾·高德斯坦（Lyle Goldstein）的話來說，這使得南海成為「第二個波斯灣」。[50]史派克曼指出，自古以來，國家即從事「圓周和海上的擴張」，企圖控制鄰近的海域：希臘想控制愛琴海、羅馬想控制地中海、美國想控制加勒比海，根據這個邏輯，中國現在想要控制南海。[51]的確，南海加麻六甲海峽替中國打開前進印度洋的門戶，就有如美國控制了加勒比海，在興建巴拿馬運河時，更打開了前往太平洋的門戶。[52]史派克曼為了凸顯它的重要性，把大加勒比海稱為「美國的地中海」，我們也可以把南海稱為「亞洲的地中海」，因為它將是未來數十年政治地理學的中心。[53]中國或許會想用美國主宰加勒比海的方式去主宰南海，可是美國現在要用不同的規則玩遊戲，它將糾合越南和菲律賓聯手，維持南海完整的國際水域。河內之所以投靠到華府懷抱，是因為懼怕中國，不是因為喜愛美國。鑑於越戰那段歷史，兩個宿敵盡棄前嫌、聯手抗中，似乎相當突兀；但是正因為美國是手下敗將，越南是個有信心的國家，心理上反而放得開，可以與美國不宣而締盟。

中國正運用其全部國力——政治、軍事、經濟、商業、軍事和人口——將其法定陸地及海上疆界，實質擴張出去，以求包納帝制中國國勢最鼎盛時期的四境。可是，這裡頭有矛盾不合之處。請容我慢慢道來。

---

50 Andrew Erickson and Lyle Goldstein, "Gunboats for China's New 'Grand Canals'? Probing the Intersection of Beijing's Naval and Oil Security Policies," *Naval War College Review*, Newport, Rhode Island, Spring 2009.

51 Nicholas J. Spykman, *America's Strategy in World Politics: The United States and the Balance of Power* (New York: Harcourt, Brace, 1948), p. xvi. 這個詞語首次出現在Nicholas J. Spykman and Abbie A. Rollins, "Geographic Objectives in Foreign Policy II," *The American Political Science Review*, August 1939.

52 如果擬議中的連接印度洋和太平洋的運河和陸橋完成的話，情況就會更加如此。

53 Spykman, *America's Strategy in World Politics*, p. 60.

我在前文說過，中國在其沿海海域力推「拒止介入」。事實上，學者安德魯・艾立克森和楊大衛（David Yang）曾說：「中國可能比以往任何時候更接近於精擅」以陸基飛彈打擊海上活動目標（如美國航空母艦）的能力，並且可能策畫「在未來某個時候進行策略性宣揚的測試」。[54]但是，沒有能力保護自己的海上交通線，而搞拒止介入，使得攻擊美國水面戰鬥單位（更不用說與美國爆發海上戰爭）徒勞無功。因為美國會保有力量在太平洋和印度洋阻斷中國船隻，切斷中國的能源供應。當然，中國追求的是影響美國的行為，不是公然與美國交戰。可是，如果你從來無意徹底執行，幹麼要搞拒止介入？美國麻薩諸塞州劍橋市一家國防顧問公司負責人賈桂琳・紐麥兒（Jacqueline Newmyer）解釋道，北京「意在建立有利於中華人民共和國展現力量的地位，而使它不必實際動用武力去保護其利益」。[55]因此，就好比台灣建設防務，並無意與中國衝突，中國對美國的態度也是一樣。各方圖謀的都是改變另一方的行為，而又避免戰爭。展示新武器系統（如果艾立克森和楊大衛說得對），更不用說在太平洋和印度洋興建港口設施和監聽站，以及北京對位處中國領土與印度洋之間的沿岸國家提供大量軍事援助，全都是展現力量，這一切並非機密。可是這裡頭有些動作帶有銳利的刃角：譬如，中國正在扼居南海要衝的海南島南端興建海軍重要基地，它的地下設施可容納二十艘核子及柴電動力潛艇。這類活動超越影響別國的行為，比較接近門羅主義式的宣示對周邊海域主權。看起來像是中國人正在先打造大中國，其重心將是南海和東南亞，即使他們長期計畫是發展遠洋海軍，有了它，他們就有能力保護跨渡印度洋、前往中東的自身海上交通線，進而從中國角度看，與美國的軍事衝突就不是那麼不合理。（中國沒有動機和美國作戰。但是過了幾年或幾十年，動機會變，因此審慎之道是追蹤它的海、空軍力量。）同時，台灣愈來愈靠向中國懷抱，中國軍方頗有可能分心來注意印度洋及保護東半球海路。中國在印度洋另一端撒哈拉沙漠以南的非洲，有愈來愈多原物料資產有待保護：譬如蘇丹、安哥拉和奈及利亞的石油市場；尚比亞（Zambia）和加彭（Gabon）的鐵砂礦；剛果民主共和國的銅礦和鈷礦，全由中國興建的公路和鐵路運送，送到大西洋和印度洋的港口。[56] 坦白講，控制和進出海上交通線，在今天要比在馬漢時代更加重要，而美國想要宰制這些通路可能已注定無法繼續下去。

這一切代表美國想延長台灣實質獨立的承諾，其內涵已非僅是保衛台灣這麼單純。台灣和北韓的前途構成鉸鏈，歐亞大陸的力量平衡取決於它。

---

54 Andrew S. Erickson and David D. Yang, "On the Verge of a Game-Changer: A Chinese Antiship Ballistic Missile Could Alter the Rules in the Pacific and Place U.S. Navy Carrier Strike Groups in Jeopardy," *Proceedings*, Annapolis, Maryland, May 2009.

55 Jacqueline Newmyer, "Oil, Arms, and Infl uence: The Indirect Strategy Behind Chinese Military Modernization," *Orbis*, Philadelphia, Spring 2009.

56 Howard W. French, "The Next Empire," *The Atlantic*, May 2010.

亞洲目前的安全局勢基本上更加複雜，因此遠比第二次世界大戰之後數十年存在的狀況更加不穩定。美國的單極勢力式微，美國海軍兵力相對減縮，中國經濟與軍事相伴崛起（雖然目前速率已減緩），多極愈來愈成為亞洲權力關係的特徵。中國正在海南島興建地下潛水艇基地，並且開發反艦飛彈。美國提供台灣一百一十四枚愛國者防空飛彈，以及數十套先進的軍事通訊系統。日本和南韓展開艦隊全面現代化──尤其著重潛水艇。印度也在建設強大的海軍軍力。這就是尋求調整勢力均衡、以便於己有利的一種形式。目前已經發生軍備競賽，而且就在亞洲上演。這就是美國從伊拉克和阿富汗撤軍後，即將面對的世界。亞洲固然沒有任何一個國家有心走上戰爭，海上事故和對勢力平衡──人人都在設法不斷調整──的致命誤判，隨著時間進展和軍事對峙的日益複雜化，卻有上升的趨勢。

海上的緊張會因陸地的緊張而受其慫恿，因為誠如我們所見，中國正在填補真空，而這會使它與俄羅斯及印度有不愉快的接觸。地圖上空曠的空間變成擠滿了人、戰略公路和油氣輸送管，海上船隻也熙來攘往，更不用說飛彈交互重疊。亞洲變成封閉的地理，保羅・布瑞肯在一九九九年曾說將會出現「空間」的危機。這個過程仍在持續中，這代表摩擦會上升。

美國要如何保持軍事參與，同時又力圖維持亞洲的穩定？美國要如何保護盟邦、限制住大中國的疆界，而同時又避免和中國衝突呢？對中國來講，如果其經濟能持續成長，可以成為比美國在二十世紀所面臨的任何敵手更初具雛形的大國。正如有些人所建議，美國若只扮演境外平衡者角色恐怕不會令人完全滿意。日本、印度、南韓和新加坡等主要盟國，要求美國海、空軍與他們的部隊「同步」，還有位印度高階官員告訴我：要成為陸上景色和海上景色不可分割的一部分，而不只是在遠方徘徊瞻顧。

但是大國在公海上，以及在史派克曼所謂的歐亞大陸邊緣地帶，要如何保持同步呢？五角大廈於二〇一〇年提出一個計畫，描繪二十一世紀美國海軍的圖像，尋求「不要直接軍事對抗……反制中國的戰略力量」。在擬想美國海軍從目前二百八十艘船艦縮減為二百五十艘、國防支出裁減百分之十五的狀況之下，要能達成上述目標。這份計畫由陸戰隊退役上校派特．賈瑞德（Pat Garrett）執筆，它值得一述的特點是，提出大洋洲（Oceania）戰略重要性做為歐亞大陸邊緣地帶等式的另一端，時機正當美國軍方足跡已在關島大增之際。

關島、帛琉和北馬里亞納、所羅門、馬紹爾和加羅林島群，過去若非美國屬地或與美國有防務協定的聯合體，就是獨立國家、礙於太窮，只好答應這些協定。美國在大洋洲有一席地位，是拜一八九八年美西戰爭戰勝，以及第二次世界大戰期間陸戰隊士兵流血犧牲、從日本人手中解放了這些島嶼之賜。大洋洲的重要性將會增長，因為它相當靠近東亞，同時又在中國以東風21飛彈及其他更先進反艦飛彈所建構的反拒止泡沫範圍之外。未來在大洋洲的基地，不像日本、南韓及（一九九〇年代之前的）菲律賓等「守衛塔」，不會挑釁。關島距北韓只有四小時飛行距離，距台灣坐船只需兩天。最重要的是，這些地方為美國的屬地，或是經濟運作必須依賴美國，美國可以在這些地方做極大的國防投資、而不虞遭主人趕走。

關島的安德生空軍基地（Andersen Air Force Base）已經是美國在全世界投射其硬實力最重要的一個指揮平台。它隨時備有十萬枚炸彈和飛彈、六千六百萬加侖噴射機燃油，它是美國空軍最大的戰略油料供應中心。它的跑道布滿一排排的C-17全球霸王運輸機（C-17 Globemaster）、F/A-18大黃蜂攻擊戰鬥機（F/A-18 Hornet）等飛機。關島也是美國一支潛艇支隊的母港，海軍基地也在擴建中。關島和附近的北馬里亞納群島都是美國屬地，與日本及麻六甲海峽幾乎等距離。

大洋洲西南角也具有戰略潛力，譬如澳大利亞岸外的艾許摩及卡提爾群島（Ashmore and Cartier Islands），以及鄰近的達爾文（Darwin）至伯斯（Perth）的西澳海岸：全由印尼群島南方往北望向印度洋。印度洋現在已崛起成為世界經濟的血管中心，中東的石油和天然氣跨越印度洋運送給東亞日益興起的中產階級享用。根據賈瑞德的計畫，美國海、空軍將利用大洋洲的地理優勢，以便在大中國的實質邊境，以及歐亞大陸主要航道的「地平線外不遠之處」，構成「區域性的預存駐軍」。[57]所謂「區域性的預存駐軍」就是一百年前英國海軍戰略家朱利安·柯白「存在艦隊」——一群船艦平常分散開來，必要時可以立即集結成為一支聯合艦隊——的另一種形式；而「地平線外不遠之處」即代表境外平衡和參與力量同步配合兩者之匯合。[58]

加強美國海、空軍在大洋洲的兵力這個概念，反映出在不惜一切代價抗拒大中國崛起，在未來某個時候中國海軍在第一島鏈內扮演某些角色，同時使中國軍事入侵台灣要付出高昂代價之間的折衷妥協。雖然沒有直接說出來，但這個景象使人想到一個世界：即使美國機艦繼續巡邏、進出中國的反介入泡沫，但美國將在第一島鏈縮小軍事基地。同時，這個計畫擬想美國在印度洋大幅擴張海軍活動。為達成此一目標，美國不需要大型基地，只要在新加坡、汶萊、馬來西亞，並與散布在印度洋的島國，如葛摩（Comoros）、塞席爾（Seychelles）、模里西斯（Mauritius）、留尼旺（Réunion）、馬爾地夫（Maldives）和安達曼（Andamans），設置相當簡易的「作業地點」及簽訂防務協定；它們有許多是在法國及印度這兩個美國盟友的直接或間接管理之下。這可以維持歐亞大陸的航行自由、確保能源不受阻礙地流動。這項計畫不再強調美軍在日本、南韓既有的基地，並把美國在大洋洲的足跡多角化，以取代過度集中在關島的壓力，因而脫離容易被鎖定的「主基地」（Master bases）。因為在強調主權的年代，加上傳媒眾聲喧譁，強化外國基地會使當地民眾不易消化其政治感。關島是美國屬地，不在此限。二〇〇三年伊拉克戰爭開戰前，美軍想運用它在土耳其的基地，即遭遇困難；二〇一〇年時一度也很難利用在日本的基地。駐屯南韓的美國陸軍現在也減少作戰角色，主要是駐軍人數近年來已由三萬八千人降為兩萬五千人，同時美軍大體上已不再出現於首爾鬧區。

57 Pat Garrett, "Indian Ocean 21," November 2009.

58 Julian S. Corbett, *Principles of Maritime Strategy* (London: Longmans, Green, 1911), pp. 213-214, 2004 Dover edition.

總而言之，美軍駐守第一島鏈已經開始鬆動。地方民眾愈來愈不歡迎外國駐軍；甚至，中國的崛起既有恐嚇作用、又有吸引作用，使得美國和太平洋盟國的雙邊關係變得更加錯綜複雜。這種情況現在差不多也到了該發生的時候了。譬如，美、日關係在二〇〇九年至二〇一〇年之間發生危機，其實提早幾年就該發生；當時沒有經驗的日本新政府想以對東京有利的條件重新修訂雙邊關係的規則，甚至也有心與中國發展更深刻的關係。美國在太平洋的最高地位是第二次世界大戰留下來、已經過時的遺產，它使得中國、日本和菲律賓都曾受過傷害；南、北韓分裂是六十年前終戰的產品，美軍遂在半島處於主宰地位，這種情況也不可能永久持續下去。

同一時期，大中國正在中／東亞及西太平洋地區軍事、經濟崛起，於東海和南海兵力顯著加強；北京同時也在印度洋沿岸涉入港埠建設項目及武器轉移。唯有中國境內發生相當大的政治和經濟動盪，才會改變此一趨勢。但是就在這個新的權力場域的邊界，有可能出現美國軍艦；它們或許會以大洋洲某些地方為基地，也和印度、日本及其他民主國家的軍艦合作，這些國家全都抗拒不了中國的擁抱，但同時也被迫要有一些力求平衡的抗拒。等隔了一段時間之後，中國的遠洋海軍信心增強，可以變得不再只知著重領土保衛，或許也會加入此一同盟結構。

政治學者陸若彬於一九九九年曾經撰文，這篇文章直至今天仍很切題。他指出，由於東亞的特殊地理，中、美之間的鬥爭將會比美、蘇之間的鬥爭更加穩定。這是因為美國在冷戰期間的海軍力量不足以圍堵蘇聯；在歐洲方面還需要一支強大的地面部隊。但是，即使有個勉強親中的大韓國，在歐亞大陸的邊緣地帶也不需要這樣一支地面部隊，因為在這個地區美國海軍對付的是一支薄弱的中國海軍。[59]（美國駐日地面部隊人數正在下降，而且它的目標也不是中國、而是北韓。）

然而，中國經濟力量——軍事力量也隨著上升——會在往後年代導致關鍵程度的緊張。用米爾斯海默在《大國政治的悲劇》中的論據來說，美國做為西半球的區域霸權，將會想方設法阻止中國成為掌控東半球廣大地區的區域霸權。[60]這有可能是這個時代的一齣重點大戲。麥金德和史派克曼都不會感到驚訝。

---

59 Robert S. Ross, "The Geography of the Peace: East Asia in the Twenty-First Century," *International Security*, Cambridge, Massachusetts, Spring 1999.

60 Mearsheimer, *The Tragedy of Great Power Politics*, pp. 386.

第十二章 印度的地理困境

美國和中國成為敵對大國之際，印度往哪個方向傾斜，將會決定二十一世紀歐亞大陸地緣政治的路線。換句話說，印度是居於最終樞紐地位的國家。根據史派克曼的說法，它是擴大版的邊緣地帶大國。馬漢指出，印度位於印度洋沿岸的中心，攸關到中東及中國兩者向海上的深入。但是，即使印度政治階級非常熟悉美國本身的歷史及地緣政治局勢，美國政治階級對印度卻沒有這層深入了解。可是，如果美國人不能掌握印度十分不穩定的地緣政治，尤其是它和巴基斯坦、阿富汗及中國的關係，那美國將會把關係處理得十分糟糕。印度的歷史和地緣政治自從古代早期就影響到新德里如何看待世界。我先從印度次大陸擺在歐亞大陸整體脈絡中開始講起。

俄羅斯主宰著歐亞大陸塊，即使其人口稀少，這個超級大陸的四大人口中心正位於它的邊陲：歐洲、印度、東南亞和中國。地理學家詹姆斯・費爾格瑞佛在一九一七年寫道，中國和歐洲文明是從渭水流域和地中海的溫床往外有組織地成長。[1]東南亞的文明發展又比較繁複：驃人（Pyu）、孟人（Mon），然後是緬甸人、高棉人、暹羅人、越南人、馬來人等——相繼受到從中國南遷人口的影響——沿著伊洛瓦底江和湄公河等河谷，或是爪哇和蘇門答臘等島嶼聚居。印度則完全不同。印度和中國一樣，具有地理邏輯，它的西邊和西南邊是阿拉伯海，東邊和東南邊是孟加拉灣，東臨多山的緬甸叢林，北邊和西北則是喜馬拉雅山和喀喇崑崙山、興都庫什山。印度和中國還有一點相同：內部相當廣大。但是印度不如中國的是，它缺乏像渭水流域及黃河下游這樣人口組織的單一溫床，政體可以從它向外部每個方向擴張。

即使恆河（Ganges River）流域也未提供足夠的平台，讓單一的印度國家向南往次大陸內部擴張：因為恆河以外，次大陸各個河流系統——布拉馬普特拉（Brahmaputra）、訥爾默達河（Narmada）、楝格珀德拉河（Tungabhadra）、高韋里河（Kaveri）、哥達瓦里河（Godavari）等——把它切割分裂得很厲害。譬如高韋里河三角洲是達羅毗荼人（Dravidian）生活的核心，其重要性有如恆河與印度民族的關係。[2]而且，印度（以及東南亞）具有最炎熱的氣候、也有整個歐亞大陸人口聚居地最富裕和繁榮的地景，因此費爾格瑞佛告訴我們，其居民沒有需要為了組織資源與建政治結構，至少不需要溫帶地區中國人及歐洲人所需的規模。當然，後者聽起來似乎十分命定論，或者在其僵固的簡單中隱含著種族歧視的意味：在費爾格瑞佛寫作的時代這是司空見慣的事。麥金德擔心的是「黃禍」，中國是其代表，若是與他相比，費爾格瑞佛對印度的重大分析則基本上十分正確、也有遠見。

印度次大陸固然明顯地構成本身獨特的文明，但基於上述原因，在其漫長的歷史中大部分時間缺乏中國那樣的政治統一，它甚至門戶洞開，從西北方不斷地遭到入侵；這是它最欠確定及保護的邊區，印度在此十分危險地接近中亞草原和波斯—阿富汗高原及它們更「強而有力」的溫帶文明。[3]歷史上鼓舞這些入侵的乃是土地的肥沃——降雨量不會過大，增益它的土地肥沃，這是旁遮普（Punjab）平原的特色——印度河（Indus River）及其支流灌溉著這片土地，直抵波斯—阿富汗高原驟降到次大陸底層的地方。的確，一直到現代，來自西方和中亞的強大入侵與滲透，阻礙了印度次大陸追求統一和安定。麥金德曾在一次演講中說到：「大英帝國只有一個陸地邊界，必須永遠保持備戰狀態。那就是印度西北邊區。」[4]

---

1 James Fairgrieve, *Geography and World Power*, p. 253.

2 K. M. Panikkar, *Geographical Factors in Indian History* (Bombay: Bharatiya Vidya Bhavan, 1954), p. 41. 潘尼嘉寫道，這些河流的重要性受到局限，是因為它們「流經高地、而非谷地，因此沒把肥沃的水送到農村地帶」。(p. 37)

3 Fairgrieve, *Geography and World Power*, pp. 253-54.

4 H. J. Mackinder, *Eight Lectures on India* (London: Visual Instruction Committee of the Colonial Offi ce, 1910), p. 114.

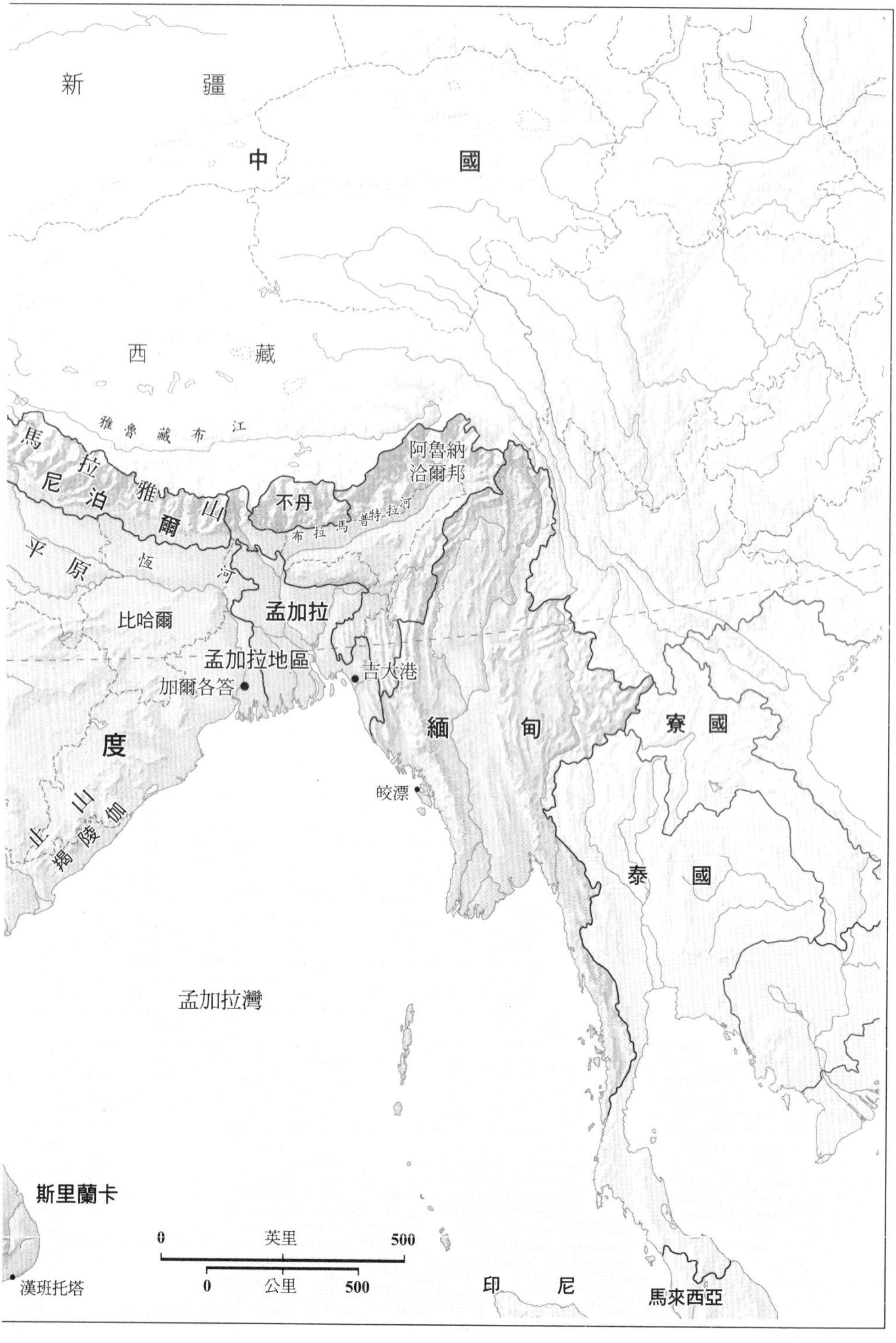
新疆
中國
西藏
雅魯藏布江
馬拉雅山
尼泊爾
平原
恆河
阿魯納
洽爾邦
不丹
布拉馬普特拉河
孟加拉
比哈爾
孟加拉地區
加爾各答
吉大港
緬甸
寮國
度
皎漂
泰國
孟加拉灣
斯里蘭卡
漢班托塔
0
英里
500
0
公里
500
印尼
馬來西亞

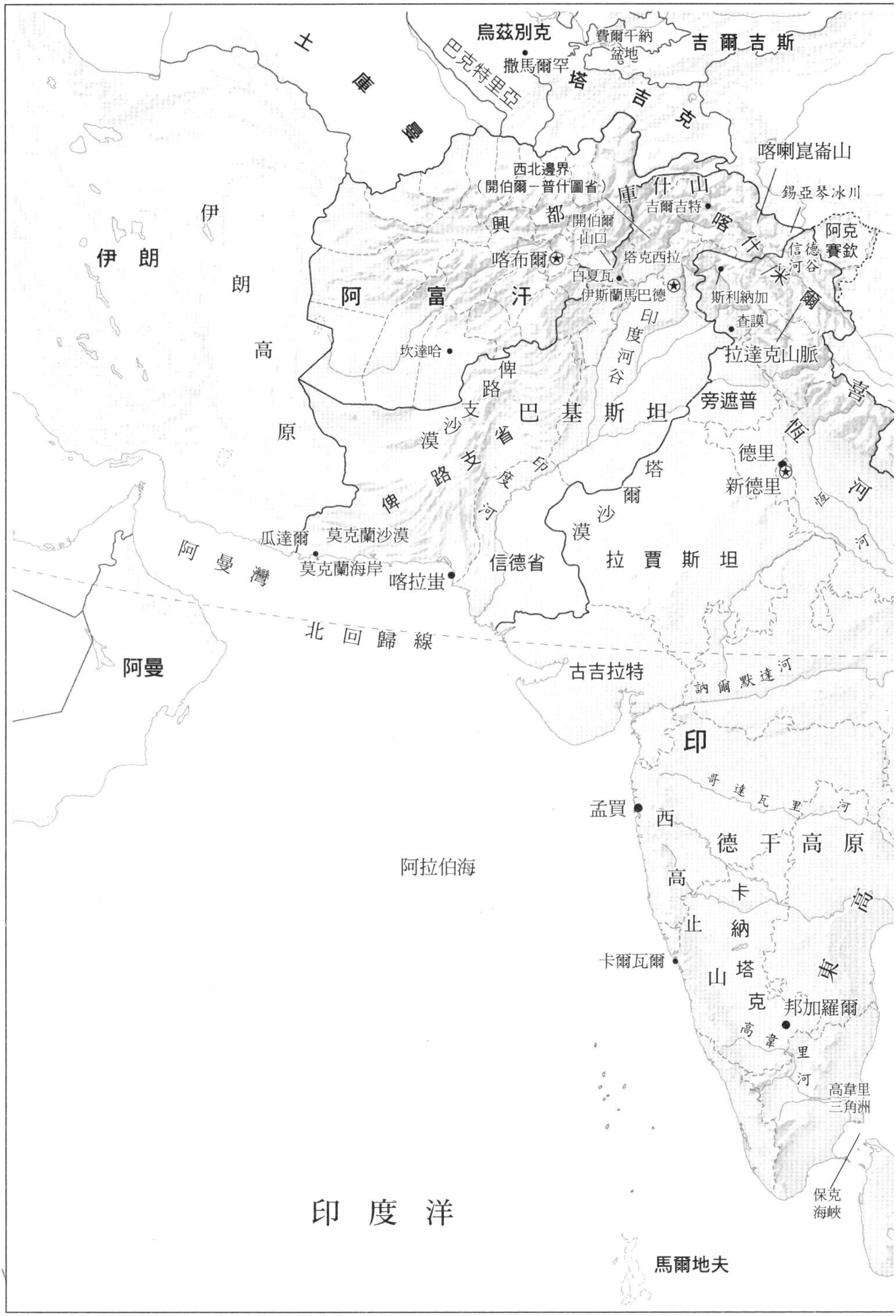

烏茲別克
撒馬爾罕
費爾干納盆地
吉爾吉斯
土庫曼
巴克特里亞
塔吉克
喀喇崑崙山
錫亞琴冰川
西北邊界（開伯爾－普什圖省）
庫什山
吉爾吉特
興都
開伯爾山口
喀什米爾
阿克賽欽
信德河谷
伊朗
伊朗高原
喀布爾
塔克西拉
白夏瓦
伊斯蘭馬巴德
斯利納加
阿富汗
印度河谷
查謨
拉達克山脈
坎達哈
俾路支
巴基斯坦
旁遮普
喜
俾路支沙漠
俾路支省
印度河
德里
新德里
恆河
塔爾沙漠
瓜達爾
莫克蘭沙漠
莫克蘭海岸
阿曼灣
喀拉蚩
信德省
拉賈斯坦
北回歸線
阿曼
古吉拉特
訥爾默達河
印
哥達瓦里河
孟買
西
德干高原
高
卡
止
納
東
高
卡爾瓦爾
山
塔
克
邦加羅爾
高韋里河
高韋里三角洲
阿拉伯海
保克海峽
印度洋
馬爾地夫

印度在二十一世紀初期追求大國地位，其優勢和劣勢都繫於它的地理。已故的歷史學者波頓．斯坦因（Burton Stein）指出，中世紀的印度地圖延伸進入一部分中亞和伊朗，同時，西北的印度河流域和恆河以南的半島印度之間只有薄弱的連結。[5]就和今天中國代表的是內亞草原地帶和中國內部腹地沖積平原之間關係的勝利組合一樣，印度數千年來深受其高海拔陰影地區（shadow zone）的影響，和中國不同的是，它還未被收服，因此印度是比較弱的國家。

印度次大陸和阿富汗東南部之間的關聯，因為彼此鄰接，明顯易見；而印度和中亞草原地帶，以及印度和伊朗高原之間的關聯，也同樣深刻。印度和伊朗同病相憐，遭受到蒙古人來自中亞的大侵襲；不過，印度的伊朗文化活力受到自阿契美尼德（Achaemenids）時期（西元前六世紀至四世紀）侵略的鼓舞，使得波斯語成為印度的官方語文，直到西元一八三五年。[6]已故的歷史學者潘尼嘉（K. M. Panikkar）指出，印度十六、十七世紀的蒙兀兒（Mughal）皇帝「成為波斯文化的具體化身，以傳統的節慶過『納吾肉孜節』（Nauroz，意即「新的一天」，伊朗新年）、也推廣波斯藝術技巧」。[7]同時，巴基斯坦——占據印度次大陸西北角的國家——的官方語文烏爾都語（Urdu），也向波斯文（以及阿拉伯文）大量取材，以修訂過的阿拉伯字體書寫。[8]因此之故，印度既是次大陸，又是大中東重要的末端。我們從這裡就能真正了解威廉．麥克尼爾所謂文明融合的含意。

因此，了解印度的關鍵就是：固然次大陸的印度在地理上極為彰著，它的天然疆界卻十分脆弱。結果就是印度歷史上出現許多國家，它們並不吻合我們對印度空間的認知，而事實上它們的確坐落在印度次大陸。實際上，今天的印度仍然不吻合次大陸的邊界，而這正是兩難的重心：巴基斯坦、孟加拉以及較小的尼泊爾都位於次大陸，對印度構成相當大的安全威脅，使得印度要挪出大量的政治精力、無法在整個歐亞大陸投射更強的力量。

這並不是說自古以來人類定居墾殖不遵照次大陸地理；應該說是印度的地理、尤其是西北部的地理，透露出地圖乍看之下不同的故事。乍看之下，地圖顯示，有一層棕色山嶺和台地沿著目前阿富汗和巴基斯坦之間的邊界，清楚地劃分出冷清的中亞荒野和次大陸的綠色熱帶地形。但是從阿富汗地形下降到印度河——印度河南北縱走、流經巴基斯坦中央——非常地漸進，因此數千年來相似的文化占據著高原和低地、河邊平原，不論它們是哈拉帕人（Harappan）、貴霜帝國（Kushan）、突厥人、蒙兀兒人、印度波斯人、印度伊斯蘭人或普什圖人。這還不說串連起伊朗和次大陸的莫克蘭（Makran）和俾路支斯坦（Baluchistan）的鹹土沙漠；或是中世紀借助可預測的季節風串連起阿拉伯與印度的海上交通。南亞學者安德烈·溫克（Andre Wink）引用一個

---

5 Burton Stein, *A History of India* (Oxford: Blackwell, 1998), pp. 6-7.

6 波斯文於十二世紀傳入印度，成為書寫文字，到了十六世紀，它的正式地位更加鞏固。

7 Panikkar, *Geographical Factors in Indian History*, p. 21.

8 Nicholas Ostler, *Empires of the Word: A Language History of the World* (New York: HarperCollins, 2005), p. 223.

阿拉伯詞語，稱從東伊朗到西印度這整塊地區為興德地區（Al-Hind）（譯按：波斯音的「印度」〔India〕），認為受波斯化的穆斯林所主宰的這塊地區，有史以來就有非常流動的文化有機體，因此界定國境界線先天就很困難。[9]

哈拉帕文明是西元前第四個千年末期至第二個千年中期一個中央集權的、非常複雜的酋長國網絡，它的地圖就告訴我們許多故事。根據考古遺跡，兩大城市是摩亨卓達羅（Moenjodaro）和哈拉帕，兩者都在上信德（upper Sindh）的印度河岸，而非與內亞次大陸有別的邊界，自身即構成文明的核心。哈拉帕世界的範圍從俾路支斯坦往東北延伸至喀什米爾，再折向東南幾乎到達德里和孟買，繞過塔爾沙漠（Thar Desert）：也就是說，它幾乎碰觸到今天的伊朗和阿富汗，涵蓋大部分巴基斯坦，並延伸至印度西北部和西部。這是一個複雜的屯墾地理，依循能支持水利灌溉的地貌，即使它也告訴我們這個廣闊的次大陸內部也有許多天然的次地區。

阿利安人可能從伊朗高原遷徙進來，結合次大陸本土居民，在西元前一千年左右展開鞏固北印度恆河平原政治組織的過程。這促生西元前八世紀至六世紀一些王國，且以西元前四世紀的難陀帝國（Nanda Empire）最鼎盛，版圖從旁遮普到孟加拉，跨印度北部和恆河平原。西元前三二一年，旃陀羅笈多．孔雀（Chandragupta Maurya）推翻大南．難陀（Dhana Nanda），建立孔雀王朝帝國（Mauryan Empire），除了深南部，它占有大部分次大陸，因此歷史上首度鼓勵印度吻合南亞地理成立一個政治實體的念頭。波頓．斯坦因認為，那麼多城邦國家和酋長國合併為單一、統合的體系，除了他們彼此之間有「活潑的商務活動」之外，也有一部分是受到亞歷山大大帝威脅所影響，若非西元前三二六年軍隊譁變，亞歷山大大帝就即將征服恆河流域。斯坦因寫道，另一個有助於統一的因素是，出現佛教和耆那教（Jainism）這種新的、泛次大陸的意識形態，它們「吸引到商業人士的效忠」。[10]

孔雀王朝歷代國王信奉佛教，以希臘和羅馬帝國的方式治理帝國；而這些作法是從愛琴海盆地和西亞、透過北溫帶移民路徑傳進印度。縱使如此，它還是需要種種人世的聰明才智來維繫孔雀王朝帝國於不墜。旃陀羅笈多的廷臣考底利耶（Kautilya）寫了一本政治經典《治國之術》（*Arthashastra, Book of the State*），闡述征服者如何利用各個城邦之間的關係建立帝國：侵犯我方屬邦的任何城邦都應視為敵人，在建立帝國過程中使它臣服；另外要遠交近攻，應把與敵國毗鄰的遠方城邦當作朋友。由於維繫次大陸規模的帝國殊不容易，考底利耶相信需有繁複的同盟網絡，對被征服者要行仁政，保存他們的生活方式。[11] 孔雀王朝是個分權的帝國，在旃陀羅笈多孫子阿育王（Ashoka）主政時，腹地位於恆河平原和四個區域中心：塔克西拉（Taxila）位

9 Andre Wink, *Al-Hind: The Making of the Indo-Islamic World*, vol. 1: *Early Medieval India and the Expansion of Islam 7th-11th Centuries* (Boston: Brill Academic Publishers, 1996), Chapter 4.

10 Stein, *A History of India*, pp. 75-76.

11 Adam Watson, *The Evolution of International Society: A Comparative Historical Analysis* (London: Routledge, 1992), pp. 78-82.

於西北，即今天巴基斯坦首都伊斯蘭馬巴德（Islamabad）之外；鄔闍衍那（Ujjain）位於印度中西部的摩臘婆高原（Malwa plateau）；素瓦南吉利（Suvarnagiri）位於印度南部的卡納塔克邦（Karnataka）；以及羯陵伽（Kalinga）位於加爾各答（Kolkata）南方的孟加拉灣濱。

在這麼早期的歷史，交通運輸和通訊溝通的方法相當原始，帝國要治理這麼大一片次大陸，這是非常了不起的成就。孔雀王朝證明單一國家有能力運用地理邏輯，在相當長一段時間裡治理廣大的帝國。然而，孔雀王朝衰落，導致強敵又從西北方入侵，尤其是穿過開伯爾隘口：希臘人和斯基泰人先後在西元前二世紀和一世紀入侵。這鼓勵了南亞次大陸重新分裂為區域性的王朝：巽伽（Sunga）、潘地亞（Pandyan）、苦寧達（Kuninda）等。貴霜帝國西元一世紀在巴克特里亞（Bactria，譯按：中國古籍稱之為「大夏」）興起，這是北部阿富汗和塔吉克、烏茲別克交界的地區，它的印歐人統治者征服了從中亞人口中心費爾干納流域、到今天印度東北部比哈爾邦（Bihar）這片廣大地域。貴霜帝國的版圖讓我們今人歎服，它覆蓋前蘇聯的中亞、阿富汗、巴基斯坦和相當大的印度北部恆河平原。貴霜帝國一方面順著河川流域發展，一方面也翻山越嶺擴張，因此它既遵循地理、也牴觸地理。它也形成一則重要的教訓：目前的邊境未必就是中亞及南亞政治組織的定論。

笈多帝國（Gupta Empire）（西元三二〇年至五五〇年）恢復次大陸統一盛世，版圖西起印度河、東抵孟加拉、北通喜馬拉雅、南達印度中部的德干高原（Deccan plateau），不過大部分的南部並未納入管轄。即使笈多帝國統治者也難免阻止中亞騎兵從西北入侵拉賈斯坦邦（Rajasthan）和恆河西部平原。而且，和孔雀王朝一樣，笈多帝國也不是一個統一的國家，比較像是一個透過貿易結合及向恆河核心朝貢的薄弱衛星國家系統。印度教信仰是從不隸屬於笈多帝國的南方向北傳布到恆河。南方半島型的印度主要是講達羅毗荼語，和北方通行的梵語不同。南方的確自成一格，以德干高原和北方劃分開來，深受中東和印度支那海洋文化影響。笈多帝國因匈人（Huns）由中亞入侵而衰落，在它衰落之後的六百多年間，又出現了一堆小國。這再次證明印度實在跟中國不一樣，中國有極大的傾向走向集權中央和政治統一。依據斯坦因的說法，後笈多帝國的王國「比較不因行政管轄界定，而是以語文、宗派關係和寺廟來界定」。[12]

費爾格瑞佛寫說，從七世紀到十六世紀，穆斯林民族不斷地進入印度。他說：「阿拉伯人很自然地先從沿海的陸路、以及沿岸的海路到達，但他們沒有留下永久的影響；其次是突厥人，從稍早於西元一千年起，翻越伊朗高原、穿過阿富汗，進入次大陸。再過了一個世紀又多一點點的時間，大部分是因為印度統治者內亂，整個北部平原承認先知穆罕默德信徒的統治。」[13] 南方俾路支斯坦和信德（Sindh）同屬延伸到美索不達米亞的「沙漠帶」之一部分。[14] 印度次大陸就這

---

12 Stein, *A History of India*, p. 121.

13 Fairgrieve, *Geography and World Power*, p. 261.

14 Panikkar, *Geographical Factors in Indian History*, p. 43.

樣接枝到大中東。一路下來，有幾項值得一記的大事：伊拉克阿拉伯人於八世紀初占領一部分信德、旁遮普、拉賈斯坦邦和古吉拉特邦（Gujarat）。出身突厥人族裔的馬木留克（Mamluk）奴隸戰士、伽色尼王國的馬穆德（Mahmud of Ghazni）總部設在阿富汗東部，他在十一世紀初的帝國統一今天的伊拉克庫德斯坦、伊朗、阿富汗、巴基斯坦和深及德里的印度西北部，並且攻打南方阿拉伯海邊的古吉拉特。從十三世紀至十六世紀初，所謂的德里蘇丹國（Delhi Sultanate）以突厥族裔的圖格魯克王朝（Tughluq）、阿富汗族裔的洛提王朝（Lodi）及其他中亞王朝名義統治北印度及部分南部地區。

這些外來入侵者選擇德里做為印度首都，其實是地理使然。費爾格瑞佛寫道：「信德和印度河流域，包括旁遮普……形成通往印度的前廳，這裡有一條相當窄的隘道，一百五十英里寬，位於印度沙漠和喜馬拉雅山之間。隘道的出口就是德里。」[15]德里背倚伊斯蘭世界，面朝印度教世界。（這時候佛教已自它的誕生地印度消失，向東及東北移徙。）地理確定了次大陸的西北部不是個固定的邊區，而是無休止的系列漸變，從伊朗和阿富汗一路往德里演變，再次證明麥克尼爾人類文明大歷史的理論。

蒙兀兒帝國（Mughal Empire）就是這個事實在文化和政治上的表現。很少有帝國能像蒙兀兒這樣兼收藝術與宗教之長。他們從一五〇〇年代初期至一七二〇年積極統治印度和部分中亞（此後帝國急速衰退）。蒙兀兒是蒙古人的阿拉伯和波斯混種，這一點也可以適用在所有來自北部及西北印度的外來穆斯林。蒙兀兒帝國是由察合台汗國（Chaghtai）突厥人札希爾・烏・定・穆罕默德・巴卑爾（Zahir-ud-din-Muhammad Babur）所創建。巴卑爾（譯按：波斯語意即「老虎」）一四八三年出生於今天烏茲別克費爾干納流域，早年想要征服帖木兒（Tamarlane或Timur）的古都撒馬爾罕。巴卑爾被成吉思汗的後裔穆罕默德・昔班尼汗（Muhammad Shaybani Khan）痛擊之後，率部南下，攻占喀布爾。巴卑爾從喀布爾領軍、由阿富汗高原一路撲向旁遮普，展開他對印度次大陸的征服。巴卑爾的孫子阿克巴大帝（Akbar the Great）時期，蒙兀兒帝國（或稱帖木兒帝國）的貴族包含拉傑普特人（Rajputs）、阿富汗人、阿拉伯人、波斯人、烏茲別克人和察合台突厥人，以及印度的遜尼派、什葉派和印度教徒，更不用說還有其他族群；它的族裔和宗教世界始於其西北方的南俄羅斯和西邊的地中海。[16] 印度成為鄰近中東正在演進的文化和政治趨勢的聚寶盆。

喀布爾和坎達哈是這個設在德里的荏弱王朝自然的延伸，可是在今天印度南部班加羅爾（Bangalore）——印度高科技之都——附近強大的印度教徒地區，情況則大相逕庭。號稱「世界征戰者」（world-seizer）的奧朗則布（Aurangzeb），在他統治下的十七世紀末期，蒙兀兒帝國擴

15 Fairgrieve, *Geography and World Power*, p. 262.

16 Robert D. Kaplan, *Monsoon: The Indian Ocean and the Future of American Power* (New York: Random House, 2010), pp. 119, 121.

張最為鼎盛，他雖已是八旬老人，仍在印度南部和西部御駕親征馬拉塔人（Maratha）叛軍。（譯按：奧朗則布是蒙兀兒帝國第六任皇帝，父親即建造泰姬瑪哈陵〔Taj Mahal〕而名垂青史的沙賈漢〔Shah Jahan〕）一七〇七年他在德干高原軍營中駕崩，未能征服叛軍。依潘尼嘉的說法，德干高原「一向都是印度中部的大堡壘」，恆河流域的人一直沒辦法征服它。而且，次大陸是由北往南推展，可是河川卻由西向東流，從奧朗則布的經驗就看得出來，直到很晚近，北方人都很難治理南方。簡單地說，印度南部和北部之間很少有地理上的連結關係。[17]事實上，就是南印度這種悠久、難以駕馭的叛變，腐蝕了北方蒙兀兒精英的凝聚力和士氣。奧朗則布忙著和馬拉塔人作戰，無暇照顧帝國其他地方的問題，使得荷蘭、法國和英國的東印度公司輕易就在沿海取得立足點，最後終於導致英國統治全印度。[18]

我們要強調一點：奧朗則布面臨的問題是過去數百年德里的統治者都碰上的老問題，甚至追溯到上古次大陸其他統治者也不例外。也就是今天包含了北印度、巴基斯坦和大部分阿富汗的這塊廣大地區，通常都統一在單一政體之下，即使對南印度的主權還不是那麼明確。因此，印度精英把巴基斯坦、甚至連阿富汗都當做印度本身地盤來思索，不僅很自然、從歷史看也有道理，巴卑爾的陵寢在喀布爾、不在德里。這不是因為印度覬覦阿富汗的領土，而是新德里十分關心誰來統治阿富汗，並且希望確保統治阿富汗的政府對印度友善。

英國人和印度過去的統治者不同，它是海權國家、而非陸權國家。從英國自海上征服印度，孟買、馬德拉斯和加爾各答成為其統治的重鎮，就足以證明英國的海上實力強大。因此之故，歷經兩千多年強敵由西邊及西北入侵或移入之後，英國人替印度恢復了基本上吻合其地理的政治事實：印度的確是個次大陸。有一份一九〇一年的印度地圖，很精巧地展現英國人興建的鐵路密布整個次大陸——從阿富汗邊界到極南部靠近錫蘭（Ceylon，今名斯里蘭卡）的帕克海峽（Palk Strait），以及從西邊今日巴基斯坦的喀拉蚩到今日東邊孟加拉的吉大港（Chittagong）。科技已經使得次大陸廣大的內陸空間終於能夠統一在一個政體之下，而不再分割為數個區域，或是由一些軟弱的帝國同盟體系來管轄。

沒錯，蒙兀兒——以及較次程度下，現代初期的馬拉塔邦聯（Maratha Confederacy）——是這項成就的先驅，他們展現治理大部分次大陸的行政能力。但蒙兀兒的治績再棒，它還是來自西北方另一個穆斯林的外來政權，直到今天仍被印度教民族主義者詬病。可是，英國是個海權國家，在印度教徒和穆斯林之間的歷史大戲中是個中立者：這齣大戲的基礎是地理。印度大多數穆斯林住在西北部——幾乎強敵入侵都由此進來，以及東部的孟加拉——農業發達的恆河平原東

17 Panikkar, *Geographical Factors in Indian History*, pp. 40, 44.

18 Kaplan, *Monsoon*, pp. 122-23; John F. Richards, *The New Cambridge History of India: The Mughal Empire* (New York: Cambridge University Press, 1993), pp. 239, 242.

端，在十三世紀突厥—蒙古人入侵以及森林清理之後，穆斯林遂在此地散布開來。[19]

英國人固然在十九世紀末和二十世紀初、以現代官僚制度及鐵路系統統一了印度次大陸，但是他們在一九四七年慌亂中倉促退出印度，卻造成它重新分裂，而且比起以前任何帝國斷裂有更深刻、更正式的影響。譬如，在過去，印度—希臘人和笈多帝國交會的地方，或是蒙兀兒帝國和馬拉塔邦聯交會的地方，並不像今天這樣要布下鐵絲網和地雷、大家要拿不同的護照、還要在媒體上交戰，這些都屬於日後科技時代的玩意兒。現在的分界是僵硬的法律區分和部分文明方面的區分，出於地理因素小、出於人為分裂大。

總之，從印度的歷史視角來看，巴基斯坦絕對不只是擁有核武器的對手、為恐怖主義撐腰的國家，而且還有一支強大的常規部隊在邊境虎視眈眈。巴基斯坦位於印度西北方，是山嶺和平原交會之地，在地理上和民族上都是印度史上穆斯林由西北來犯的具體化身。巴基斯坦在印度西北虎視眈眈，就和從前穆斯林入侵大軍壓境一樣。全球情報分析公司（**Stratfor**）的創辦人喬治．傅立曼（**George Friedman**）寫道：「巴基斯坦是穆斯林統治中古印度在今天的遺跡。」其實，巴基斯坦的西南部，是來自伊朗和南阿富汗的阿拉伯穆斯林最早占領的次大陸之一部分區域。[20]

我得說，印度的決策者並不反穆斯林。印度有一億五千四百萬穆斯林，是全世界僅次於印尼和巴基斯坦的第三大穆斯林人口區。印度產生過三位穆斯林總統。但印度是個世俗化的民主國家，它要設法避開宗教政治，以便癒合在印度教徒占極大多數的國家中之印、穆族裔分裂。先不說它的基進分子，巴基斯坦這個伊斯蘭國家在某些方面侮慢印度的自由主義基礎。

印度會怕巴基斯坦，以及巴基斯坦會怕印度，並不是令人驚訝的事情。當然，印度可以在傳統戰爭中擊敗巴基斯坦。但若是核子交戰，或是打恐怖戰爭，巴基斯坦可以和印度旗鼓相當。事實還不僅如此。不只是巴基斯坦有循歷史先例，構成類似蒙兀兒入侵的威脅，阿富汗也很棘手。我們都曉得，分隔巴基斯坦和阿富汗的邊界在今天、在過去都形同幻影。巴基斯坦與阿富汗接壤的西北邊境省（正式名稱為開伯爾—普什圖省〔Khyber Pakhtunkhwa〕），雖有懸崖峭壁和峽谷，卻非常容易鑽過去。我每一次跨越巴、阿兩國邊境，從來不曾正式辦理通關手續。即使在開伯爾官方的邊哨站，每星期數萬名普什圖原住民根本不用亮身分證件就通關，每天也有好幾百輛卡車不經檢查叮叮噹噹過境。不需檢查顯示住在國境兩邊的其實是同一個部族，而且阿富汗、巴基斯坦國家分際不清，就是他們缺乏地理一致性的主要原因，也是歷來印度—伊斯蘭和印度—波斯幾乎無從劃分的原因。阿契美尼德、貴霜、印度—希臘、伽色尼、蒙兀兒和其他帝國，全都把阿富汗和巴基斯坦納入版圖，而且若非威脅到印度、就是把部分印度也納入其中。再來就是中亞的帖

19 Richard M. Eaton, *The Rise of Islam and the Bengal Frontier, 1204-1760* (Berkeley: University of California Press, 1993), pp. xxii-xxiii, 313.

20 George Friedman, "The Geopolitics of India: A Shifting, Self-Contained World," *Stratfor*, December 16, 2008.

木兒和土庫曼族裔的納迪爾沙大帝（Nader Shah The Great），分別在一三九八年和一七三九年從今天的伊朗、阿富汗和巴基斯坦的帝國本部征服德里。

這段豐富的歷史，西方人很少知道，可是一些印度精英從骨子裡就清楚明白。當印度人注視次大陸地圖時，他們看到阿富汗和巴基斯坦位於西北方，看到尼泊爾、不丹和孟加拉在東北方，全都是印度緊鄰的勢力範圍之一部分，而伊朗、波斯灣、前蘇聯中亞共和國和緬甸為重要的陰影地區。從新德里的立場看，不把這些地方如此看待，即是忽視歷史和地理的教訓。

數千年來帝國來來去去的紀錄顯示，阿富汗及當地的戰爭不只是印度必須處理的安全問題。只有西方人認為阿富汗是中亞的一部分；在印度人心目中，它是印度次大陸的一部分。[21]阿富汗的地理使它很重要，不僅是今天的恐怖分子，或是昔日的大軍，這是入侵印度的主要通道，而且還是印度大敵巴基斯坦戰略上極為重要的後方基地。

印度的地理邏輯並不完美，巴基斯坦在許多人看來，根本沒有地理邏輯，而阿富汗就更不用提了。巴基斯坦可以被看作是一片地區的一塊人為七巧板，它跨坐在伊朗—阿富汗高原和次大陸低地之間的邊區，涵蓋西半部旁遮普，但不包含東半部旁遮普，又奇怪地連結起北邊的喀喇崑崙（世界上某些最高山嶺位於此地），以及幾乎在一千英里之外、南邊阿拉伯海濱的馬克蘭沙漠（Maknan Desert）。[22]印度河應該是個疆界，可是巴基斯坦卻跨越印度河兩岸。巴基斯坦有四大族裔，每個族裔都對他族懷抱敵意，且又根深柢固盤踞某特定地區：旁遮普占東北，信德占東南，俾路支斯坦占西南，而普什圖雄霸西北邊省。伊斯蘭似乎應該是國家團結統一的黏合劑，但在這方面卻徹底失敗：即使巴基斯坦境內的伊斯蘭團體也變得更加基進，俾路支人和信德人持續認為巴基斯坦是旁遮普人宰制的異邦，而西北的普什圖人更傾向阿、巴邊境地區塔利班所傳染的政治。沒有旁遮普人為主的軍隊，巴基斯坦或許無法存在——會淪為一塊贅肉似的伊斯蘭大旁遮普，以及靠向印度軌道、但是半無政府的俾路支斯坦信德。

穆罕默德·阿里·金納（Mohammed Ali Jinnah）是古吉拉特商賈的兒子，是在倫敦、孟買受教育的知識分子，他於一九四七年創建巴基斯坦。巴基斯坦建構在一個意識形態假設之上：它要做為印度次大陸穆斯林的母國。沒錯，次大陸大多數穆斯林住在西巴基斯坦和東巴基斯坦（後者於一九七一年又獨立成為孟加拉〔Bangladesh〕），可是仍有千百萬穆斯林住在印度本土，因此巴基斯坦的地理矛盾使它的意識形態非常地不完美。數以百萬計的穆斯林和印度教徒因為巴基斯坦的立國卻成為難民。次大陸豐富的入侵及移民歷史，使它有十分複雜的族裔、宗教和宗派混合。例如，印度是印度教、佛教、耆那教和錫金教等好幾個宗教的誕生地。祆教徒、猶太人和基督徒在印度也居住了成千上百年之久。印度國家的哲學接受這一現實、也歡迎它；巴基斯坦國家的哲

21 印度和伊朗之間的地理及文化關係幾乎同樣接近。

22 旁遮普意即「五條河」：比亞斯河（Beas）、奇納布河（Chenab）、傑赫勒姆河（Jhelum）、拉維河（Ravi）和薩特萊傑河（Sutlej），它們全是印度河的支流。

學則沒有這麼包容。這也是為什麼印度安定、巴基斯坦動盪的部分原因。

但是在這個例子中，對地理有各種不同的解讀。從另一個視角看，巴基斯坦的地理意義相當明顯，它是連結次大陸和中亞——印度／伊斯蘭世界的核心——的文明中介和貿易通路；由於安德瑞．溫克的印度—穆斯林「興德地區」的概念很難用現代國界的方式來界定，有人或許會問：為什麼巴基斯坦會比印度更像是人為造成？畢竟巴基斯坦的拉合爾（Lahore）也不遜於印度的德里，是蒙兀兒帝國的重鎮呀！次大陸北方平原真正的地理中心是旁遮普，可是它分屬印、巴兩國，使得從歷史或地理角度看，它都無法以完整面貌出現。北印度是由恆河的人口核心發展起來，是否可以說巴基斯坦是由另一個重要的人口核心、即印度河及其支流發展起來？照這個說法，印度河不是分裂因素、而是統合因素。[23]艾特薩斯．阿山（Aitzaz Ahsan）寫了一本書《印度河傳奇與巴基斯坦建國》（*The Indus Saga and the Making of Pakistan*）闡述這個說法。阿山是已故的班娜姬．布托（Benazir Bhutto）以信德人為主的巴基斯坦人民黨黨員。他認為自古以來次大陸之內「關係重大的分界線」是「古爾達斯普爾到卡提阿瓦凸出部」（Gurdaspur-Kathiawar salient）：從東部旁遮普的古爾達斯普爾往西南走、向阿拉伯海濱古吉拉特的卡提阿瓦凸出部，這條線大約相當於目前的印、巴國界。[24]

但是這裡出現難題。在歷史上有一段比較短暫的時期——孔雀王朝、蒙兀兒帝國和英國殖民時期——印度和巴基斯坦兩地是統一的，誰控制進入中亞（阿富汗及更遠）的貿易通路不是問題。在歷史上其他時期也沒有問題，因為貴霜帝國、伽色尼王國和德里蘇丹等帝國並沒有控制恆河東部，他們同時控制印度河以及恆河西部，因此德里和拉合爾是在同一個政體統治下，甚至中亞也在他們控制下——所以，也不會有衝突。然而，今天的政治地理，在歷史上很獨特：一個印度河流域國家和一個強大的恆河流域國家，都要爭奪對鄰近的獨立中亞之控制。

由於印度河及其支流（旁遮普位於中央）是「印度河至歐修斯」區域的人口核心，包含今天的巴基斯坦和阿富汗，因此從歷史或地理的意義來看，旁遮普人主宰的巴基斯坦三軍情報總局（Inter-Services Intelligence Directorate, ISI），插手活動遍及「印度河至歐修斯」區域的哈卡尼網絡（Haqqani Network）的恐怖分子和走私活動，便不足為奇。三軍情報總局最關切控制阿富汗的南部和東部；這就會使興都庫什以北地區，會影響到歐修斯地區與烏茲別克南部和塔吉克南部的泛歐修斯地區之合併——形同古代巴克特里亞王國（大夏）的復活。的確，二十一世紀初的地圖可就和古代地圖很相似了。（譯按：哈卡尼網絡是盤踞在巴基斯坦西部的武裝團體，活躍於巴、阿邊界，與塔利班及凱達組織有密切關聯）

23 Andre Wink, *Al-Hind: The Making of the Indo-Islamic World*, vol. 2: *The Slave Kings and the Islamic Conquest, 11th-13th Centuries* (Leiden: Bril, 1997), pp. 1, 162; Muzaffar Alam, *The Crisis of Empire in Mughal North India: Awadh and the Punjab, 1707-1748* (New Delhi: Oxford University Press, 1986), pp. 11, 141, 143.

24 Aitzaz Ahsan, *The Indus Saga and the Making of Pakistan* (Karachi: Oxford University Press, 1996), p. 18.

至於阿富汗，我們已經看到在歷史上它攸關印度的地緣政治福禍，現在我們也稍加討論。這個國家人民平均壽命四十四歲，識字率百分之二十八（女性識字率更低於此一水平），能進入中學念書的女性只有百分之九，全國只有五分之一人口享有自來水。在聯合國的人類開發指數（Human Development Index）上，全世界一百八十二個國家當中，阿富汗倒數第二名。伊拉克在二〇〇三年美國入侵之前，排名第一百三十名，識字率尚可，達到百分之七十四。伊拉克的城市化達到百分之七十七，因此二〇〇七年部隊重建時降低大巴格達地區的暴力，對全國產生鎮定作用。阿富汗的城市化只有三成，換句話說，在某村莊或某地區的弭亂作為，對別處可能毫無作用。

美索不達米亞平坦的地貌上有大型的城鎮聚落，有利於軍事占領部隊，而阿富汗就地理而言，簡直稱不上國家。它被境內許多崇山峻嶺切割開，使得普什圖族、塔吉克族和其他少數民族彼此幾乎老死不相往來，天屏地障也使得阿富汗與巴基斯坦、或與伊朗無法連通。從地圖上看，加上我們知道全世界四千二百萬普什圖人過半住在巴基斯坦境內，我們幾乎可以想像該有一個「普什圖斯坦國」位於興都庫什山和印度洋之間，會和阿富汗及巴基斯坦部分領土重疊。

阿富汗要到十八世紀中葉才崛起成為近似國家，納迪爾沙大帝屬下波斯軍隊的阿布達里族（Abdali）支隊首領艾哈默特汗（Ahmad Khan），在波斯和印度次大陸已經搖搖欲墜的蒙兀兒帝國之間割出一塊緩衝區，它後來發展成為俄羅斯沙皇和英屬印度之間的緩衝地帶。因此我們或許可以說，前蘇聯在中亞慢慢地瓦解，加上巴基斯坦國力日漸衰弱，現在正在進行劃時代的重新組合，阿富汗可能就從政治地圖上消失：在未來，或許興都庫什（它是印度次大陸西北角真正的邊界）可能形成普什圖斯坦和大塔吉克斯坦之間的邊界。集普什圖民族主義、伊斯蘭狂熱、毒品生意、貪腐軍閥和對美軍占領仇視之大成的塔利班，用亞洲事務專家賽立格・哈理遜（Selig Harrison）的話來說，或許只是這個過渡的載具，其實這過渡既大且廣，根本不是耐心不足的華府文職人員指揮一支外國軍隊所能阻滯的。

但是有另一個現實牴觸這套說法，它捨棄這種命定論。阿富汗面積比伊拉克大、只是人口更加分散，這一點基本上不具任何意義，因為阿富汗六成五人口住在離主要道路系統三十五英里之內地區（這些道路相當於中古時期馬車車隊道路的水平），因此全國三百四十二個區當中，只有八十個關係到中央管控。阿富汗自從艾哈默特汗時代就或多或少由中央號令治理：喀布爾即使未必一直是權力中心，至少是仲裁中心。特別是一九三〇年代初至一九七〇年代初，阿富汗在札希爾王（Zahir Shah）——艾哈默特汗後裔——治下實驗君主立憲制。主要城市透過公路系統連結起來，老百姓在公路上可以安心走動，甚至透過可預期的公共衛生和開發計畫，瘧疾即將絕跡。直到這個時期末尾，我在阿富汗各地可以任意搭便車、乘坐地方巴士，不虞人身危險，也可以透過地方郵政系統寄書本、衣物回美國。當時也有一股強烈的阿富汗國家認同意識，老百姓認為阿富汗與伊朗、巴基斯坦或蘇聯迥然有別。它或許只是脆弱的部落結合，但肯定已開發得不只是緩衝國家。普什圖斯坦或許是實質，但以類似雙重公民的方式，它也很明確地就是阿富汗。這就要怪一九七〇年代發生在喀布爾的三次政變，導致阿富汗與強鄰蘇聯似乎沒完沒了、糾纏不清地暴力相向。為了確保將阿富汗收服在其勢力範圍之內，蘇聯不智地擾亂阿富汗政治，並不得不於一九七九年十二月出兵進攻阿富汗。就阿富汗而言，它是伊朗高原、中亞草原和印度次大陸之間的地理緩衝，具有十分重要的戰略價值，不僅俄國人覬覦它，伊朗人、巴基斯坦人也都垂涎它，就連印度決策者也迷戀它。

阿富汗若落入塔利班掌控，就有可能在印巴邊境到中亞之間建立一系列基進的伊斯蘭社會。這實質上就是大巴基斯坦，會讓巴基斯坦的三軍情報總局有能力結合賈拉魯汀・哈卡尼（Jallaluddin Haqqani）、古爾布丁・赫克馬泰亞爾（Gulbuddin Hekmatyar）和虔誠軍（Lashkar-e-Taiba）這類人馬，能夠以真主黨和哈瑪斯對抗以色列的方式對付印度。反之，阿富汗若維持和平，並或多或少由喀布爾自由派主政，可以讓新德里從長久以來在西北邊境的敵對情勢解脫出來，並且從巴基斯坦的東西兩側邊境去挑戰它。這就是為什麼印度在一九八〇年代支持蘇聯在喀布爾冊立的穆罕默德・納吉布拉（Mohammed Najibullah）傀儡政權，相對於企圖推翻它的親巴基斯坦伊斯蘭教派聖戰士（mujahidin）比較世俗、甚至自由派；基於同樣的理由，印度現在支持哈密德・卡札伊（Hamid Karzai）的喀布爾政府。

穩定和適度溫和的阿富汗真正成為了不只是南部中亞的集散地，也是歐亞大陸的中心。麥金德的心臟地帶論就是俄羅斯、中國、印度和伊朗利益「匯合」，構成穿過中亞的交通走廊。歐亞大陸貿易路線最強大的推動者就是中國和印度的經濟。估計橫貫中亞到歐洲和中東市場的印度陸路貿易，每年可有一千億美元以上的增長。正因為阿富汗還在交戰，新德里不能以卡車、火車和跨裏海航船與伊斯坦堡及提比里斯（譯按：喬治亞共和國首都）連結起來；或者以公路和鐵路，與阿拉木圖（譯按：哈薩克共和國最大城市）、塔什干（譯按：烏茲別克首都及最大城市）連接。縱使如此，印度偕同伊朗和沙烏地阿拉伯，對興建阿富汗公路網有極大貢獻。印度出資的札蘭季—德拉蘭公路（Zaranj-Delaram Highway），把阿富汗西部和阿拉伯海濱的伊朗港口查・巴哈（Chah Bahar）連接起來。[25]即使阿富汗已陷入戰火三十年以上，印度依然可以初嘗阿富汗和平帶來的好處。和平的阿富汗可以刺激鐵路、公路和輸油管的興建，不僅阿富汗全境，也可及於巴基斯坦全境，這樣一來甚至有可能一舉解決巴基斯坦本身欠缺安全感的老毛病。不過本區域若能和平，印度將受惠最大，因為除了中國之外，其他任何國家的經濟規模都望塵莫及。

但這不是目前可以達到的情況。以當下來講，大印度次大陸是全世界地緣政治最不穩定的區域之一。帝國及入侵史仍是活生生的歷史，它仍與根深柢固的不安全感及今天的政治問題牽扯在

[25] S. Frederick Starr and Andrew C. Kuchins, with Stephen Benson, Elie Krakowski, Johannes Linn, and Thomas Sanderson, "The Key to Success in Afghanistan: A Modern Silk Road Strategy," *Central Asia-Caucasus Institute and the Center for Strategic and International Studies*, Washington, DC, 2010.

一起。大印度在許多方面就像早期現代歐洲的地圖，甚至因為有了核子武器而情況更糟糕。早期現代歐洲有相互競爭的族裔和民族團體，它們正在凝結進入官僚體制國家的過程，即使它們也進行複雜的勢力平衡安排，因為他們經常的互動和隨後的誤判偶爾會破裂、爆發公開作戰。現代民族主義仍在年輕、活潑的階段，今天的南亞也一樣活潑。但是和早期現代歐洲的多極性不一樣，南亞呈現的是印度和巴基斯坦之間的兩極鬥爭，阿富汗是個戰場，而有爭議的喜馬拉雅山區喀什米爾邦是另一個戰場。然而，和超級大國的兩極性不同的是，這一衝突並沒有什麼冷靜、鎮定或儀式性質。這並非一種對峙雙方彼此沒有宗教或歷史仇恨之意識形態的衝突，而且還受到半個地球和北冰洋廣闊的位置所分隔。這是印度教占多數、但保留世俗性質的國家，和另一個穆斯林國家彼此的衝突，兩者都還處於現代民族主義熱血沸騰的階段，被一個擁擠、共同邊境所分開的兩個國家，兩國首都和主要城市就在附近不遠處。巴基斯坦的印度河心臟地帶和北印度恆河的心臟地帶，相距不到兩百英里。[26]除了對此一地理的其他種種分析之外，這是一個封閉、且有幽閉恐懼感的地理，保羅．布瑞肯在他有關新核子時代的論述裡已經有了不少討論。

印度迫切希望逃離這個地理以及這段歷史。它和中國的競爭及對峙就是逃離的方式。印度和中國的較勁和它與巴基斯坦的敵對根本不同：它比較抽象、不會激情，而且（十分重要）沒那麼善變。中、印的敵對也沒有真正的歷史因素在其背後作祟。

自從印度和中國為喜馬拉雅山區邊界糾紛打了一場有限戰爭以來，時間已過了半個世紀，當時的作戰發生在海拔一萬四千英尺高、靠近西北方喀什米爾的阿克賽欽（Aksai Chin）地區，以及靠近東北方不丹的阿魯納恰爾省。一九六二年這場邊境戰爭雙方士兵死了兩千多人、負傷也有二千七百四十四人。它的背景是一九五〇年中共部隊開進西藏，一九五九年藏民起義、達賴喇嘛出亡印度。西藏並未清楚表態是否親印，但西藏若獨立或自治會讓中國戰略家極其緊張。鑑於西藏危機的緊張性質，中國認為印度在有爭議的邊界線之北設立哨所是它必須動手的原因，當年秋天打了一個月的戰爭，痛擊印度部隊。雙方都沒有出動海軍或空軍，因此戰鬥只限於罕無人跡的偏遠地區；印、巴邊界則不然，除了需穿越沼澤和沙漠之外，交戰部隊還需穿過數百萬人居住、農業富饒的旁遮普。

印、中邊界有些地區迄今尚有爭議。中國在西藏到處興建公路和機場，現在印度籠罩在中國戰鬥機作業弧之內，即使印度空軍是全球第四大，一千三百多架飛機分布在六十座基地。印度人造衛星和偵察機提供有關中國部隊在西藏移動的情報。而中、印兩國都在積極建設海軍。我們在前一章已經討論過中國建設海軍的情況。由於印度沒有相等於地中海的內海和一堆群島吸引船員，即使位處溫帶地區、且土壤肥沃，直到近年，它大體上還是一個陸地國家，不太接受開放的海洋。但是情況突然變了，軍事科技的進步縮小海洋地理，加上印度經濟發達，有能力支應造船

26 Friedman, "The Geopolitics of India."

及採購武器的開銷。促成印度關注海洋的另一個因素是中國成為威脅，中國海軍的發展已經從西太平洋延伸到印度洋。

中國已經在印度附近協助興建或改善港埠：比如緬甸的皎漂（Kyaukpyu，譯按：意即「白岩」）、孟加拉的吉大港、斯里蘭卡的漢班托塔（Hambantota）和巴基斯坦的瓜達爾（Gwadar）。中國對所有這些國家都提供大量軍事、經濟援助，以及政治支援。我們知道，中國已有一支龐大的商船艦隊，也希望發展遠洋海軍以保衛它的利益，並保護介於油氣豐富的中東和中國太平洋沿岸之間的貿易通道。同一時期，印度也有心在從非洲南部到澳大利亞這片廣闊的印度洋海域，布建門羅主義式的海權。北方喜馬拉雅山區的邊境爭議迄今猶未解決，海上勢力範圍又出現極大的重疊。中國只想要保護它本身的海上運輸線，沿途設置友好、全新設備的港口。但印度感覺受到包圍。未來巴基斯坦和中國有可能在靠近波斯灣入口的瓜達爾港設置海軍作業中心，促成印度在阿拉伯海的卡爾瓦爾（Karwar）擴建海軍軍港。中國在緬甸皎漂興建港口和輸油管路，也促使印度在其北方五十英里的實兌（Sittwe）大興土木，興建自己的港口和能源設施，中、印也都加快他們在西部中南半島的航路和資源競爭。

我們還是只能再說一次，印、中對抗代表的是新鬥爭，沒有歷史的力量在背後。印度和中國在遠古時代的互動通常滿有建設性：最著名的就是佛教在古代中期和晚期，由印度傳到中國，後來在唐朝大盛。儘管有西藏問題——西藏的自治或獨立吻合印度的地緣政治利益，但明顯不符中國利益——喜馬拉雅山的險峻天塹基本上把兩國人民隔絕開來。一直要到最近幾十年，東方各國軍隊發展海、空和飛彈力量，新型的歐亞衝突地理才顯著地受到注意。距離已死、不再具備意義，遠勝過文明差異，是今天印中關係不諧的主因。印度決策精英很擔心中國，同時巴基斯坦問題持續讓全國——尤其是北印度——繃緊神經。而且，印度和中國是全世界最活潑的經濟體，構成互補的貿易關係。可以說印度和中國之間的緊張反映出成功的問題：新德里和北京現在都可以將其強大的經濟發展運用到軍事方面，特別是用在造價不菲的空、海作戰平台上。印、中新對抗充分證明布瑞肯的論點，即戰爭科技和財富大增會攜手結合，地球空間有限、愈來愈成為不安全的一股力量，而軍事硬體和軟體把地緣政治地圖上的距離大幅縮小。

可以說冷戰發生的前幾十年，印度和中國只有相當低科技的地面部隊，能保衛本身邊界、做為國家鞏固的屏障就滿足了。因此他們不會相互威脅。但是飛機、飛彈和軍艦紛紛進入其武器清單，甚至陸軍也更具遠征能力，突然間他們發現彼此站在新作戰空間的對立面。這不僅是印度和中國的狀況，以色列、敘利亞、伊朗、巴基斯坦、北韓等歐亞大陸國家莫不如此，都處於相互交疊、致命的飛彈射程之下。

我們再看一下印度次大陸。雖然四周環海、崇山阻隔，它的內部依然面積廣大，它早年欠缺政治統一和組織的天然基礎，目前仍然展現無遺，中國雖然欠缺民主，仍比印度更有組織，治理也更有效率。中國每年新建完成的公路里程數，超過印度全國既有公路。相較於中國的中央各部委，印度的官員傲慢自大、又軟弱不振。中國或許會敗在罷工和示威，印度卻可能敗在激烈叛亂，尤其是中部和東部有毛澤東主義傾向的納薩爾派（Naxalites）叛軍。就這方面而言，費爾格瑞佛對「低度先進文明」與某些外在文明做比較的描述，仍然有相當的道理。[27]

在德里當家主政的人，面對穆斯林的中亞，仍然必須擔心西北方高原的動盪局勢。美國將會降低在阿富汗的兵力，可是印度仍須活在現實，因此必須密切關注。印度面臨一個難題。即使它在次大陸內仍與一些弱小、且近乎失能的國家國境接壤，它在新世紀的大國地位將因為與中國進行政治、軍事競爭而增強，這一點自不待言。我們已經討論過阿富汗和巴基斯坦，但是尼泊爾和孟加拉也值得注意。

在王室解體、前毛派叛軍入主中央政權之後，尼泊爾政府勉強控制住有百分之八十五人口居住的農村地區。尼泊爾從來不曾遭到殖民統治，因此沒從英國繼承強大的官僚治理傳統。儘管有喜馬拉雅山的光環，絕大多數尼泊爾人民住在和印度交界、罕有人管控的陰溼低地地區。我曾經到過這個地區，從許多方面來講，它和恆河平原無從區別。如果尼泊爾政府不能提升國家能力，這個國家本身可能逐漸瓦解。孟加拉恐怕比尼泊爾更不如，根本沒有地理防衛可言：它同樣是個和印度邊界接壤、有平坦的水稻田、灌木叢地形的國家；我發現它的邊防哨站破破爛爛、零亂不堪、搖搖欲墜。這塊人為劃出來的地區——先後有過孟加拉、東孟加拉、東巴基斯坦和孟加拉共和國等名稱——可以因區域政治力量、穆斯林宗教極端主義和氣候變遷而變化形狀。和巴基斯坦一樣，孟加拉的歷史也是軍人政府、文人政府此起彼落，很少能夠正常運作。數以百萬計的孟加拉難民已經非法越過邊境，進入印度。不過，孟加拉政府勉強努力，在本文寫作之時已有所改善。它可能成為陸上貿易和輸油管路交會之地，連結起印度、中國，以及未來自由、民主的緬甸。

印度次大陸從古代初期政治上就分裂，迄今依然毛病不改。現在我們且看它的極北，即喀喇崑崙山和喜馬拉雅山交會之處。這塊喀什米爾地區擠在巴基斯坦、阿富汗、印度和中國之間。喀喇崑崙山脈北邊，有一座城市吉爾吉特（Gilgit），由巴基斯坦人控制，但印度主張主權屬它，西邊有一塊「自由喀什米爾」（Azad Kashmir）也是如此。喀什米爾中心的拉克達山脈（Ladakh Range），有斯里納加（Srinagar）和賈姆穆（Jammu）等城鎮，由印度管轄，但巴基斯坦聲稱這是它的領土，北邊的錫亞琴冰川（Siachen Glacier）也是如此。更往北邊及東北方，是沙克桑山谷（Shaksam valley，譯按：中方名稱喀喇崑崙走廊，面積近六千平方公里）和阿克賽欽，中國

27 Fairgrieve, *Geography and World Power*, p. 253.

在管治，但印度說是它的領土。此外，印度的賈姆穆邦和喀什米爾邦（即拉克達山脈），穆斯林人口占多數，達四分之三，難怪這裡多年來聖戰士叛變層出不窮。已故的奧薩瑪．賓拉登曾經發表評論，痛批印度教徒的印度主宰喀什米爾。喀什米爾大部分地區是海拔高、不宜人居的偏遠地帶，可是大家為了這塊地區已經兵戎相見，日後可能還會再打個不停。中國在一九六二年攻打印度，因為它想穿過東喀什米爾，蓋一條從新疆到西藏的公路。印度打中國，阻擋中、巴邊界活動。

喀什米爾會像巴勒斯坦一樣，拜網路和新媒體之助，在數百萬人心中燒起仇恨烈火，使得和平解決這堆糾葛不清問題的機會更加渺茫。科技可以擊敗地理，它也有能力強化地理的重要性。印度次大陸是個很直截了當的地理事實，但要清楚界定它的邊界可能還要無限期等候下去。

中國歷代各朝的版圖幾乎全在今日中國國境線之內，印度則不然，我們看到它所傳承的朝代，版圖大多不只限於今日的國境線內。因此，印度看待阿富汗及其他陰影地區，心態就沒有中國看待其陰影地區那麼平靜。印度是個區域大國，在某種程度上受限於此一地理；它也有潛力成為走出此一限制的大國。

第十三章　伊朗樞紐

芝加哥大學學者威廉·麥克尼爾曾經告訴我們，印度、中國和希臘全都位於「古文明世界的邊緣」，受到高山、沙漠和距離的保護。[1]當然，這種保護只是部分保護，我們也曉得，希臘被波斯蹂躪、中國被蒙古人和突厥草原民族入侵、印度迭遭穆斯林侵略者荼毒。縱使如此，地理提供足夠的屏障讓這三個偉大、獨特的文明生根。我們在前面章節已提到，位於這些文明之間的廣大空間，是麥克尼爾的芝加哥同事馬歇爾·哈濟生所謂的「歐庫梅內」，這是一個古希臘字，指的是世界上「有人居住的地區」：這是希羅多德的世界，從北非到中國西部邊緣的非、亞大陸塊焦乾的溫帶地區，哈濟生也把這個地帶稱為「尼羅河至歐修斯」。[2]

1 William H. McNeill, *The Rise of the West: A History of the Human Community* (Chicago: University of Chicago Press, 1963), p. 167.

2 Marshall G. S. Hodgson, *The Venture of Islam: Conscience and History in a World Civilization*, vol. 1: *The Classical Age of Islam* (Chicago: University of Chicago Press, 1974), pp. 50, 60, 109.

哈濟生的見解很精采地掌握到幾個關鍵和矛盾的事實：「歐庫梅內」——大中東——是一個很容易界定的地區，位於希臘、中國和印度之間，很明顯與三者都分開來，即使它對三者各自都起過樞紐性的影響，因此關係十分地有系統；大中東由伊斯蘭以及馬和駱駝的游牧民族團結起來——與中國和印度的農作物農業相反——它們內部也因河川、綠洲和高地而深刻分裂，直到今天在政治組織上仍有許多分支。大中東和中國之間的不同尤其顯著。已故的哈佛大學中國事務專家費正清寫道：

從考古紀錄透露出來的上古中國文化同質性，與古代中東民族、國家和文化的多樣化和多元化，呈現明顯差異。從大約西元前三千年起，埃及人、蘇美人（Sumerians）、閃族人（Semites）、阿卡德人（Akkadians）、亞摩利人（Amorites）……亞述人（Assyrians）、腓尼基人（Phoenicians）、希台德人（Hittites）、米底亞人（Medes）、波斯人和其他人在戰爭和政治中……令人目不暇給地相互推擠。這個紀錄可說是冤冤相報的多元主義。水利灌溉在許多中心，如尼羅河、底格里斯—幼發拉底河，以及印度河流域，有助於農業耕作……語文、書寫系統以及宗教擴散開來。[3]

這種分歧的典型遺緒仍留在我們身上，因此影響到今天大中東政治的變化多端。固然阿拉伯人曾經統一了本地區多數地方，波斯人和突厥人卻稱雄北方高原地區，這還不說中亞和高加索有許多不同的語言存在。哈濟生提到，許多個別的中東國家固然是殖民時期畫地圖時任意一劃畫出來的結果，但它們在古時候的地理上也有堅固的基礎。可是這些國家的多樣性，以及在它們內部運作的宗教、意識形態和民主化的力量，進一步具體化成為馬漢的辯論之根基。二十一世紀世界政治最高的事實的確就是：全球陸地在地理上最中心的位置往往也是最不穩定的。

用學者傑佛瑞・坎普（Geoffrey Kemp）和羅伯・哈卡維（Robert E. Harkavy）的話來說，在中東我們有一個「巨大的四邊形」（vast quadrilateral），歐洲、俄羅斯、亞洲和非洲四者在此相會：地中海和撒哈拉沙漠在西邊；黑海、高加索、裏海和中亞草原大地在北邊；興都庫什和印度次大陸在東邊；印度洋在南邊。[4]和中國或俄羅斯不同，這個四邊形並沒有組成一個巨大的國家；它不像印度次大陸，壓倒性地由一個國家主導。它也不像歐洲，是在高度規範的同盟結構（北約組織、歐盟）之內的一群國家。中東的特色是由一批散漫、雜亂的王國、蘇丹土邦、神權政體、民主國家和軍事型的專制政府所組成，他們的共同邊界彷彿是由一把沒拿穩的刀所切割完成。讀者諸君也不用驚訝，這整個地區包括北非、非洲之角、中亞和某個程度的印度次大陸，它

[3] John King Fairbank and Merle Goldman, *China: A New History* (Cambridge: Harvard University Press, 1992, 2006), pp. 40-41.

[4] Geoffrey Kemp and Robert E. Harkavy, *Strategic Geography and the Changing Middle East* (Washington, DC: Brookings Institution Press, 1997), pp. 15-17.

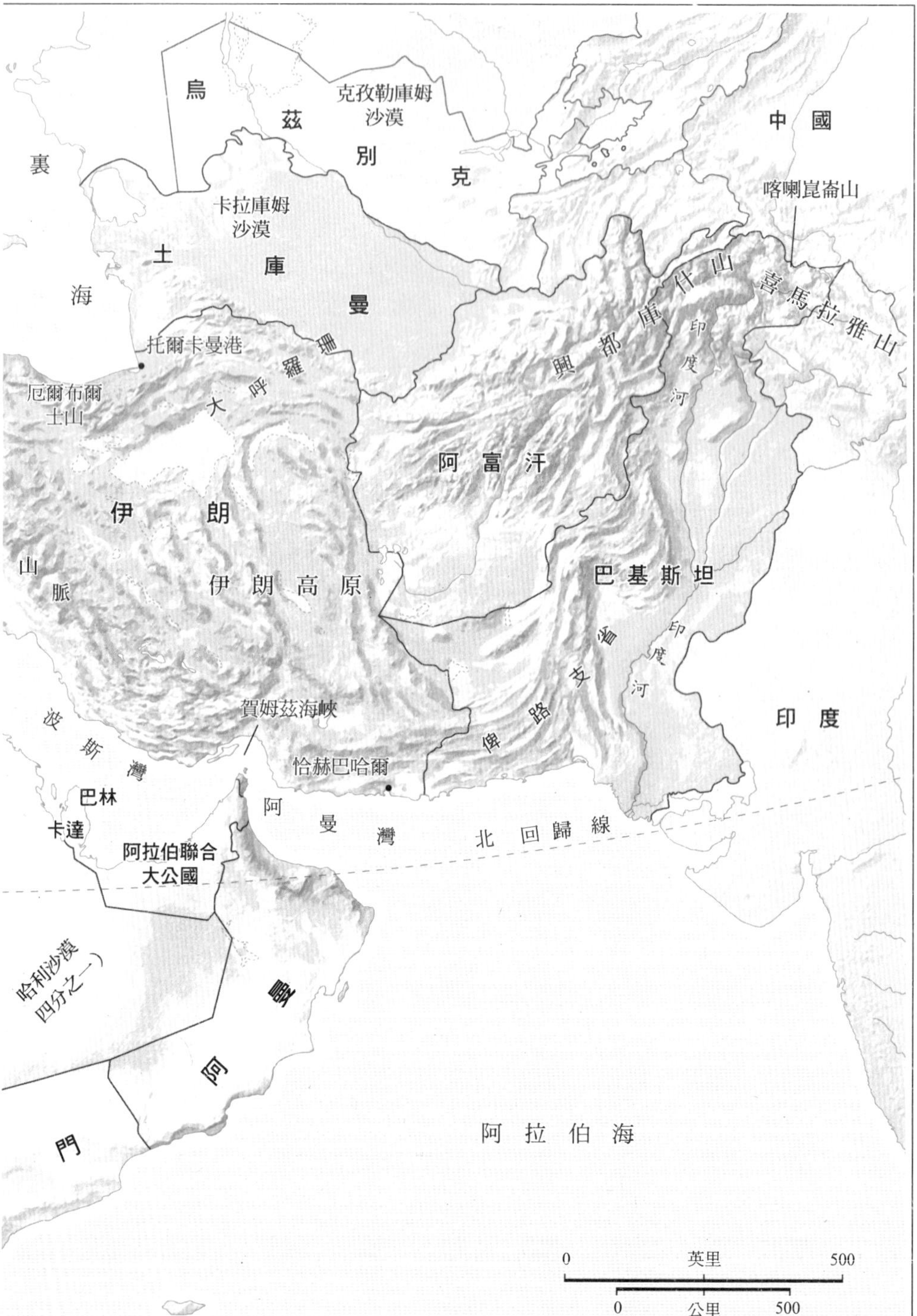

烏
茲
別
克
克孜勒庫姆
沙漠
中國
裏
海
卡拉庫姆
沙漠
土
庫
曼
喀喇崑崙山
興都庫什山
喜馬拉雅山
印度河
托爾卡曼港
大呼羅珊
厄爾布爾
士山
阿富汗
伊朗
伊朗高原
山脈
巴基斯坦
印度河
俾路支省
賀姆茲海峽
恰赫巴哈爾
印度
波斯灣
巴林
卡達
阿拉伯聯合
大公國
阿曼灣
北回歸線
哈利沙漠
四分之一）
阿曼
阿拉伯海
門
0
英里
500
0
公里
500

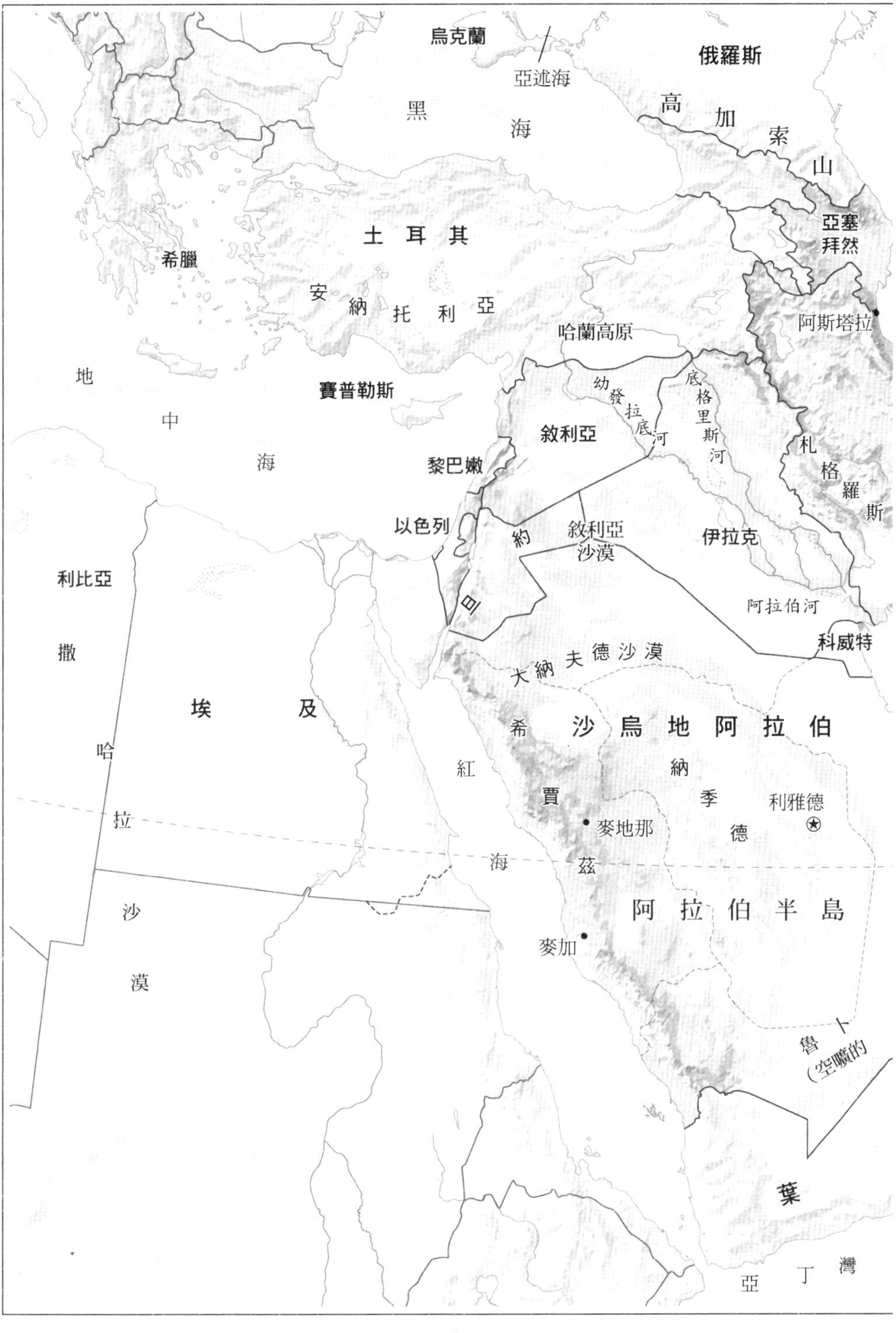
烏克蘭
俄羅斯
亞述海
黑海
高加索山
亞塞拜然
土耳其
希臘
安納托利亞
阿斯塔拉
哈蘭高原
地中海
賽普勒斯
幼發拉底河
底格里斯河
敘利亞
黎巴嫩
札格羅斯
以色列
約旦
敘利亞沙漠
伊拉克
利比亞
阿拉伯河
科威特
大納夫德沙漠
撒哈拉沙漠
埃及
沙烏地阿拉伯
希賈茲
紅海
納季德
利雅德
麥地那
阿拉伯半島
麥加
魯卜（空曠的
葉
亞丁灣

實質上構成人口稠密的不穩定軸心，大陸、古老的道路網和海上航線交會。而且，這個地區握有全球已證實存在的七成石油蘊藏量、以及四成天然氣蘊藏量。[5] 沒錯，這個地區傾向於耶魯教授保羅·布瑞肯所提到的種種病理徵狀：極端的意識形態、群眾心理、相互重疊的飛彈射程，以及利潤掛帥的大眾傳媒，如福斯新聞網拚命推銷自己的觀點。事實上，除了朝鮮半島例外，核武擴張在中東比起其他任何區域都是更棘手的因素。

中東同時也陷於青年抬頭的狀態，它六成五的人口年齡低於三十歲。一九九五年至二〇二五年之間，伊拉克、約旦、科威特、阿曼、敘利亞、約旦河西岸、加薩走廊和葉門，人口都將倍增。我們在阿拉伯之春已經看到，年輕人最有可能造就動亂和改變。下一代的中東統治者，不論是在伊朗或在阿拉伯國家，將不再可能像他們的前人那樣專制統治；即使本地區的民主經驗顯示，固然選舉很容易辦，穩定和自由民主的秩序卻需要花好幾個世代的努力去打造。在中東，青年抬頭及通訊革命已啟動一連串混亂、墨西哥式的劇本（混亂、多黨派紛爭的國家，取代了一黨專制、一言堂的局面），可是又沒有墨西哥層次的體制化——墨西哥的體制化再有限，還是遙遙領先中東大部分國家。美國要和一個真正民主化的墨西哥打交道，已經比和有效率、一黨專制的墨西哥打交道，來得困難。先不談大規模毀滅性武器，中東有了先進武器，未來數十年它將使近年來的以、阿國家衝突相形見絀，看來有如冷戰和後冷戰浪漫、深褐色色調的一個章節，因為現今對傷亡率和戰略利益的估算都相當清晰。

哈濟生所謂的「尼羅河至歐修斯」基本上指的是埃及到中亞，而以埃及泛稱整個北非。這個名詞包含中東的南方沙漠及平原地形，也就是阿拉伯世界；以及北方崇山峻嶺的台地、非阿拉伯世界，它始於黑海、止於印度次大陸。北方廣大的高原地區或許也可稱為「博斯普魯斯到印度河」（Bosporus-to-Indus）。「博斯普魯斯到印度河」過去受到來自中亞人口移動極大的影響；「尼羅河至歐修斯」也是，另外也受到地中海、紅海和印度洋頻繁的海上交通之影響。中東是大陸的交會點（除了歐洲之外），它的內部地理又比任何地區更錯綜複雜，只不過它面積更大，跨越的時區是歐洲的兩倍，光是這個事實就使得此一討論必須把本地區再分解為幾個組成成分。很顯然地，電子通訊和空中旅行近來已克服地理阻隔，因此危機受到跨整個區域政治互動的界定。譬如，以色列攔截一支載運救濟物資到加薩的船隊，土耳其、伊朗和整個阿拉伯世界的群眾統統火大。突尼西亞中南部一個水果蔬菜攤販自殺、抗議，不僅突尼西亞爆發反獨裁統治的群眾示威，大部分阿拉伯國家也受到震撼。不過，我們研究地圖及其固有的分立，還是可以拿捏到一些重點。

當我們凝視中東地圖時，三大地理特徵迎面而來：阿拉伯半島、伊朗高原，和安納托利亞陸橋。

5　同前書，p. xiii. 最近對焦油砂和頁岩的發現與開發（尤其是北美洲地區的突破），人們對這些統計數字開始出現質疑之聲。

阿拉伯半島以沙烏地阿拉伯王國一枝獨秀，但是它也包含其他重要國家。事實上，沙烏地阿拉伯人口僅有兩千八百七十萬人，尚不足整個半島居民總數的一半。但是沙烏地阿拉伯的人口年增率將近百分之二，如果這個高增長率持續下去，不需幾十年，它的人口將倍增，對於這個位於草原及缺水沙漠的國家之資源將產生極大壓力。將近四成的沙烏地人民年齡不滿十五歲。四成沙烏地青年失業。年輕人求職及爭取受教育所產生的政治壓力將會大得不得了。沙烏地阿拉伯的力量不是來自它人口眾多，事實上這反而是負擔，它是因為石油蘊藏量兩千六百二十億桶，居全球第一，天然氣蘊藏量兩百四十兆立方英尺，居全球第四，而睥睨群雄。

沙烏地阿拉伯這個國家，以及極端遜尼派宗教運動「瓦哈比主義」（Wahhabism）的地理搖籃是納季德（Najd，又稱「內志」）：位居阿拉伯半島中心的一塊不毛之地，北為內夫德大沙漠（Great-al-Nafud Desert），南為魯布哈利（Rub al-Khali）、意即空曠地區（Empty Quarter）；東邊是波斯灣的海岸走廊；西邊是希賈茲山脈（Hijaz，又稱「漢志」，意即屏障）。納季德意即高地。它的一般海拔從西邊的五千英尺到東邊的兩千五百英尺不等。十九世紀末英國探險家、阿拉伯事務專家查爾斯·杜赫提（Charles M. Doughty）如此形容納季德：

奔騰的水聲正是所有納季德村莊缺雨的土地可悲的聲音。水流可能日夜不停。牛隻的力量無法挖出三、四噚（譯按：一噚即六英尺）深的井，有人說，若非真主創造駱駝，納季德可就無法住人了。[6]

納季德的確是哈濟生所謂的以駱駝為主的游牧生活中心。最近幾個世紀，瓦哈比狂熱分子從納季德基地四出攻擊。雖然鄰近紅海的希賈茲據有聖城麥加（Mecca）和麥地那（Medina），但瓦哈比派的納季德人認為前往各個聖地朝聖是異教徒行徑（前往麥加卡巴天房的朝覲是例外）。雖然西方人以為聖城麥加、麥地那代表穆斯林宗教，其實正好相反：整個伊斯蘭世界的穆斯林跑來朝聖，使這些聖城及周遭的希賈茲有某種世界一家的大同主義。美國中央情報局職業官員布魯斯・芮德（Bruce Riedel）寫道，希賈茲「年輕、彬彬有禮的人民，對教義有不同的解讀，從來沒有完全接受沙烏地和瓦哈比的統治」。[7]希賈茲人望向紅海、埃及和敘利亞尋找文化養分，不是向嚴肅不苟的納季德沙漠的瓦哈比人去尋找。這個歷史的核心事實是，瓦哈比人無法永久地固守阿拉伯半島的周邊，連他們的敵人也覺得要守住納季德內地同樣困難。今天的沙烏地阿拉伯之存在，要感念二十世紀上半葉一個人的眼光和技巧——納季德人阿布都・阿濟茲・伊本・紹德

6 Charles M. Doughty, *Travels in Arabia Deserta* (Cambridge: Cambridge University Press, 1888), vol. 1, p. 336, 1979 Dover edition.

7 Bruce Riedel, "Brezhnev in the Hejaz," *The National Interest*, Washington, DC, September-October 2011.

鹹海
裏海
索格底亞納
巴克特里亞
巴爾赫
興都庫什山
印度河
皇家之路（波斯御道）
帕蒂亞
波斯
羅斯山脈
波斯灣
印度河谷
伯半島
阿拉伯海
0 英里 500
0 公里 500

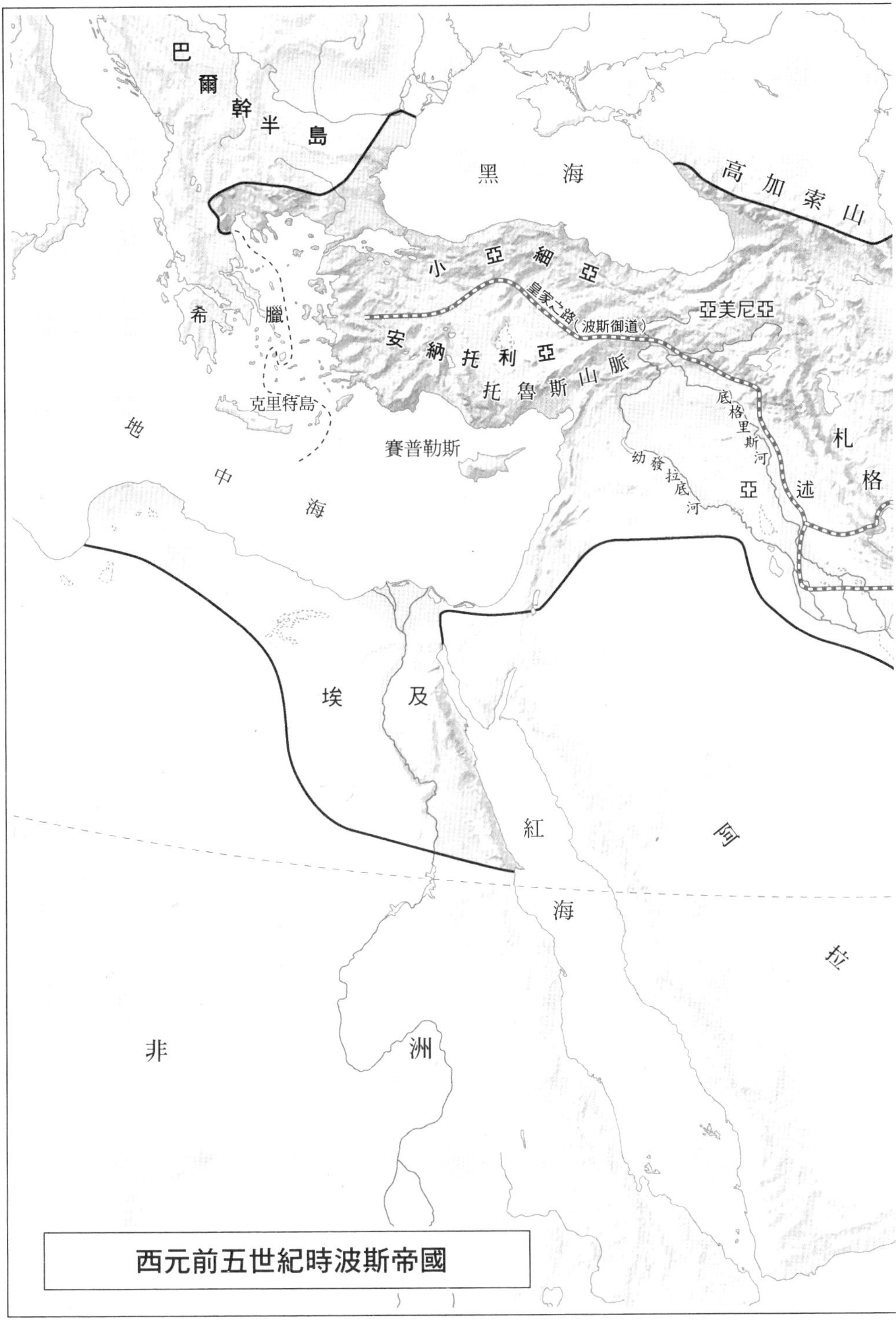

西元前五世紀時波斯帝國

（Abdul Aziz ibn Saud）於一九二五年征服希賈茲——該國還是守住這個地理設計。[8]這個國家專注在納季德及首都利雅德（Riyadh），不包括波斯灣海濱的酋長國家、也不包括阿曼和葉門。

以納季德為基地的沙烏地阿拉伯，其主要威脅來自葉門。雖然葉門國土面積僅為沙烏地阿拉伯的四分之一，人口卻和它不相上下，因此阿拉伯半島最重要的人口核心位於它多山的西南角，這裡廣袤的紅岩高原隆起有如砂堡，點綴著自古以來即有許多人密集居住的一大堆綠洲。鄂圖曼土耳其人和英國人從來沒有真正控制過葉門。葉門就和尼泊爾、阿富汗一樣，因為從來沒有真正被殖民統治過，不曾發展出強大的官僚機構。當我多年前在沙烏地—葉門邊境地區旅行時，到處都是手持武器的年輕人、擠坐在小貨卡車上呼嘯而過，他們效忠或此或彼的酋長，根本無視於葉門政府的存在。有一項估計說，葉門境內的槍枝數量高達八千萬枝——幾乎平均每人三枝。我永遠不會忘記有個美國軍事專家在葉門首都沙那（Sanaa）告訴我：「葉門有兩千多萬名雄心勃勃、滿腦子生意經，又有精良武器的百姓，與隔壁的沙烏地人一比，全都極有拚勁、努力工作。這就是未來，它把利雅德政府嚇壞了。」

沙烏地阿拉伯是阿拉伯半島的同義詞，就好比印度是南亞次大陸的同義詞一樣。印度是人山人海，到處住滿人，沙烏地阿拉伯則是星雲狀的綠洲，彼此之間隔著廣大的無水地塊。因此，公路和國內航空攸關沙烏地阿拉伯的凝聚。印度建立在民主政治及宗教多元化的思想上，沙烏地阿拉伯則建立在對王室大家族的效忠上。印度周圍盡是些半功能不彰的國家，沙烏地阿拉伯的北方邊界是不會有傷害的沙漠，東方及東南方則受到一些堅強、治理完善、自給自足的酋長國屏障（巴林可能是個例外），這些酋長國是歷史和地理的產物。由於今天的科威特、巴林、卡達和阿拉伯聯合大公國這些地方，全位於十九世紀最強盛的海洋大國英國的貿易路線上、尤其是通往印度的路線上，英國和這些酋長訂定協議，後來它們在第二次世界大戰之後紛紛獨立。用英國阿拉伯事務專家彼得・曼斯斐爾德（Peter Mansfield）的話來說，大量的石油蘊藏量說盡了這些「黃金國家」（Eldorado States）的故事。[9]

歸結來說，在阿拉伯半島之內，位處人口稠密西南角的沙烏地阿拉伯相當脆弱：武器、炸藥、毒品等全都從葉門邊界偷渡進來。活力充沛、部落意識強大的葉門，其未來必將決定沙烏地阿拉伯的未來；地理或許比思想有更大的影響力。

伊朗高原則只是伊朗一個國家的同義詞。伊朗人口七千四百萬，是沙烏地阿拉伯的兩倍半；它和土耳其、埃及都是中東人口最多的國家。而且，伊朗非常了不起，把人口增長率控制在百分之一以下，全國人口只有百分之二十二年齡低於十五歲。因此，伊朗的人口不像沙烏地阿拉伯的人口是負擔，它是資產。以土耳其來說，它的人口比伊朗多，人口增長率同樣低，識字率更高。

---

[8] Alexei Vassiliev, *The History of Saudi Arabia* (New York: New York University Press, 2000), pp. 29, 79-80, 88, 136, 174, 177, 182; Robert Lacey, *The Kingdom* (London: Hutchinson, 1981), p. 221.

[9] Peter Mansfield, *The Arabs* (New York: Penguin, 1976), pp. 371-72.

此外，土耳其有穩定的農業經濟，比伊朗更加工業化。我在本書後面章節會談到土耳其。現在只要記住：土耳其位於伊朗西北方，更靠近歐洲，也更遠離主要的遜尼派阿拉伯人口中心。土耳其在碳氫化合物生產國家中名列後段班。可是伊朗的石油蘊藏量位居世界第三名，有一千三百三十億桶，天然氣蘊藏量位居世界第二位，有九百七十兆立方英尺。但是，真正令人必須正視的是伊朗的地理優勢，它剛好在麥金德「心臟地帶」的南方，又在史派克曼的「邊緣地帶」裡面。

實際上，大中東所有的石油和天然氣都在波斯灣和裏海地區。航線從波斯灣輻散出來，輸油管也從裏海地區輻散、或將要輻散出來，前往地中海、黑海、中國和印度洋。伊朗是唯一跨越這兩個能源生產地區的國家，它既跨裏海、又通波斯灣。[10]根據某些估計，波斯灣擁有全世界百分之五十五的原油蘊藏量，而伊朗主宰整個波斯灣，從伊拉克邊境的阿拉伯河（Shatt al Arab），到六百一十五英里外的賀姆茲海峽（Strait of Hormuz），全在它勢力籠罩下。由於它的大小海灣和島嶼——執行自殺任務、衝撞輸油輪的快艇最適合的藏匿地點——伊朗在賀姆茲海峽之內的海岸線長達一千三百五十六海里；居於它之後、排名第二的阿拉伯聯合大公國只有七百三十三海里。伊朗在阿拉伯海另有三百英里的海岸線，它的查．巴哈港離巴基斯坦邊界不遠。伊朗地理位置十分重要，被陸地圍住的前蘇聯中亞各國若要取得溫水港之進出，非求助於伊朗不可。另外，伊朗在北方的裏海海岸線，有森林茂密的群山簇擁，綿延近四百英里，西起阿斯塔拉（Astara）（靠近前蘇聯亞塞拜然共和國邊界）、東迄托爾卡曼港（Bandar-e Torkaman）（靠近土庫曼邊界）。

仔細再看歐亞大陸的地勢圖，還有更多值得一述。札格羅斯山脈從西北方的安納托利亞橫跨伊朗，直抵東南的俾路支斯坦。在札格羅斯山脈之西，條條大路通往美索不達米亞。當英國的中東地區專家、旅行作家芙瑞雅．史達克（Freya Stark）一九三〇年代初期在札格羅斯山脈探索伊朗的洛雷斯坦省（Luristan）時，她很自然地落腳在巴格達、而不是德黑蘭。[11]道路往東方及東北方通往呼羅珊和土庫曼的卡拉庫姆沙漠（黑沙沙漠），以及烏茲別克的克孜勒庫姆沙漠（紅沙沙漠）。伊朗不僅跨波斯灣和裏海這兩處豐富的油田，它也跨中東本部和中亞。沒有任何一個阿拉伯國家能這樣自豪（也沒有任何一個阿拉伯國家跨越兩個產油地區）。事實上，蒙古人入侵伊朗，至少殺了數十萬人，並摧毀了地下渠道水利灌溉系統，之所以會那麼嚴重，正是因為伊朗和中亞的關係密切。伊朗在高加索和中亞前蘇聯共和國的影響力有可能極大，即使由於這些前蘇聯共和國和伊朗北部居民種族相同，理論上也可使伊朗陷入不安定。伊朗西北部的亞塞拜然共和國，有大約八百萬亞塞拜然族土耳其人，在伊朗和亞塞拜然接壤的邊省及德黑蘭，還有另外兩倍的亞塞拜然族人。亞塞拜然族是伊朗政治體的共同創立人。伊朗第一個什葉派國王（一五〇一年的伊斯邁一世〔Ismail I〕）是個亞塞拜然族土耳其人。伊朗出過許多重要的亞塞拜然族生意人和

---

10 Kemp and Harkavy, *Strategic Geography and the Changing Middle East*, map, p. 113.

11 Freya Stark, *The Valleys of the Assassins: And Other Persian Travels* (London: John Murray, 1934).

主教。我要說的是，伊朗向西方，對鄰近土耳其和阿拉伯世界的影響已經長久確立，它對北方及東方的影響也很大；如果未來伊朗及前蘇聯南部這些伊斯蘭國家出現比較不高壓的政府，由於文化和政治互動增加，伊朗的影響力還會更深。

而且，我們從媒體頭條新聞獲悉，伊朗至少直到二〇一一年在地中海還有相當的政治地位：在哈瑪斯控制的加薩走廊、在真主黨控制的南黎巴嫩，以及在阿拉威派（Alawite）控制的敘利亞。可是對歷史和地理的一種詮釋，卻說伊朗會在每一個方向分裂。西元六世紀薩珊王朝波斯皇帝在首都泰西封（Ctesiphon）（今天的巴格達南方）宮殿，於皇座之下擺了座位，虛席以待羅馬皇帝、中國皇帝，以及中亞游牧民族領袖，或許他們願意來到萬王之王的殿堂來朝覲。[12]伊朗統治者的虛矯之風到今天仍不稍減；在這方面，教士和已故的國王沒什麼差別。這也是為什麼莫斯科在處理和伊朗的關係時必須小心翼翼的原因。一個世紀之前，伊朗北部是俄羅斯的勢力範圍。今天的俄羅斯雖然相較之下已經弱了，但是地理毗鄰因素仍然相當重要。

尤有甚者，伊朗不是像沙烏地阿拉伯那樣以一家、一教的意識形態為本，而且還由人為邊界包圍起來的二十世紀手段。伊朗幾乎完全涵蓋伊朗高原——即普林斯頓大學歷史學者彼得·布朗（Peter Brown）所說的「近東的卡斯提爾」（the Castile of the Near East）——甚至它的文明動力推及到更遠的地方。伊朗是古代世界的第一個超級大國。布朗寫道，波斯帝國包圍著希臘時，「伸展起來像巨龍的尾巴……遠達歐修斯、阿富汗和印度河流域」。[13]十九、二十世紀之交，俄羅斯偉大的地理學家巴梭德（W. Barthold）也同意此一見解，把大伊朗擺在幼發拉底河和印度河之間，認為庫德人和阿富汗人本質上就是伊朗人民。[14]

語文學家尼古拉斯．歐斯特勒（Nicholas Ostler）寫道，近東的古代民族，只有希伯來人和伊朗人的「文字和文化傳統流傳到現代」。[15] 波斯語（即法西語〔Farsi〕）並沒有像其他許多語言那樣被阿拉伯語取代，直到今天仍與十一世紀相同，只不過它已採用阿拉伯字書寫。伊朗做為一個民族國家和高雅文明，它比阿拉伯世界大部分地區以及肥沃月彎所有地方，包括美索不達米亞和巴勒斯坦在內，更令人仰慕。伊朗一點都沒有人為造作的地方，換句話說：在它的傳教士政府中競爭十分激烈的權力中心，顯示的是比本區域內幾乎任何地方——除了以色列和土耳其之外——更大程度的體制化。就和中東是非洲—歐亞大陸的四邊形一樣，就世界島而言，伊朗就是中東本身的共同連結點。麥金德的樞紐，不該在中亞草原地帶，而應該移到南邊的伊朗高原。伊朗愈來愈受到印度和中國追取，一點兒也不奇怪；中、印海軍到了二十一世紀某個時刻可能會在歐亞海路上和美國同享主宰地位。雖然伊朗在土地面積和人口數量上都大大不及中國和印度，甚至

12 Peter Brown, *The World of Late Antiquity, AD 150-750* (London: Thames & Hudson, 1971), p. 160.

13 同前書，p. 163.

14 W. Barthold, *An Historical Geography of Iran* (Princeton: Princeton University Press, 1903, 1971, 1984), pp. x-xi, 4.

15 Nicholas Ostler, *Empires of the Word: A Language History of the World* (New York: HarperCollins, 2005), p. 31.

也比不上俄羅斯和歐洲，但是伊朗握有中東的地理之鑰——以地理位置、人口及能源資源而論——它是全球地緣政治的根本。

還有英國歷史學者麥可．艾克思沃斯（Michael Axworthy）所謂的「伊朗思想」。依照他的解釋，它不僅涉及文化與語文，也涉及到人種和領土。[16]他指的是，伊朗是文明的吸引者，有如古代的希臘和中國，吸引其他民族和語文進入它的語文圈：軟實力的精髓，換句話說，就像麥克尼爾的「一個文明和文化會影響另一個文明或文化」的概念。達利波斯語（Dari）、塔吉克語、烏爾都語、印度語、孟加拉語和伊拉克阿拉伯語，全都是波斯語的不同變形，或是受其重大影響。這也代表說，你可以在巴格達到加爾各答之間旅行，仍留在波斯文化範疇之內。稍微瀏覽一下伊朗歷史，再重新檢視舊地圖，就可以更進一步澄清此一彈性活力。

大伊朗的歷史可以追溯到西元前七百年，米底亞人——古伊朗人——在斯基泰人協助下，於伊朗西北部建立一個獨立國家。到了西元前六百年，這個帝國版圖從中央安納托利亞直抵興都庫什山脈（即從土耳其到阿富汗），並往南到達波斯灣。西元前五四九年，波斯人阿契美尼德王室的親王居魯士大帝（Cyrus the Great）攻占伊朗西部米底亞人的首都艾克巴坦那（Ecbatana，即今天的哈馬丹〔Hamadan〕），並進一步開疆闢土。在伊朗南部波斯波利斯（Persepolis）（靠近設拉子〔Shiraz〕）發號施令的阿契美尼德帝國的版圖，顯示出從西元前六世紀至四世紀為古代波斯的鼎盛時期。它從西北部的色雷斯（Thrace）和馬其頓（Macedonia）、西南方的利比亞和埃及，一路到東方的旁遮普；從北方的南高加索、裏海和鹹海，直到南方的阿拉伯海。這是博斯普魯斯到印度河地區，包括了尼羅河。直到當下那一刻，世界史上沒有任何一個帝國文治武功堪可比擬。固然西元前五世紀波斯和希臘之間的戰爭，主宰了西方世界對古伊朗的態度，使我們同情西方化的希臘大過於亞洲化的波斯，但是誠如哈濟生指出，不容否認，「歐庫梅內」在阿契美尼德王朝的波斯及後來帝國相對和平、寬容和主權統治下，提供堅實基礎而出現偉大的告解式宗教。[17]

艾克思沃斯寫道：「帕蒂亞人（Parthian）代表伊朗最高的智慧——承認、接受和寬容在他們治下各種文化的複雜性。」[18]帕蒂亞人的基地是伊朗東北部的呼羅珊地區和鄰近的卡拉庫姆沙漠，說的是一種伊朗語，大約自西元前三世紀至西元三世紀，統治從敘利亞和伊拉克、直到中部阿富汗和巴基斯坦這片地區，亞美尼亞和土庫曼也包括在內。因此，它不只是阿契美尼德波斯所代表的博斯普魯斯到印度河，或尼羅河到歐修斯地帶，帕蒂亞帝國（譯按：中國史書稱安息帝國）構成更符合二十一世紀形象的現實版大伊朗。這未必是壞事。因為帕蒂亞帝國非常「去集中化」，是強大的勢力圈、而不是截然分明的控制，它十分傾心藝術、建築及從希臘人繼承而來的

16 Michael Axworthy, *A History of Iran: Empire of the Mind* (New York: Basic Books, 2008), p. 3.
17 Hodgson, *The Classical Age of Islam*, p. 125.
18 Axworthy, *A History of Iran*, p. 34.

行政作法。至於今天的伊朗，教士政府十分強大並不是祕密，但是人口、經濟和政治勢力也一樣活躍，而且民間的主要部門很強悍。

中古的紀錄不論是在繪圖上或語文上都遵循古代而來，只不過或許用更精緻的方法進行。西元八世紀時，阿拉伯世界的政治場域由敘利亞向東移到美索不達米亞：換句話說，從伍麥葉哈里發王朝（Umayyad caliphate）轉移到阿拔斯哈里發王朝（Abbasid caliphate）。阿拔斯哈里發王朝在九世紀中葉國勢最鼎盛時，版圖西起突尼西亞、東達巴基斯坦，北起高加索和中亞、南抵波斯灣。它的首都是新城市巴格達（Baghdad），離舊日薩珊王朝波斯人的首都泰西封不遠；波斯的官僚作法增添了全新的各層階級，支撐著此一新帝國。阿拔斯哈里發王朝成為伊朗專制政體的象徵，遠大於做為阿拉伯酋長國的意義。某些歷史學家說，阿拔斯哈里發王朝等於是波斯人打著阿拉伯統治者的旗號，在中東的「文化重新征服」。[19]阿拔斯王朝接受波斯作法，就好像比較靠近小亞細亞的伍麥葉王朝接受了拜占庭的作法，一模一樣。歷史學家菲力浦．希蒂（Philip K. Hitti）寫道：「波斯書、波斯美酒和嬌妻、波斯情婦、波斯歌曲，以及波斯思想，最為當道。」[20]波斯人也協助決定中古巴格達宏偉的磚造建築物及圓形的地面計畫。[21]

普林斯頓大學教授彼得．布朗寫道：「在西方的想像裡，這個伊斯蘭（阿拔斯）帝國的屹立，代表東方力量的精髓。伊斯蘭這個關係重大的轉向，不該歸功於穆罕默德或七世紀知所調整的征服者，應該感謝八世紀和九世紀東方、波斯傳統大規模的復興。」並不是查理．馬特

（Charles Martel）七三二年在圖爾（Tours）戰勝，「制止了阿拉伯戰爭機器」，而是巴格達的建立，以帝國式、奢華的波斯行政管理取代了貝都因騎士的活動力。

十三世紀蒙古人征服巴格達，把伊拉克夷為廢墟、特別是破壞它的灌溉系統（伊朗也一樣無以倖免），伊拉克自此一蹶不振，不曾完全恢復元氣。但是蒙古人也無法抑止波斯的藝術和文學。旭烈兀汗（Hulagu Khan）（譯按：成吉思汗之孫、忽必烈汗之弟）的進攻把美索不達米亞打成瘧疾肆虐的沼澤地，可是魯米（Rumi）、伊拉奇（Iraqi）、薩迪（Sa'adi）和哈菲茲（Hafez）的詩卻大盛。他們緬懷薩珊先人治理帝國的治績更勝在其之前的帕蒂亞王朝、幾乎與阿契美尼德王朝媲美，波斯的藝術家和學者美化了一系列非波斯君主的帝國——阿拔斯、伽色尼、塞爾柱、蒙古和蒙兀兒——知識界和語文界的形貌。波斯文是蒙兀兒朝廷的官方語文，也是鄂圖曼土耳其的外交語文。在中世紀時期，波斯人或許沒有像古代那樣直接統治博斯普魯斯到印度河這塊地區，但是他們以同樣的程度主宰了文學生活。艾克思沃斯所謂的「思想上的伊朗帝國」是個強大的點子，擴大了伊朗在地理上值得豔羨的地位，因此大伊朗成為歷史悠久的自然現象。[22]

19 同前書，p. 78.
20 Philip K. Hitti, *The Arabs: A Short History* (Princeton: Princeton University Press, 1943), p. 109.
21 Brown, *The World of Late Antiquity*, pp. 202-3.
22 Axworthy, *A History of Iran*, p. 120.

湯恩比提出這個令人好奇的假設：假設帖木兒在一三八一年沒有掉轉槍口，不攻打北部及中部歐亞大陸、而改打伊朗，河中地區（Transoxiana）和俄羅斯的關係或許會是今日情勢的「全盤倒轉」，一個面積大小有若蘇聯的國家，不是由俄羅斯人從莫斯科統治，而是由伊朗人從撒馬爾罕治理。[23]

（譯按：河中地區指中亞錫爾河和阿姆河流域以及澤拉夫尚河流域，包括今烏茲別克全境和哈薩克西南部。河中為古代歐亞絲綢之路的重要通道；自波斯帝國〔西元前五五九年至前三三六年〕時期開始，該地區先後被希臘、突厥、唐朝、阿拉伯帝國、薩曼王朝、喀喇汗王朝、西遼、察合台汗國、帖木兒帝國等統治）

至於什葉派教義（Shiism），就是這個思想的成分——儘管從一九七九年起至二十一世紀前十年，什葉派教士投射出文化上黯淡、且高壓的光環。雖然馬赫迪（Mahdi）以隱身的第十二位伊瑪目現身人世，代表的是不義的終結，因而刺激基進的行動主義，但什葉派教義裡其實很少有主張必然會促使教士在政治上扮演公開角色；什葉派教義甚至悄悄地限制並默認權力存在，這一點經常透過蘇菲思想（Sufism）來呈現。[24]我們不妨看看近年伊拉克教會領導人阿里·希斯塔尼大主教（Ayatollah Ali Sistani）所立的榜樣，他通常只在關鍵時刻從幕後發言、呼籲政治修好。正因為伊拉克和伊朗歷來的共生關係，基於地理因素，在後革命的伊朗，伊朗人民非常有可能更仰望伊拉克的什葉派聖城納傑夫和卡爾巴拉（Karbala）、而非伊朗本身的聖城庫姆，尋求精神指導；或者是庫姆會採納納傑夫和卡爾巴拉的沉默主義。

法國學者奧利維・華（Olivier Roy）告訴我們，什葉派教義是古老的阿拉伯現象，很晚才傳進伊朗，但它終究導致建立教會結構、搶下政權。什葉派教義更進一步得到強化，是因為伊朗自古以來，相對於阿拉伯世界其他國家，一直都有強大、官僚體制的政府機關，而我們知道這有一部分是源自伊朗高原空間一向凝結。薩法維人（Safavids）於十六世紀把什葉派教義引進伊朗。這個名字來自他們本身好鬥的蘇菲派教會薩法維耶（Safaviyeh），而薩法維耶原本信奉遜尼派教義（Sunni）。薩法維人是源自於十五世紀末混合了突厥人、亞塞拜然人、喬治亞人和波斯人的游牧民族之一支，他們盤據黑海和裏海之間的山地高原地區，即東安納托利亞、高加索和西北伊朗交會之處。為了在說法西語的伊朗高原建立穩定的國家，這些折衷的語文和地理源起之新政權採納十二伊瑪目什葉主義（Twelver Shiism）為國教，等候第十二位伊瑪目——穆罕默德的直系傳人，他並沒死，只是隱身起來——重回人世。[25]這個發展當然不是歷史或地理所預先注定，

23 Arnold J. Toynbee, *A Study of History*, abridgement of vols. 1-6 by D. C. Somervell (New York: Oxford University Press, 1946), p. 346.

24 Dilip Hiro, *Inside Central Asia: A Political and Cultural History of Uzbekistan, Turkmenistan, Kazakhstan, Kyrgyzstan, Tajikistan, Turkey, and Iran* (New York: Overlook Duckworth, 2009), p. 359.

25 Olivier Roy, *The Failure of Political Islam*, translated by Carol Volk (Cambridge: Harvard University Press, 1992, 1994), pp. 168-70.

極大部分受到許多不同的人和情境所影響。譬如，假若不是伊兒汗國（Ilkhanid）統治者完者都（Oljaitu）、一個蒙古汗國的繼承人，在十三世紀改信十二伊瑪目什葉主義，什葉派教義在伊朗西北部的發展可能就會不同，誰曉得此後事態會如何發展呢？（譯按：完者都是旭烈兀汗所建伊兒汗國第八代君主，一三〇四年至一三一六年在位）總之，什葉派教義在伊朗西北部各個突厥教派中集結力量，為薩法維王朝伊斯邁汗的崛起奠下基礎，而伊斯邁汗在征服疆土後，從今天的黎巴嫩南部和巴林引進阿拉伯神學專家，形成國教組織的核心。[26]

薩法維帝國全盛時期版圖從安納托利亞和敘利亞—美索不達米亞，延伸到中部阿富汗和巴基斯坦——又是歷史上另一個大伊朗的變形。什葉派教義是把伊朗凝聚為現代民族國家的要素，即使非波斯人的什葉派少數民族在十六世紀的伊朗化在這方面也有幫助。[27]伊朗或許自古以來就是偉大的國家和民族，但是薩法維王朝把什葉派教義帶進伊朗高原，則把伊朗改造並帶進現代。

二十世紀末、二十一世紀初的革命伊朗，的確是這個強大、獨特的遺緒合宜的表述。當然，以它對伊朗過去奢華、精緻、啟迪知識的傳統所製造的暴力打擊而論，大主教的崛起是個不幸——我並無意誇大。（詹姆斯．莫瑞爾〔James J. Morier〕在他的著作《伊斯帕罕的哈濟巴巴冒險記》〔*The Adventures of Hajji Baba of Ispahan*〕的序言裡驚嘆道：「波斯！詩人與玫瑰的國度！」）[28]但是，俗話說，所有嚴肅認真的學術研究都始於比較。比起阿拉伯世界在冷戰初期和中期的動盪與革命，一九七八年至一九七九年伊朗革命所締造的政府，其活力和現代性最為引人注目。其實，這可以直接上溯到古代阿契美尼德時期的特質，有關伊朗昨日和今日的一切事物都是高品質，不論是從居魯士大帝到馬哈茂德·阿赫瑪迪內賈德（Mahmoud Ahmadinejad）（譯按：伊朗伊斯蘭共和國第六任總統，任期由二〇〇五年至二〇一三年）的帝國之活潑（誰能否認伊朗人調度指揮遍布黎巴嫩、加薩和伊拉克各地恐怖分子組織的才智呢？畢竟這也是帝國統治的一部分呀！），或是其什葉派教士所寫的政治思想與論文；或是官僚體系及情治機關在取締異議分子時所表現的效率。德黑蘭的革命秩序包含發展得相當豐富的政府結構，又有分散的權力中心：它絕不像薩達姆·海珊在鄰居的阿拉伯人伊拉克搞的粗糙獨夫統治。奧利維·華告訴我們，伊朗革命的「創意」是傳教士和伊斯蘭主義知識分子結成同盟：

> 什葉派傳教士對非伊斯蘭文獻的開放程度，是遜尼派（阿拉伯人）烏理瑪學者（ulamas）比不上的。大主教們博覽群籍（包括讀馬克思和費爾巴哈〔Feuerbach〕的作品）：他們之中

26 Marshall G. S. Hodgson, *The Venture of Islam: Conscience and History in a World Civilization*, vol. 3: *The Gunpowder Empires and Modern Times* (Chicago: University of Chicago Press, 1974), pp. 22-23.

27 Roy, *The Failure of Political Islam*, p. 168.

28 James J. Morier, *The Adventures of Hajji Baba of Ispahan* (London: John Murray, 1824), p. 5, 1949 Cresset Press edition.

> 有些人很像耶穌會或道明會神父。因此他們能結合清晰的哲學統攝和嚴峻的證辯法理……什葉派傳教士的雙重文化非常驚人：高度的傳統主義……卻又非常開放接受現代世界。[29]

事實上，就是這種相對先進和現代主義的力量，使得華所說的「什葉派的想像」「更容易與革命理念調和」：反過來，革命理念會要求歷史意識和社會正義與殉道精神結合。遜尼派阿拉伯世界雖然也有改革家和推動現代化的人物，如十九世紀末、二十世紀初的穆罕默德·阿布都（Muhammad Abduh）和拉希德·理達（Rashid Rida），但是缺乏像伊朗這樣有人長期接觸西方政治哲學家，如黑格爾和馬克思：伊朗的穆拉熟諳黑格爾和馬克思，他們的道德優越性建立在了解歷史的目的這個基礎上。不同於阿富汗聖戰士的保守主義，或阿拉伯世界令人窒息的軍人政權，一九八〇年代革命的伊朗和尼加拉瓜的桑定陣線（Sandinistas）、南非的非洲國民會議黨（African National Congress）以兄弟相待。[30]雖然傳教士統治近年來已淪為純粹強力鎮壓——這是疲憊的政府進入其衰退的、布里茲涅夫型階段的跡象——關起門來仍會發生的內鬥，涉及到理論和抽象層次，即可證明伊朗文化的高超性質。除了土耳其和以色列之外，伊朗的國家機關比起大中東任何國家都更強大且組織嚴密。伊斯蘭革命並沒有瓦解伊朗國家機關，反而增添其革命色彩。政府維持全民選舉權、實施總統制，不過傳教士和情治機關在二〇〇九年的大選明顯作弊、濫權。

我們要再重複一遍，伊朗傳教士在追求從黎巴嫩至阿富汗的利益時得心應手，是因為它和國家機關結為一體，而後者是歷史和地理的產品。二〇〇九年頗有爭議的大選，引起各方普遍的反政府示威，「綠色運動」（Green Movement）應運而生，而它本身非常像它想要推翻的政府：以區域的標準而言，非常微妙（至少在兩年後發生的突尼西亞茉莉花革命之前是如此），因此又展現了伊朗人的才智。綠色運動是一個世界級的民主運動組織，精通最新的通訊科技方法——推特、臉書、簡訊等——以促進他們組織的分量，並且也能把民族主義和普世道德價值強大地混合起來，以促進其目標。伊朗政府窮盡一切高壓手段，不計形象，才把綠色運動趕到地下。如果綠色運動能夠當政掌權、或是促使傳教士政權哲學及外交政策變得比較溫和，伊朗由於具有強大的國家機關和活潑的思想，將有辦法讓中東的整個基礎脫離基進化；為在大中東各地悄悄成長、具有中產階級價值的新興資產階級，提供政治表達的機會，這是美國全心全意打擊凱達組織和基進主義時所不遑顧及的，直到二〇一一年阿拉伯之春它們才受到注意。[31]

要談命運其實很危險，因為它暗示接受宿命論，但是明顯鑑於伊朗的地理、歷史和人才資源，大中東——廣言之即歐亞大陸——很可能會受到伊朗政治演變極重大的影響，是好、是壞，

29 Roy, *The Failure of Political Islam*, p. 172.

30 同前書，174-75.

31 Vali Nasr, *Forces of Fortune: The Rise of the New Muslim Middle Class and What It Will Mean for Our World* (New York: Free Press, 2009).

都有可能。

伊朗還有待完成此一命運的最佳指標，即在於中亞還未發生一些狀況。請聽我解說。我們看到，伊朗的地理使它正面面對中亞，同樣地，它也正面面向美索不達米亞和中東。如果我們考量大伊朗在本區域的整個歷史，就會發現蘇聯的裂解只給了伊朗有限的收穫。中亞各國最常見的字尾是「某某斯坦」，意即「地方」，它就是波斯文。中亞傳遞伊斯蘭化和文明的工具就是波斯文字和文化。直到二十世紀初，中亞知識分子和其他精英所用的語文就是波斯文的各種變形。可是，奧利維．華等人指出，一九九一年後，西北方什葉派的亞塞拜然採用拉丁字母，並轉向土耳其求取經驗。至於伊朗東北方的各個共和國，遜尼派的烏茲別克更轉向民族主義、而非伊斯蘭主義，原因是它害怕本國國內滋長的基本教義派：這使得它對伊朗有疑慮。塔吉克雖是遜尼派，但老百姓說波斯語，它尋求伊朗保護，可是伊朗退縮，生怕會得罪中亞其他國家說土耳其語的許多穆斯林。[32]而且，中亞人民本來是游牧民族或半游牧民族，罕有虔誠的穆斯林，經過七十年的共產主義薰陶，只會加強他們的世俗傾向。在重新學習伊斯蘭的道理時，他們被伊朗傳教士政權嚇壞或倒盡胃口。

當然，從德黑蘭的觀點看，也有一些正面的發展。核子計畫就證明伊朗是中東科技最先進的國家之一（與它的文化和政治地位相當），因此它在這些中亞國家所興建的水力發電設施、公路和鐵路，有朝一日將使它們全部和伊朗連通起來——不是直接連通、就是透過阿富汗連通。此外，現在有一條天然氣輸送管從塔吉克東南部連到伊朗東北部，把塔吉克的天然氣送到伊朗的裏海地區，因此使得伊朗本身在南部生產的天然氣可以釋放出來，經由波斯灣出口外銷。（兩國之間在一九九〇年代另外也興建一條鐵路連通起來。）土庫曼的天然氣蘊藏量全世界第四大，全部承諾輸出到伊朗、中國和俄羅斯。因此，歐亞大陸很有可能因為三個大陸國家特殊的地理條件，而出現一個能源軸心；而且它們直到二〇一一年都還和西方民主國家不合。[33]伊朗和哈薩克已經建了一條輸油管連接兩國，哈薩克的石油得以送到伊朗北部；而等量的石油可以從伊朗南部經過波斯灣出口。哈薩克和伊朗也將興建鐵路相連，讓哈薩克可以直接進出波斯灣。崇山峻嶺的塔吉克可能也要建一條鐵路，穿過阿富汗、連接到伊朗。伊朗成為所有這些天然資源豐富的國家通達國際市場的最短捷徑。

因此不妨設想一下，一個中亞油氣管線縱橫交錯的伊朗，加上大中東地區那些類似帝國的恐怖分子組織。很顯然地，我們看到的是麥金德的心臟地帶樞紐在二十一世紀的繼承人。

鑑於什葉派伊朗在阿拉伯世界某些地區仍聲譽卓著，這還不說什葉派控制黎巴嫩南部、在伊拉克也為數眾多，由於德黑蘭政府堅定不移支持巴勒斯坦人及其固有的反猶太主義——不過我們

32 Roy, *The Future of Political Islam*, p. 193.

33 M. K. Bhadrakumar, "Russia, China, Iran Energy Map," *Asia Times*, 2010.

要說，在國外吸引群眾的這項能力並未同樣地發展到中亞。各個前蘇聯共和國仍與以色列維持外交關係，儘管已出現初期階段的阿拉伯之春，它們也沒有在阿拉伯世界普遍存在的、仇恨此一猶太國家的心理。但是，另外還有更大、更深的因素，不僅限制伊朗在中亞的吸引力，也影響它在阿拉伯世界的號召力。這就是伊朗令人窒息、堅持不懈的傳教士統治，它的負面意義令人難忘——伊朗運用強大的國家傳統，巧妙地鎮壓民主的反對派，而且刑求、霸凌人民——它也傷害到語文和大同主義在歷史上號召大伊朗的文化訴求力。在這個政權下，豔麗的色彩從伊朗地貌上消失，變成了黑白色。

前幾年我到土庫曼共和國首都阿什哈巴特（Ashgabat），從這裡遠眺，隔著邊界在伊朗呼羅珊那一方的德黑蘭和馬什哈德（Mashad），熠熠發亮，是商業和朝聖的都會中心，與土庫曼本身人口稀疏、游牧民族景象呈現強烈對比。但是固然貿易與輸油管政治突飛猛進，伊朗並沒有真正的魔術、對穆斯林的土庫曼人並沒有真正的吸引力，他們主要是世俗的、且受不了穆拉。伊朗的影響力因它敢正面挑戰美國和以色列而相當廣大，可是我不認為我們會看到伊朗在其文化鼎盛時的真正魅力，除非它的政府自由化或被推翻。一個民主或準民主的伊朗，在其地理力量翼助下，有可能激勵阿拉伯世界和中亞數億的穆斯林。

遜尼派阿拉伯自由主義有可能受惠於以下幾個因素而崛起：一是西方的模範，一是民主、可是失能的伊拉克，再者是新進自由化、歷史悠久的折衷什葉派伊朗所拋出來的挑戰。這樣的伊朗或許可以做到後冷戰二十年西方民主國家和公民社會所做不到的事，那就是大大撬開前蘇聯中亞各國的警察國家控制閥。

伊朗的什葉派政府一度可以啟發沒落的遜尼派信仰，在整個中東起而抗拒他們本身疲憊、守舊的政府（某些政府現在也已垮台）。透過強悍不屈的訊息以及靈敏的情報機關，伊朗有很長一段時間操縱一個非傳統、後現代的次國家實體帝國，包括巴勒斯坦的哈瑪斯、黎巴嫩的真主黨和伊拉克南部的馬赫迪運動（Mahdi movement）。可是，伊朗政府在本國國內許多地方卻遭到民眾悄悄地鄙視，因為伊朗人民有親身的經驗，發現伊斯蘭革命意即斷電、金融紊亂和管理不當。我已經說明過，要爭奪歐亞大陸，有許多前線，而這些前線全都日益相互糾結在一起。但是其中最重要的一項應該是爭取伊朗人的民心支持，他們和土耳其人是穆斯林世界最進步的民族。這就是思想和地理決定論交鋒之處，這就是以撒．柏林的自由人道主義和麥金德的準命定論交鋒之地。

地理的力量固然十分強大、無法抗拒，其實仍懸於一線之間。我們且以十八世紀後薩法維王朝征服者納德王（Nader Shah）的故事為例。納德王是突厥人，來自伊朗東北部的呼羅珊，他的波斯帝國從跨高加索地區直抵印度河。他攻陷的城市有巴格達、巴斯拉（Basra）、吉爾庫克（Kirkuk）、摩蘇爾（Mosul）、坎達哈（Kandahar）和喀布爾，全是二十一世紀初讓美國人頭痛不已的地方，可是它們卻經常受到伊朗人統治。麥可．艾克思沃斯說，若非納德王在世的最後五年精神錯亂，他可以在伊朗「促成現代國家，能夠抵抗（英國和俄羅斯在十九世紀的）殖民干預」。可惜的是，他無法在歷史上留下「波斯的彼得大帝」令譽，使伊朗脫胎換骨，徒然以政治和經濟動亂劃下句點。[34]

再以一九七九年巴勒維國王垮台為例。季辛吉曾經告訴我，如果卡特政府在一九七〇年代末期處理反叛國王事件得宜，巴勒維或許能挺住，而今天的伊朗會像南韓，活潑有力，民主政治的發展雖不完美，總是和美國有些許意見不合，但基本上仍是盟邦。在季辛吉看來，巴勒維國王的政府是能夠改革的，尤其以十年之後發生的蘇聯帝國民主大動亂的史例反觀的話。雖然把巴勒維國王的垮台怪罪到卡特總統身上可能太容易，但想到伊朗革命或許會有一絲一毫不同結果，還是會讓人扣緊心弦。誰曉得呢？我只曉得一九九〇年代我剛從埃及轉到伊朗，走遍伊朗全國各地，伊朗的反美、反以色列氣氛可比埃及小得多。伊朗和猶太人相對和善的關係，從古時候一直延續到巴勒維時代。伊朗人民其實擁有希望和可能性。

再以二〇〇一年九一一攻擊事件後給予美國的機會來說，阿里·哈梅尼大主教（Ayatollah Ali Khamenei）和穆罕默德·卡達米（Mohammed Khatami）總統以很堅定的語氣譴責遜尼派的凱達組織恐怖行動；即使某些阿拉伯國家的群眾為攻擊歡呼，伊朗人卻在德黑蘭街頭為受害人祈禱；當年稍晚，美國領導盟軍對付塔利班，伊朗予以協助；二〇〇三年春天巴格達淪陷後，伊朗提議與美國具體談判。凡此種種皆顯示，直到目前為止，歷史未必要循舊軌走下去。其他的結果也有可能出現。

地理決定了伊朗將是大中東和歐亞大陸趨勢線的樞紐，它或許也決定伊朗會如何起樞紐作用，但是它不能決定它要為什麼目的起樞紐作用。這得靠人來做決定。

我執筆時，伊朗依循著它在中古及古代創新的帝國主義傳統，已經聰明地建立一個後現代的軍事帝國，有史以來首見的創例：沒有殖民地，也沒有通常伴隨著大國會有的坦克、裝甲車、航空母艦。美國中央情報局前任外勤官員、轉為作家的羅伯·拜爾（Robert Baer）指出，伊朗不是典型的帝國主義——搞侵略和占領——它靠著「代理人戰爭、不對稱武器和向備受壓迫的人（特別是大批年輕、感到挫折的男性）訴求」等三大策略，成為中東之內的超級大國。拜爾指出，真主黨是德黑蘭在黎巴嫩的阿拉伯人什葉派代理人，是當地「實質的國家」，比起貝魯特官方當局有更強大的軍事和組織實力，也提供更多的社區服務。在加薩走廊，什葉派伊朗悄悄提供軍事和財務援助，它的「反殖民主義訊息」，引誘陷入索威托（Soweto）式困境的貧困巴勒斯坦人，這些人對於由類似前獨裁者穆巴拉克等人領導的鄰近遜尼派阿拉伯國家，早已離心離德。[35]伊朗位於一千英里之外的東邊，卻比與加薩毗鄰、穆巴拉克治下的埃及，更加親近備受欺壓的巴勒斯坦人。這也是伊朗人聰明的地方。至少直到二〇一一年，敘利亞和伊拉克政府對伊朗都相當友善。

34 Axworthy, *A History of Iran*, p. 162.

35 Robert Baer, "Iranian Resurrection," *The National Interest*, Washington, DC, November-December 2008.

敘利亞政府緊抱著伊朗，因為伊朗是它僅有的唯一真正盟友，而伊拉克政治結構已經充斥著伊朗情報機關的力量，他們可以影響伊拉克國家安危。最後是波斯灣本身。伊朗是波斯灣唯一一個大國，相對於其他弱小的阿拉伯酋長國，它的海岸線最長；對付這些小國，德黑蘭可以靠本身兵力擊敗它們，可以透過當地的什葉派第五縱隊破壞它們（特別是巴林），或是藉由在賀姆茲海峽搞恐怖活動傷害各國經濟。

雖然十分險峻、難以克服，但最重要的覺醒因子，現在還付之闕如。不像阿契美尼德、薩珊、薩法維及過去伊朗其他帝國——它們不是行仁政、就是在道德和文化方面很有啟發——伊朗現在這個思想帝國大多數時間以恐懼和恫嚇做為統治工具，透過自殺炸彈客、而非詩人。這既局限了它的力量，也注定它會敗亡。

伊朗的文化豐富、領土廣袤、城市人口眾多，就好像中國和印度可以自成一個世界，其未來前途將壓倒性地受到內部政治和社會環境所決定。可是我們若要舉出會關係到伊朗命運的唯一一個國家，恐怕非伊拉克莫屬。歷史和地理告訴我們，伊拉克和伊朗政治交織的程度，為任何外國所不及。伊瑪目阿里（Imam Ali）（先知穆罕默德的表親和女婿）的陵寢在納傑夫，伊瑪目胡賽因（Imam Hussain）（先知穆罕默德的孫子）的陵寢在卡爾巴拉，這兩個什葉派聖地都在伊拉克中南部，使得伊拉克什葉派神學界隱然有心挑戰伊朗聖城庫姆的地位。假如伊拉克的民主能促成一絲絲的穩定，伊拉克聖城更加自由的知識氣氛，或許會對伊朗政治產生影響。進一步說，民主的伊拉克可以做為吸引的力量，日後伊朗的改革派或可加以利用。當伊朗人日益加深捲入伊拉克政治時，有著漫長共同邊境的兩國因為毗鄰相近，或許可以發揮作用破解兩個制度的高壓作為。但是因為和一個多元化、種族為阿拉伯人的什葉派社會交往互動，伊朗政治會出現扞格。伊朗經濟危機持續浮現，伊朗老百姓也可能氣憤政府竟花費數億美元到伊拉克、黎巴嫩及其他地方去收買影響力。這還不說伊朗人將會在伊拉克被視為「醜陋的美國人」翻版而遭仇恨。伊朗寧願利用伊拉克的什葉派政黨去和遜尼派政黨鬥爭。但是這又未必全然可能，因為這樣做就會把它原本想在泛遜尼派世界傳布的基進伊斯蘭普世主義，窄化為宗派分裂，出了什葉派社群就沒有吸引力。因此，伊朗或許只好試圖在伊拉克勉強成立遜尼派和什葉派不怎麼堅牢的同盟，盼望他們能持續運作，即使伊拉克人對他們介入其內政事務產生更大的仇恨，也顧不了了。美國若是無法合理化二〇〇三年入侵伊拉克是如何規畫與執行，或是無法合理化這場戰爭花費數兆美元、犧牲數十萬性命，隨著時間進展，薩達姆．海珊的傾覆或許會啟動一個過程，造成兩個國家、而非一個國家的解放。地理促成了伊朗對伊拉克政治微妙的殖民化，地理也可能是個元素，可激勵伊拉克對伊朗的影響。

儘管有綠色運動短暫的崛起，現在伊朗政權和平轉變或演進的機率，仍然比起蘇聯在冷戰大部分期間轉變的機率大得多。解放後的伊朗，加上阿拉伯世界的政府比較不專制——由於缺乏安全感，這些政府將更專注國內議題——將鼓舞中東的遜尼派和什葉派之間出現更平等、流動的權力平衡：這將有助於本區域緊張地關注自身以及自己內部和區域的權力動態，而少去管美國和以色列。

另外，德黑蘭若出現更自由派的政府，可以啟發不遜於古波斯帝國的文化榮景，它將不會被傳教士的反動勢力所拘限。

鑑於北部等地有大量的庫德人、亞塞拜然人和土庫曼人等少數民族，比較自由派的伊朗可能也不再像今天這樣中央集權，其族裔邊陲會漂離德黑蘭的軌道。伊朗經常不太像個國家，而是一個不定形的、多民族的帝國。它真正的版圖面積總是大於或小於任何正式繪定的地圖。今天伊朗西北部庫德族和亞塞拜然突厥人居多數，可是一部分阿富汗西部和塔吉克卻在文化和語言上與伊朗契合。在伊斯蘭極端主義的浪潮和穆拉政權的正當性消退時，伊朗可以恢復到此一十分帕蒂亞色彩的不定形。[36]

[36] Robert D. Kaplan, *The Ends of the Earth: A Journey at the Dawn of the 21st Century* (New York: Random House, 1996), p. 242.

第十四章 過往的鄂圖曼帝國

如果說伊朗高原是大中東最樞紐的地理，那麼安納托利亞陸橋、即小亞細亞，其重要性自然緊跟在後。伊朗高地完全被伊朗一個國家涵蓋，安納托利亞陸橋也一樣，只被土耳其一個國家涵蓋。兩個國家都被崇山峻嶺與高原所界定，由北俯瞰沙漠的阿拉伯，兩者人口合計約一億五千萬人，略多於其南方另外十二個阿拉伯國家、即肥沃月彎和阿拉伯半島國家全部加總起來的人口。我們必須加上埃及和直抵大西洋的北非其他國家，或許這些阿拉伯人才能在人口上勝過土耳其和伊朗的分量。

土耳其和伊朗——在麥金德的荒野地帶和史派克曼的邊緣地帶都是關鍵部分——也包括中東最豐富的農業經濟體，以及它最高層次的工業化與科技化知識。伊朗核計畫的存在，以及土耳其如果選擇要做、本土也有能力跟進的條件，這一點和沙烏地阿拉伯及其他阿拉伯國家大不相同；後者缺乏知識能力自行開發此一計畫，因此需要求助既有的核子大國——如巴基斯坦——進行技術轉移。

土耳其和伊朗一樣，獨霸一方，影響著巴爾幹、黑海、烏克蘭和俄羅斯南部、高加索和阿拉伯人的中東。戰略預測公司（Stratfor）策略家喬治・傅立曼寫道，特別是在和阿拉伯世界相比時，土耳其是「一片混亂當中穩定的平台」。[1]然而，固然土耳其影響到它周遭所有的地方，但土耳其身為夾在南方地中海和北方黑海之間的陸橋地位，使它在某種意義上像個島嶼國家。缺乏和陸地接壤，意味著土耳其雖然影響周遭地區，地理上卻不像伊朗那樣對鄰國有樞紐作用。土耳其對在它西邊的巴爾幹，以及在它南邊的敘利亞、美索不達米亞的影響力，主要是在經濟方面；不過近來它在前南斯拉夫已經介入後衝突的調停。只有在高加索，特別是亞塞拜然，當地語文非常近似土耳其語文，土耳其才享有可以大大影響日常政治的外交影響力。

土耳其的確控制了底格里斯河和幼發拉底河的源頭：這是地理上非常大的優勢，使它有能力切斷敘利亞和伊拉克的水源。但是土耳其若是這麼做，則形同戰爭行為。因此，土耳其在施加此一優勢時，手法必須十分細膩。生怕土耳其會在上游將水引開、供本身農業開發之用，而降低了向下游而去的水量，這個心理使土耳其對阿拉伯政治頗有影響力。有一項相當新的地緣政治事實，經常被人忽略，那就是「東南安納托利亞計畫」（Southeast Anatolia Project），其中心項目是在靠近敘利亞邊境的尚勒烏爾法（Sanliurfa）北方二十五英里建造阿塔圖克大水壩（Ataturk Dam）。哈南高原（Harran Plateau）大約兩千平方英里可耕地即靠這個水壩供水灌溉。整個幼發拉底河水壩系統，於一九七〇年代規畫設計，一九八〇年代及一九九〇年代施工興建，它實際上有能力把水送到缺水的巴勒斯坦約旦河西岸地區。這使得土耳其在二十一世紀的阿拉伯中東世界，說話分量遠比二十世紀重。土耳其近來已在政治上露臉發言，應該放在這個全新的地理事實脈絡中觀察。

近來的重大新聞顯示土耳其的注意力轉向中東，其實並非一向如此。從十三世紀鄂圖曼土耳其帝國崛起，鄂圖曼人主要關注西北方、面向歐洲，那是財富和有利可圖的貿易路徑。這個模式始於中世紀末期，當時中歐興起，卡洛林帝國像磁鐵般吸引著土耳其部落，紛紛跨越安納托利亞、向西進入巴爾幹，來到與小亞細亞最緊鄰、最肥沃的農業地帶。土耳其或許是整個安納托利亞陸橋的同義詞，但是（有如俄羅斯）這個國家人口、工業實力幾百年來都集聚在西邊、鄰接巴爾幹，與中東有相當大一段距離。鄂圖曼人集聚在靠近歐洲的地區，而安納托利亞地勢極高、地形險阻，每座山谷與另一座山谷分開，妨礙各部落組成或許會挑戰鄂圖曼控制靠近高加索和中東地區的聯盟。的確，由於地理造成東部的安納托利亞社會「阻絕」，有組織的朝代，如塞爾柱和鄂圖曼，可以一連數百年從他們遙遠的西部安納托利亞、即土耳其歐洲部分統治，而不用擔心東

1 George Friedman, *The Next 100 Years: A Forecast for the 21st Century* (New York: Doubleday, 2009), p. 7.

亞述海
俄羅斯
高加索山
裏海
烏茲別克
土庫曼
亞塞拜然
哈蘭高原
敘利亞
底格里斯河
幼發拉底河
敘利亞沙漠
伊拉克
札格羅斯山脈
伊朗
伊朗高原
阿富汗
巴基斯坦
科威特
波斯灣
賀姆茲海峽
沙烏地阿拉伯
巴林
卡達
阿拉伯聯合大公國
阿曼灣
北回歸線
阿拉伯半島
阿曼
紅海
葉門
阿拉伯海
亞丁灣

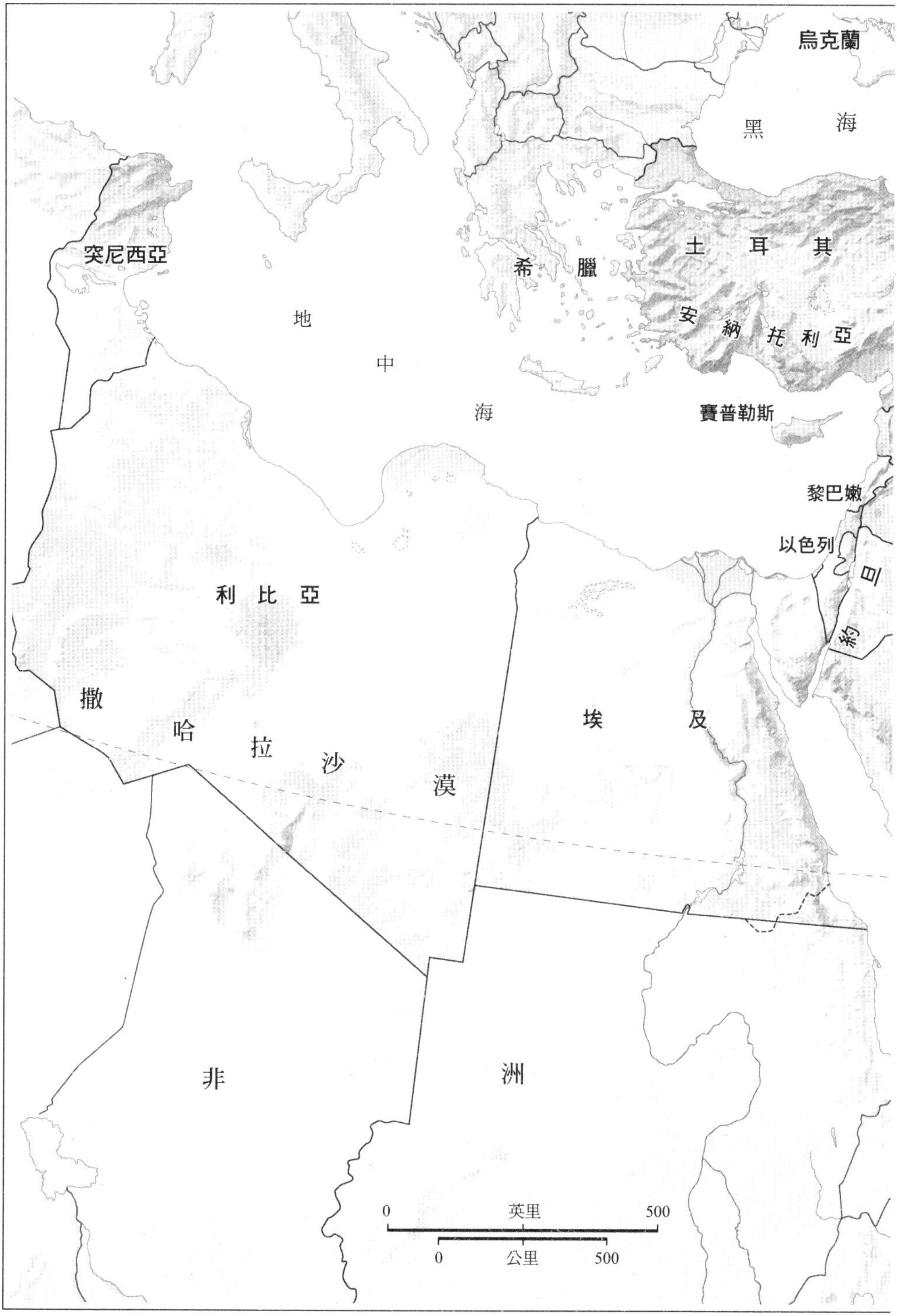

烏克蘭
黑海
突尼西亞
希臘
土耳其
安納托利亞
地中海
賽普勒斯
黎巴嫩
以色列
約旦
利比亞
埃及
撒哈拉沙漠
非洲
0
英里
500
0
公里
500

部會發生動亂。[2]東部西伯利亞和俄羅斯遠東地區令人暈眩的地勢，使它很難組織起對以歐洲為基地的俄羅斯之挑戰，安納托利亞和鄂圖曼土耳其帝國的關係也一樣——不過因為安納托利亞有很長的沿海邊界，君士坦丁堡的統治者比起俄羅斯人，比較不擔心別人會侵犯他們的邊區。安納托利亞很緊縮；俄羅斯則蔓延開來。

因此，土耳其人口加重了土耳其的地理分量。安納托利亞比起伊朗高原更遠離中東心臟地帶，土耳其人口近數百年來側重西北，使得這個趨勢更加明顯。鄂圖曼大軍像游牧民族橫衝直撞蹂躪中歐，於一六八三年包圍維也納達到高峰，後因歐洲本身政治分裂才稍見緩和。法國、英國和西班牙專注於互相爭雄，並且在大西洋彼岸的新世界爭奪殖民地。威尼斯陷入和熱那亞（Genoa）的長久鬥爭。教皇國也捲入其他危機。南部巴爾幹的斯拉夫人相互鬥爭，這是多山的地理鼓勵社會和政治分裂的又一例證。最後，誠如二十世紀初的外事新聞記者赫伯特・亞當斯・吉朋斯（Hebert Adams Gibbons）所言：「從歐洲，小亞細亞等地可被征服；從亞洲，沒有哪一塊歐洲可被征服。」[3]他的意思是，為了真正鞏固不毛之地的安納托利亞、以及擴張進入中東，鄂圖曼土耳其人首先需要財富，而唯有靠征服巴爾幹才能取得財富。方便歐洲和中東之間流暢往來的是，鄂圖曼帝國首都設在君士坦丁堡，它是個安全的港灣，方便進出巴爾幹、地中海和北非，同時又是來自波斯、高加索，甚至更遙遠地方的商人車隊路線的終點站。

從這片地理環境中出現一個領土遼闊、民族多元的帝國，而它到了十九世紀末已經日薄西山；鄂圖曼蘇丹要到第一次世界大戰戰敗之後才棄絕此縷幽魂。鄂圖曼帝國唯一一位沒打過敗仗的將領穆斯塔法．凱末爾（Mustafa Kemal）——後來封號阿塔圖克（Ataturk，意即土耳其之父）——在帝國於巴爾幹及中東戰敗之後，於安納托利亞建立現代國家。凱末爾是真正的革命家，他改變了人民的價值體系。他認為歐洲列強打敗鄂圖曼帝國，不是因為他們軍隊強盛，而是因為他們文明昌盛，打造出強大的軍隊。他說，土耳其今後要歐洲化，文化上、政治上都要向歐洲學習。因此他廢除穆斯林宗教法庭、禁止男性戴菲茲毯帽、不鼓勵女性披面紗，並且廢阿拉伯字、改用拉丁文。這些行動雖然都是革命性創舉，但也是土耳其人數百年來仰慕歐洲的極致。雖然土耳其在第二次世界大戰期間大部分時候保持中立，凱末爾主義——凱末爾親西方、世俗主義的理論——指導土耳其的文化、尤其是外交政策，一直要到冷戰之後第一個十年結束時才有所改變。的確，多年來土耳其一直懷抱加入歐盟的希望，我在一九八〇年代和一九九〇年代多次訪問土耳其，一再聽到官方清楚明白地對我表示此一意願。但是到了二十一世紀第一個十年，情勢已經明顯，土耳其可能永遠無法成為歐盟的正式成員。原因很直接，充滿著地理和文化的決定論：雖然

---

2 William Langer and Robert Blake, "The Rise of the Ottoman Turks and Its Historical Background," *American Historical Review*, 1932; Jakub J. Grygiel, *Great Powers and Geopolitical Change* (Baltimore: Johns Hopkins University Press, 2006), p. 96.

3 Herbert Adams Gibbons, *The Foundation of the Ottoman Empire* (New York: Century, 1916); Grygiel, *Great Powers and Geopolitical Change*, pp. 96-97, 101.

土耳其是個民主國家，也是北約組織會員國，但因為它也是穆斯林國家，因此歐盟敬謝不敏。土耳其政壇因為遭拒，大受震動。更重要的是，它結合其他社會趨勢，正在對土耳其歷史和地理進行重大修正。

其實，凱末爾加諸在土耳其身上的歐化也有矛盾。凱末爾生長在希臘北部的薩洛尼卡（Salonika），周圍有許多希臘人、猶太人及其他少數民族，換句話說，也是歐洲人，而薩洛尼卡在十九世紀也是多種語言的大同主義重要據點。同樣地，凱末爾對民族的定義也十分現代。他經常說，任何人要說他是土耳其人，只要他住在土耳其、說土耳其語，就算是土耳其人，不必問他是否是猶太人或基督徒。他把首都從歐洲土耳其的伊斯坦堡（即君士坦丁堡），遷移到安納托利亞中心地帶的安卡拉，原因是伊斯坦堡和舊政府淵源太深。他也沒有設法去收復鄂圖曼帝國在巴爾幹或中東失去的省份；他的策略是在安納托利亞的中心地帶建立一個單一族裔的土耳其國家，它將堅定地與歐洲和西方走在一起。高舉凱末爾主義火炬的是土耳其軍方，因為終其一生，凱末爾一直不能建立真正的民主政體。經過數十年問題才凸顯出來，因為專注在安納托利亞，凱末爾無心之下強化了伊斯蘭文明，它在小亞細亞的根基，比起在君士坦丁堡的歐洲土耳其地區、以及帝國的其他地區都更加根深柢固。再者，民主政治雖在軍事政變三不五時發生下、舉步維艱發展起來，它畢竟還是為安納托利亞內地地區的勞工群眾和虔誠的土耳其人帶來了選舉權。

共和土耳其建政之後前幾十年，國家的財富和權力落在軍方以及十分世俗的伊斯坦堡精英手中。在這段期間，美國官員誇讚土耳其的民主政治，其實主掌其親西方外交政策的，乃是土耳其軍方將領。一九八〇年代初期，情勢起了變化，新選出的總理圖爾古特．厄札爾（Turgut Özal）是來自安納托利亞中部虔誠的穆斯林，有蘇菲主義傾向，他訂定一系列改革，把國家掌控的經濟自由化。大量大型企業私有化，進口管制也鬆綁。這樣一來出現一批新富的中產階級，這些虔誠的穆斯林握有實際政治權力。縱使如此，厄札爾在冷戰末期的聰明之舉是政治上追隨西方，即使他放寬凱末爾主義極其世俗主義的傾向，賦予虔信宗教的穆斯林在體系中更高的地位。土耳其同時變得更加傾向伊斯蘭、但也更加親美。厄札爾的伊斯蘭主義使他可以和庫德族走近，庫德族和土耳其人宗教信仰相同、但族裔有別。土耳其將領對於厄札爾的宗教傾向十分不安，緊握住國家安全政策；厄札爾對此並無異議，因為他和將領們一致認同土耳其應該做為北約組織的堡壘，在史派克曼的歐亞大陸邊緣地帶抗拒蘇聯。

厄札爾在擔任總理及總統十年之後，於一九九三年突然去世，享年六十五。他的猝逝對土耳其前途產生深遠影響；這是一個個人的生死和地理一樣、會影響到地緣政治命運的又一個實例。地理之所以比較有影響力，只是因為它恆久不變。由於厄札爾本身掌握住親伊斯蘭、又親美這兩大矛盾，他的猝逝粉碎了薄弱的國家共識；不過，這要經過好幾年才浮現出來。厄札爾死後十年，土耳其出了一些乏善可陳的世俗派領導人，不過安納托利亞內地的經濟實力和伊斯蘭虔誠度持續增長。到了二〇〇二年，嗜酒的世俗派精英信譽受傷，選民擁護前任伊斯坦堡市長熱傑甫．

塔伊甫・艾爾多安（Recep Tayyip Erdoğan）所領導的伊斯蘭正義及發展黨（Islamist Justice and Development Party），讓它取得國會絕對多數席次。伊斯坦堡雖是世俗精英的大本營，卻也有數以百萬計貧窮、但信仰虔誠的土耳其人，他們從安納托利亞鄉下湧入都會尋找工作，盼望能改善生活，晉升為低層的中產階級；艾爾多安讓這些數以百萬計的窮人有了發言吐露心聲的機會。

艾爾多安掌權後，他賦予伊斯蘭主義一系列權力；伊斯蘭主義在厄札爾鼓勵下、就在官方凱末爾主義的雷達網監看下，悄悄回到土耳其人民生活當中。一九四五年，土耳其全國有兩萬座清真寺；一九八五年，增為七萬兩千座；然後數量穩步上升，以超過人口增長比率的速度大幅增加。根據一些研究，城市勞工階級的土耳其人幾乎三分之二每天祈禱，另外絕大多數農村土耳其人也天天祈禱。這個百分比在近年更是有升無減。[4]住在倫敦的作家、新聞記者狄理普・希洛（Dilip Hiro）說，伊斯蘭信仰復活後，與左、右兩翼（前者是馬克思主義，後者是法西斯主義）世俗的意識形態展開激烈競爭，要當「希望幻滅的城市青年的救主」，這些人已經不認為凱末爾主義是可以指導日常生活的「社會倫理體系」。一旦和伊斯蘭結合的正常民族主義生了根，凱末爾主義將逐漸失去它的存在價值。[5]

土耳其國會二〇〇三年三月投票、不准美軍從土耳其出兵進攻伊拉克時，其實並不是伊斯蘭正義黨不支持美國，而是世俗派此時已和歐洲人站在一起，不滿小布希政府在九一一事件後驕矜的言行。美軍進攻伊拉克造成悽慘後果，伊拉克境內爆發宗派戰爭，美國也找不到薩達姆・海珊擁有大規模毀滅性武器的證據，偏偏大約同時也證實土耳其不可能獲准加入歐盟。這些戲劇化的事件發生在土耳其出現一個新的、有強大民意支持，又堅信伊斯蘭主義的政府之際，其結果就是它的政治和文化鐘擺戲劇性地轉向中東，數百年來首度背離西方。

如我所說，美國這是自作自受。數十年來，美國領導人一再宣稱民主的土耳其是北約組織在中東一個親以色列的基地，即使他們明知土耳其的外交和安全政策掌握在軍人手中。現在，進入二十一世紀初期，土耳其已經真正成為政治、經濟和文化上的民主國家，反映土耳其群眾的伊斯蘭性質，可是它卻是相對反美、反以色列的土耳其。

一九九八年秋天，我在安納托利亞中部的大城市開塞利（**Kayseri**）採訪土耳其的伊斯蘭領袖，包括土耳其當時的總統阿布杜拉．古爾（**Abdullah Gul**）在內。當時道德黨（**Virtue Party**）正在開會。道德黨後來解散，改組為正義黨。道德黨的前身是伊斯蘭福利黨（**Islamic Welfare Party**），福利黨並沒有受到貪腐風氣沾污，它想要實現在鄂圖曼伊斯蘭時期存在的社會正義。我當時的採訪報導發表在二〇〇〇年，有一件大事說對了，也有一件大事說錯了。我說對的是，這

---

4 Dilip Hiro, *Inside Central Asia: A Political and Cultural History of Uzbekistan, Turkmenistan, Kazakhstan, Kyrgyzstan, Tajikistan, Turkey, and Iran* (New York: Overlook Duckworth, 2009), p. 89; Dilip Hiro, "The Islamic Wave Hits Turkey," *The Nation*, June 28, 1986.

5 Hiro, *Inside Central Asia*, pp. 85-86.

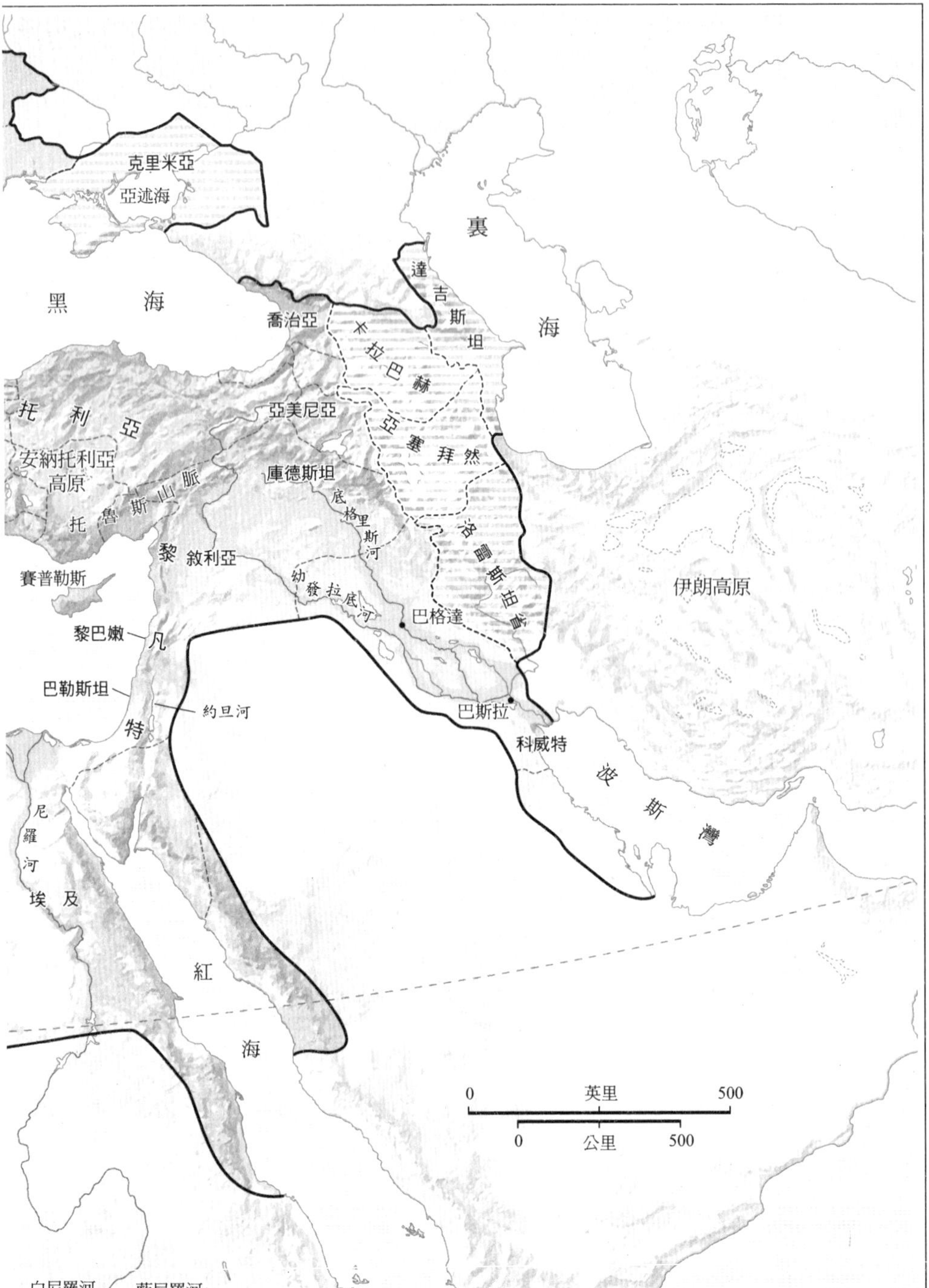

克里米亞
亞述海
黑　海
裏
海
達吉斯坦
喬治亞
卡拉巴赫
亞美尼亞
亞塞拜然
托　利　亞
安納托利亞高原
托魯斯山脈
庫德斯坦
底格里斯河
洛雷斯坦省
黎
凡
特
敘利亞
賽普勒斯
幼發拉底河
巴格達
伊朗高原
黎巴嫩
巴勒斯坦
約旦河
巴斯拉
科威特
波　斯　灣
尼羅河
埃　及
紅
海
0　英里　500
0　公里　500
白尼羅河
藍尼羅河

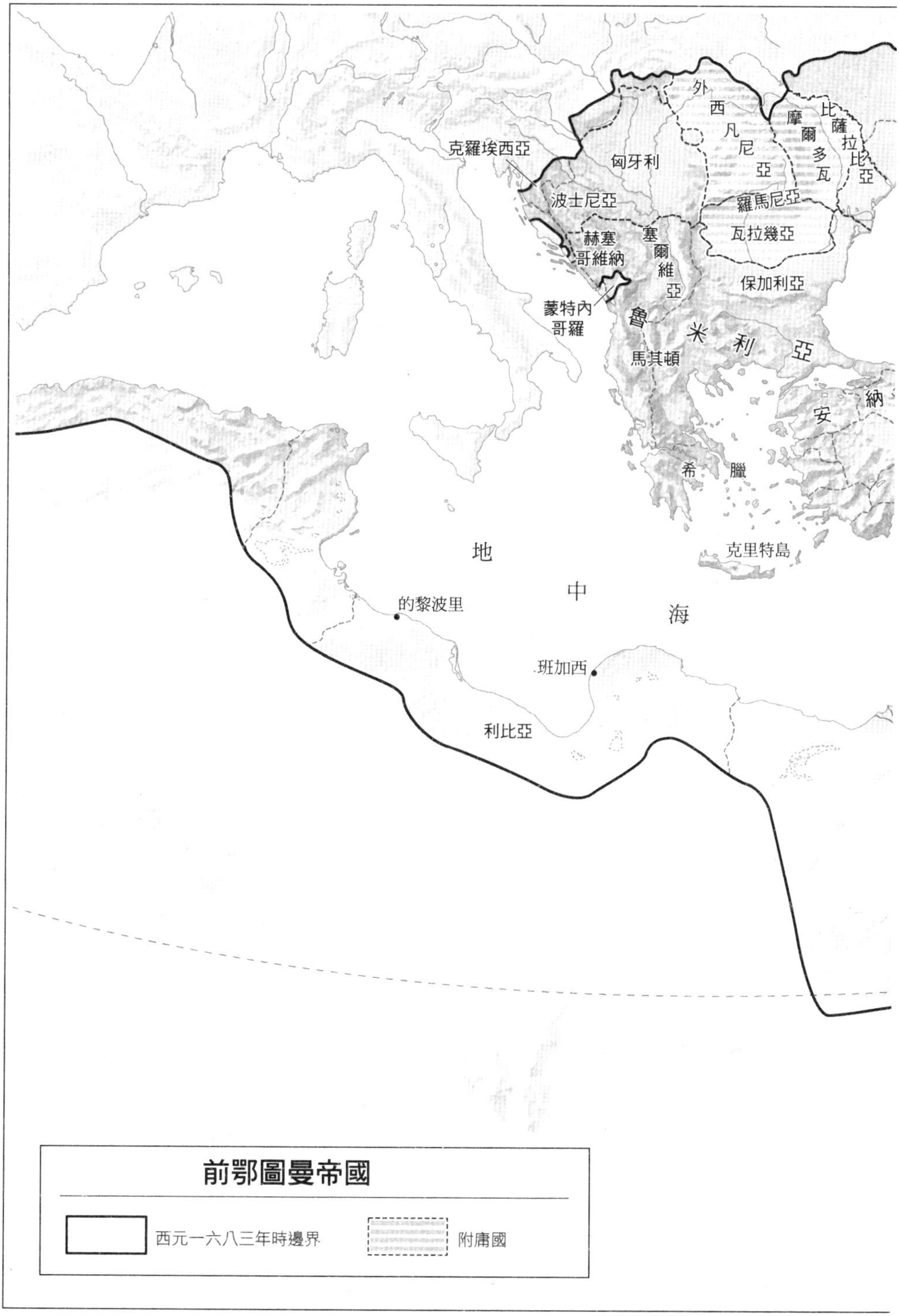
外西凡尼亞
摩爾多瓦
比薩拉比亞
克羅埃西亞
匈牙利
波士尼亞
羅馬尼亞
瓦拉幾亞
赫塞哥維納
塞爾維亞
保加利亞
蒙特內哥羅
魯米利亞
馬其頓
安納
希臘
克里特島
地中海
的黎波里
班加西
利比亞
前鄂圖曼帝國
西元一六八三年時邊界
附庸國

些人雖還是少數黨，但在幾年內即將成為多數黨。他們的基本主張是民主：土耳其愈是民主，他們的伊斯蘭主義力量將愈趨增加；他們把西方同土耳其的專制軍事力量結構連結在一起，雖然很諷刺，卻是事實。

在道德黨餐會坐我旁邊的一位先生問我：「美國什麼時候會支持土耳其的民主？因為直到現在，它都在支持軍方。」不等我回答，他又說：「我到過以色列，當地的民主比土耳其發達。」[6] 我弄錯的大事就是它。由於溫和派的土耳其伊斯蘭主義者，當時對以色列持相當開放的態度，我以為他們會一直如此。事實上，情勢將發生極劇烈的變化：這是土耳其本身歷史演化的結果，電子通訊使他們與泛伊斯蘭主義思想接觸更密切（換句話說，地理輸了），另外也是美國和以色列政府在後來幾年的特定行動和犯錯所造成。

二十一世紀第二個十年之初，土耳其的地理映照著土耳其的政治。西鄰希臘、東接伊朗，保加利亞位於西北、伊拉克位於東南，亞塞拜然在東北、敘利亞在南方，即使超過一半的安納托利亞都濱臨黑海或地中海，土耳其真正和歐洲、俄羅斯等距離。它的外交和國家安全政策也保持等距離。土耳其仍是北約組織成員，與美國情報機關合作，在以色列設置大使館，並且從中撮合以色列和敘利亞間接和談。但是，它也針對伊拉克北部的庫德族發動軍事進剿、協助伊朗躲開因發展核武器所受的制裁，政治上、感情上也支持最基進的巴勒斯坦人組織。

二〇一〇年五月，以色列突擊隊攻擊從土耳其載運人道援助品、到哈瑪斯控制的加薩走廊的一支六艘船艦隊，引起土耳其激烈反彈，這件事讓全世界看到土耳其從西方到東方的歷史性大轉折。土耳其沒把巴勒斯坦的鬥爭看成阿拉伯人和以色列人的戰鬥——土耳其無從置喙——而是穆斯林和猶太人的鬥爭，這樣土耳其人就能擁護穆斯林的大業。已故哈佛大學教授杭廷頓的大作《文明衝突與世界秩序的重建》有許多關鍵的真知灼見，其中經常被忽略的一點是全球化，而土耳其是最好的例證。全球化固然在某個層次上是團結的力量，但也是文明緊張的力量，因為它會把分散不同地點、聲氣相通的大型團體糾合起來；因此，雖然伊斯蘭世界缺乏政治團結，伊斯蘭意識卻與全球化一起上升。伊斯蘭的土耳其認同因而增長。它發生在非西方世界變得更健全、更文明、更識字的時代，因此像土耳其這樣中等國家的政治及經濟力量大為興盛。[7]

土耳其協助領導伊斯蘭王朝幾近八百五十年，從一〇七一年在安納托利亞東部曼齊克爾特之役塞爾柱土耳其擊敗拜占庭人開始，到鄂圖曼帝國一九一八年被西方盟國擊潰為止。直到上個世紀，阿拉伯人才真正領導穆斯林文明。事實上，直到一九七八年至一九七九年的伊朗革命，即使當時伊朗有五千萬穆斯林，在西方世界還是形同不存在；這個情形就像今天土耳其有七千五百萬

---

6 Robert D. Kaplan, *Eastward to Tartary: Travels in the Balkans, the Middle East, and the Caucasus* (New York: Random House, 2000), p. 118.

7 Samuel P. Huntington, *The Clash of Civilizations and the Remaking of World Order* (New York: Simon & Schuster, 1996), pp. 85, 125, 177.

穆斯林，若非爆發加薩船隊危機、同時土耳其又與伊朗達成協議，接受它的濃縮鈾，並於聯合國投票反對制裁伊朗，西方國家恐怕也沒把它放在眼裡。突然間，西方民眾和媒體一覺醒來，發現土耳其地理勃興的事實。

二〇一一年，在北非與中東反對專制獨裁的起義蔓延開來，以歷史及地理意義而言，土耳其是受益人。鄂圖曼土耳其人在現代統治北非及黎凡特達數百年之久。雖然其統治也是專制，但還沒有高壓到在今天阿拉伯人心目中留下永久的傷痕。土耳其是伊斯蘭民主的典範，可以做為這些新近解放國家之樣板，尤其它的民主也是從混合的政權演進而來，直到最近都由將領及政客分享權力——某些阿拉伯國家在走上更自由的制度時，也將會經由此一過程。土耳其也是人口及經濟的大國，可在整個地中海地區投射軟實力。它具有的優勢是毗鄰北非的其他主要地中海國家——希臘、義大利和西班牙——所欠缺的。

可是，對於土耳其的伊斯蘭，有些關鍵重點我們必須了解，它顯示出西方或許可從土耳其在中東的崛起找到一絲希望。

的確，如果我們對十三世紀土耳其人的「塔里卡」（tariqat）（譯按：蘇菲派之一支）創辦人賈拉爾．艾．丁．魯米（Jalal ed-Din Rumi）多一點了解，我們就會對伊斯蘭與民主的相容性少幾分意外，或許也不會覺得伊斯蘭基本教義是那麼堅不可摧、具有威脅。魯米屏斥排拒音樂與詩歌的「不成熟的狂熱分子」。[8]他提醒大家，教士蓄鬍子未必就是智慧的象徵。魯米重個人、輕群眾，一再地發言反對暴政。魯米的遺緒比起西方所熟悉的阿拉伯和伊朗神殿裡的人物，更適合民主化穆斯林世界的趨勢。土耳其伊斯蘭的折衷性質在魯米身上表現無遺，它和土耳其的西化相得益彰。土耳其的民主制度雖不完美、又受到驕橫的軍方影響太久，數十年來仍納入正統的伊斯蘭元素。土耳其不像一些阿拉伯國家和伊朗，它的工業基礎和中產階級不是靠石油收入創造出來。還是一句話，相較於中東大多數地方，我們要感謝地理給土耳其帶來先進水平的人力資源開發。土耳其做為陸橋的地位，不僅把它和歐洲連結起來，也帶動中亞游牧民族入侵的風潮，它們活化了安納托利亞文明，而魯米的詩歌僅是其精華。鄂圖曼帝國扮演很重要的角色，帶領歐洲政治——至少是巴爾幹的變體——和中東政治親密接觸。十九世紀發生在塞爾維亞、保加利亞、羅馬尼亞和希臘的民族獨立鬥爭，鼓舞阿拉伯民族主義社會在大馬士革和貝魯特興起。同理，現代恐怖主義也在二十世紀之初誕生於馬其頓和保加利亞，然後才傳入大敘利亞。

在二十一世紀初期，土耳其自豪有一個活潑、政治強勢的伊斯蘭運動，除了以色列之外，軍事力量睥睨中東任何國家，多年來長久維持著百分之八的經濟年增率，全世界陷入衰退危機之際，它還能保持百分之五以上的年增率，水壩系統使土耳其成為水力大國，其地位堪比沙烏地阿拉伯和伊朗的石油大國。這些因素有些看得見、有些看不見，卻讓土耳其與伊朗角逐伊斯蘭領導

8 Erkan Turkmen, *The Essence of Rumi's Masnevi* (Konya, Turkey: Misket, 1992), p. 73.

權與正統性。多年來，土耳其在中東幾乎和以色列一樣十分孤獨。它在鄂圖曼帝國時代的大君制度使得它和阿拉伯人的關係微妙、複雜，甚至它和鄰國敘利亞的關係非常惡劣，和復興主義的伊拉克、基本教義派的伊朗也相當緊繃。一九九八年，為了大馬士革支持基進、反土耳其的庫德斯坦工人黨（Kurdistan Workers' Party），土耳其和敘利亞實際上已走到戰爭邊緣。這時候，土耳其維持和以色列的軍事同盟關係，成為中東人人鄙夷的棄民。但是艾爾多安和正義黨掌握大權之後，這一切都開始起了變化。艾爾多安上台之際，由於土耳其欲加入歐盟、卻吃了閉門羹，而且美國右派和以色列右派聲勢極盛，造成西方國家在土耳其的民意中一路下挫。

土耳其沒有退出北約組織，也沒有和以色列斷絕外交關係。在艾爾多安的外交部長艾哈邁德．達夫歐古魯（Ahmet Davutoglu）策畫下，土耳其採取和近鄰修睦的政策，也就是與有過宿怨的敘利亞、伊拉克和伊朗修好。由於土耳其的經濟遠比其鄰國科技先進——成長率又高——土耳其往西對巴爾幹、往東對高加索的影響力大增，已經是確認的事實。保加利亞、喬治亞和亞塞拜然現在充斥著土耳其家電及其他消費商品。由於土耳其支持巴勒斯坦人，土耳其人在加薩極得民心，今天土耳其成為阿拉伯世界不可或缺的一塊，這是鄂圖曼帝國以來從來沒有過的高聲望。新鄂圖曼主義（Neo-Otomanism）或許是達夫歐古魯發展出來的特殊策略，但是它也構成自然的政治演進：土耳其掌控地理和經濟優勢地位，突然和它本身增強伊斯蘭化起了關聯。新鄂圖曼主義的吸引力在於有一個大家不說的假設：在這個全球化的時代，土耳其本身沒有工具、也沒有意志在中東實際弄出一個新—舊帝國。它要靠土耳其自身與昔日的阿拉伯屬國關係正常化，對他們而言，鄂圖曼的治理已經邈遠、但也還算和善，至少從數十年、數百年去看，確是如此；因此在歡迎土耳其重返陣營時，它們對以色列的敵意也升高了好幾層。

達夫歐古魯真正的創舉是向伊朗示好。安納托利亞高地和伊朗高地的文明，分屬土耳其和波斯背景，有長久、複雜的關係：我曾經說過，即使鄂圖曼人和薩法維波斯人在十六世紀及十七世紀初早就兵戎相見，波斯文仍是鄂圖曼土耳其帝國的外交語文。你可以說，土耳其人和伊朗人是敵對的民族，可是他們的文化與語文卻夾纏在一起；魯米一生雖大半住在土耳其，卻以波斯文寫作。而且，土耳其和伊朗都沒有遭對方殖民統治的經驗。從地理上而言，他們的勢力範圍雖有重疊，在相當大程度上是彼此分開的，而伊朗側臥於土耳其之東。巴勒維國王統治時期，土耳其和伊朗都親西方，甚至伊朗在穆拉領導下變得基進時，安卡拉還是小心地與德黑蘭維持正確的關係。即使在當代政治脈絡中，這理當有相當震撼的價值，但安卡拉擁抱大主教們，從歷史上而言並沒有太多的震撼。

試想一下狀況：美國在人氣指數奇高的歐巴馬總統領導下，偕同歐洲盟國拚命設法制止伊朗取得核武器，這樣才好阻止以色列對伊朗發動攻擊；伊朗取得核武將會劇烈改變中東權力平衡，對西方不利，而以色列攻擊伊朗，恐怕更會造成區域動盪。可是，土耳其在二〇一〇年五月夥同巴西，透過一系列戲劇化的外交折衝，協助伊朗躲過經濟制裁，因而爭取到關鍵的時間以便製造出核子彈。藉由同意伊朗提煉鈾，土耳其在伊斯蘭世界的地位，繼支持加薩走廊的哈瑪斯之後，更上一層樓。伊朗有潛在可能「協助土耳其實現其核心戰略目標，成為能源中樞，把（來自伊朗的）天然氣和石油輸出到西歐市場」。[9]做為伊朗能源的轉運中心，又是跨越高加索、來自裏海的碳氫化合物轉運中心，再加上土耳其有力量從上游移走伊拉克幼發拉底河九成的水源、移走敘利亞四成的水源，於是它躋身為與伊朗並駕齊驅的中東超級大國，油管、天然氣管、水管——工業生活的根本基礎——往四面八方流動。[10]

我已經說過，在石油時代之前，土耳其進入巴爾幹及歐洲，以便發展經濟實力好回頭進入中東。進入石油時代，方向剛好反過來。土耳其做為伊朗和裏海石油輸往歐洲的中繼站，它變成十分重要的經濟因素，不容歐洲輕視。不甘於只做為陸橋，即使是全地球最大的陸橋，土耳其——身為二十國集團（G－20）成員——已成為核心區域，加上伊朗，便有能力中立化阿拉伯的肥沃月彎，這裡的社會數十年來都受困於嚴峻的國家安全政府所製造出來的內部動亂。

尤有甚者，土耳其和巴西保護伊朗濃縮鈾的動作，絕不只是協助基本教義派伊朗取得核武器這麼不具實用效果的魯莽行動。它反映出全球中等國家的崛起，同時開發中國家數以百萬計的人民正晉升成為中產階級。

西方的一線希望是：若無土耳其的崛起，天天唱革命的伊朗就會成為中東霸權國家；但是土耳其在鄂圖曼帝國崩潰近百年之後首度在中東崛起，伊朗將面臨來自鄰居的競爭——因為土耳其既可為伊朗友人、也能當下成為競爭者。我們也不要忘記，土耳其仍是北約組織成員，與以色列關係再差，還是維持著外交關係。雖然西方變成難以容忍，土耳其的伊斯蘭主義領導層，仍然代表大大勝過伊朗教士政權心態的一種改善。土耳其仍然可以扮演以色列和穆斯林國家之間的調停人，就好像伊朗也有潛力可以修正其政治，不論是透過政治動亂、還是透過政權本身的長壽和矛盾。

有一點很清楚，那就是冷戰從記憶中淡化，土耳其和伊朗將更進一步釋放出他們的地理力量，以便在阿拉伯中東扮演強化的角色。土耳其不再被北約組織強力羈束，甚至北約組織本身也力道衰退。伊拉克海珊政權——它本身就是冷戰遺跡、蘇聯式的警察國家——已經傾覆，伊朗現在前所未有地陷入阿拉伯世界的政治。一切都很微妙：土耳其與伊朗協調、合作，但也留一手、提防著它。同時，先不問伊拉克目前國勢有多弱，它已蔚起成為可以替代伊朗的什葉派大國。對土耳其及伊朗助益良多的是全球通訊革命，至少在它們的狀況中，它使得人民得以超越族群、真正擁抱宗教做為認同團體。因此之故，土耳其人、伊朗人和阿拉伯人全都是穆斯林，全都團結起來反對以色列，在某種程度上也反西方。因此，當土耳其和伊朗強化的地理因素影響到阿拉伯世

9 Marc Champion, "In Risky Deal, Ankara Seeks Security, Trade," *Wall Street Journal*, May 18, 2010.

10 Geoffrey Kemp and Robert E. Harkavy, *Strategic Geography and the Changing Middle East* (Washington, DC: Brookings Institution Press, 1997), p. 105.

界之際，中東這塊廣袤地區比起以往愈來愈有系統地相互連結在一起。

和土耳其、伊朗的個案不一樣，位於地中海和伊朗高原之間的阿拉伯國家，在二十世紀之前並沒有太大意義。巴勒斯坦、黎巴嫩、敘利亞和伊拉克，全都只是地理名詞而已。根本沒有人會想到約旦。我們取掉地圖上的正式界線，會發現遜尼派和什葉派人口聚落錯落在國界各側。在這些國界之內，黎巴嫩和伊拉克的中央統治機關勉強運作。敘利亞的中央統治者是個暴君，受到自家民眾強力圍攻（說不定撐不到本書出版問世）；約旦政府是絕對王權，但可能是唯一一個保持憲政體制的國家。（約旦存在的主要理由，大家一向心照不宣：它是其他阿拉伯政權的緩衝國家，因為大家都怕與以色列陸地接壤相鄰。）當美國小布希總統推翻伊拉克獨裁者時，當時大家都以為他在阿拉伯世界開創歷史新紀元，是西方世界從拿破崙以降擾動世界第一人。接下來發生號稱阿拉伯之春的民主起義，它們有本身的內部起因，與小布希所做的事不相干。總而言之，第一次世界大戰結束以來的後鄂圖曼帝國國家體系，遭受空前未有的重大壓力。西方式的民主或許不會被確切仿效，但是某種形式的自由化則勢在必行。在埃及革命、以及從冷戰時代阿拉伯警察國家過渡出來的推波助瀾之下，當年中歐及巴爾幹脫離共產主義的風暴和它們一比，簡直就是易如反掌。的確，現在的黎凡特特徵就是專制政體正在崩潰、民主政體此起彼落，卻成就不了大事。土耳其和伊朗領導人展現出來的積極進取，有一部分是因為他們的地理因素所致，數十年來在阿拉伯世界其他地方幾乎已經看不見——這也是為什麼說阿拉伯世界現在進入劃時代的政治過渡的原因。

的確，二〇一一年阿拉伯起義推翻好幾個政府，乃是通訊科技的力量發揮到極致，也是地理的挫敗。但是，隨著時間進展，突尼西亞、利比亞、埃及、葉門、敘利亞及其他國家的地理，將要重新評估自己。突尼西亞和埃及是歷史悠久的文明聚落，立國於遠古；而利比亞和葉門是模糊的地理，一直要到二十世紀才立國。的黎波里周圍的西部利比亞（Tripolitania），一向傾向突尼西亞迦太基富裕、高雅的文明，而班加西周圍的東部利比亞（Cyrenaica）則一向傾向埃及亞歷山卓的文明。葉門自古以來即富裕繁榮，但是在它山區的許多王國卻一向各自獨立，因此之故，也就難怪在利比亞和葉門要建立現代、非暴君的國家，遠比在突尼西亞和埃及來得困難。

但是，下一階段可能爆發衝突的地方是黎凡特和肥沃月彎。

伊拉克由於二〇〇三年美國入侵，深刻陷入政治演變，肯定會影響到整個阿拉伯世界。這是因為伊拉克有大量的石油蘊藏（全世界第二，僅次於沙烏地阿拉伯）；人口眾多，高達三千一百萬；地理位置居於遜尼派和什葉派交會之處；與伊朗、敘利亞和沙烏地阿拉伯距離相等；曾經是阿拔斯王朝的舊都城，深具歷史與政治意義。尤有甚者，伊拉克受到三種遺緒困擾：在不同的

統治者之下，幾乎度過半個世紀凶殘的軍事獨裁統治，以薩達姆．海珊為高潮，也扭曲了它的政治文化；冷峻、暴戾的歷史，不分古今，延伸到遠超過這幾十年以前的獨裁統治，而它鼓舞了嚴峻、多疑的國家性格；以及嚴重的種族和宗派分裂。

伊拉克從來沒落單過。再次引用芙瑞雅．史達克的話來說：「埃及平行鄰近於人類遷移的路徑上，顯得和平，伊拉克從最早時期就是邊境省份，厭煩地走在人類命中注定的道路上。」[11] 美索不達米亞橫跨過歷史上最血腥的一條移民路線，使得各民族交互鬥爭，一片悲慘色彩。不論伊拉克是受到來自它西邊敘利亞沙漠的攻擊，或是受到來自其東邊伊朗埃蘭高地（Elam）的攻擊，它備受外敵占領之苦。從西元前第三個千年起，古代近東人民為爭奪對美索不達米亞的控制，大動干戈。不論是阿契美尼德波斯國王大流士（Darius）和巴比倫統治者薛西斯（Xerxes），或是日後大舉南侵、橫掃全境的蒙古游牧民族，或是綿延數百年直到第一次世界大戰結束才完結的鄂圖曼帝國，伊拉克一直是迭遭占領的悲劇史話。[12]

使得殺戮更甚的是，美索不達米亞罕有人口團結的國家。流經伊拉克的底格里斯河和幼發拉底河，長久以來都是邊界地區，各個集團在此重疊、交戰（常常是這些外來侵略者的殘部）。法國東方學者喬治．胡（Georges Roux）不辭辛勞地在《古代伊拉克》（*Ancient Iraq*）一書記述，從古代以來，北、南、中部經常陷於混戰。第一個城市國家統治者、南方的蘇美人和中部美索不達米亞的阿卡德人交戰。他們又都和住在北方的亞述人交戰，而亞述人又和巴比倫作戰。這還不說有許多零星的波斯人，住在美索不達米亞土著之中，構成另一個鬥爭的源頭。[13]只有最令人窒息的暴政，才能避免這個邊境地區陷入它正在墜入的徹底瓦解。學者阿迪德・達威夏（Adeed Dawisha）指出：「（在整個歷史上）社會秩序的脆弱性，已成為美索不達米亞土地結構性的特色。」[14]這個脆弱的秩序使得一群又一群的人在人口稠密定居、卻沒有可保護的疆界的河谷之內相互鬥爭，最後似乎無可避免地從遠古一路到二十世紀都陷在暴政中：每次暴政一被推翻，令人驚懼的無政府動亂又得鬧上幾年，一片殺伐和恐怖。

伊拉克負荷著現代的重擔，也躲不掉古代史的負荷。美索不達米亞是鄂圖曼帝國統治力最弱的地區之一，含糊的地理名詞又是一個例證，部落、宗派和種族鬆懈的集合體，被土耳其人進一步劃分為庫德族摩蘇爾、遜尼派巴格達和什葉派巴斯拉等由北向南三個行政區。當土耳其人崩潰、英國人試圖在底格里斯和美索不達米亞之間「塑造」政體時，他們創造出巫婆的調和劑，治庫德族的宗派主義、什葉派的部落主義，以及遜尼派的專斷於一爐。[15]為了連結北方庫德斯坦油

11 Freya Stark, *Islam To-day*, edited by A. J. Arberry and Rom Landau (London: Faber & Faber, 1943).

12 Robert D. Kaplan, "Heirs of Sargons," *The National Interest*, Washington, DC, July-August 2009.

13 Georges Roux, *Ancient Iraq* (London: Allen & Unwin, 1964).

14 Adeed Dawisha, *Iraq: A Political History from Independence to Occupation* (Princeton: Princeton University Press, 2009), p. 4.

15 同前書，p. 5.

田與南方波斯灣港口——做為保衛印度的海陸戰略一部分——英國人把族裔和宗派力量勉強湊合在一起，這是正常辦法相當難以緩和的大雜燴。

第二次世界大戰之後，阿拉伯民族主義興起，導致進一步分裂。伊拉克軍官和政客相互對立：一派認為伊拉克問題叢生的認同，可以納入從北非馬格里布到美索不達米亞這一片地區、組成一個單一的阿拉伯大國。另一派則認為地理的配當不合邏輯，不可能會出現統一的伊拉克、可以綏服境內不同宗派的情緒。總之，自從一九二一年起將近四十年分裂不合、動盪不安、孱弱的民主，點綴著以王室為名義的動亂與半威權主義，突然在一九五八年七月十四日終結，軍人發動政變推翻伊拉克親西方的政府。過去十九年統治伊拉克的費沙二世國王（King Faisal II）及其家人遭到槍決，總理努立．沙伊德（Nuri al-Said）遭到處決、屍體入土埋葬，旋即遺體又被暴民挖出來，然後焚燒、肢解。這不是隨機行為，而是代表伊拉克政治生活恣意肆虐的指標。事實上，殺害哈希姆（Hashemite）王室全家，和一九一八年沙皇尼古拉二世全家在俄羅斯被殺，都是深具象徵性的犯罪行為，預告未來數十年國家機關將發動謀殺和酷刑，只是伊拉克將花費更長時間才能痊癒。東方集團式的暴政路線始於阿布杜拉．卡里姆．卡塞姆（Abd al-Karim Qasim）准將、終結於薩達姆．海珊；每個獨裁者都比下一任更極端；唯有如此，一個族群各異、政治勢力互鬥不休的國家才有可能湊合在一起。

縱使如此，達威夏寫道：「歷史回憶既非直線、也非累積……固然毫無疑問，伊拉克歷史大部分是專制威權，但也出現民主希望之光。」[16]在伊拉克掙扎著避免再跌回原始效忠於一人的暴政或無政府狀態時，值得記住的是，從一九二一年到一九五八年，它的確見識到某種可運作的民主。而且，地理本身也得到不同的解讀。誠如哈濟生告訴我們，美索不達米亞有人類分裂的癖性，這樣的國家其實並非完全人工造成，在古時候也可找到依據。底格里斯河和幼發拉底河所灌溉開發出來的這塊沃土，造就中東地區很重要的人口及環境事實。

雖說如此，在二十一世紀第二個十年，伊拉克若出現民主，也是不確定、腐敗、低效率和相當紊亂無序的，政治暗殺可能成為家常便飯不時上演。簡言之，民主的伊拉克雖有巨大的石油財富和美國培訓的軍隊，至少在近期內，它將是個弱國。它那些爭鬥不已的政客將會向鄰近國家——主要是伊朗和沙烏地阿拉伯——爭取財務及政治支持，結果在某種程度上變成他們的玩物。伊拉克有可能出現大規模內戰——與一九七〇年代、一九八〇年代的黎巴嫩類似。由於在伊拉克涉及的利益太大——掌握權柄的人將可貪瀆、取得難以數計的石油財富——我們已經看到鬥爭極其嚴重、持續不停。在阿拉伯世界中心安置一個親西方據點，這個國家內部必須強大。但目前仍看不到這種信號。

脆弱的美索不達米亞似乎代表另一個阿拉伯世界的人口及天然資源中心，有機會承擔起名望

[16] 同前書，pp. 286-87.

與領導地位。但是我們很難看清楚它會從哪個方向來。沙烏地阿拉伯天性當然緊張、猶豫、衰弱，因為它雖有龐大的石油財富，配上相對較少的人口，可是許多青年男性卻傾向基進化及渴望民主化——我們看到同一批人已在突尼西亞和埃及引爆革命。後穆巴拉克時代的埃及（它的人口在阿拉伯世界首屈一指），將會出現政府，不論民主與否，都把精力花在鞏固國內控制，注意伴隨著白色尼羅河及藍色尼羅河水源、源自南北兩蘇丹及衣索比亞所產生的人口挑戰。（衣索比亞人口八千三百萬，比埃及還多；而南、北蘇丹各有四千多萬人口。為了利用水源而產生鬥爭，將是所有這些政府在二十一世紀愈來愈大的負擔。）由於阿拉伯世界積弱不振，土耳其和伊朗對廣大的穆斯林群眾頗有吸引力，它們將會想方設法加以利用。

這種孱弱不僅在後入侵時代的伊拉克出現，還在敘利亞表現出來。敘利亞是阿拉伯世界另一個非常重要的地理支柱——在中世紀及現代皆然。的確，它號稱是冷戰時期**阿拉伯主義跳動的心臟**（throbbing heart of Arabism）。

我一九九八年離開托魯斯山脈（Taurus Mountains）往東南方向走，從小亞細亞往敘利亞平原陡降——在石灰岩的山間不時可見到松樹和橄欖樹——我拋下有自信、工業化的土耳其社會。

土耳其的民族主義是靠北面有黑海、南面及西面濱臨地中海、東面及東南有叢山為天塹的地理邏輯支撐。在這片天然森林中，伊斯蘭被納入民主政體大旗之下。但是現在我進入大片沙漠地帶的人工領域，只靠復興主義（Baathism）意識形態及伴隨而來的個人崇拜支撐著。哈菲茲・阿薩德（Hafez al-Assad）總統的照片貼上每扇店家窗戶、每輛汽車車窗，破壞了景觀。地理並未決定敘利亞的命運——或土耳其的命運——但它是個起點。

地理和歷史告訴我們，人口二千萬的敘利亞，將繼續是阿拉伯世界動盪的震央。敘利亞北部的阿勒坡（Aleppo）是個怪異的城市，它和伊拉克摩蘇爾、巴格達的歷史淵源，遠比和敘利亞首都大馬士革來得深遠。每當大馬士革的地位下降，阿勒坡就恢復它的偉大。在阿勒坡市集漫步，令人驚訝的是，大馬士革看來十分遙遠、毫不相干。阿勒坡的市集由庫德人、土耳其人、切爾克西亞人（Circassian）、阿拉伯基督徒、亞美尼亞人及其他人主宰，不像大馬士革的市集，後者比較是個遜尼派阿拉伯人的世界。和在巴基斯坦及前南斯拉夫一樣，在敘利亞，每個氏族和宗教都與一個特定地理區域有關聯。在阿勒坡和大馬士革之間，是愈來愈伊斯蘭化的遜尼派心臟地帶霍姆斯（Homs）和哈馬（Hama）。在大馬士革和約旦國界之間是德魯茲教派（Druze），在緊鄰著黎巴嫩的山區據點是阿拉威教派，兩者都是一千年前從波斯和美索不達米亞橫掃敘利亞的什葉主義風潮所留下的後人。一九四七年、一九四九年和一九五四年的自由公平選舉，因為選票循區域、宗派和種族界線不同而分裂，更加劇了分裂。一九七〇年之前的二十四年期間，敘利亞政府更迭二十一次，已故的阿薩德於一九七〇年崛起掌權。往後三十年，他形同阿拉伯世界的布里茲涅夫，不能在國內打造公民社會、阻滯了未來發展。至於南斯拉夫，在它分崩離析之際，仍有知識分子階級，敘利亞卻付之闕如，老阿薩德的政府就是如此渾渾噩噩。

冷戰期間及後冷戰初期，敘利亞狂熱的泛阿拉伯主義取代其薄弱的國家認同。大敘利亞是鄂圖曼時代地理名詞，包括今天的黎巴嫩、約旦和以色列—巴勒斯坦，目前敘利亞已縮小的邊界和以色列迭有暴力衝突。普林斯頓大學學者菲力浦·希蒂把這個歷史上的大敘利亞稱為「地圖上最大的小國家，面積雖小、影響力卻遍及全球」。被包圍在它位於歐、亞、非三洲輻輳之地理環境內，它是「迷你形式的世界文明史」。[17]敘利亞提供希臘—羅馬世界一些最傑出的思想家，如斯多噶學派（Stoics）和新柏拉圖學派（Neoplatonist）。敘利亞是先知穆罕默德之後第一個阿拉伯朝代伍麥葉帝國所在地，在它全盛時期，比羅馬還更大。它也堪稱是伊斯蘭和西方之間歷史上最大一齣戲——十字軍東征——上演的現場。

但是近數十年來，敘利亞成了這個偉大的地理與歷史遺產的幽靈。敘利亞人刻骨銘心體認到這一點；他們曉得，失去黎巴嫩，敘利亞就失去了在地中海的出海口，敘利亞靠的就是地中海出海口，它豐富的文化寶藏才有生命。自從一九二〇年法國從敘利亞割走黎巴嫩以來，敘利亞人就無時無刻努力想要收復它。這也是為什麼小布希總統在二〇〇五年二月反敘利亞的黎巴嫩總理拉菲克·哈里里（Rafik Hariri）遭暗殺後，要求敘利亞全面退出黎巴嫩，此舉將會傷害當時在大馬士革當家執政的阿拉威派少數族群政權的政治基礎。阿拉威派是非正統的一支什葉派支派，散布在敘利亞和黎巴嫩各地。阿拉威派政權在大馬士革垮了之後，阿拉威派族人在敘利亞西北部另建一個迷你國家，並非不可能。

事實上，繼伊拉克和阿富汗之後，遜尼派聖戰士下一個目標有可能就是敘利亞：直到二〇一二年初，聖戰士所看到的以巴夏・阿薩德（Bashar al-Assad）領導的敘利亞政府是敵人，「暴虐、世俗及異教」兼而有之。[18]這個阿拉威派政權與什葉派伊朗接近，在一九七〇年代及一九八〇年代犯下殺害數萬名遜尼派伊斯蘭主義者的罪行。聖戰士非常熟悉敘利亞的後勤功能——要維持伊拉克的聖戰，必須在敘利亞境內安排好一系列安全屋網絡。沒錯，沒有人知道後威權專制、後阿薩德的敘利亞會變成什麼面貌。它的宗派主義有多麼深刻？說不定並不深刻，但是一旦殺戮開始，人們又回到長期壓抑下去的宗派意識。也有可能後阿薩德的敘利亞會比後海珊的伊拉克來得好，因為前者在敘利亞的暴政沒有伊拉克的暴政那麼凶殘，使得敘利亞社會受傷害的程度沒有那麼嚴重。我偶爾會從海珊的伊拉克前往阿薩德的敘利亞，就像游泳時也需浮上水面呼吸，我也需要自由的、人道的空氣。另一方面，在整個冷戰時期，南斯拉夫比起巴爾幹鄰國是個更開放的

---

17 Philip K. Hitti, *History of Syria: Including Lebanon and Palestine* (New York: Macmillan, 1951), pp. 3-5.

18 Nibraz Kazimi, "Move Assad: Could Jihadists Overthrow the Syrian Government?," *New Republic*, June 25, 2010.

社會，可是，你瞧，種族和宗教的歧異是怎麼毀了他們的社會！少數族裔阿拉威派保持住敘利亞的和平；遜尼派聖戰士看起來不可能做到這一點。他們可能同樣殘暴，但又缺乏阿拉威派過去四十年執政所學來的精細治理知識。

當然事情未必就照這樣發展。因為敘利亞有強韌的地理基礎追求和平及政治重生。請記得，哈濟生曾說過，敘利亞、伊拉克這些國家的確有農業地形的根基；它們不全是人工打造的。敘利亞雖是居於今天的國境之內，它仍然代表黎凡特世界的中心，亦即是以商業統一起來的多元種族和宗教認同的世界。[19]敘利亞出生的詩人阿里・艾哈邁德・賽義德（Ali Ahmad Said），筆名阿多尼斯（Adonis），成為這個另類敘利亞的代表，它有豐富的文明互動，而我們從威廉・麥克尼爾的作品曉得，它構成歷史的核心大戲。阿多尼斯勸告敘利亞同胞放棄阿拉伯民族主義，並根據敘利亞的折衷性及多樣化，鍛造新的國家認同：實質上就是雖在二十一世紀、卻相當於二十世紀初的貝魯特、亞歷山卓和史邁納（Smyrna）。阿多尼斯和阿薩德父子都是阿拉威派，但他沒有擁抱阿拉伯主義和警察國家、做為維護少數民族地位的利器，反而擁抱四海一家精神。[20]阿多尼斯沒有望向沙漠，他望向美索不達米亞——現代敘利亞儘管已失去黎巴嫩，仍在當地擁有不少不動產。地中海代表種族和宗派綜合，是敘利亞穩定的民主唯一的思想基礎。麥克尼爾、哈濟生和阿多尼斯，對敘利亞的前景的確有重疊交集的地方。[21]

這件事對整個地理上的大敘利亞其餘部分——黎巴嫩、約旦和以色列——意義非常巨大。

無論敘利亞是否在民主革命之後出現聖戰亂局——果真如此的話，代表阿多尼斯提倡的民主並未生根——敘利亞顯然命中注定要成為不那麼中央集權、因而較弱的國家。它將是年輕人占極大比率的國家——百分之三十六人口年齡在十四歲（含）以下。敘利亞趨於弱勢，可能代表貝魯特將崛起，成為大敘利亞的文化、經濟首都，大馬士革將為它數十年來蘇聯式地遠離現代社會付出代價。可是，在南貝魯特貧窮、傾向真主黨的什葉派，繼續比本市其他族裔占有人口優勢，而且遜尼派伊斯蘭主義者在大馬士革有更大政治影響力，大敘利亞可能成為遠比今天更不穩定的地理區塊。

約旦或許能從這種演進存活下來，因為哈希姆王朝（不像阿拉威派）花了數十年工夫，透過團結的精英發展，建立一種國家意識。約旦首都安曼（Amman）住了許多效忠約旦王室的前朝政府部會首長——這些人沒因內閣人事異動就被抓去坐牢或遭到殺害，但只准他們發財致富。但是，詛咒還是發生在人口上面：約旦全國人口六百三十萬人，七成住在城市，幾近三分之一是巴

19 Michael Young, "On the Eastern Shore," *Wall Street Journal*, April 29, 2011.

20 Franck Salameh, "Assad Dynasty Crumbles," *The National Interest*, Washington, DC, April 27, 2011; see, too, Philip Mansel, *Levant* (New Haven: Yale University Press, 2011).

21 不幸的是，儘管阿多尼斯在詩作中提倡，他卻讓阿拉伯之春爆發之初的示威群眾失望，因為他不肯完全和反阿薩德的陣營站在一起。縱使如此，他的詩仍然建議以文化力量建立折衷的敘利亞。Robert F. Worth, "The Arab Intellectuals Who Didn't Roar," *New York Times*, October 30, 2011.

勒斯坦難民。他們比起約旦河東岸的本地居民有更高的出生率。（就約旦河東岸居民本身而言，部落和王室之間的傳統關係已經磨損，因為部落文化本身的演進，加上小貨卡車和手機早已取代駱駝。）約旦境內又有七十五萬名伊拉克難民，使得約旦成為全球人均難民數最高的國家。

我們又要回到保羅．布瑞肯所謂的封閉、幽閉恐懼症的地理這個事實。據伊利亞斯．卡內提說，貧窮、擁擠的城市群眾，情緒已經被電子媒體煽動起來。由於伊拉克和阿富汗過去十年暴亂相乘，我們已經感受不到中東所謂穩定地區有多麼不穩定。我們這樣子其實很危險——阿拉伯起義已經表明。起義剛開始要表達的是渴望公民社會及個人尊嚴，而這正是僵化的警察國家不讓人民擁有的東西。但是，未來城市化及電子通訊將導致民眾不以善意方式表達憤怒。處於實際或想像中的不義處境的群眾，是新的後現代老虎，下一代阿拉伯領導人將拚命要妥當地控制他們。

我有好幾次從約旦跨過邊境進入以色列。約旦河谷是地球上最深一道裂縫的一部分，裂縫從敘利亞向南綿亙三千七百英里到莫三比克。因此，倒轉過來，從約旦小城伊爾比德（Irbid）台地西向下山，降到約旦河，真是令人目眩的經驗。一九九〇年代末期，道路兩旁是灰濛濛的修車廠、破爛的水果攤，和一堆年輕人無所事事聚在一起抽菸。到了山腳下，沿著河邊有一條像彩帶的綠色田地，而河對岸的以色列，山脈同樣地巍然聳立。約旦邊境哨站和海關辦公室，其實就是堆放在一塊空地上的一些舊貨櫃屋。河流很狹窄，坐在巴士上，幾秒鐘就過了。到了對岸，又是另一番景致：一座花繁景簇的公園隔開車流道，就像在西方國家常見的分隔島綠帶；但是在約旦及大部分阿拉伯世界看多了蕭條、沙塵飛揚的公共空間，你會覺得眼前真是美景。以色列移民大廳就像美國小型飛機場的航廈。以色列安全人員身著天柏藍（Timberland）短衫、下襬塞進褲腰，方便隨時拔取手槍。在阿拉伯世界住了幾個星期之後，這些年輕人看起來還真不傳統。走出移民大廳，是嶄新的人行道、座椅和遊客設施；還是與一般西方國家無殊。可是，這是個空曠、不友善的公共空間；沒有人在此流連。在阿拉伯世界失業成了痼疾，到處都是閒雜人等。以色列值勤人員非常不友善，傳統中東人待客之道完全看不見。[22]即使我曾在一九七〇年代住過以色列、也在其軍中服過役，以這種方式入境，使我不由得要重新認識它。以色列與中東是如此格格不入，可是它是一個堅實的事實。

就整個穆斯林世界而言，他們立即被大眾傳媒的報導團結起來、且憤怒不平，巴勒斯坦人的悽慘境遇代表人世間最大的不公不義。或許在阿拉伯之春的初期階段，以色列占領約旦河西岸不是一個看得見的因素，但是我們不應自欺欺人。就某種程度而言，事實已不具意義；觀感代表一切。最根本的是地理。猶太復國主義展現思想的力量，而以色列人和巴勒斯坦人爭奪土地之戰——土耳其人和伊朗人會說這是猶太人和穆斯林之間的戰爭——乃是極端地理決定論的案例。《大西洋》月刊編輯班傑明．史華茲（Benjamin Schwarz）二〇〇五年在該刊發表一篇文章

---

22 Kaplan, "Eastward to Tartary," p. 186.

〈以色列能活到一百嗎？〉。他提到：「猶太人很快就將在他們所占領或統治的這塊地區——從約旦河到地中海——成為少數民族（另有估計說，早就已經如此），有些人口學家估計，十五年之內，他們在這塊地區將只占百分之四十二人口。」從當時至今日，沒有什麼變化會影響這些估算或是他冷靜的分析。被占領的阿拉伯人地區，其出生率高於以色列極多：在加薩，人口增長率是以色列的兩倍，每個女性一生平均生下五個以上的小孩。結果是，二十一世紀第一個十年，以色列政治、軍事和情報界內部出現一個共識：以色列必須實質上從所有占領區撤退，否則會變成本質上種族隔離的國家（Apartheid-like state）——就算不立即發生，也遲早免不了。這會一來產生了「圍籬」：以色列人在西岸地區興建阻絕物，實際上把以色列人和人口擴張、一窮二白的巴勒斯坦人隔離開來。以色列地理學家艾隆．索福（Arnon Soffer）稱圍籬是「拯救以色列國家最後的絕招」。但是史華茲說，靠近占領區「綠線」的猶太人屯墾區可能「生根太深，已與太多以色列人日常生活形成不可分割、難以斷捨放棄的關係。」[23]別忘了，還有巴勒斯坦人意識形態的基本原則和假設前提：「回鄉權」；它適用在以色列建國時被趕離家園的七十萬名巴勒斯坦人及其子孫——現在人數已經高達五百萬人。二〇〇一年，百分之九十八點七巴勒斯坦難民反對以賠償金取代回鄉權。最後，還有以色列境內阿拉伯人的問題。這些人住在一九六七年以前的以色列國境之內。以色列猶太人生育率百分之一點四，以色列阿拉伯人生育率為百分之三點四；猶太人年齡中間值三十五歲，阿拉伯人只有十四歲。

在一個理性世界，我們或許希望以色列人和巴勒斯坦人之間會達成和平條約，依據條約，以色列交還占領的領土、解散大部分屯墾區，而巴勒斯坦人會放棄回鄉權。在這種情況下，大以色列——至少以經濟概念而論——會在地中海構成區域磁場，不僅約旦河西岸和加薩走廊，連約旦、南黎巴嫩和大馬士革在內的南敘利亞，都會被吸引朝它靠過去。但是在寫作這段話的當下，似乎很少人心理距離如此遙遠、而且如此分裂——因此，在政治上無可撼動——有如以色列人和巴勒斯坦人。我們只能希望，阿拉伯世界二〇一一年和二〇一二年初的政治地震，將刺激以色列做出旋轉乾坤的領土讓步。

中東懸於危險的人際互動一線之間，尤其是因為其地理封閉、人口稠密。在通訊和武器革命的過程中，地理尚未消失；對更多人而言，它只是變得更有價值、更珍貴。

在這種世界裡，普世價值必須依賴環境而定。我們祈禱哈希姆王室的約旦生存下去，也盼望出現團結、統一的後阿薩德敘利亞。我們甚至祈禱伊朗穆拉的專制統治結束。在伊朗，民主頗有可能成為我們的友人，使得從加薩到阿富汗的大伊朗成為善良的力量、而非邪惡的力量。那麼或許整個中東的計算會轉變；或許真主黨和哈瑪斯會馴化；以、巴和平前景會改善。但是在約旦，卻難以想像會有比目前還不民主的王室更溫和、更親西方的政權。同理，民主在沙烏地阿拉伯是

23 Benjamin Schwarz, "Will Israel Live to 100?," *The Atlantic*, May 2005.

我們潛在的敵人。在敘利亞，民主會逐漸出現，免得大敘利亞的政治組織被遜尼派聖戰士一一消滅，有如二〇〇六年及二〇〇七年發生在美索不達米亞的情況一樣。

十九世紀及二十世紀初的歐洲領導人深受所謂「東方問題」困擾：也就是鄂圖曼帝國似乎無休止地崩壞，造成不穩定、也引爆民族主義的思想。東方問題因第一次世界大戰的災劫而解決，現代阿拉伯國家體系從其中出現，且受到哈濟生生花妙筆所描寫的、長久以來地理特色和人口匯聚之助去鍛造。但是，經歷一百年，在「歐庫梅內」中心後鄂圖曼國家體系的持久性，不應該視為理所當然。

第三部分

美國的命運

第十五章 布勞岱爾、墨西哥和大戰略

已故的牛津歷史學者休斯・崔佛—羅培（Hugh Trevor-Roper）一九七二年寫道，沒有任何一群學者曾比「年鑑學派」對歷史的研究有更「具生殖力的效應」（fertilizing effect）。年鑑學派一九二九年由呂西安・費夫爾（Lucien Febvre）和馬克・布洛克（Marc Bloch）創立，以他們經常發表文章的巴黎期刊《經濟及社會史年鑑》（*Annales d'Histoire Economique et Sociale*）為名。這群法國學者最有名的是費爾南・布勞岱爾（Fernand Braudel）。一九四九年，布勞岱爾發表專書《地中海史》（*The Mediterranean and the Mediterranean World in the Age of Philip II*），這本書強調地理、人口、唯物主義和環境，為歷史寫作另闢蹊徑。[1]布勞岱爾把自然帶進歷史作品，因此無可限量地豐富了這門學問，也協助將地理恢復它在學術界的適當地位。他這兩大卷皇皇巨著特別

---

[1] Fernand Braudel, *The Mediterranean: And the Mediterranean World in the Age of Philip II*, vols. 1 and 2, translated by Sian Reynolds (New York: Harper & Row, 1949, 1972, 1973).

令人矚目，因為他是利用第二次世界大戰期間被德國人監禁坐牢時間完成。在布勞岱爾的生花妙筆下，永久、不變的環境力量導致持久的趨勢，可以綿延數十年、數百年之久，因此我們所涉及的政治事件和區域戰爭，若非瑣細小事、就是事先注定。布勞岱爾幫助我們了解，為什麼北歐肥沃的森林土壤不需要太費事，就可使農人有相當收穫，而它終究將導致比沿地中海國家更自由、更活潑的社會；後者比較貧瘠、不穩定的土壤代表需要水利灌溉，卻導致寡頭政體。這種貧瘠的土地，加上不確定、乾旱肆虐的氣候，刺激希臘人和羅馬人追求征服。[2]簡單說，我們欺騙自己去相信我們完全掌控自己的命運；然而，布勞岱爾引導我們體認，我們愈是了解我們的局限，愈有力量去影響局限之內的結果。

布勞岱爾的地理指南針認定地中海是靠近撒哈拉大沙漠的一片複雜海域。因此，它把北非納入地中海研究顯著地位，提供了我們這個時代勞工從地中海南岸伊斯蘭世界（拉丁人不愛進駐這些多岩石的斷層），向北岸基督徒世界大規模移動的脈絡。布勞岱爾的故事雖然強調西班牙統治者菲力浦二世，但其實不是強調個別人物如何克服障礙，而是討論人類及其社會如何受到非人為因素、深沉的結構力量精微地塑造。在氣候變遷的年代，日益暖化的北冰洋可供商業航行、海平面上升會為熱帶第三世界擁擠的沿海國家帶來災害，且世界政治受到石油及其他商品供給的根本影響，因此布勞岱爾對地理決定論的描述值得我們研讀。事實上，布勞岱爾及他對地中海的研究，建立起對匱乏年代的文學敘事，對水資源日益不足、人口擁擠的星球從環境角度思考。

崔佛—羅培寫道，布勞岱爾和年鑑學派其他人的成就「就是把地理學、社會學、法律和思想帶進歷史的溪流，因而新鮮、滋養、強化了這道溪流」。崔佛—羅培又說，畢竟，「地理、氣候、人口決定了交通、經濟和政治組織」。[3]布勞岱爾和麥金德、史派克曼或馬漢不同，沒有明確的地緣政治理論供我們調查研究，卻成就更大。他是個歷史學家，其敘事寫作有神一般的素質，人類存在的每一細節都畫在自然力量的畫布上。如果說地理學也能成為文學，布勞岱爾庶幾近乎。可以說，他集我們至今所提到的所有戰略思想家之大成。

牛津大學考古學家巴利．康立斐（Barry Cunliffe）指出，布勞岱爾對歷史研究最大的貢獻是他「不同時間波長」的概念。最底下是「長時段」（longue durée）：緩慢、難以察覺的變動的地理時間，「賦予能力和局限的地景」。在它上面是比較快的波長，即「中期周期」，布勞岱爾本人稱之為「局勢」（conjonctures），是人口、經濟、農業、社會和政治的系統性改變。康立斐解釋說，這些本質上是「集體力量，非人為因素，通常時間限定在不超過一個世紀」。「長時段」和「局勢」合起來，提供大半隱而不見的「基本結構」，即人類生活呈現之所在。我本身強調的地理學就是要強調這些基本結構。布勞岱爾把最短周期稱為「事件歷史」（l'histoire

---

2 同前書，vol. 1, pp. 243, 245-46.

3 H. R. Trevor-Roper, "Fernand Braudel, the Annales, and the Mediterranean," *The Journal of Modern History*, University of Chicago Press, December 1972.

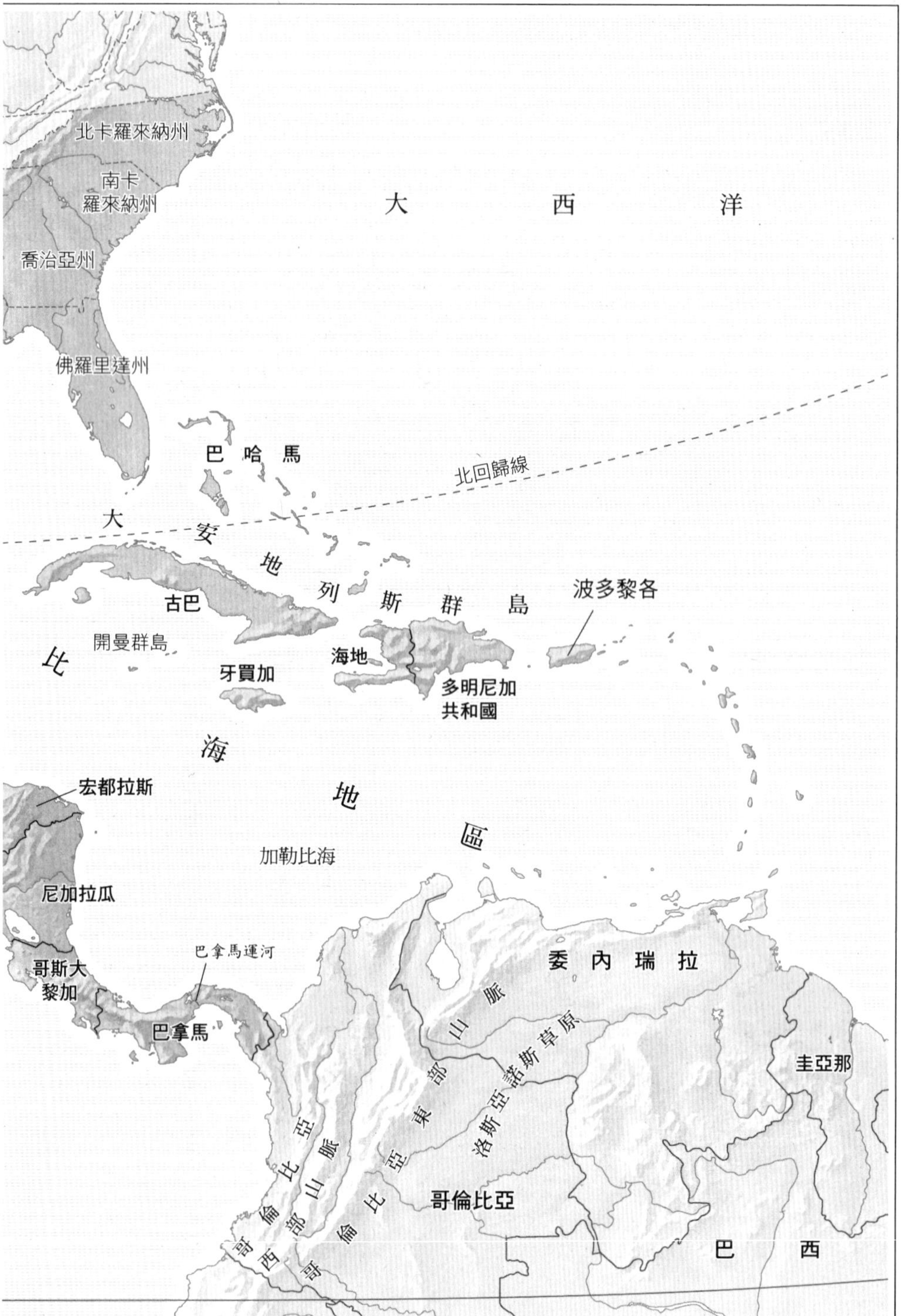
北卡羅來納州
南卡
羅來納州
喬治亞州
佛羅里達州
大西洋
巴哈馬
北回歸線
大安地列斯群島
古巴
開曼群島
波多黎各
海地
多明尼加
共和國
牙買加
比海地區
宏都拉斯
加勒比海
尼加拉瓜
哥斯大
黎加
巴拿馬運河
巴拿馬
委內瑞拉
洛斯亞諾斯草原
哥倫比亞東部山脈
哥倫比亞西部山脈
哥倫比亞
圭亞那
巴西

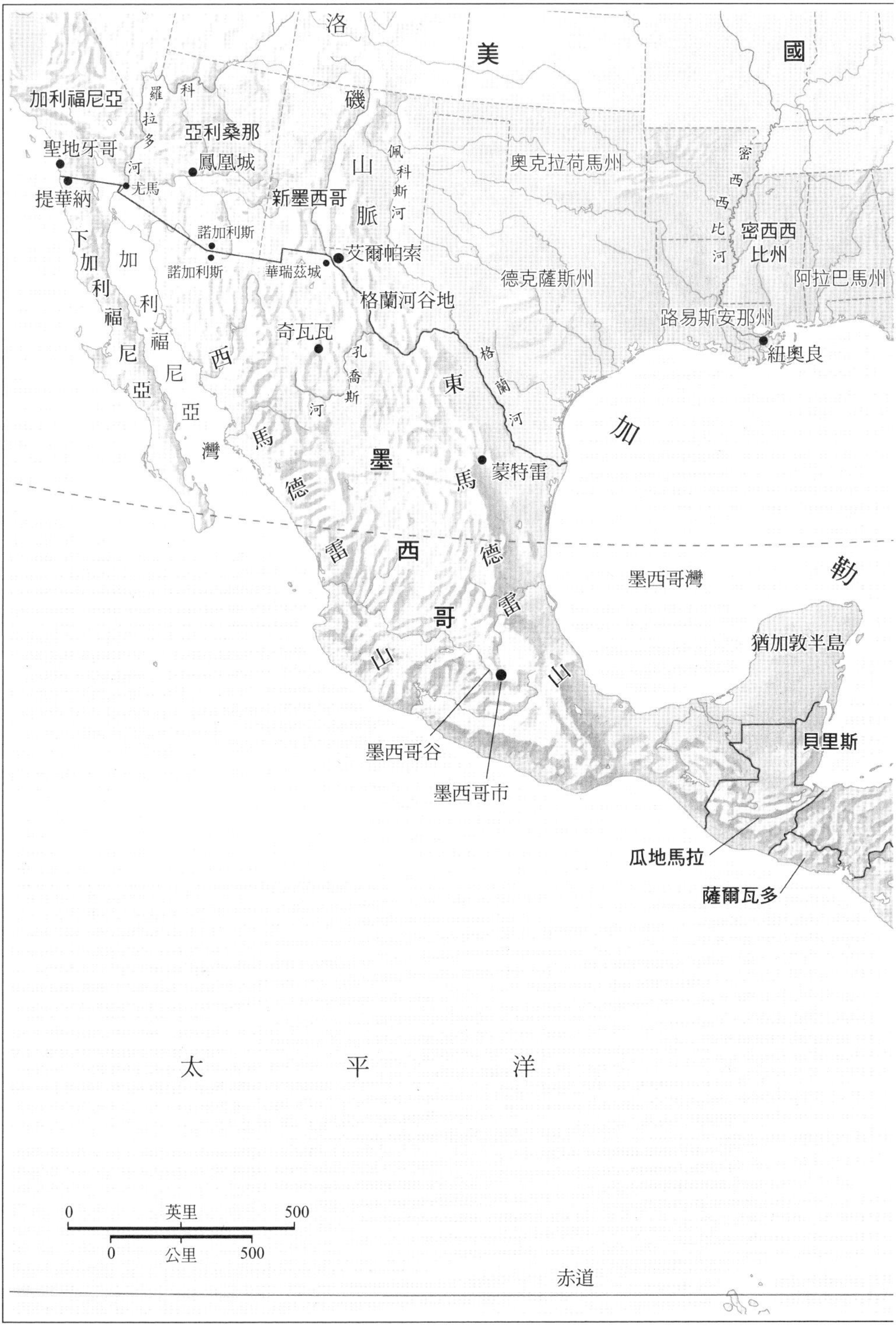

洛磯山脈
美國
加利福尼亞
羅科拉多河
亞利桑那
聖地牙哥
鳳凰城
提華納
尤馬
佩科斯河
奧克拉荷馬州
新墨西哥
密西西比河
密西西比州
諾加利斯
諾加利斯
艾爾帕索
華瑞茲城
德克薩斯州
阿拉巴馬州
下加利福尼亞
加利福尼亞灣
格蘭河谷地
路易斯安那州
奇瓦瓦
紐奧良
孔喬斯河
西馬德雷山
東馬德雷山
格蘭河
墨西哥
蒙特雷
加勒
墨西哥灣
猶加敦半島
墨西哥谷
墨西哥市
貝里斯
瓜地馬拉
薩爾瓦多
太平洋
0
英里
500
0
公里
500
赤道

événementielle）——即媒體一再報導的政治、外交日常變化。布勞岱爾以海洋做比喻：最深的就是水的慢慢流動，這裡頭承載著一切；在它上面是潮水和巨浪；最後是水面，用康立斐的話說，就是「一分鐘可起、可落的短暫浪花」。[4]

我們無法臆測地緣政治在布勞岱爾分析中，非人為關係的時間架構會如何演進，尤其是考量到氣候變遷和它對特定地區的影響所產生的爭議的話。譬如說要談論從今天算起一、兩百年後的美、歐關係，是很荒謬的，因為有很多因素根本都還沒出現。布勞岱爾只鼓勵我們對本身的小缺點採取更保持距離、冷靜的觀點。譬如在閱讀布勞岱爾作品時，想到二十一世紀前十年的事件，就無法避免下面的問題：伊拉克和阿富汗的戰爭只是短暫的浪花，還是涉及到美國命運的某種更深沉的結構性問題呢？或者歷史上從未見過如此破壞的第一次世界大戰和第二次世界大戰，只是屬於「事件歷史」嗎？正因為他把人類事件拿來和自然力量的壓力做比較，布勞岱爾加速了對「長時段」的思考。

二〇〇九年六月在華府某次會議，我在引言時提到布勞岱爾，我問地理在二十一世紀和美國會有什麼關係。布勞岱爾一定會喜歡這個問題，因為它把大家抽離、不只關注當下，而轉到更高、更長期的視角。這項活動由我擔任資深研究員的新美國安全中心（Center for a New American Security）主辦。場景是小組討論會，討論美國在阿富汗和巴基斯坦下一步該怎麼辦，重點是如何改進剿叛作戰。與會討論者展開「阿巴」（Af-Pak）——華府專家以此稱呼阿富汗—巴基斯坦邊界地區——棒球賽。另一位討論者、波士頓大學教授安德魯・巴瑟維奇（Andrew Bacevich）提出一項很不客氣的觀察，我大略說一下：巴瑟維奇臆測，一位歷史學者從遙遠的未來觀點看這個討論會，或許會得出一個結論，當美國深刻聚焦在阿富汗和大中東其他地區時，美國南方邊界卻正在發展一個大規模的國家失敗（state failure），對美國、其社會以及美國國力的近期和長期未來，會比發生在半個地球之外的任何事情，有更深沉的影響。巴瑟維奇問說，自從一九八〇年代以來，我們在中東介入那麼深，我們得到了什麼？為什麼不用在協助墨西哥整頓？如果我們把投入伊拉克和阿富汗的金錢、專業知識和創新，全投注到墨西哥，我們又會是多麼繁榮呢？

隱藏在這樣一個簡單的問題裡，是對美國自冷戰結束以來的外交政策最根本的批評：我們將會看到，這個批評遠超過墨西哥，還包含了歐亞大陸，可是又根植於北美洲的地理。我從巴瑟維奇開始談起，只是因為他的挫折感很強烈，他的誠意特別鮮明——以及痛切：他自西點軍校畢業，是越戰退伍軍人，兒子在伊拉克殉國。巴瑟維奇的著作好掀論戰，完全不顧東岸精英及他們讓美國在海外捲入的種種糾葛，也有些其他人的觀點和他的觀點相當契合。他們的分析，以及巴瑟維奇的分析，根植於有意識地企圖超越「事件歷史」、走到更長的時期。當我想到所有這些分

[4] Barry Cunliffe, *Europe Between the Oceans: Themes and Variations: 9000 BC-AD 1000* (New Haven: Yale University Press, 2008), pp. 17-18.

析人士的真正憂慮時，布勞岱爾的「長時段」概念立刻浮上腦海。

巴瑟維奇以及史蒂芬．華爾特（Stephen Walt）、約翰．米爾斯海默、保羅．皮拉（Paul Pillar）、馬克．賀普林（Mark Helprin）、泰德．蓋倫．卡本特（Ted Galen Carpenter）和已故的桑繆爾．杭廷頓，都稱不上是外交政策分析上最知名的聲音，把他們歸入同一類也有一點牽強。可是總合來講，他們都質疑美國長期外交政策的根本方向。華爾特是哈佛大學教授、米爾斯海默是芝加哥大學教授，雖然專業聲望很高，兩人在二〇〇七年合著的《以色列遊說團及美國外交政策》（*The Israel Lobby and U.S. Foreign Policy*）卻飽受抨擊，因為它指控以色列在美國的支持者本質上是伊拉克戰爭的罪魁禍首，這群分析家人人反對伊拉克戰爭或其作戰方式。賀普林是個小說家、曾在以色列軍隊服役，堅信中國將是美國的首要軍事對手；米爾斯海默深有同感。他們兩人，以及曾任中央情報局分析師的皮拉，都非常憤怒美國把資源丟在中東無意義的戰爭，聽任中國取得最新的國防科技。沒錯，即使我們把阿富汗和巴基斯坦局勢穩定下來，中國仍將是主要的受益人，可以在本地區到處興建公路和油氣輸送管，做為它追求能源和戰略礦物、金屬的行動之一環。同時，卡本特嚴正提醒陷入暴力的墨西哥將對美國構成危險；杭廷頓在他晚年亦是如此憂心忡忡。把他們的思想，以及外交政策圈現實主義派人士的思想結合起來，我們得出的結論是，美國面臨三大地緣政治困難：歐亞大陸在中東心臟地帶陷入混亂；中國超級大國勢力崛起；以及墨西哥陷入深刻困境。我們若能對進一步軍事介入中東更加慎重，便能最有效地處理面對中國及墨西哥的挑戰。這是美國在未來數十年維持國力、並在「長時段」存活的唯一方法。

當然，在這種長期思維裡有安全的考量、有某種自滿。這些人士沒有一位適當地談到我們若是驟然撤出阿富汗，究竟會有何後果。導致無人機在瓦澤爾斯坦（Waziristan）成功攻擊凱達組織的情報會枯竭嗎？札瓦希里（Ayman al-Zawahiri）和凱達組織猶存的其他名流，還能得意洋洋地在半島電視台的鏡頭下開進賈拉拉巴德（Jalalabad）嗎？阿富汗會成為巴基斯坦情報機關豢養的基進派塔利班國家嗎？二十一世紀全球樞紐國家印度會因而對美國失去尊敬嗎？伊朗會非正式兼併西部阿富汗嗎？如果我們在二〇〇六年、當地暴亂最高峰時——這些分析家中某些人肯定如此希望——完全退出，伊拉克會是什麼狀況？巴爾幹級的宗派殘殺暴行會升高到盧安達級，殺害百萬人，而非十幾、二十萬人嗎？一個人必須要特別冷血，才不會體會到如此不同的結果對個人性命所造成的重大影響。而且，如果我們撤軍的話，這個地區會是什麼狀況？對美國的聲望又會有什麼影響？快速撤軍要如何執行？千萬別說事情再也糟不到哪裡去。因為情勢的確更加惡化。

的確，驟然從伊拉克或阿富汗撤軍將是不負責任，因為——不論你喜不喜歡——光是攻進這些地方、用兵多年，我們已經產生重大利害關聯。縱使如此，只憑伊拉克和阿富汗的枝微末節來評斷這些分析家以及認同他們看法的其他人，並不公平。因為他們信念背後的感情泉源是，我們打從一開始就根本不應該介入這些國家。不論伊拉克最後結局如何，光是傷亡人數、無論是美國人或伊拉克人，都會纏繞著未來數十年美國外交政策的辯論，與當年的越戰一模一樣。它們不只是「事件歷史」。

坦白說，這些分析家並不關心下一步在阿富汗和伊拉克該怎麼辦。他們——整合一下他們的想法——問的是，我們的愚蠢，至今已付出多少代價？我們做為大國能夠獲救嗎？就高度選擇性的軍事部署和民間援助而言，我們應如何最有效地介入，美國才能幫忙維持住歐亞大陸的勢力均衡，並且不會在未來數十年被逃離亂邦的墨西哥人所淹沒？賈庫布．葛瑞吉爾說：「地理孤立是戰略的庇佑，不應被擴張的戰略所浪費。」[5]

那麼，我們目前已經浪費了什麼？華府新美國基金會（New America Foundation）學者麥可．林德（Michael Lind）同意巴瑟維奇的看法，認為發動伊拉克戰爭和提升阿富汗戰爭規模的確有夠愚蠢。但是他和巴瑟維奇對於美國能否付得起此一衝突的代價，則見解迥異。林德認為，國債上升只有相當少一部分是因為軍事支出攀升的結果，更不是同時打兩場戰爭的結果，削減健保支出遠比抑制近年帝國般的冒險主義——他也十分反對後者——更攸關到美國財政的健全。[6]事實上，檢討過去某些帝國愚行，可能使我們得以了解為什麼在伊拉克和阿富汗陷入困境，了解它們已對美國外交政策造成什麼影響，也了解未來在二十一世紀要處理中東、中國和墨西哥的挑戰時會有什麼影響。

一四四九年，明朝出兵攻打蒙古，最後失敗、後撤，遭到蒙古部隊包圍。水源斷絕後，明軍驚慌。葛瑞吉爾寫道，明軍誤以為蒙古人會有憐憫心，「許多人棄甲曳兵、奔向敵營」。高達五十萬大軍被蒙古人屠殺殆盡，大明皇帝也成為蒙古人階下囚。明兵進攻蒙古這一役象徵大明王朝國勢式微的開端。明軍再也不曾企圖對抗北方草原的蒙古人，甚至和蒙古人的緊張關係也腐蝕了明朝領導人的精力。這導致中國從海洋亞洲撤退，進而鼓勵了歐洲列強進入邊緣地帶。[7]

美國進軍伊拉克並沒有發生如此慘重的損失——我們在全世界、尤其在東亞的軍事和經濟地位十分強大，毫無緊縮的跡象，當然更無撤退的打算。我們犧牲不到五千名士兵、三萬兩千人重傷，代價不菲，但還未折損整個五十萬大軍。美國陸軍挑起在伊拉克作戰的重責大任，幾乎派出五十萬現役軍人，也正因為他們在伊拉克進行非正規作戰，現在他們的訓練更精良，軍事理論更靈活，知識上也更加精細。陸戰隊也同樣進境千里。

美國在伊拉克或阿富汗都沒有犯下中世紀末期威尼斯所犯的關鍵大錯。威尼斯能建立海上帝國，不僅是因為它位居地中海東、西貿易路線的有利地理位置；也因為有數英里海水阻隔，它可以不虞遭受義大利大陸的攻擊，並且有長沙洲保護、不受來自水路的進襲。威尼斯在十五世紀開始國勢衰微，原因之一是它決定在義大利大陸成為大國。威尼斯不斷地和維洛那（Verona）、帕多瓦（Padua）、佛羅倫斯、米蘭及康布雷同盟（League of Cambrai）交戰；它不再與陸地上「致

---

5 Jakub J. Grygiel, *Great Powers and Geopolitical Change* (Baltimore: Johns Hopkins University Press, 2006), p. 17.

6 Michael Lind, "America Under the Caesars," *The National Interest*, Washington, July-August 2010.

7 Grygiel, *Great Powers and Geopolitical Change*, p. 123.

命的」均勢政治保持距離，這對它投射海上力量的能力產生不利影響。[8]威尼斯人的前車之鑑，應該讓美國決策者引以為誡——如果美國有在大中東地區實行陸地軍事干預習慣的話。但是美國今後若能克制自己，只做海、空大國，它很容易可以避免重蹈威尼斯覆轍。會拖垮我們的是小戰爭烽火不停、打個沒完沒了，不是每三分之一世紀才出現的誤判讓我們吃癟——不論它帶來的悲劇或狼狽有多大。

從這一點來看，二〇〇六年和二〇〇七年戰爭打得最慘烈時的伊拉克，就好比一八五七年和一八五八年印度反叛英國之役一樣。當時英國權力結構中的東方問題專家和其他務實派，希望不去擾動傳統的印度，可是在論戰中輸給有心傳播福音的功利主義改革派，這些人主張把印度現代化和基督教化——換言之，把印度打造得更像英國。但是想把西方文明果實帶到印度次大陸的努力，卻引爆反抗帝國當局的叛變。德里、勒克瑙（Luknow）等城市被包圍和占領，後來才經殖民部隊收復。可是，這場潰敗並未預示大英帝國的終結，帝國反而又擴張了一百年。它反倒象徵從受傳教欲望點燃的臨時帝國，過渡到要把西方價值帶到靠國際貿易和科技所建立起來的更平靜、更務實的帝國。[9]

古代歷史也給我一些範例，讓我們懷疑阿富汗和伊拉克是否會害了我們。最有名的當推修昔底德（Thucydides）在《伯羅奔尼撒戰爭史》第六冊所講述的西西里遠征記（Sicilian Expedition）。雅典最先打進西西里，到它西元前四一三年在賽拉求斯海戰（Battle of Syracuse）慘敗，總共經歷十四年；甘迺迪政府出兵越南，到西貢淪陷、福特總統最後撤退，也經過相同年數。西西里戰爭使雅典內部分裂，越戰和伊拉克戰爭也撕裂美國國內社會。受悲觀主義和相互譏諷所癱瘓，雅典人經過相當一段時間才願意認真恢復和斯巴達的兩極作戰。結局證明，西西里根本就沒有攸關雅典民主及其海上帝國的生死存亡。雅典儘管戰敗、且犧牲慘重，還是有資源領導同盟，即使西西里戰役證明是伯羅奔尼撒戰爭的轉捩點，而雅典在這場大戰是個輸家。

一九七六年，愛德華．陸瓦克（Edward N. Luttwak）寫了一本書《羅馬帝國大戰略：從西元一世紀至三世紀》（*The Grand Strategy of the Roman Empire: From the First Century A.D. to the Third*），提出羅馬衰亡這個更大的例子。陸瓦克不談一般的衰亡，他從羅馬大戰略的角度探討。陸瓦克認為按年代劃分，羅馬的大戰略可分為三個階段。第一階段是朱利歐—克勞迪亞體制（Julio-Claudian system），或稱帝國共和時期體制，當時環繞帝國義大利本部核心的眾多附屬國家，非常欽佩羅馬執行帝國意志的力量之「全面性」，不需要派占領軍進駐各國。在這個階

8 同前書，pp. 63, 79-83.

9 *Francis G. Hutchins, The Illusion of Permanence: British Imperialism in India* (Princeton: Princeton University Press, 1967), pp. 196-97; Niall Ferguson, *Empire: The Rise and Demise of the British World Order and the Lessons for Global Power* (New York: Basic Books, 2003), pp. 137-38, 151-53; Robert D. Kaplan, *Imperial Grunts: The American Military on the Ground* (New York: Random House, 2005), p. 368.

段，外交——而非軍事力量——是羅馬威懾力的主要成分，即使絕大多數的羅馬軍隊也部署在羅馬「廣大的周圍」。由於不需要這些部隊去占領附屬國家，或擔負保衛領土責任，用陸瓦克的話說，他們「天生機動，可以自由地調動」。羅馬國力如日中天，根據經濟利用的原則很審慎地運用兵力。它隨時可為任何軍事突發狀況調動部隊，在地中海世界大家都清楚，因此人人敬畏羅馬。大家可以聯想到雷根總統領導的美國擁有極強大的兵力，國防部長溫伯格（**Caspar Weinberger**）拚命不用它，以至於出現有實力、卻不需用在冒險活動的聲譽。從西元一世紀中葉至三世紀中葉的安東尼體制（**Antonine System**），反映出陸瓦克所謂的帝國「恐怖化」：羅馬現在覺得需要到處部署部隊，遍布到附屬國家，以確保他們的效忠，經濟利用兵力的原則丟到九霄雲外。縱使如此，帝國欣欣向榮，蠻族部落紛紛自願來朝、接受羅馬化，暫時「消除了土著不滿的最後痕跡」。可是帝國如此羅馬化，長期下來卻使得不同部落團結起來，使他們集結在反抗羅馬這個共同目標下，因為他們加入的文化其實還不是他們自己的文化。我們想到，全球化——不啻是全球的美國化——竟成為反抗美國霸權的載具。隨後就是羅馬大戰略的第三個體制：戴克里先（**Diocletian**）的「縱深防禦」：由於邊疆民族集合成為實力足以挑戰羅馬的正式同盟，國家遂到處採取守勢，不斷地需要緊急調兵遣將。即使第二種體制保留的打擊力量也不見了。羅馬兵團岌岌可危、隨時會崩解，愈來愈沒有人怕它羅馬。[10]

我們現在陷於極其相似的情境。羅馬的兵力穩固住地中海沿岸，同樣地，美國海、空軍巡邏全球公共地域，造福全體，可是這個服務就和羅馬的服務一樣，也被視為理所當然，過去十年我們就看到美國陸軍和陸戰隊已經過度分散部署，忙著弭平世界偏遠角落的動亂。因此，美國必須思考一種大戰略，設法把自己從類似羅馬第三種體制的處境提升到第二種、甚至第一種，盡快恢復地位。美國雖沒有扈從國家，但它有盟國和心志相同的友邦，它需要讓他們有印象，使他們更有作用。美國的上策是透過積極外交和建設預備部隊，偶爾動用，以便恢復打擊力量，就好像羅馬在原始的朱利歐—克勞迪亞體制之下一樣。羅馬國祚長久，證明它的大戰略相當成功，它後來在西歐衰亡是因為它不能就北方新的民族組合做出調適（這些民族乃是現代歐洲各國的大致輪廓）。由於新的組合，羅馬帝國遲早會消滅。但是它未必要那麼快走上覆亡、也不需要以它的方式結束其帝國。

羅馬在其第三階段大戰略的真正失敗在於，即使它是從內部腐爛，卻沒有提供優雅下台的機制。能規畫妥當機靈地退下霸主地位，其實正是一個國家或帝國能夠真正延長其實力地位的高招。美國能讓世界準備好、接受它的過時老舊，乃是最健康的一件事。這樣做，它的努力就有價

---

10 Edward N. Luttwak, *The Grand Strategy of the Roman Empire: From the First Century A.D. to the Third* (Baltimore: Johns Hopkins University Press, 1976), pp. 192-94.

值，不是只為自己享有大權著想。

美國要如何準備好自己，漫長、但優雅地從歷史退出、不再做為霸主大國？它可以學拜占庭，避免代價昂貴的干預、運用外交以破壞敵人、運用情報資源發揮戰略效用等。[11]它也可以——這要回到巴瑟維奇身上——確保本身不受來自南方的傷害；當年羅馬必須注意北方的外患。美國東、西兩側以大洋為邊界，北方則是加拿大的北冰洋，而加拿大只在沿美國邊界有一小撮中產階級人口。（美、加邊界是全世界最特殊的邊界，因為它長、人工劃界，可是又似有若無。[12]）美國的罩門在西南方。這個地區，美國的民族和帝國邊界有點緊張：美國做為一個地理凝聚的單位是有疑問的。[13]美國和墨西哥之間自古以來的邊界地帶廣大、又不明顯，就像印度次大陸的西北地區（即使當地已顯露文明的壓力）。史丹福大學歷史學者大衛・甘迺迪（David Kennedy）指出：「美國和墨西哥之間的所得差距是全世界相互毗鄰的兩個國家之間最大的鴻溝。」——美國的國內生產毛額是墨西哥的九倍。[14]

美國的外交政策從其社會的內部條件溢散出來，沒有任何東西比拉丁歷史大舉北上更加影響其社會。墨西哥和中美洲構成人口增長的重心，美國和它們有牽扯不清的關係。墨西哥人口一億一千一百萬，加上中美洲人口四千萬，相當美國人口的一半。由於北美自由貿易協定（NAFTA, the North American Free Trade Agreement）的緣故，墨西哥百分之八十五出口輸往美國，另外中美洲對美貿易也占其總額的一半。美國人的年齡中間值將近三十七歲，代表其人口有老化趨勢，而墨西哥人年齡中間值為二十五歲，中美洲又更年輕（例如，瓜地馬拉和宏都拉斯只有二十歲）。美國的命運將是北—南走向，而不是東—西走向，有如美洲大陸愛國神話所歌頌的「從海到閃亮的大海」。（如果巴拿馬運河如期在二〇一四年展開拓寬工程的話，將會更加擴大它，屆時加勒比海盆地將會迎來東亞的巨輪，推促墨西哥灣美國各港口城市，從德克薩斯州到佛羅里達州進一步開發。）[15]

美國南方國界有一半長度是一八四六年至一八四八年美、墨戰爭之後簽署條約，在沙漠之中人為劃定。我曾有一次從墨西哥市搭巴士北上、跨越美墨邊境，這趟旅行的震撼強度不遜於跨越約旦—以色列邊界和柏林圍牆。我在索諾拉的娜加雷斯（Nogales, Sonora）破碎的人行道遭到乞丐包圍，我遠望著標示國界的美國國旗。通往亞利桑那州娜加雷斯（Nogales, Arizona）的人行穿越點位於一棟小建築物裡。我轉動門把，就進入新世界。高品質金屬的堅實把手，明亮的玻璃，以及房裡磁磚精確黏貼的模樣，在見識了墨西哥建築物潦草施工好幾個星期之後，簡直是形同隔

---

11 Edward N. Luttwak, *The Grand Strategy of the Byzantine Empire* (Cambridge: Harvard University Press, 2009).

12 W. H. Parker, *Mackinder: Geography as an Aid to Statecraft* (Oxford: Clarendon Press, 1982), p. 127; Robert Strausz-Hupé, *Geopolitics: The Struggle for Space and Power* (New York: G. P. Putnam's Sons, 1942), p. 240.

13 Bernard DeVoto, *The Course of Empire* (Boston: Houghton Mifflin, 1952), p. xxxii, 1989 American Heritage Library edition.

14 David M. Kennedy, "Can We Still Afford to Be a Nation of Immigrants?," *Atlantic Monthly*, November 1996.

15 Joel Kotkin, "The Rise of the Third Coast: The Gulf's Ascendancy in U.S.," Forbes.com, June 23, 2011.

世。房裡只有兩個人：一個移民官、一個海關關員。兩人靜悄悄彼此不說話。在墨西哥和第三世界其他國家這樣大小的政府辦公空間裡，一定擠滿官員和閒雜人等，眾聲喧譁或喝茶、喝咖啡。透過玻璃窗看著汽車道，我看不到幾個人防守此一邊防站，可是它卻效率十足。很快的，就和在以色列一樣，我已經進入一個十分標準化、冷靜、客客氣氣的環境，街道空盪，店鋪招牌是由時髦的化學聚合物製成，而不是鏽鐵片或廉價的塑膠製品[16]。由於我在一億多墨西哥人的動亂、半無政府狀況下住了幾個星期，這些靜悄悄的街道顯得荏弱、甚至不自然。湯恩比在提到蠻族和羅馬人時寫說，當一個高度開發的社會和一個不夠高度開發的社會之間的邊境「不再進展時，平衡不會停在穩定的均勢上，隨著時間消逝會傾向對比較落後的社會有利」。[17]

自從一九四〇年以來，墨西哥人口已增加為五倍多。從一九七〇年到一九九五年，它又增加近一倍。從一九八五年至二〇〇〇年，它增加逾三分之一。墨西哥現在人口一億一千一百萬人，是美國人口三分之一強，成長率也更快。即使如此，美國東岸精英對墨西哥卻沒有太大興趣。墨西哥和加利福尼亞、亞利桑那州、新墨西哥和德克薩斯等邊境州之間實際的日常挑戰、事件、商業及文化交流，在東部精英心目中是地理上十分遙遠的東西；他們專注廣大的世界及美國在其中的地位。沒錯，墨西哥在精英心目中的地位遠不如以色列或中國，連印度都比不上。可是，墨西哥可以比任何這些國家更加影響美國的命運。墨西哥加上美國和加拿大，構成最重要的大陸衛星，盤旋在麥金德所謂的世界島附近。

在墨西哥流域原本有個大湖，支撐住阿茲提克人（Aztec）的兩個威尼斯：鐵諾齊提特蘭（Tenochtitlan）和鐵拉特洛爾科（Tlatelolco）。現在這裡是墨西哥市。套句歷史學家亨利・班福德・帕克斯（Henry Bamford Parkes）的話，這是新世界的尼羅河流域，是北美洲和南美洲「文明的母體」，從這裡，玉蜀黍分向兩塊大陸種植出去。位居大西洋和太平洋的中間，又和中美洲連接，西半球這兩塊大陸陸塊、墨西哥流域，以及從這裡成長出來的國家，形成了地球偉大的文明核心之一。[18]

可是，墨西哥和埃及不一樣，一點都沒有地理的統一性。在崎嶇不平的中央高地兩側，分布著西馬德里山脈（Sierra Madre Occidental）和東馬德里山脈（Sierra Madre Oriental）這兩大山脈。南方另有東西走向的山脈南馬德里山脈（Sierra Madre del Sur）和瓦哈卡馬德里山脈（Sierra Madre de Oaxaca）等。墨西哥到處是山，若是把它們攞平了，其面積大小等於亞洲。猶加敦半島（Yucatan Peninsula）和下加利福尼亞（Baja California）基本上和墨西哥其他地方分隔開來；墨西哥可說是分裂得一塌糊塗。我們要從這個脈絡去了解墨西哥北部持續不斷、未經宣告、根本沒有

16 Robert D. Kaplan, *An Empire Wilderness: Travels into America's Future* (New York: Random House, 1998), p.139.

17 Arnold J. Toynbee, *A Study of History*, abridgement of vols. 1-6 by D. C. Somervell (New York: Oxford University Press, 1934, 1946), p. 10.

18 Henry Bamford Parkes, *A History of Mexico* (Boston: Houghton Mifflin, 1960), pp. 3-4, 11.

人報導，但又無可否認與美國西南部結合在一起、和墨西哥其他地區分隔的事實。

墨西哥北部的人口自從一九九四年簽署北美自由貿易協定以來，已經增加一倍多。美元現在可以直達庫利亞坎（Culiacan）——離墨西哥市還有一半路程——做為通行的貨幣。墨西哥北部生產的免稅製造品占全國份額的百分之八十七，它的美、墨雙邊貿易額占全國份額百分之八十五。墨西哥東北部大城蒙特瑞（Monterrey）已與德克薩斯州的銀行業、製造業和能源業緊密結合起來。大衛．達內羅（David Danelo）曾在美軍陸戰隊服役、現在任職美國海關，對墨西哥北部有深入研究，走遍墨西哥六個與美國邊界毗鄰省份。他告訴我，他還沒碰過任何一個人覺得與美國有分為兩國的絲毫心理。他說：「墨西哥北部保持一種文化極化的意識；北方邊省的人自認為是和墨西哥市那些油腔滑調傢伙完全不同的人。」可是，墨西哥北部還是有它本身的地理分裂。西邊索諾拉的低地和沙漠，一般而言比較穩定；東邊的里約格蘭德（Rio Grande）盆地開發最深、與美國深刻連結——文化上、經濟上和水文上——也最受惠於北美自由貿易協定。[19]位於中間的是高山和草原，實質上是無法無天化外之地：與德克薩斯州艾爾帕索（El Paso）遙遙相望的邊城華雷斯城（Ciudad Juarez）經常鬧槍戰和連續殺人案件。華雷斯城是墨西哥凶殺案最猖獗的城市，光是二〇一〇年初就有七百個人被殺害。全市人口一百二十萬人，二〇〇九年有兩千六百多人死於非命；有二十多萬人趕緊逃跑。[20]華雷斯城所處的齊華華省（Chihuahua），凶殺案犯罪率是每十萬人一百四十三件，名列西半球前茅。北部山區和草原一向是墨西哥部落，如販毒集團、亞基印第安人（Yaqui Indians）等群居之地。這塊荒涼邊區連西班牙人也馴服不了。後來，一八八〇年代，它成為傑羅尼莫（Geronimo）和他的阿帕契人的巢穴。它就和其他國家叛軍藏身的偏遠山區無殊，如中共的陝北根據地、古巴革命黨的馬斯特拉山（Sierra Maestra），以及凱達組織和塔利班的瓦濟爾斯坦。[21]販毒集團即從這項地理傳統中應運而生。

墨西哥全國三十二個省，與販毒有關的凶殺案集中發生在六個北部邊省，也告訴我們墨西哥北部的確與全國其他省份不大搭軋。（不過，在維拉克魯斯省〔Veracruz〕和米雀坎省〔Michoacan〕、格列羅省〔Guerrero〕地區，暴力事件亦甚猖獗。）如果保守派總統菲力培・卡德隆（Felipe Calderon）二〇〇六年動用軍隊進剿販毒集團的攻勢完全失敗，而墨西哥市退回到與販毒集團妥協，那麼首都就等同喪失對北部的控制，對美國會有嚴重影響。墨西哥的聯邦制——是它不相連結、多山的地理之直接產品——有兩個聯邦級、三十二個省級和一千五百多個市級警察機關，使得改革寸步難行。美國聯邦緝毒局前任局長羅伯・波納（Robert C. Bonner）說，如果販毒集團成功，「美國將與一個販毒國家共享兩千英里的邊界，它由強大的跨國販毒集團控制，

---

19 David J. Danelo, "The Many Faces of Mexico," *Orbis*, Philadelphia, Winter 2011.

20 Jackson Diehl, "The Crisis Next Door: U.S. Falls Short in Helping Mexico End Its Drug War," *Washington Post*, July 26, 2010.

21 Mackubin T. *Owens*, "Editor's Corner," *Orbis, Philadelphia*, Winter 2011.

勢必威脅到中、南美洲的穩定」。[22]

已故的哈佛大學教授山繆爾．杭廷頓一向觀察敏銳，他最後一本書專談墨西哥對美國構成的挑戰。[23]杭廷頓二〇〇四年出版《我們是誰？美國國家認同的挑戰》（*Who Are We? The Challenges to America's National Identity*），提出拉丁歷史的影響已在人口上往北移進美國，有朝一日必將改變美國特質。[24]

杭廷頓認為，指稱美國是個移民國家，只有部分是事實、未必盡然正確；美國是個盎格魯—新教徒墾殖者、以及移民的國家，前者提供了這個社會的哲學和文化主幹。移民唯有接納盎格魯—新教徒文化，才能變成美國人。杭廷頓說，美國之所以是今天的美國，是因為它由英國新教徒墾殖，不是由法國、西班牙或葡萄牙天主教徒所拓張。由於美國生來即是新教徒，它不必變為新教徒，而美國古典的自由主義即從這個事實生長出來。不同意見、個人主義、共和主義最後全從新教信仰傳承下來。「美國的信條就是沒有上帝的新教信仰，美國民間宗教就是沒有基督的基督信仰。」但是，杭廷頓認為，這個信條可能被節節推進的西班牙裔、天主教、前啟蒙時期的社會微妙地破壞掉。[25]

杭廷頓寫道：

墨西哥移民正在走向以人口重新征服美國人在一八三〇年代及一八四〇年代以武力奪自

墨西哥的地區，以相當於、但又不同於古巴化南部佛羅里達州的方式，將它們墨西哥化。它也模糊了墨西哥和美國之間的邊界，引進非常不同的文化。[26]

波士頓學院教授彼得・史克禮（Peter Skerry）說，杭廷頓「最驚人的原創性、有爭議的洞見」就是，美國人固然鼓吹多樣化，「今天的移民潮實際上是有史以來最不多樣化的。」史克禮引述杭廷頓的話：「非西班牙裔移民比以往都更多樣化。但是整體而言，有五成的移民是西班牙裔，他們比以往都更加不多樣化。在杭廷頓看來，多樣化如此降低，使得同化更不可能。」[27] 大衛・甘迺迪也觀察到，「移民潮的多樣化和分散」和緩了同化的進展。「可是，今天，一股移民大潮從一個單一的文化、語言、宗教和民族源頭：墨西哥……湧入固定的地區。嚴肅的事實

---

22 Robert C. Bonner, "The New Cocaine Cowboys: How to Defeat Mexico's Drug Cartels," *Foreign Affairs*, New York, July-August 2010.

23 Robert D. Kaplan, "Looking the World in the Eye: Profi le of Samuel Huntington," *Atlantic Monthly*, December 2001.

24 Samuel P. Huntington, *Who Are We? The Challenges to America's National Identity* (New York: Simon & Schuster, 2004). 杭廷頓的大作稍微援引我的著作，它也提出類似的理論，見Robert D. Kaplan, *An Empire Wilderness: Travels into America's* Future (New York: Random House, 1998), Chapters 10-13.

25 Huntington, *Who Are We?*, pp. 39, 59, 61, 63, 69, 106.

26 同前書，p. 221.

27 Peter Skerry, "What Are We to Make of Samuel Huntington?," *Society,* New York, November-December 2005.

是，美國從來沒有經歷過現在在西南部發生的事情。」[28]到了二〇五〇年，美國三分之一人口可能是講西班牙語的民族。[29]

地理居於所有這些辯論的最前線。杭廷頓說：「美國史上沒有其他移民團體對美國領土曾擁有過主權、或提出主張。」直到一八三五年至一八三六年的德克薩斯獨立戰爭，以及一八四六年至一八四八年的美墨戰爭之前，大部分的德克薩斯、新墨西哥、亞利桑那州、加利福尼亞、內華達和猶他，都是墨西哥的一部分。墨西哥是唯一一個國家，美國曾經入侵它、占領它的首都，並兼併它相當大面積的領土。史克禮指出，因此之故，墨西哥人來到美國，在曾經是他們國土的某一地區定居下來，「有回到自己地盤的感覺」，這一點是其他移民團體所沒有的。墨西哥裔美國人已進入到第三代、第四代，熟稔其母語的程度仍遠勝於其他移民團體，相當大原因是因為西班牙裔在地理上的集中程度，展現出從人口上否定德克薩斯獨立戰爭及美墨戰爭。尤有甚者，墨西哥人的歸化率在所有移民團體中屬於敬陪末座的末段班。杭廷頓指出，這個民族是個「被記住的社群」，也就是說它有本身的歷史記憶。墨西哥裔美國人占全美人口的百分之十二點五，這還不算其他西班牙族裔人士；它們大多集中在美國西南部、鄰接墨西哥，而且是美國史上第一次修正我們的歷史記憶。[30]

新墨西哥大學教授查爾斯．楚西洛（Charles Truxillo）預測，到了二〇八〇年，美國的西南部各州和墨西哥北部諸省，將整合起來，成立一個新國家「北方共和國」（La Republica del

Norte）。在二〇〇〇年時，美國這邊邊界的十二個重要城市，其中六個超過九成居民是西班牙裔，只有加利福尼亞州聖地牙哥和亞利桑那州尤瑪（Yuma）這兩座城市，西班牙裔低於五成。[31]

美國西南邊界模糊不清成為地理事實，使得邊界上一切安全設施備受考驗。縱使如此，固然我佩服杭廷頓有能力辨認、揭露學術界及傳媒界其他人士太客氣而不談的根本兩難，我並不完全同意他的結論。杭廷頓相信要堅定依賴美國人的民族主義，以便維護其盎格魯—新教徒文化和價值，來面對我們社會的部分拉丁化。我相信地理固然未必決定未來，但它的確決定了什麼是可達成、什麼是不可能達成的輪廓。而且墨西哥和美國之間的有機關聯——地理上、歷史上和人口上——已經強大得不能如杭廷頓所願，以為美國的民族主義可以純淨如常。杭廷頓正確地貶抑世界大同主義（cosmopolitanism）——和帝國主義——為精英觀點。但是某種程度的世界大同主義是無可避免的，不能責怪它。

我認為美國將在二十一世紀成為一種波里尼西亞化的混血文明，從北往南、從加拿大往墨

---

28 Kennedy, “Can We Still Afford to Be a Nation of Immigrants?”

29 Carlos Fuentes, *The Buried Mirror: Reflections on Spain and the New World* (Boston: Houghton Miffl in, 1992), p. 343.

30 Huntington, *Who Are We?*, pp. 115-16, 229-30, 232, 238; Peter Skerry, *Mexican Americans: The Ambivalent Minority* (Cambridge: Harvard University Press, 1993), pp. 21-22, 289.

31 Huntington, Who Are We?, pp. 246-47; *The Economist*, London, July 7, 2001.

西哥發展，而不是從東往西、從大西洋往太平洋的溫帶發展成膚色較淺的人種島嶼。[32]這種多種族的集合將形成遼闊的市郊型城市國家，視覺上逐漸與下一個更加相似，不論是在太平洋濱西北地區的喀斯開山區（Cascadia），或是內陸內布拉斯加的奧馬哈—林肯（Omaha-Lincoln），它都會培養自己和全世界各地城市及貿易網絡的經濟關係，同時科技也會持續崩解距離。我認為，美國將成為全球最著名的商業交易免稅熱區，是全球精英樂於安家居住的地方。循著羅馬的傳統，它將繼續運用它的移民法令，廣納全球一流人才，並且更加多樣化移民人口。杭廷頓引以為憂的就是墨西哥移民比重太高。在這個觀點下，民族主義將不得不稍微稀釋，但又不能稀釋得太多，使美國失去它獨特的認同，或是傷害到它的軍事力量。總而言之，美國不再是一個受到大西洋和太平洋保護的島嶼。它不僅被科技拉得與世界更接近，也因墨西哥和中美洲人口的壓力而向世界靠近。

但是，這個前景需要有個成功的墨西哥、它不能是個失敗的國家。如果卡德隆總統及其接班人能夠徹底消滅販毒集團（其實非常困難），則美國將獲致大於在中東的一切戰略勝利。穩定和繁榮的墨西哥，與美國有系統的協調配合，在地緣政治上將是所向無敵的組合。剿滅販毒集團後的墨西哥，結合了穩定、且親美的哥倫比亞（現在已幾乎是事實），將把西半球人口最多、第三多及第四多的三個國家串連起來，緩和美國對拉丁美洲及大加勒比海的持續偏袒。換句話說，巴瑟維奇的推論對了：解決墨西哥的問題遠比解決阿富汗的問題來得重要。

不幸的是，誠如巴瑟維奇所主張，墨西哥可能是個大災禍，而我們集中精力關注大中東卻忽視了它；如果目前的情況不變，它將導致更多的移民，合法的、非法的全都跑來，勢必創造出杭廷頓所擔憂的劇本。卡德隆總統剿滅毒梟的攻勢，自從二〇〇六年以來已有四萬七千人死亡，但光是二〇一〇年上半年就死了近四千人。而且，販毒集團已晉級到軍隊型的攻擊，會設計複雜的陷阱、並封鎖逃生之路。墨西哥治安專家哈維爾・克魯茲・安古洛（Javier Cruz Angulo）的結論是：「這些是他們採用的作戰戰術，它遠超過有組織犯罪正常的戰略。」華府卡托研究中心（Cato Institute）主管國防及外交政策研究的副會長泰德・蓋倫・卡本特寫道：「如果此一趨勢持續下去，對於墨西哥這個國家的健康，或者甚至生存能力，都是令人極其憂心的發展。」販毒集團使用的武器火力一般都比警方的武器強大，且與墨西哥軍方的武器不相上下。用卡本特的話來說，結合了軍事型的戰術，販毒集團可以「從只是犯罪組織進化到嚴重的叛變」。聯合國維和部隊已部署在沒有華雷斯城和提娃娜（Tijuana）那麼暴力頻傳的地方。警察和地方政客因為害怕遭到殺害，已紛紛辭職，而墨西哥政商精英也把家人送到國外，甚且也有大量中產階級及上層中產階級跑到美國來。[33]

32 這個想法我曾在拙作 *An Empire Wilderness* 提出。

33 Ted Galen Carpenter, "Escape from Mexico," *The National Interest Online*, Washington, June 30, 2010.

墨西哥現在處於十字路口：不是處於正面對付販毒集團的初期階段，就是往秩序更加蕩然沉淪；或者兩者同時發作。由於墨西哥的未來猶如懸卵，美國要怎麼做就是關鍵。但是，雖然事態嚴重，美國的安全系統卻涉入到半個地球之外其他惡名昭彰的腐敗、動亂社會——在伊拉克持續到二〇一一年才撤軍，在阿富汗至少還會撐到二〇一四年。

和上述地方的結果不同，美國軍事介入墨西哥邊區，成績尚稱不差。即使與墨西哥近如咫尺，美國受其人口移動威脅而試圖控制邊界情勢，是合乎邏輯的事。達內羅指出，十九、二十世紀時，美、墨兩國攜手合作，降低了邊境土匪猖獗。從一八八一年至一九一〇年，墨西哥總統波菲里奧．狄亞士（Porfirio Diaz）和美國歷任總統合作，共同巡防邊界。墨西哥騎警和德克薩斯州騎警一起追擊卡曼奇印第安人（Comanche）。在亞利桑那州，美、墨士兵聯手對付阿帕契印第安人（Apaches）。今天在深入到華雷斯城的山區及草原的崎嶇邊區要剿滅毒梟，是由軍方悄悄地協助墨西哥當局，因為兩國並沒有這種合作的法律框架，一部分原因是美方對十九世紀的民兵法有嚴格的解釋。[34]我們花費數千億美元去影響歐亞大陸的歷史結果，對於我們有漫長共同邊界的國家、它已瀕臨秩序蕩然，而且其人口接近伊拉克和阿富汗加總起來的兩倍，我們卻消極不作為，實在是怪事。

當然，有人會說，強化邊境控制後，運作正常、民族主義的美國可以和功能失常、且部分紊亂的墨西哥共存。但這只會在短期內有效。長期而言，我們若深入探討二十一世紀及更長遠的未來，就會接觸到湯恩比所說的，一個高度開發的社會和一個不夠高度開發的社會兩者之間的邊境，不會維持均勢，而會對落後社會比較有利。換句話說，維持美國民族主義以致杭廷頓能滿意的程度，是做不到的，除非墨西哥進步到第一世界的水平。如果墨西哥果真進步到第一世界的水平，它可能就不會是個威脅，美、墨兩個社會的融合只會加快。不論怎麼說，由於地圖上呈現的事實，我們正走向美、墨以某種形式統合；不過，雙方決策者的行動可以決定在什麼條件和狀況下，它會發生。湯恩比還有一段話：

> 建立一道（羅馬）高牆會啟動一股社會力量，它勢必給築牆人帶來惡果。不與蠻族交往的政策相當不實際。不論帝國政府做出什麼決定，貿易商、拓荒者、冒險家等利益，無可避免會吸引他們跨過邊境。[35]

---

34 David Danelo, "How the U.S. and Mexico Can Take Back the Border—Together," Foreign Policy Research Institute, Philadelphia, April 2010.

35 Arnold J. Toynbee, *A Study of History*, abridgement of vols. 7-10 by D. C. Somervell (New York: Oxford University Press, 1957), p. 124.

湯恩比也說：「創建者成立一個普世國家，臣民也接受它，把它做為治療艱困時代（Time of Troubles）弊病的萬應丹。」他提到埃及的「中帝國」、新巴比倫帝國、阿契美尼德波斯、賽琉帝國（Seleucid Monarchy）、羅馬和平，以及華人世界的漢唐盛世，本質上全都是普世國家的例子，不同民族和教派的人為共同利益一起生活於其中。羅馬特別擅長處理雙重效忠這個棘手問題，讓具有羅馬這個世界城市公民身分與特定地區身分並行不悖。[36]因此，或許普世國家在將來有一天可做為艱困時代的萬應丹，解決現在困擾墨西哥北部和美國西南邊境的問題。

我們會很難再誇大在國家神話和主權概念上如此巨大改變的重要意義。一九七〇年，當我到處搭順風車遍遊美國各地時，我實際體會到天底下再也沒有比北美洲溫帶地區更適合建設國家的大陸了。直到十八世紀末，阿帕拉契山脈（Appalachians Mountains）提供這個剛誕生的合眾國西側疆界，而穿過這些山脈的河谷如莫霍克（Mohawk）和俄亥俄，讓墾殖者可以穿越、前進到西部。越過阿帕拉契山，墾殖者發現一望無垠、平坦肥沃的農地。十九世紀，就在這塊大地上，創造出財富和獨特的美國文化。大密西西比盆地（Greater Mississippi Basin）以及兩岸水道（Intercoastal Waterway），比起世界其他地方加起來，有更多可航行的河道里程，它還覆蓋了全世界最大一片相連的可耕地。等到往西部推進的拓荒者來到真正艱鉅的天險——跨落磯山脈（Rocky Mountains）東、西兩側的美洲大沙漠時，橫越大陸的鐵路也出現了。[37]戰略預測公司一份報告指出：「美國大西洋岸的主要港口，多過整個西半球其他地方的總合……美國人不是因為他們是誰而偉大，而是因為他們住那裡而偉大。」[38]地理學者阿諾德·顧友特（Arnold Guyot）在一八四九年、即美國內戰之前，檢視美國大陸及工業革命的成績時，他認為美國大陸和歐洲、亞洲都是「大陸核心」，注定要控制世界。但是當時的他認為美國將會領先其他兩個核心。原因是美國受到兩洋屏障，又能與歐亞大陸互動；且它的發展還因為美洲大陸「內地水道暢通、互相連通」而更有保障。[39]詹姆斯·費爾格瑞佛在一九一七年寫下：

> 美國在這圈土地、也就是新的地球世界站穩位置，可是又在迄今為止緊湊和連貫、重要的歐亞體系之外；它具有巨大的能源積存，面向大西洋和太平洋，且與歐亞的東、西兩端保持關係，經由強化過的巴拿馬運河準備讓它的艦隊進出兩洋。[40]

36 同前書，pp. 15-16, 75.
37 Kaplan, *An Empire Wilderness*, p. 14. 見該書參考書目。
38 Stratfor.com, "The Geopolitics of the United States, Part 1: The Inevitable Empire," Austin, Texas, August 25, 2011.
39 Saul B. Cohen, *Geography and Politics in a World Divided* (New York: Random House, 1963), p. 95.
40 James Fairgrieve, *Geography and World Power*, p. 329.

兩洋屏障的宏偉大陸迄今仍然屹立。但是另一個概念上的地理正在開始籠罩它，那就是佛蘭西斯柯．瓦茲奎斯．狄．柯羅納多（Francisco Vazquez de Coronado）在一五四〇年至一五四二年，從墨西哥中西部向北經過亞利桑那州、新墨西哥、德克薩斯、奧克拉荷馬和堪薩斯的探險旅程。劉易士（Lewis）和克拉克（Clark）一八〇四年至一八〇六年從路易斯安那到奧瑞岡的探險，把美國從大西洋帶到太平洋，為一個現代、大陸的民族國家奠定概念基礎。柯羅納多的探險由南往北、不是由東往西，而且時間更早，其實非常的後現代：因為它並非出自任何國家意識，而且提供了未來普世國家的方向，從半熱帶的墨西哥往溫帶的北美洲延伸。柯羅納多志在尋找黃金、搜刮致富捷徑。他是中古時期的心態。但是新一代往北走的西班牙裔移民可不是中古時代心態。他們追求就業機會——經常從事艱苦的勞力工作——因此他們願意辛苦工作，換取物質收穫。他們被盎格魯─新教徒的工作倫理所改造，但是他們也改造了美國盎格魯─新教徒的文化。

這股文化上和兩國間互動的品質和流動性，說不定遠勝過其他任何個別動力，將會決定美國如何與麥金德的世界島（歐亞大陸及非洲）互動。美國的外交政策在未來數十年有可能明智、也有可能笨拙。但是美國的經濟力、文化力、道德力，甚至政治及軍事力，將會因為我們是否能和墨西哥及加拿大發展成一致的、雙語的某種超級國家；或是身陷失能、巨大、日益難以管治的邊界，造成美國仍占主導地位的盎格魯─新教徒文化和其西語裔人民之間的文明緊張，而大大受到影響。杭廷頓的顧慮有道理，但是他的解決之道恐怕有一部分錯了。

我們應當記住，保羅．布瑞肯等人已經告訴我們，地球的政治地理愈來愈成為封閉、幽閉恐懼症的體系。跨海的文化與政治互動將變得愈來愈有系統。因此如果美國和墨西哥不能走到像美國和加拿大水乳交融的地步——也就是說，在世界論壇上我們沒有墨西哥做為親密、可靠的盟友——將會不利於美國的其他關係，尤其是現在墨西哥及中南美的人口成長比我們快很多，隨著時間進展，墨西哥地位將愈來愈重要。布勞岱爾對十六世紀地中海的探討，讓我們很清楚地看到天然力量——如地理——長期下來可以扮演的角色：這也就是為什麼墨西哥在我們決定的任何大戰略中，都必須扮演主要機能的原因。

我們假想一下未來的世界大略像是舊鄂圖曼帝國的米利特制度（millet system）：套用湯恩比的話，「一個地理上交互混合的社群網絡」，而非「分區隔離的各個國家……的拼湊」。[41] 每種關係都會和以前不同地影響到別人。我們已經提到，未來數十年將會看到鐵路、公路和輸油管路經由中亞、尤其是阿富汗，連接起整座歐亞大陸。一個有組織的、聯合的歐亞大陸，將會要求從加拿大的北冰洋到中美洲的叢林這個有機、聯合的北美洲，做一個平衡者。不能繼續和墨西哥及中美洲深化關係——莫忘了，他們的人口合起來占美國的一半——將會使墨西哥、或許甚至它的某些南方鄰國，走入敵對的外交和政治陣營去。而在這個新世界裡，歐亞大陸變得比以往距離都更

41 Toynbee, *A Study of History*, vols. 7-10, p. 173.

近了。要防止親伊朗的委內瑞拉和其他基進國家三不五時在西半球冒出來，有個方法就是把大加勒比海納入自由貿易區，並且要由美國來主導移民，畢竟墨西哥和中美洲的年輕人可供應老齡化的美國新生勞動力。當然，這是已經在發生的事，不過人際交流的密度將會大增、也應該大增。

尼古拉・史派克曼寫道：「全球戰爭、以及全球和平，表示所有的陣線和所有的地區都互相關聯。不論他們彼此距離有多遠，一者的成敗將對他人產生即刻與決定性的效應。」[42]這段話寫於一九四四年，在今天、可比當年更有道理。未來，還會更正確。羅伯・史特勞斯─胡培指出：「希臘的歷史就是反抗亞洲周期性入侵的生存鬥爭。」[43]想到古希臘和波斯有多近，我們或許就可以理解，在運輸與通訊革命後，現在的我們和歐亞大陸有多麼近。要確保東半球一個國家勢力不會不當地主宰一切，以至於威脅到西半球的美國，如果我們先在西半球促進團結，這件事就會容易許多。

我們必須在歐亞大陸當個平衡者、在北美洲當個統合者——同時做這兩者會比只做一個來得容易。維持力量的平衡當然必須有一個特定目的，而且必須超越對美國的實質和經濟保護。這個目的就是利用東半球力量平衡所保障的穩定，在全球推動中歐式的自由學術風氣。就好比史蒂芬・狄達魯斯（Stephen Dedalus）確認了「他做為有意識的理性動物的意義」——也就是抗拒命運——一樣，我們絕對不能向地理屈服，必須在追求更美好的世界時謹記住這一點。後冷戰之後我們渴望世界大同主義中歐的理想，這個理想啟迪了我們進行本書的研究，現在我們交卷了。不論這個目標能否達成，它永遠是值得努力的一件事，希望墨西哥能和我們站在一起努力。麥金德在呼籲於海上歐洲及心臟地帶之間建立充滿活力和獨立的緩衝國家時，已經直覺到這一點，指出平衡的世界將是一個自由的世界。

42 Nicholas John Spykman, *The Geography of the Peace*, edited by Helen R. Nicholl (New York: Harcourt, Brace, 1944), p. 45.

43 Robert Strausz-Hupé, *The Zone of Indifference* (New York: G. P. Putnam's Sons, 1952), p. 64.

後記　邊界取代國界

新保守主義右派和自由主義左派的知識分子都繼續宣稱個人的思想和動作塑造歷史——他們肯定是正確的。縱使如此，人類是在地理及從它散發而出的廣泛而又多樣的現象——從雖然會變動、但又持續的國家特質到貿易路線位置及攸關生死的天然資源，如石油、水、戰略金屬和礦物等——局限之下運作，也是正確的。同時，固然電子通訊的進展或許使世界變小，它並未否定地理，網路及其他新媒體只是使地理更珍貴、更有爭議和更有幽閉恐懼症。

沒錯，我們活在十分有機和相互聯結的世界，譬如，在這個世界裡，德克薩斯州石油公司董事會就未來美國南部頁岩天然氣出售到歐洲一事所作的決定，會比從柏林或華沙的大學或政府部會出現的任何構想，都更加影響前華沙公約會員國的命運。

全球精英——知識分子構成其中一部分——希望躲開地理及其他各式各樣的局限。這些人士希望依據思想的美麗和嶄新科技及財經機制的力量打造現實。但是二十一世紀將竭盡所能阻撓他們。全球精英的成功只會是部分性，就有如類似地理等決定性的力量，其效力只會部分性質一樣。這不是非此即彼，而是人類力量和命定理論（determinism）之間交互運作去創造歷史。

雖然全球精英主宰各式各樣的刊物和輿論版面，寫下這一現實的一半故事，本書談的是另一半的故事。本書無意批駁人類的力量，我只想幫忙描寫另一部分景象。

自從我在二〇一二年初完成《地理的復仇》初稿以來，世界持續依照實質地形的指令演化，令主張人類力量至上的這一派人物失望。中國和亞洲其他國家在南海和東海的爭端持續加劇。這些爭議重塑亞洲政治，它們無關乎思想或意識形態，而是涉及赤裸裸地控制地圖上寶貴的空間——位居重要海上交通要道、且含有相當大量能源蘊藏的地理空間。正因為資本主義式的經濟成長，亞洲國家才有財經實力去投資新海軍及新空軍，因此它們現在才有能力在海上空間爭搶此一寶貴領土。換言之，資本主義財富不會減損地理的重要性，通訊或噴射戰鬥機的速度也不會。因為在二十一世紀爭奪西太平洋地貌的戰爭中，使用的威脅將是空戰及網路戰。

在歐亞超級大陸的另一端，歐盟正陷入危機。媒體界將此一危機界定為金融危機。但是依據地理概念，它具有地緣政治效應，卻很少受到評論。華沙公約雖已崩解，但由於地理因素使然，俄羅斯仍然是對東歐及一部分中歐的威脅。歐盟不再有同等程度的經濟及政治頻寬，吸引類似塞爾維亞和烏克蘭等國家傾向西方以及真正的民主改革。俄羅斯在這些國家的影響力愈來愈大，也正在前華沙公約各國想方設法蒐購銀行和基礎設施。同時，土耳其的經濟成長也使土耳其在近鄰的巴爾幹成為主要的政治和經濟主力，這可是二十世紀初鄂圖曼帝國仍然存在時期以來首度的現象。

在巴爾幹的北方，波蘭、匈牙利、捷克共和國和斯洛伐克等前東方集團國家，一九九一年在匈牙利古堡城市維榭格勒（Visegrad）初簽一份公約，組成維榭格勒集團（Visegrad Group）；遠在一三三五年，匈牙利、波蘭和波希米亞君主即在此會盟，建立商業同盟。維榭格勒集團的存在——其會員國的經濟表現都比巴爾幹各國傑出——使得巴爾幹更與歐洲其他地區隔絕。與此同時，斯洛維尼亞和克羅埃西亞這兩個皆為前哈布斯堡帝國屬地的天主教國家，跳脫前南斯拉夫聯邦的政治和發展泥淖，重新加入中歐。因此，我們又回到類似十九世紀的地圖面貌，彷彿哈布斯堡奧地利人和鄂圖曼土耳其人各依地理因素分峙。而俄羅斯就與當年一樣，從東方形成威脅。

不過俄羅斯的威脅有個時間限制；其原因又不脫地理因素。我們談的是頁岩，從這種沉積岩可以提煉天然瓦斯。頁岩天然氣是後工業世界新式可以提煉的能源——它比風力發電或太陽能發電更重要。領土內有大量頁岩蘊藏的國家，在二十一世紀各國之中將具有更優勢的競爭力，沒有大量頁岩蘊藏的國家將落居下風。從這方面來講，思想的重要性降低。美國的德克薩斯、路易斯安那、北達科塔、賓夕法尼亞、俄亥俄、紐約等州有大量的頁岩天然氣蘊藏。不論它做出多少不同的政治選擇，美國在二十一世紀肯定將是能源大國。特別是以德克薩斯、路易斯安那為中心的墨西哥灣沿岸將繼續享有頁岩天然氣的榮景。對俄羅斯而言，這卻不是好消息。俄羅斯目前是歐洲能源大國，天然瓦斯大量向西方出口，使得莫斯科對大部分中歐、尤其東歐，具備相當大的政治影響力。然而，俄羅斯的天然氣蘊藏大半來自很難開採的西伯利亞。而且，俄羅斯的開採科技直到近期才開始現代化。目前，俄羅斯或許在歐洲面對的競爭不大。但是倘若美國未來能以更有競爭力的價格輸出某些頁岩天然氣到歐洲，又會是什麼狀況呢？

美國仍然只具有少許能力出口頁岩天然氣到歐洲。它必須興建更多的液化設施；換句話說，美國必須在墨西哥灣興建工廠，把天然氣化為液態，它才能藉由船運，跨越大西洋運到歐洲，而歐洲的新設施再把它轉換為天然氣。有充足的資本投資和專業技術，就可以做到這一點。興建這類設施的國家，在出口或進口方面將有更多的能源選擇。因此我們不妨想像一種未來，美國和其他國家出口某些液化頁岩天然氣到歐洲，降低歐洲國家對俄羅斯能源的依賴。歐洲的地緣政治將會出現變化。降低對俄羅斯的依賴，可以允許真正獨立、文化上有活力的中歐及東歐充分繁榮——這是本地區知識分子數百年來的理想，即使在這方面的理想和它關聯不大。

大體而言，即將出現的頁岩天然氣將放大地理的重要性。哪個國家地下有頁岩、哪個國家沒有頁岩，將決定權力關係。由於頁岩天然氣可以用液態形式跨洋運送，沿海國家將占有優勢。由於科技進步，世界將變得更小，但是這只會增加、而非降低地理的珍貴。[1]

雖然地理繼續幫助歐亞大陸這座超級大陸重心——二十世紀初英國地理學大師麥金德所謂的「心臟地帶」——兩側的政治事件，爭奪領土的戰爭有可能改造世界政治。

根據學者拉法耶羅・潘度奇（Raffaello Pentucci）和亞歷山德洛斯・彼德生（Alexandros Petersen）的說法，俄羅斯現在在中亞的影響力相當弱，而美國又繼續從阿富汗撤出軍隊，中國正在打造一個「不經意的帝國」，填補此一區域的真空。[2]

中國正在這一大片廣袤區域大量投資於礦業和碳氫化合物工廠，並透過成立非政府組織和孔子學院推廣中文。除了從哈薩克和土庫曼興建石油及天然氣輸送管通往華西之外，北京已投資數十億美元在阿富汗開採銅礦，也在當地投資探勘石油。美國希望撤出阿富汗；中國卻希望進入當地發達繁榮。

甚至，潘度奇和彼德生報導，中國人也取得特許在吉爾吉斯和塔吉克開採金礦。中國也正在興建一座鐵路系統，要把吉爾吉斯、哈薩克、烏茲別克等國家與中國串連起來。以開採天然資源為本的新絲路，已經在中亞悄悄成形，它可以使中國成為二十一世紀歐亞大陸的樞紐大國。地理大師麥金德一百多年前宣稱，控制歐亞大陸心臟地帶即能控制全世界，進入二十一世紀，其立論依然深刻。或許唯一可以破壞此一劇本發展的是，中國內部發生深沉的政治和經濟危機。

---

1 Robert D. Kaplan, "The Geopolitics of Shale," www.Stratfor.com, December 19, 2012.

2 Raffaello Pantucci and Alexandros Petersen, "China's Inadvertent Empire," *The National Interest*, November / December 2012.

同時，我在本書第八章所提出的大中東，仍然是年代久遠的地理模式和二十一世紀YouTube所帶來的群眾歇斯底里相互糾葛的一個世界。固然視頻實質上可以像光速一般快速運送——它煽動的宗教熱情可以創造國內及國際的政治危機——西起（摩洛哥）阿特拉斯山脈、東至巴基斯坦印度河流域這一大片土地中央集權的國家威權主義弱化，也把地理的真相帶上檯面。

的確，我們的政策精英現在發覺，北非事實上只是海岸社群，其人口擁抱地中海，而其南方只是空洞的政治控制無主之地。過去幾十年在令人窒息的暴君統治下的大國利比亞，已恢復成為模糊的地理名詞，首都的黎波里充其量只是遙遠的南方沙漠地區一個微弱的帝國仲裁中心。地中海南方一百英里，國家威權經常不具任何意義。同時，的黎波里和東部大城班加西已經恢復各自獨立、不互相隸屬的關係。利比亞現在只略具國家面貌。

馬利的政治土崩瓦解是地中海岸之南、西非和幾內亞灣稀疏草原之北這塊缺水地區的另一個後果，這個薩赫爾（Sahel）和撒哈拉地區由圖瓦雷克（Tuareg）部落族人居於優勢，不論什麼人主宰阿爾及爾（Algiers）（譯按：阿爾及利亞首都）或巴馬科（Bamako）（譯按：馬利首都）。許多年前，我在阿爾及利亞最南方時，有位美國陸軍綠扁帽特戰部隊軍人告訴我，身處沙漠曠野時，寧可有個圖瓦雷克人在身邊、遠勝過手中的全球定位系統儀器。還有一次，我和一支綠扁帽特遣隊一起從廷巴克圖（Timbuktu）（譯按：馬利一古城）往北走了一百五十英里、深入撒哈拉沙漠；這片沙漠裡，極目千里盡是沙丘，馬利當局完全不存在，即使中古時期式的圖瓦雷克村落也比中央政府更早存在。這個事實證明吾人更需自給自足、而非依賴地圖上人為畫下的空洞界線。[3]國界（borders）代表護照檢查站和主權固定的畫分，而邊界（frontiers）代表更含糊、更非正式的前現代世界，有著重疊的區分。大中東正遠離國界的世界，移向邊界的世界。

在地中海和伊朗高原之間，敘利亞和伊拉克強大、但又脆弱的復興黨國家結構，持續在鬆動。在他們的地區正出現一塊遜尼派斯坦（Sunnistan），從敘利亞中部延伸到伊拉克西部；另外在伊拉克中部及南部出現一塊什葉派斯坦（Shiastan），相關的宗派兄弟則從黎巴嫩北部溢入敘利亞西北部；還有一塊廣闊的庫德斯坦（Kurdistan），遭到山脈隔絕，分布在土耳其東南部、敘利亞東北部和伊拉克北部。這愈來愈是一個地理學家的世界，國家的國界遭到侵蝕，而更加模糊的邊界卻變得更為重要。

自從後冷戰時期之初中央權威式微以來，中東出現無政府的概念：無政府的定義是正式的國家階層體制衰微或付諸闕如，因而政治力量蕩然不存，所以次國家的團體，如部落、宗教和意識形態團體，在某些特定領域享有真正最高主權。最後可能出現的是或多或少的返祖現象（throwback），回復到中古及現代時期早期的和平，在其中，國家的國界有一部分消失了，舊的

3 對尼日、阿爾及利亞南部及馬利更詳盡的描述，請見我另一著作的第一、五、九章：*Hog Pilots, Blue Water Grunts: The American Military in the Air, at Sea, and on the Ground* (New York : Random House, 2007).

行商車隊路線又恢復，敘利亞和伊拉克境內某些城市彼此的關係，說不定比跟自己國家的首都更加密切。

中國和墨西哥或許是目前最攸關美國命運的國家，它們的趨勢線也持續沿著本書畫下的相同模式前進。就中國而言，它最大的地理問題，我在本書已提到：占了全中國人口約九成的漢族，他們主要居住在中國可耕地的大搖籃，能夠在最低度的動盪下永久控制居住在邊陲的藏族、維吾爾族和蒙古族嗎？當中國的一黨政府本身愈來愈遭到政經紛擾威脅時，這個問題變得愈來愈重要。

同時，墨西哥繼續往兩個相反方向邁進：各式各樣黑道集團繼續在全國許多地方掌握相當大的勢力，即使墨西哥已經成為全球經濟及人口大國。墨西哥在二〇一一年已經成為世界第十四大經濟體，可望在未來幾十年晉升前十二名、甚至前十名金榜。同一時期，墨西哥也站在於大西洋及太平洋兩岸皆興建全新深水港灣的邊緣，並以新的鐵路及公路將兩大洋串連起來。我在本書已提到，墨西哥愈是開發，北美洲的地理就變得愈趨南北縱走，而不似美國史上的東西橫向開發。

當地球因科技發達變得愈來愈小，世界每個地方就會變得更加重要——許多地方也變得更有戰略價值。試以腕表為例：它是那麼小，但是你一旦開始拆解它，它突然變成非常的大、非常的複雜。這就是二十一世紀的世界：在這個世界裡，對地理的深刻知識——好比對腕表各顆齒輪的知識——將使這個愈來愈小、卻又強烈複雜的世界，變得更可管理、更易理解。

致謝

發想寫這本書源自於一篇期刊文章，推動力來自《外交政策》編輯，尤其是Christian Brose和Susan Glasser。這本書發展過程中，有關中國這一章的簡易版刊登在《外交事務》上，這要感謝James F. Hoge Jr.、Gideon Rose和Stephanie Giry。華府的新美國安全中心發表了一篇論文，即有關印度這一章的簡易版，這要感謝中心的副主任兼研究負責人Kristen Lord。事實上，若非中心提供組織上的支持，我無法完成本書的寫作，一切要歸功於執行長Nathaniel Fick、總裁John Nagl和開發主任Venilde Jeronimo。序言有許多段摘自我以前出版的專書，已在版權頁上敘明。整個編輯過程，約翰霍浦金斯大學保羅尼茲高階國際研究學院的Jakub Grygiel不斷地賜予協助和啟發。其他援助還來自陸軍退役中將Dave Barno、CNAS資深顧問Richard Fontaine、前任CNAS研究員Seth Myers、《大西洋月刊》編輯James Gibney和Yvonne Rolzhausen、海軍學院教授Stephen Wrage，以及威廉暨瑪麗學院教授Brian W. Blouet。

藍燈書屋出版社方面，我的編輯Jonathan Jao全方面提供內行的建議。Kate Medina也予我鼓勵。我要再次向我的出版經紀人Carl D. Brandt和Marianne Merola致謝，感謝他們協助指引我不停地寫作研究。

我的助理Elizabeth Lockyer協助完成地圖。內人Maria Cabral再次在感情上挺我到底。

國家圖書館出版品預行編目（CIP）資料

地理的復仇：一觸即發的區域衝突、劃疆為界的地緣戰爭，剖析地理與全球布局終極關鍵／羅柏．卡普蘭（Robert D. Kaplan）著；林添貴譯. -- 三版. -- 臺北市：麥田出版：英屬蓋曼群島商家庭傳媒股份有限公司城邦分公司發行, 2025.03
面；　公分（麥田國際；6）
譯自：The revenge of geography : what the map tells us about coming conflicts and the battle against fate
ISBN 978-626-310-837-0（平裝）
1.CST: 地緣政治　2.CST: 政治地理學
571.15　　114000316

麥田國際 6

地理的復仇

一觸即發的區域衝突、劃疆為界的地緣戰爭，剖析地理與全球布局終極關鍵

The Revenge of Geography : What the Map Tells Us About Coming Conflicts and the Battle Against Fate

作者　羅柏．卡普蘭（Robert D. Kaplan）
譯者　林添貴
校對　吳淑芳
責任編輯　江灝（初版）、許月苓（二版）、呂欣儒（三版）
封面設計　兒日設計
印刷　前進彩藝有限公司
內頁排版　李秀菊
國際版權　吳玲緯　楊靜
行銷　闕志勳　吳宇軒　余一霞
業務　李再星　李振東　陳美燕
總經理　巫維珍
編輯總監　劉麗真
事業群總經理　謝至平
發行人　何飛鵬
出版　麥田出版
台北市南港區昆陽街16號4樓
電話：886-2-25000888　傳真：886-2-2500-1951
發行　英屬蓋曼群島商家庭傳媒股份有限公司城邦分公司
台北市南港區昆陽街16號8樓
客服專線：02-25007718；25007719
24小時傳真專線：02-25001990；25001991
服務時間：週一至週五上午09:30-12:00；下午13:30-17:00
劃撥帳號：19863813　戶名：書虫股份有限公司
讀者服務信箱：service@readingclub.com.tw
城邦網址：http://www.cite.com.tw
香港發行所　城邦（香港）出版集團有限公司
香港九龍土瓜灣土瓜灣道86號順聯工業大廈6樓A室
電話：852-25086231　傳真：852-25789337
電子信箱：hkcite@biznetvigator.com
馬新發行所　城邦（馬新）出版集團
Cite（M）Sdn. Bhd.（458372U）
41, Jalan Radin Anum, Bandar Baru Seri Petaling,
57000 Kuala Lumpur, Malaysia.
電話：+6(03)-90563833　傳真：+6(03)-90576622
電子信箱：services@cite.my

初版一刷／2017年7月
二版一刷／2021年5月
三版一刷／2025年3月

ISBN（紙本書）　978-626-310-837-0
ISBN（電子書）　978-626-310-836-3（EPUB）

售價：台幣550元　港幣183元